安国寺経蔵(国宝。高山市)

永保寺開山堂
(国宝。多治見市)

永保寺庭園(国名勝。多治見市)

永保寺観音堂
(国宝。多治見市)

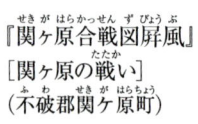

戦場

『関ヶ原合戦図屏風』
［関ヶ原の戦い］
（不破郡関ケ原町）

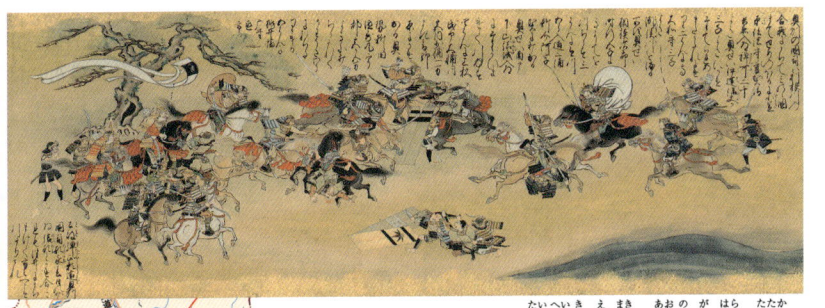

『太平記絵巻』青野ヶ原の戦い
［南北朝の動乱］（大垣市・不破郡垂井町）

戦没者の供養塔（各務原市）
［承久の乱］

黒血川（不破郡関ケ原町）
［壬申の乱］

祭りと踊り

長滝の延年（郡上市白山長滝神社）

能郷の能・狂言（本巣市能郷白山神社）

真桑人形浄瑠璃
（本巣市物部神社）

南宮の神事芸能
（不破郡垂井町南宮大社）

古川祭
(飛騨市気多若宮神社)

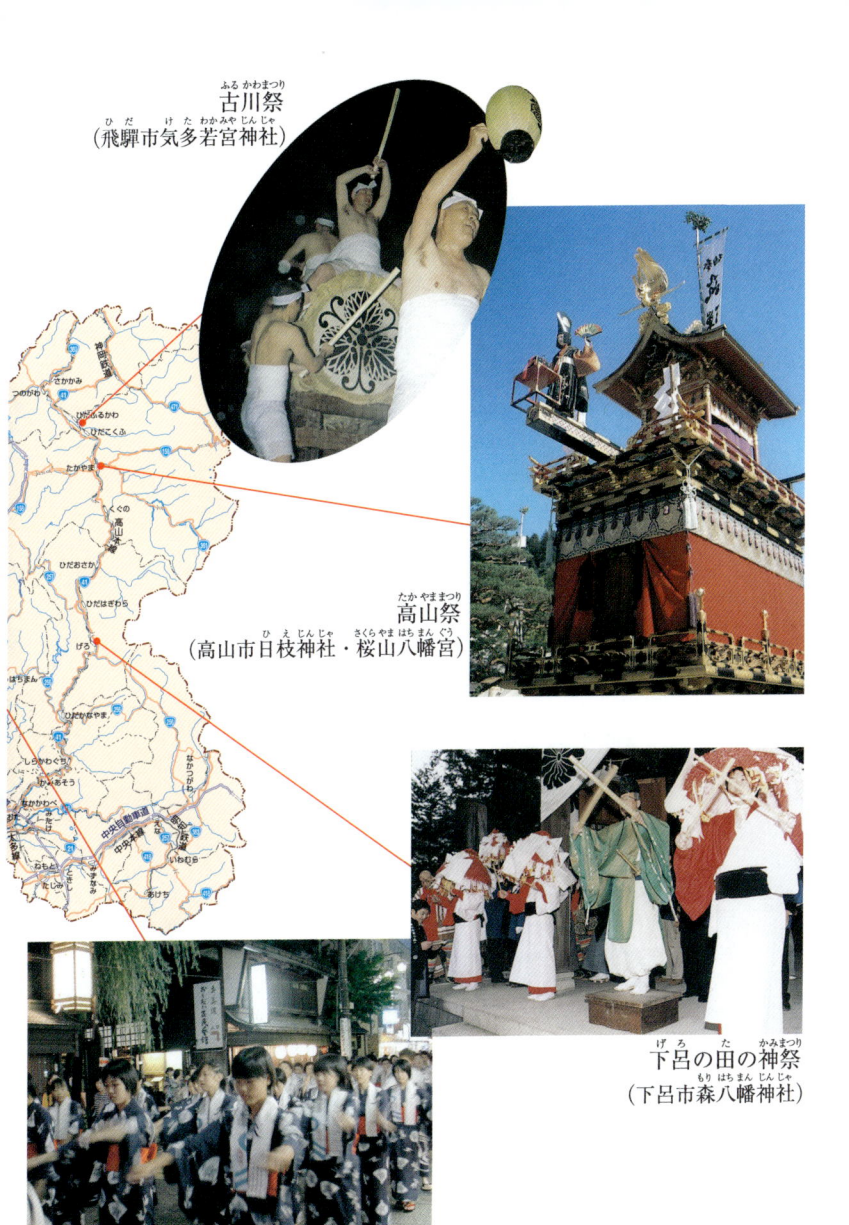

高山祭
(高山市日枝神社・桜山八幡宮)

下呂の田の神祭
(下呂市森八幡神社)

郡上踊り
(郡上市)

円空

八面荒神像
(郡上市)

十一面観音像
(羽島市中観音堂)

賓頭盧像
（高山市千光寺）

両面宿儺像
（高山市千光寺）

円空上人入定塚
（関市弥勒寺跡）

もくじ　赤字はコラム
長良川と金華山――岐阜

❶ 「天下布武」の町 -- 4
　　岐阜城／岐阜公園／板垣死すとも，自由は死せず／川原町筋／常在寺／チャップリンもみた長良川の鵜飼／伊奈波神社／崇福寺／おぶさ観音／新たな長良川鵜飼の情報発信拠点

❷ 柳ヶ瀬界隈と加納 --- 16
　　円徳寺／瑞龍寺／美江寺／乙津寺（鏡島の弘法さん）／立政寺／加納城跡／加納天満宮

❸ 長良川に沿って北へ -- 26
　　琴塚古墳／岩滝毘沙門堂／願成寺／延算寺／真長寺

❹ 岐阜の玄関羽島 --- 35
　　永照寺／中観音堂（羽島円空資料館）／八神城跡／佐吉仏と竹鼻別院界隈／八劔神社／起渡船場石灯台／西方寺

❺ 高富街道に沿って -- 44
　　三田洞弘法への道／大龍寺／白山神社／東光寺／普門寺

❻ 木曽川に沿って --- 51
　　木曽川笠松渡船場跡石畳／旧宮川家住宅／少林寺／薬師寺／山田寺跡／炉畑遺跡／坊の塚古墳／大安寺／各務の舞台（村国座）

❼ 織部の里から能郷へ --- 61
　　宗慶大塚古墳／円鏡寺／織部の里／北方城跡／マクワウリ／真桑人形浄瑠璃／根尾谷断層／能郷白山神社

もくじ

古戦場と水のふるさと──西濃

❶ 『奥の細道』むすびの地 -- 72
　　大垣城／住吉燈台／美濃国分寺跡／赤坂とその周辺／曽根城跡／墨俣宿／神戸の日吉神社

❷ 美濃国府と古戦場 -- 88
　　垂井一里塚／垂井の泉／美濃国府跡／竹中氏陣屋跡／南宮大社／朝倉山真禅院／関ヶ原古戦場／不破関跡／妙応寺

❸ 伊勢街道に沿って -- 102
　　桑原家住宅／多岐神社／養老寺／庭田貝塚／行基寺／宝暦の治水／輪中の生活

❹ 揖斐川をさかのぼる -- 117
　　川合の六社神社／小津と日坂の面／太鼓踊り／徳山民俗資料収蔵庫

❺ 巡礼街道をいく -- 122
　　霞間ヶ渓のサクラ／願成寺西墳之越古墳群／瑞巌寺／釣月院／華厳寺／横蔵寺／野古墳群／来振寺

日本の真ん中──中濃

❶ 打刃物の町関 -- 136
　　新長谷寺／時宗の町／善光寺／春日神社／関の打刃物／弥勒寺跡／鰻・鮎料理／岐阜県博物館／高沢観音

❷ 卯建のあがる町並み美濃 -------------------------------------- 146
　　小坂家住宅／小倉山城跡／時の人を風刺する美濃流しにわか／横越のお薬師さま／大矢田神社／素朴な大矢田ヒンココ／美濃和紙の里会館／美濃和紙を漉く／高賀神社／六角地蔵堂／洲原神社

もくじ

❸ 踊りの城下町八幡 -- 157
　八幡城／安養寺／城下町郡上八幡散策／明宝歴史民俗資料館／郡上踊／星宮神社と美並ふるさと館／宝暦一揆と石徹白騒動／那比新宮と本宮

❹ 白山への道 --- 166
　篠脇城跡／白山長滝神社と長滝寺／若宮修古館／白山文化博物館／白山中居神社／綿々と続いた白山信仰／鷲見氏の旧跡

❺ 志野のふるさと可児 --- 173
　長塚古墳／豊蔵資料館／薬王寺／金山城跡／願興寺／キリシタンの里，塩・小原

❻ 日本ラインと太田宿 --- 181
　中山道太田宿脇本陣／瑞林寺／蜂屋柿／正眼寺／清水寺／龍門寺／大山白山神社／大仙寺／杉原千畝／旧八百津発電所資料館

焼物とヒノキ──東濃

❶ 美濃焼の町 --- 196
　永保寺／永泉寺／セラミックパークMINO／元屋敷陶器窯跡／妻木城跡／妙土窯跡／美濃焼

❷ 土岐氏ゆかりの地 204

土岐頼貞の墓／桜堂薬師／土岐氏一族／鶴ヶ城跡／小里城跡／天猷寺／大久手(大湫)宿／日中不再戦の誓いの碑／細久手(細湫)宿

❸ 恵那から明智へ 211

大井宿本陣跡／伝西行塚／岩村神社／岩村城跡／岩村のうんだ偉人たち／大正ロマン館／明智光秀ゆかりの地／明智城跡

❹ 中津川とヒノキの山 221

東円寺／中山道落合の石畳／恵那文楽／恵那神社／苗木藩と廃仏毀釈／杵振踊／藤村記念館と馬籠宿／熊谷守一と前田青邨／苗木城跡／ヒノキの山／木遣音頭／加子母の明治座

匠のくに──飛騨

❶ 天領の都 234

飛騨国分寺／高山別院と東山の寺々／高山城跡／高山陣屋跡／日下部家住宅／飛騨高山まちの博物館／飛騨民俗村／春慶塗と一位一刀彫／飛騨一宮水無神社／大原騒動／堂之上遺跡／千光寺／鰤街道／こう峠口古墳／梅村騒動／安国寺／奥飛騨温泉郷／桂本神社／播隆上人

❷ 益田街道に沿って 252

祖師野八幡宮／森八幡神社／飛騨屋久兵衛と加藤素毛／禅昌寺／久津八幡宮／下呂温泉／世界遺産の村

❸ 匠のふるさと 260

増島城跡と古川の町／杉崎廃寺跡／小島城跡／飛騨の匠／塩屋金清神社遺跡／神岡鉱山資料館／小萱薬師堂／金森宗貞邸跡

あとがき／岐阜県のあゆみ／地域の概観／文化財公開施設／無形民俗文化財／おもな祭り／有形民俗文化財／無形文化財／伝統的建造物群保存地区／散歩便利帳／参考文献／年表／索引

[本書の利用にあたって]

1. 散歩モデルコースで使われているおもな記号は，つぎのとおりです。なお，数字は所要時間(分)をあらわします。
   - ················· 電車
   - ━━━━━━ 地下鉄
   - ────── バス
   - ·························· 車
   - ------------ 徒歩
   - 〜〜〜〜〜 船

2. 本文で使われているおもな記号は，つぎのとおりです。
   - 徒歩
   - バス
   - 駐車場あり
   - 車
   - 船
   - 飛行機

   〈M▶P.○○〉は，地図の該当ページを示します。

3. 各項目の後ろにある丸数字は，章の地図上の丸数字に対応します。

4. 本文中のおもな文化財の区別は，つぎのとおりです。
   国指定重要文化財＝(国重文)，国指定史跡＝(国史跡)，国指定天然記念物＝(国天然)，国指定名勝＝(国名勝)，国指定重要有形民俗文化財・国指定重要無形民俗文化財＝(国民俗)，国登録有形文化財＝(国登録)
   都道府県もこれに準じています。

5. コラムのマークは，つぎのとおりです。
泊	歴史的な宿	憩	名湯	食	飲む・食べる
み	土産	作	作る	体	体験する
祭	祭り	行	民俗行事	芸	民俗芸能
人	人物	伝	伝説	産	伝統産業
‼	そのほか				

6. 本書掲載のデータは，2012年12月末日現在のものです。今後変更になる場合もありますので，事前にお確かめください。

長良川と金華山—岐阜
Gifu

長良川の鵜飼

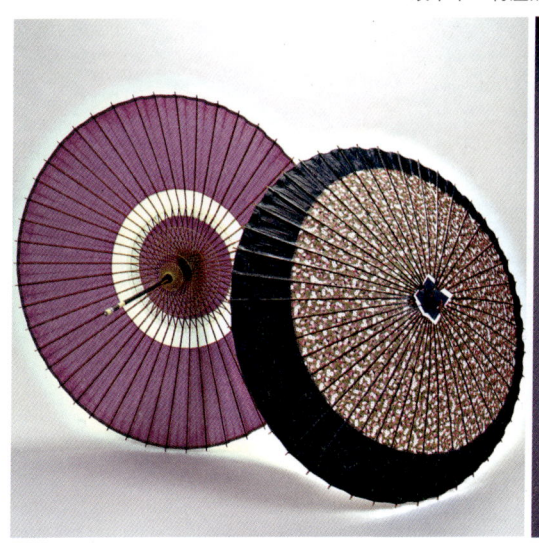

岐阜市の特産品和傘(左)と提灯

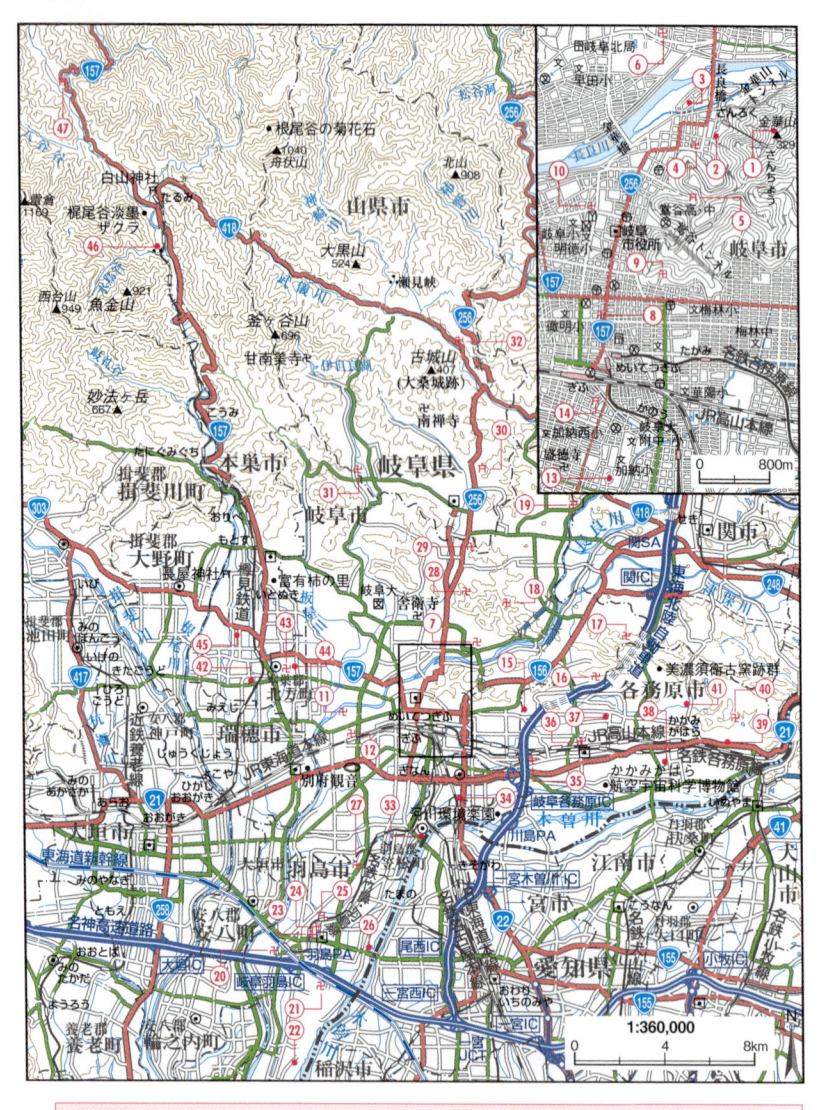

①岐阜城	⑥崇福寺	⑪乙津寺(鏡島の弘法さん)	⑮琴塚古墳
②岐阜公園	⑦おぶさ観音		⑯岩滝毘沙門堂
③川原町筋	⑧円徳寺	⑫立政寺	⑰願成寺
④常在寺	⑨瑞龍寺	⑬加納城跡	⑱延算寺
⑤伊奈波神社	⑩美江寺	⑭加納天満宮	⑲真長寺

長良川と金華山—岐阜

◎岐阜市周辺散歩モデルコース

岐阜城周辺コース　　JR東海道本線岐阜駅・名古屋鉄道名鉄岐阜駅_10_岐阜公園_15_岐阜城_15_岐阜公園_5_長良川河畔・川原町筋_5_常在寺・正法寺_10_伊奈波神社_10_崇福寺_5_道三塚_20_護国之寺_30_名鉄岐阜駅・JR岐阜駅

岐阜市街・南部コース　　JR東海道本線岐阜駅・名古屋鉄道名鉄岐阜駅_10_円徳寺・金神社_15_瑞龍寺・橿森神社_10_伊奈波神社_10_美江寺_30_加納城跡_10_盛徳寺_10_加納天満宮_5_JR岐阜駅_5_JR東海道本線西岐阜駅_10_岐阜県美術館・岐阜県図書館_20_立政寺_20_乙津寺_20_名鉄岐阜駅・JR岐阜駅

長良～芥見・三輪コース　　JR東海道本線岐阜駅・名古屋鉄道名鉄岐阜駅_20_琴塚古墳_7_岩田バス停_30_岩滝毘沙門堂_30_3_東芥見バス停_5_八幡神社・日吉神社_15_老洞古窯跡群_15_7_願成寺_20_岩井山かさ神口バス停_8_延算寺_5_瘡神薬師(延算寺東院)_5_浄土寺_15_慈恩寺(福富バス停)_10_真長寺_15_大智寺・獅子庵_50_名鉄岐阜駅・JR岐阜駅

羽島市内コース　　JR東海道新幹線岐阜羽島駅_10_中観音堂(円空資料館)_20_長間薬師寺_20_佐吉仏_5_竹鼻別院・羽島市歴史民俗資料館_5_本覚寺・永田佐吉墓_5_円覚寺_5_名古屋鉄道竹鼻線竹鼻駅

岐阜北部・山県市コース　　JR東海道本線岐阜駅・名古屋鉄道名鉄岐阜駅_30_法華寺(三田洞弘法)_15_大龍寺_20_済法寺_15_東光寺_5_甘南美寺_10_白山神社_25_南泉寺・大桑城跡_10_普門寺_9_九合洞窟遺跡_15_篠倉神社・八月堂_5_蓮華寺_60_名鉄岐阜駅・JR岐阜駅

笠松～各務原台地コース　　名古屋鉄道名鉄岐阜駅_5_笠松駅_20_笠松県庁跡・笠松渡船場跡石畳_20_笠松駅_3_岐南駅_20_旧宮川家住宅_20_岐南駅名鉄岐阜駅乗換_10_名古屋鉄道各務原線新加納駅_15_手力雄神社_20_少林寺_5_新加納駅_5_各務原市役所前駅_10_かかみがはら航空宇宙科学博物館_15_名電各務原駅_15_炉畑遺跡公園・旧桜井家_20_大牧1号墳_20_坊の塚古墳_20_大安寺_40_村国神社(村国座)_30_苧ヶ瀬駅_5_新鵜沼駅

北方・本巣周辺コース　　JR東海道本線岐阜駅・名古屋鉄道名鉄岐阜駅_45_円鏡寺_5_北方城跡・安東伊賀守守就戦死の地_10_西運寺(美濃派俳諧水上道場跡)_25_宗慶大塚古墳_25_物部神社(真桑人形浄瑠璃)_20_樽見鉄道北方真桑駅_5_糸貫駅_20_富有柿の里_20_長屋神社_20_樽見鉄道本巣駅_30_水鳥駅_2_根尾谷断層_2_5_樽見駅_15_根尾谷淡墨ザクラ_60_名鉄岐阜駅

---

⑳永照寺　　　　　　　㉗西方寺　　　　　　　㉞旧宮川家住宅　　　　座)
㉑中観音堂(羽島円　　㉘三田洞弘法　　　　　㉟少林寺　　　　　　　㊷宗慶大塚古墳
　空資料館)　　　　　㉙大龍寺　　　　　　　㊱薬師寺　　　　　　　㊸円鏡寺
㉒八神城跡　　　　　　㉚白山神社　　　　　　㊲山田寺跡　　　　　　㊹北方城跡
㉓佐吉仏　　　　　　　㉛東光寺　　　　　　　㊳炉畑遺跡　　　　　　㊺真桑人形浄瑠璃
㉔竹鼻別院　　　　　　㉜普門寺　　　　　　　㊴坊の塚古墳　　　　　　(物部神社)
㉕八劔神社　　　　　　㉝木曽川笠松渡船場　　㊵大安寺　　　　　　　㊻根尾谷断層
㉖起渡船場石灯台　　　　跡石畳　　　　　　　㊶各務の舞台(村国　　㊼能郷白山神社

3

❶ 「天下布武」の町

金華山山頂にたつ小説『国盗り物語』の舞台となった岐阜城と，鵜飼で名高い長良川は，県都岐阜のシンボルである。

岐阜城 ❶ 〈M▶P.2, 5, 12〉岐阜市金華山天守閣18
058-263-4853   JR岐阜駅・名古屋鉄道本線名鉄岐阜駅🚌長良橋方面行岐阜公園・歴史博物館前🚶3分，岐阜公園内山麓駅より金華山ロープウェー山頂駅🚶8分

岐阜市のシンボル金華山
信長，天下布武の出発点

　岐阜市街地の北東，長良川の南にそびえるのが岐阜市のシンボルともいうべき金華山(328m)である。その山頂にたつ鉄筋3階建ての城が，司馬遼太郎の小説『国盗り物語』の舞台として知られる岐阜城である。バス停をおりてすぐの岐阜公園内にある山麓駅からロープウェーを利用するのが便利である。

　金華山は古くは稲葉山とよばれ，鎌倉時代以来，何代にもわたって城が築かれたとされているが，城下町を伴った本格的な城郭を構えたのは，戦国大名斎藤道三が天文年間(1532～55)に入城してからのことと思われる。この稲葉山城は，道三からその子の義龍，孫の龍興と継承されたが，道三の女婿で隣国尾張国の織田信長が，1567(永禄10)年，龍興を滅ぼして入城した。『信長公記』などでは，信長が入城に際して，古代中国・周王朝発祥の地にちなんで「岐阜」「岐山」「岐陽」などの候補から「岐阜」の名を選んだとしており，このころより「井之口」とよばれていた町の名も「岐阜町」と称するのが一般的となった。

岐阜城

　岐阜城からは，信長政権をささえた肥沃な濃尾平野が眺望でき，ここから信長の天下布武の第一歩がふみだされた。山麓には城下町が発達し，信長がだした楽市楽座制札(国重文)が円徳寺(浄土真

岐阜城周辺の史跡

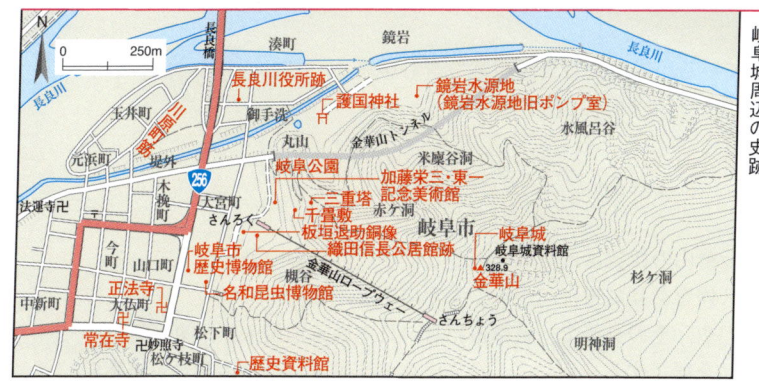

宗)に残されている。

　信長が安土(現，滋賀県近江八幡市)に移ると，城は長男信忠にあたえられ，その後，3男信孝，池田輝政，豊臣秀勝らが城主となった。1600(慶長5)年の関ヶ原の戦いのときの城主は，信長の孫で三法師とよばれた織田秀信であったが，秀信は西軍(石田三成方)に属したため，東軍(徳川家康方)に攻められ落城する。このとき，岐阜城にいた女性たちが身を投げたとの伝承が，麓の御手洗池に残されている。関ヶ原の戦い後，岐阜城は廃され，天守閣などは解体されて，岐阜市の南方に，家康の女婿奥平信正を封じて築かれた加納城の建設に利用されたという。現在の岐阜城は，1956(昭和31)年に，天守台とされた石積み遺構の場所に鉄筋コンクリート造りでたてられたもので，1997(平成9)年に改修された。内部は展示室および展望台となっている。また，併設して岐阜城資料館もたてられている。山頂付近には平坦な場所は少なく，そこに櫓・硝薬庫・台所・井戸・馬場・堀切などの跡と伝える遺構が点在している。山頂へは，ロープウェーのほか，大手道とされる七曲がり道・百曲がり道・馬の背道・瞑想の小径(水の手道)などの登山道もある。いずれのコースをたどっても，深く急峻な崖にまもられた山城の様子が体験できる。

　なお，金華山ロープウェー山麓駅かたわらの千畳敷では，1984(昭和59)年からの発掘調査により，石垣などの遺構が発見され，織田信長公居館跡として整備されている。近年の発掘調査では庭園跡や金箔瓦などが見つかっており，資料は岐阜市歴史博物館に展示さ

「天下布武」の町　5

れている。織田信長公居館跡を含む金華山一帯は，岐阜城跡として2011(平成23)年に国史跡に指定された。

岐阜公園 ❷

058-262-3951(管理事務所)

〈M▶P.2,5,12〉岐阜市大宮町　P(市営駐車場)
JR岐阜駅・名古屋鉄道本線名鉄岐阜駅🚌長良橋方面行
岐阜公園・歴史博物館前🚶1分

岐阜市の誇る文化ゾーン／岐阜市民の憩いの場

　金華山の西麓は，岐阜公園として市民の憩いの場となっている。バス停をおりて東に向かってすぐにある。公園内には岐阜市歴史博物館や，その分館で，岐阜市出身の日本画家加藤栄三・東一兄弟の作品を展示する加藤栄三・東一記念美術館，および名和昆虫博物館などの文化施設がある。

　岐阜市歴史博物館では，老洞古窯跡群より出土した「美濃(国)」刻印須恵器(国重文)や長良川鵜飼用具(国民俗)・手漉美濃和紙製造用具(県民俗)をはじめとして，岐阜城や岐阜町関係の資料や地場産業である岐阜提灯・和傘などを展示している。

　歴史博物館の東隣にある名和昆虫博物館(国登録)は，ギフチョウの発見で名高い名和靖が創設したもので，記念昆虫館と昆虫博物館の2棟のレンガ造りの洋館からなる。明治時代末期〜大正時代の面影を残す建造物である。

　公園の奥，ロープウェー山麓駅の西側には，朱塗りの三重塔(国登録)がたっている。これは，大正天皇即位の記念事業でたてられたもので，資材として濃尾地震で被災した長良橋の古材が使われた。日本画家川合玉堂が建立場所を選定したという。

　公園の北辺，御手洗池の背後の丸山は，伊奈波神社の旧社地である。この御手洗池の北の水路は，長良川増水時に締め切る第2堤防となっており，長良橋通りとの交差点に閘門が設けられている。

　岐阜公園の北東に護国神社があり，近江守源久道銘の刀(県重文)を所蔵している。さらに山裾に沿って東に進むと，鏡岩水源地に着く。上水用の地下水を汲み上げる施設で，岐阜市南部地域に水を供給している。1930(昭和5)年より操業しているが，当初の旧エンジン室・旧ポンプ室(ともに国登録)が残っており，資料館となっている。

コラム

板垣死すとも，自由は死せず

板垣退助岐阜遭難事件
自由民権運動の象徴

　岐阜公園の織田信長公居館跡の前に板垣退助の銅像がたっている。

　1874（明治7）年の民撰議院設立建白書の提出にはじまった自由民権運動は，1880年代にはいって高揚期を迎えた。

　1882年，自由党総理の板垣退助は，党勢拡大のため東海道を遊説，東濃を経て4月5日に岐阜にはいった。6日，岐阜神道中教院で行われた懇親会での演説をおえて，外にでようとした板垣を刺客がおそい，板垣は胸や腕に数カ所の傷を負った。

　そのときに「吾死スルトモ自由ハ死セン」とさけんだといわれている。実際に板垣がこの言葉を発したかについては確認できないが，板垣遭難事件はたちまち全国に伝えられ，天皇から慰問の勅使が派遣された。その後，この事件は錦絵に描かれ，川上音二郎らの壮士劇にも取りあげられ，「板垣死すとも，自由は死せず」の言葉も自由民権運動を象徴する言葉として広く喧伝された。

　舞台となった中教院は，その後1917（大正6）年，岐阜公園の拡張に伴い取り払われ，翌年，銅像が中教院のあった場所にたてられた。なお，現在の銅像は戦後再建されたものである。

板垣退助銅像

川原町筋 ❸

長良川畔随一の湊町
伝統的な町並みが保存

〈M▶P.2, 5, 12〉岐阜市湊町・玉井町・元浜町一帯
JR岐阜駅・名古屋鉄道本線名鉄岐阜駅🚌長良橋方面行長良橋🚶すぐ

　岐阜公園の西側，長良川南岸の一帯は，濃尾震災の火災や第二次世界大戦の空襲から免れたこともあって，古い町並みがよく残っている。とくに，長良橋南詰めにある長良橋バス停から階段をおりた道沿いの，古く「中川原」とよばれた湊町・玉井町・元浜町には，軒先に火除けの秋葉神をあげ，格子戸のはまったせまい間口に奥行きの深い町屋が連なり，黒塀に白壁の土蔵も残っている。また，岐阜公園・歴史博物館前バス停の南一帯の本町周辺にも古いたたずまいを残した家が多い。

　この川原町から本町にかけての一帯は「井之口」とよばれていた

「天下布武」の町

川原町筋

が，織田信長入城のころから岐阜町とされ，長良川流域の広域的な物資の集散拠点として発展した。岐阜を訪れたイエズス会の宣教師ルイス・フロイスは，『日本史』に当時の岐阜町の人口を8000〜1万人と記すとともに，その繁栄ぶりをバビロンにたとえている。

　江戸時代，岐阜廃城に伴い長良川筋は尾張藩の管理に属し，岐阜町には長良川役所がおかれた。美濃和紙・関の刀剣類・木材・炭などの特産物，米・酒などが交易され，役所では船役銀といわれる通行税を徴収した。岐阜公園の北に，長良川役所跡の石碑がたっている。

　岐阜町には，これらの商品を扱う商家がたち並び，和紙や竹などを利用した提灯・渋うちわ・和傘などの地場産業も発達した。今でも，材木町・木挽町・大工町・金屋町・茶屋町・魚屋町・靭屋町などの町名が残り，紙製の鯉のぼりなどを扱う店も営業している。

　川原町の町並みを北進して長良川にでたところに，鵜飼観覧船事務所がある。鵜飼は，鵜匠が海鵜を飼いならしてアユなどの魚を捕る伝統的な漁法で，長良川の鵜飼漁（県民俗）は，岐阜市の観光の中心として多くの観光客で賑わっている。

常在寺 ❹
058-263-6632　〈M▶P.2,5,12〉岐阜市梶川町9
JR岐阜駅・名古屋鉄道本線名鉄岐阜駅🚌長良橋方面行本町1丁目🚶2分，または長良橋方面🚌岐阜駅方面行大仏前🚶すぐ

『国盗り物語』ゆかりの寺　斎藤道三・義龍の画像

　川原町・本町などの古い町並みを南にいくと，岐阜城への登山道である七曲がり道・金華山ドライブウェーに続く東西の道にでる。その道沿いに常在寺（日蓮宗）がある。常在寺は，室町時代，守護代として権勢をふるっていた斎藤氏ともつながりをもつ寺であった。その4世日運と長井新左衛門尉が，京都妙覚寺での修行仲間であったことから，新左衛門尉は斎藤家に取りいることができたと伝

長良川と金華山—岐阜

チャップリンもみた長良川の鵜飼

行 コラム

長良川の風物誌 千年の伝統を誇る漁法

　鵜飼の歴史は古く、『古事記』にも記載がある。702(大宝2)年の「御野国戸籍」(『正倉院文書』)に「鵜養部」があることなどから、地元では、長良川鵜飼の歴史を1300年としている。

　長良川の鵜飼は、5月11日から10月15日まで、中秋の名月の日と増水の日をのぞく毎晩開催されている。鵜舟には鵜匠と、とも乗り・なか乗りの2人の舵取りが乗り、「ホウホウ」という鮎狩りのかけ声をかけ、船縁をたたいて鵜を操りながら川をくだってくる。

　クライマックスは、全部で6艘の鵜舟が、川幅いっぱい横一列に広がって漁をする、総がらみである。舳先にたって、1人で10〜12羽の鵜を操る鵜匠の装束は、風折烏帽子に紺の単衣・胴あて、腰蓑に足半とよばれる半分しか長さのないわらじを履いた独特のもので、平安時代の宮中の鵜飼の名残りをとどめるものだといわれている。

　長良川の鵜飼は、その時々の権力者の保護を得て連綿と続けられてきた。江戸時代は尾張藩の保護をうけ、毎年、鮎鮨や宇留加(鮎の内蔵や卵を塩漬けにしたもの)を尾張藩におさめた。これらは幕府や諸大名への献上品として珍重された。岐阜町から尾張藩へ鮎を運ぶ道は、御鮨街道の別称がある。

　現在、岐阜市在住の鵜匠は6人、上流の関市小瀬鵜飼の鵜匠3人とともに宮内庁式部職鵜匠とされ、世襲制で鵜匠の技が引き継がれている。

　鵜飼は、川魚漁というだけでなく興行としての側面ももっており、古くから鵜飼見物に訪れた文人墨客も多い。松尾芭蕉も、岐阜を訪れた際に「おもしろうて　やがてかなしき　鵜舟かな」の句をよんでいる。周辺には北原白秋の歌碑などが多数あり、チャップリンも来日の際に鵜飼見物を楽しんでいる。また、舟橋聖一の『白い魔魚』の舞台となった旧いとう旅館の跡などもある。

　長良川鵜飼観覧に関する問い合わせは、岐阜市鵜飼観覧船事務所・岐阜市観光コンベンション課まで。

芭蕉句碑

えられる。この長井新左衛門尉が斎藤道三の父と考えられており、父子2代にわたって長井氏・守護代斎藤氏・守護土岐氏をつぎつぎと倒し、美濃国を領有した(「六角承禎条書」)。

　道三については、油売りから身をおこしたとの伝承が流布してい

絹本著色斎藤義龍画像　　　　　　　　　　　　　　正法寺大仏殿

るが，常在寺は道三とその子孫の帰依をうけ，絹本著色斎藤道三画像と同義龍画像を所蔵している（ともに国重文，岐阜市歴史博物館に寄託・展示されている）。

　常在寺の通りをはさんで南には妙照寺（日蓮宗）があり，江戸時代前期の日蓮宗寺院の様式を残す本堂・庫裏が残る。松尾芭蕉が，1688（元禄元）年に滞在しており，句碑もたてられている。

　常在寺を東にいくとすぐに，正法寺（黄檗宗）の朱塗りの大仏殿がみえる。この大仏殿には，「籠大仏」（県重文，附胎内仏）の名で知られる釈迦如来坐像が安置されている。この大仏は，大人一抱えほどもある太いイチョウの木を真柱にして木材で骨格をつくり，その外側をこまかく編んだ竹材で形を整えている。さらに表面を粘土で塗り固めて一切経などの経文を貼り，その上に漆を塗って金箔をほどこしたもので，高さは13.6m，奈良や鎌倉の大仏と比肩できるほどの大きさで，日本三大仏と称されている。

　この大仏は，江戸時代末期，地震や飢饉による犠牲者の供養のために発願され，2人の住持が約40年にわたる喜捨行脚を行って完成させたと伝えられている。提灯や和傘など，竹と紙を使った岐阜の特産品の技術が随所にいかされた仏像としても価値がある。なお，胎内仏は薬師如来坐像である。正法寺には，ほかに木造阿弥陀如来

坐像(県重文)もある。

　正法寺をでて、東側の七曲がり道・金華山ドライブウェーを少しのぼったところに岐阜県歴史資料館がある。県内の歴史および民俗に関する資料を収集・保存している。

伊奈波神社 ❺　〈M▶P.2, 12, 17〉岐阜市伊奈波通1-1 Ｐ
058-262-5151　JR岐阜駅・名古屋鉄道本線名鉄岐阜駅🚌長良橋方面行伊奈波通り🚶5分

岐阜町の総産土神 桜のころの岐阜祭り

　岐阜公園・常在寺から山裾に沿って道を南にたどると、10分ほどで伊奈波神社に着く。平安時代初期の『日本霊異記』にもその名があり、880(元慶4)年に従四位下の神階をうけたことが『日本三代実録』にみえる。「美濃国三之宮」を称し、古くから岐阜町の総産土神として尊崇を集める神社である。当初は金華山丸山の地にあったが、斎藤道三が稲葉山城建設に伴い現在地に移したといわれており、山の中腹にある社殿からは岐阜の市街地が一望できる。

　祭神は、五十瓊敷入彦命を主神として、これに連なる4神をまつる。五十瓊敷入彦命は垂仁天皇の皇子で、各地に池溝をつくり、殖産に功があったとされるが、社伝の『美濃国第三宮因幡社本縁起』(県文化)によれば、東北地方遠征の際、讒言にあって当地で没し、その後、景行天皇14年になって椿原の地(岐阜公園丸山)にまつられたと伝える。

　例大祭は4月5日で、第1土曜日に行われる神幸祭・宵宮とあわせ、岐阜祭りとよばれる。折からの桜の季節で岐阜市中がおおいに賑わう。神幸祭では、伊奈波神社を発した神輿が、行列を組んで、橿森神社を経て金神社に巡幸する。金神社の主神は淳熨斗媛命で、五十瓊敷入彦命の妃である。一方、橿森神社は、五十瓊敷入彦命と淳熨斗媛命の子の市隼雄命をまつった神社である。

岐阜祭り

「天下布武」の町　11

伊奈波神社は，斎藤道三や織田信長・徳川家康ら，権力者の崇拝を集め，尾張藩2代藩主徳川光友が現在の社殿を造営している。景依銘の太刀(国重文，東京国立博物館寄託)，石造狛犬(県重文，岐阜市歴史博物館寄託)や木造獅子頭(県重文，岐阜県博物館寄託)など文化財も多く所蔵している。

崇福寺 ❻　〈M▶P.2,12〉岐阜市長良福光2403-1 P
058-231-2613
JR岐阜駅・名古屋鉄道本線名鉄岐阜駅 🚌 市内ループ線左回りまたは三田洞線三田洞団地行長良川国際会議場北口 🚶 2分

快川紹喜ゆかりの禅寺 臨済宗東海派の中心寺院

　長良橋を渡った北側は，鵜匠が多く居住した場所で鵜飼屋の地名が残っている。その北西一帯は福光とよばれ，室町時代後期には，土岐氏の守護所が岐阜市南部の革手より移された。その福光に崇福寺(臨済宗)がある。1493(明応2)年守護代斎藤利国の弟利安が居館を禅寺に改めたと伝える。瑞龍寺の開山で，妙心寺東海派の祖となった悟渓宗頓の弟子独秀乾才が開山となり，以後，東海派の根本道場の1つとして名僧を多く世にだしている。のちに甲斐国(現，山梨県)恵林寺に移り，織田信長の武田攻めに際し，「心頭を滅却す

長良川周辺の史跡

崇福寺

れば，火も自らすずし」という言葉を残して焼死したことで知られる快川紹喜もその1人である。快川は，土岐氏出身で崇福寺3世となり，1560(永禄3)年，斎藤義龍が九州から招いた別伝を重用して東海派寺院を制しようとした別伝の乱では，抵抗勢力の中心となって活躍した。

　また，西美濃三人衆の1人である稲葉一鉄もここで修行したとされ，のちに梵鐘を寄進している(現在のものは再鋳)。1567年，織田信長も岐阜入城とともにここを祈願所としている。1582(天正10)年本能寺の変で，信長とその子信忠が明智光秀に討たれると，信長の側室小倉氏がその遺品を送り，位牌を安置した。寺内には織田信長父子廟所がある。また，関ヶ原の戦い直前，岐阜落城の際の兵士の血痕が付着した床板を，供養のため本堂の天井板としたと伝えられる血天井もある。江戸時代には，江戸幕府3代将軍徳川家光の乳母春日局と関係を有し，有栖川宮家の祈願所ともなっている。

　崇福寺を西へ5分ほどいくと，道三塚がある。1556(弘治2)年，子の義龍と対立した斎藤道三は，長良川中渡の合戦で敗れた。道三の遺体は崇福寺の西南に葬られたが，そこは洪水でたびたび流され，江戸時代後期に常在寺の住職によって現地に移されたといい，塚のある辺りの通称を道三町とよんでいる。道三塚は，鷺山出身の森田草平の小説『煤煙』のなかにも登場する。

　その道三が隠居所とした鷺山は，金華山と長良川をはさんで北西に対峙する標高68mの小山で，ここに中世以来城郭が築かれていた。近年，この鷺山の北一帯の発掘調査が行われ，室町時代から戦国時代にかけての遺構が発掘された。

　道三塚を北西へ1kmほどいった環状線沿いの一帯は下土居とよばれる。北部体育館の東を北上すると城田寺に入る。その城田寺の東側山沿いに舎衛寺(真言宗)がある。当初は城田寺と称し，725(神亀2)年に白山権現がここに回向したことにはじまり，942(天慶

「天下布武」の町

5)年に西天より飛来した玉幡に書かれた文字により，寺号を舎衛寺に改めたという寺伝をもつ。平安時代以来，広大な寺域と伽藍を誇ったが，1496(明応5)年の守護土岐氏や守護代斎藤氏の内紛に絡んでおきた船田合戦に際して，灰燼に帰したとされる。平安時代中期の作といわれる木造釈迦如来坐像，金銅製五鈷杵(ともに県重文)など文化財も多い。

おぶさ観音 ❼
058-231-3539
〈M▶P.2,12〉岐阜市長良雄総194-1 P
JR岐阜駅・名古屋鉄道本線名鉄岐阜駅🚌おぶさ墨俣線終点🚶すぐ

国宝の金銅鉢 奈良時代創建の古刹

　長良川をはさんで金華山に対する形で小高い山塊が連なる，西南部の裾野に開けた一帯を雄総という。おぶさバス停をおりるとすぐに，746(天平18)年，聖武天皇の勅願により行基が開創したとの伝承をもつ護国之寺(真言宗)がある。本尊の十一面千手観音により「おぶさ観音」の名で親しまれている。

　当寺には，国宝の金銅獅子唐草文鉢が所蔵されている。寺伝によると，聖武天皇が大仏建立に際し，当地で金丸(金王丸とも)という童子をみいだし都に連れていって仏師としたが，その金丸に大仏建立の功として下賜されたのがこの仏鉢であるとする。胴径27.5cm・高さ14.5cm・重さ約1.2kgの仏鉢の外側には，獅子や宝相華唐草文が線刻され，全体に鍍金がほどこされている。制作年代は奈良時代後期と考えられている。また，奥の院本尊の千手観音像の胎内から，奈良時代の塑像の仏頭(県重文)がみつかっている。境内からは数種類の古瓦片も出土しており，同寺の創建の古さを裏づけている。

　そのほか，熊谷直実(蓮生)が父と祖父を供養するためにたてたとされる宝篋印塔(県重文)，12羽のいわゆる土岐

護国之寺山門

新たな長良川鵜飼の情報発信拠点

コラム !!

伝統漁法の魅力が凝縮「護り」「伝え」「広める」場

2012(平成24)年8月,長良川うかいミュージアムがオープンした。

館内には,実際に鵜飼漁で使われている用具などや,歴史,鵜の生態を学べる映像・写真資料が展示され,岐阜市を代表する「長良川鵜飼」の魅力や価値がわかりやすく紹介されている。

参加体験型の展示も多く,楽しみながら学ぶことができる。10〜4月の土・日曜日,祝日には鵜匠による鵜飼の実演もある。

長良川うかいミュージアム

の鷹が描かれた紙本著色鷹図六曲屏風(県文化)などがある。

護国之寺のある雄総地区は交通の要地で,古代の東山道がとおり,護国之寺の南,現在の鵜飼大橋の辺りで長良川を渡ったと考えられている。護国之寺の西500mに県立長良高校があり,その敷地内から全国的にも珍しい鬼面(人面)の模様を描きだした軒丸瓦などが出土しており,長良廃寺と名付けられた(岐阜市歴史博物館に展示)。また,長良高校に隣接する長良公園からは,土岐氏の居館・枝広館の跡と推定される遺構もみつかっている。ちなみにこの辺りは城之内とよばれており,城之内遺跡と総称されている。遺跡からは,弥生時代のパレス式土器とよばれる赤色の彩色をほどこした土器なども出土している。

この雄総から北の百々ヶ峰に続く丘陵一帯には古墳が点在し,長良川古墳群と通称されている。この古墳群はさらに北の常磐,太郎丸にまでおよび,龍門寺古墳などを含む岐北古墳群と連結している。

長良廃寺跡出土鬼面軒丸瓦

「天下布武」の町 15

❷ 柳ヶ瀬界隈と加納

岐阜市の中心市街地で，JR岐阜駅，名古屋鉄道本線名鉄岐阜駅があり，岐阜市周辺の文化財散策の拠点である。

織田信長ゆかりの寺　楽市楽座の制札

円徳寺 ❽
058-265-3575
〈M▶P.2,17〉岐阜市神田町6-24 P
JR岐阜駅・名古屋鉄道本線名鉄岐阜駅🚌徹明町方面行金宝町
🚶すぐ，または名鉄岐阜駅🚶5分

　岐阜駅方面から国道157号線(長良橋通り)を北進した，神田町6丁目交差点の西側に円徳寺(浄土真宗)がある。駅から歩くのが便利である。寺伝によれば，もとは「加納の浄泉坊」といい，北加納(現，長旗町付近)にあったものが，近世初期に，現在地に移されたという。

　1567(永禄10)年，岐阜(井之口)入城をはたした織田信長は，城下町の振興をはかるため，旧来からあった円徳寺寺内楽市場を改めて認め，商工業民の自由な活動を保障するための制札をだした。円徳寺が所蔵する制札は，楽市楽座制札4枚・附織田信長百姓帰住制札1枚(いずれも国重文)である。これらは岐阜市歴史博物館に寄託されており，損傷が激しいため複製の展示がなされている。

　円徳寺はまた，関ヶ原の戦いで西軍方として岐阜城にこもった織田秀信(信長の孫)が，落城後ここで剃髪して高野山にはいったことでも知られている。

　そのほか，境内には信長寄進の梵鐘や，信長の父信秀が稲葉山城(信長入城以前の岐阜城の呼称)の斎藤道三を攻め，大敗したときの死者を葬った伝織田塚改葬地などがある。

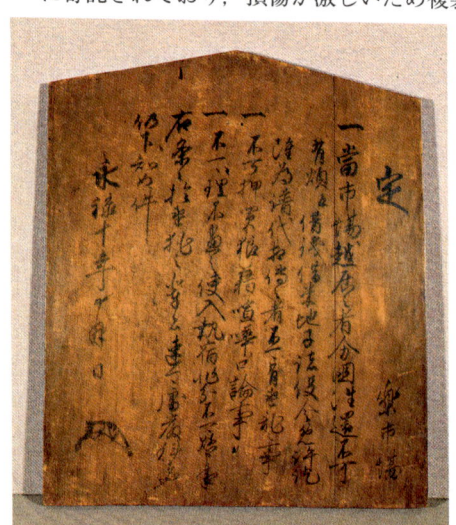

永禄十年の楽市制札

長良川と金華山―岐阜

円徳寺から北西に約100mいったところに金神社がある。祭神は渟熨斗媛命で，伊奈波神社の主神五十瓊敷入彦命と夫婦関係にある。4月の第1土曜日の岐阜祭りには，両神社とその子神をまつる橿森神社の3社の間を神輿が巡行する。

瑞龍寺 ❾
058-246-2597
〈M▶P.2, 17〉　岐阜市寺町19　P
JR岐阜駅・名古屋鉄道本線名鉄岐阜駅🚌北一色・関方面行竜田町🚶3分

中世美濃，禅文化の中心　雲水の修行道場

竜田町バス停から国道248号線をこえて北へはいると，山麓に瑞龍寺（臨済宗）がある。美濃国守護代斎藤妙椿が，1467（応仁元）年守護土岐成頼の菩提をとむらうために，悟渓宗頓を開山として建立した寺である。悟渓門下に「八哲」とよばれる名僧が輩出し，臨済宗妙心寺派の中核寺院の1つとして，濃尾一円の禅文化の中心をなした。

総門をはいった左に礎石があり，白鳳期創建の厚見寺跡（県史跡）とされている。律令時代，長良川南岸のこの一帯は厚見郡とよばれていた。各務原市柄山古窯跡で生産された瓦に，「厚見寺」の銘がはいったものがあった。これと同じ文字瓦や花鳥文様瓦片が瑞龍寺境内から出土し，ここを厚見寺跡としたものである。岐阜市歴史博物館には，当時の五重塔の復元模型が展示してある。

瑞龍寺には，参道をはさんで6つの塔頭が並ぶ。奥に本堂があり，雲水の修行道場となっている。毎月第1・3日曜日には一般を対象とした座禅会も開かれている。境内には瑞龍寺開山悟渓国師墓，土岐成頼墓，斎藤妙椿墓（い

JR岐阜駅北部の史跡

17

柳ヶ瀬界隈と加納

厚見寺跡の礎石

ずれも県史跡)がある。

瑞龍寺をでて上加納山に沿って西にまわると橿森神社(祭神市隼雄命)がある。神社前のエノキは、地元で「御薗の榎」とよばれている。美園町付近は、戦国時代の岐阜町総構えの南口外の御園にあたり、織田信長が制札をあたえた加納の楽市場ではないかという説がある。瑞龍寺から東へ約100mいくと、山裾に梅林公園がある。

美江寺 ⑩
058-262-6793

〈M▶P.2,17〉岐阜市美江寺町2-3 P

JR岐阜駅・名古屋鉄道本線名鉄岐阜駅🚌市内ループ線右回りまたは加納島線旦ノ島行市民会館・裁判所前🚶1分

奈良後期の乾漆十一面観音立像
大正期の面影残す旧県庁舎

バスをおり、裁判所前交差点を北側に渡ると、朱塗りの新しい楼門が目につく。「美江寺観音」の通称で親しまれている、美江寺(天台宗)である。同寺は、奈良時代に元正天皇の勅願で本巣郡美江寺村(現、瑞穂市美江寺)に創建された。天文年間(1532〜55)に斎藤道三が稲葉山城を築いたとき、城下の繁栄を守護するために、現在地に移された。

寺伝によると、本尊の乾漆十一面観音立像(国重文)は、伊賀国名張郡(現、三重県名張市)の坐光寺にあったが、美江寺創建に際して、毎年洪水で悩み苦しんでいた旧美江寺村一帯の住民を救済するために、坐光寺の本尊が迎えられたという。奈良時代後期の作と推定され、県内最古級の仏像の1つである。4月18日の開帳のときには、ほおからあごにかけて金箔が残るおだやか

乾漆十一面観音立像(美江寺)

18　長良川と金華山―岐阜

旧岐阜県庁舎

な姿を拝することができる。同像はもっとも東に伝わった脱乾漆の仏像といわれている。

1955(昭和30)年頃までは,岐阜市周辺では養蚕業が盛んであった。かつて3月第1日曜日の美江寺祭りでは,猩々投げが行われ,クワの豊作と蚕の成育を祈る行事として多くの参詣者で賑わった。しかし,時代の移り変わりのなかで,現在では祭りの形が変わっている。

金華橋通りを挟んだ向かいの司町では,岐阜市による再開発整備が進められている。岐阜大学医学部附属病院跡地には,2014年の完成を目指し,複合施設「みんなの森ぎふメディアコスモス」の建設がはじまった。

また,そのすぐ東の岐阜県岐阜総合庁舎は2012(平成24)年度をもって閉庁し,その一部は旧岐阜県庁舎として保存されることとなった。1925(大正14)年から66(昭和41)年まで岐阜県庁舎だった建物である。

美江寺から県道152号線の京町2丁目の信号を北へ徒歩3分のところに,1603(慶長8)年創建の本願寺岐阜別院(西別院,浄土真宗)がある。この寺は准如上人の岐阜巡教を機に創建されたものである。本門(県重文)は,1756(宝暦6)年建立の総ケヤキ造で,入母屋・瓦葺き,唐様の建築物である。なお,裏門(県重文)も江戸時代のものである。

乙津寺(鏡島の弘法さん) ⓫
058-252-2062

⟨M▶P.2, 22⟩ 岐阜市鏡島1328 Ｐ (21日をのぞく)

JR岐阜駅・名古屋鉄道本線名鉄岐阜駅🚌
岐阜高富線西鏡島行鏡島弘法前🚶3分

毎月21日,弘法さんの賑わい
国重文の仏像3体

鏡島弘法前バス停をおりて少し北へいくと,長良川の堤防を背に,「鏡島の弘法さん」こと乙津寺(臨済宗)がある。寺伝によれば,乙津島とよばれていたこの地に,738(天平10)年,行基がきて草庵

縁日で賑わう乙津寺境内

を結び，みずから木造千手観音立像(国重文)をきざんで安置したのにはじまるという。

9世紀初め，行基ゆかりの地と聞いて訪れた弘法大師(空海)が，宝鏡を竜神に手向けたところ，海原の潮が引いて一帯が陸地にかわった。そこで，ここを鏡島とよび，寺を築いて乙津寺と名づけた。このとき大師は杖にしていたウメの木を堂前にさし「仏法がこの地に栄えれば，この杖に枝葉も栄えるであろう」といったと伝えられる。そのウメが植えつがれて，この寺を別名「梅寺」ともよぶ。

空海の足跡は，史実のうえでは美濃国にまでおよんでいない。本尊の木造千手観音立像が9世紀初めごろの作と推定されるので，おそらくはこの前後に，空海を開祖とする真言宗寺院として開かれたものであろう。

その後，室町時代末期に長良川の大洪水で堂宇一切を失ったが，鏡島城主石河光清が再建に乗りだし，臨済宗妙心寺から狐峅宗竣を迎え中興し，以来臨済宗の末寺となり今日に至っている。第二次世界大戦時の空襲で堂宇は再び全焼したが，少しずつ往時の様子を取り戻し，今の姿に復興した。

1953(昭和28)年，焼失した本堂の跡に鉄筋コンクリートの国宝安置殿(本堂)が竣工した。そのなかに，第二次世界大戦の難をのがれた3体の木造仏が安置されている。正面に端正な顔だちですらりとした体軀の一木造の本尊，木造千手観音立像(国重文)がたち，左手に平安時代の作と推定される寄木造の木造毘沙門天立像(国重文)が，仏敵にそなえた武装の忿怒形でたっている。右手には鎌倉時代の作とされる寄木造の木造韋駄天立像(国重文)がたつ。

本堂に向かって左手前には大師堂がある。堂内には，弘法大師42歳の姿をみずからきざみ残したという寄木造の大師坐像が，秘仏

小紅の渡し

（4月21～23日開帳）として
まつってある。鋭い顔つき
とがっしりした体軀の写実
性に富んだ像で，鎌倉時代
中期ごろの作といわれる。
その堂前の大香炉（だいこうろ）には香煙
が絶えることなく，「鏡島
の弘法さん」は今日も市民
の暮らしのなかに生き続けている。とくに毎月21日の縁日（弘法大
師の命日）には，多くの参詣者が集まり，境内やその周辺には露店
も並び，一日中賑わいをみせる。

ここからすぐの長良川左岸に，長良川で唯一残る櫓（ろ）こぎの渡し舟
である小紅（おべに）の渡しの着船場がある。対岸の一日市場（ひといちば）までの船路は県
道扱いで，誰でも無料で利用できる。江戸時代には，中山道（なかせんどう）の通い
人は，ここよりやや下流の河渡（ごうど）の渡しを使って，中山道河渡宿へと
向かった。

立政寺（りゅうしょうじ） ⑫　〈M▶P.2,22〉岐阜市西荘（にしのしょう）3-7-11　P
058-251-8850　　JR東海道本線西岐阜駅 🚶 5分

県の文化財を多数所蔵　信長・家康の逸話を残す寺

「鏡島の弘法さん」から南へ約1km強の市橋西荘には，1354（文
和（な）3）年智通光居（ちつうこうきょ）が開山した立政寺（浄土宗）がある。JR西岐阜駅か
ら訪ねるのが便利である。この寺には，絹本著色十一面観音像（けんぽんちゃくしょく）・
同当麻曼荼羅図（たいままんだらず）・同阿弥陀如来像・同善導大師像（ぜんどうだいし）・同十三尊仏（じゅうさんぞん）
像・同五大力菩薩像（ごだいりき）（いずれも県重文）があり，本堂前には智通光居
墓（県史跡）がある。

1568（永禄（えいろく）11）年7月，織田信長は越前（えちぜん）（現，福井県）の朝倉義景（あさくらよしかげ）の
もとにいた室町幕府12代将軍足利義晴（あしかがよしはる）の子義昭（よしあき）をこの寺に迎えた。
義昭を奉じて京にのぼった信長は，義昭を室町幕府15代将軍につけ，
天下布武の道を歩みはじめる。また，立政寺には徳川家康（とくがわいえやす）にまつわ
る逸話がある。関ヶ原の戦い（1600年）の前，美濃にはいった家康は，
立政寺で休息をとった。そのとき，住職が家康に柿を献上したとこ
ろ，そのなかの1つが盆より転げおちた。住職はあわてず「これは
めでたや，大柿（おおがき）（大垣すなわち石田三成（いしだみつなり）陣）が落ちました」と即妙で

柳ヶ瀬界隈と加納

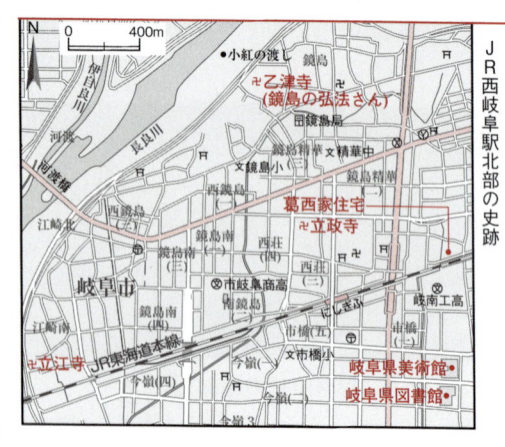

[地図: JR西岐阜駅北部の史跡]

こたえ、家康を大喜びさせたという。のちに家康は寺領50石をあたえ、下馬所に定めた。

立政寺の西方、長良川堤防に近い江崎には立江寺(浄土宗)がある。本尊は8月23・24日に開帳される木造阿弥陀如来立像(県重文)で、鎌倉時代末期の作と推定されるヒノキ材の寄木造である。

JR西岐阜駅から南に向かい、市橋6丁目の交差点を東におれ500mほど直進すると、岐阜市宇佐に岐阜県美術館がある。川合玉堂・熊谷守一ら、岐阜県ゆかりの作家の作品をはじめ、ルノアールやミロらの世界的名画を所蔵している。とくに象徴主義のフランス人画家ルドンのコレクションが豊富である。道をはさんで県美術館の南に岐阜県図書館がある。美術館とともに「県民文化の森」を形成している。

ここから北東にいった本荘敷島町にある葛西家住宅は、1895(明治28)年築造の大規模民家で、入母屋造・瓦葺きの主屋と切妻造・瓦葺きの長屋門は、国の登録有形文化財である。

加納城跡 ⓭

〈M▶P.2, 24〉岐阜市加納丸之内 Ⓟ
JR岐阜駅・名古屋鉄道本線名鉄岐阜駅🚌下川手方面行加納附属小学校前 🚶5分

城下町に由来する地名多数10万石奥平信昌ゆかりの城跡

小学校前バス停でおりて、岐阜大学教育学部附属小・中学校沿いの道を南へいった突き当りが加納城跡(国史跡)である。この地は古来交通の要衝であり、1445(文安2)年、美濃国守護代斎藤利永が守護土岐氏の居城である革手城の押さえとして築いたとされる中世加納城があったところでもある。徳川家康もここを戦略上の要地として注目し、近世加納城の築城を命じた。礎石や石垣はさきに取り壊した岐阜城のものを用い、城の東を流れる荒田川を自然の要害とし

加納城跡

て濠を築いた。

大手門は城の北側の中山道に向かって設けられた。大手門前の七軒町以東は鉤状になった町角が多く、城下町としての工夫が随所にみられる。

家康は長篠の戦い(1575年)で活躍し、長女亀姫を室とした奥平信昌を初代の加納城主として入城させた。その後、御三家尾張徳川家が成立してからは、加納城の意義が薄れ、奥平氏の移封以降は石高も減らされ、城下は中山道の宿場町としての性格を強めていった。

城は、現在、本丸と二の丸・隅櫓の土塁・石垣の一部がわずかに残り、加納公園となっている。辺りには丸之内・二之丸・大手町・鉄砲町・長刀堀・矢場町・奥平町などの地名があり、城下町の名残りをとどめている。初代城主奥平信昌と正室亀姫の墓は、城跡西方約500mの盛徳寺(臨済宗)にある。

加納城跡の東南約500m、済美高校の辺りに美濃国守護土岐氏の氏寺正法寺があった。正法寺は、1346(正平元)年、3代目守護の頼康により創建、歴代の守護にささえられ、五山十刹につぐ大寺と評された。応仁の乱(1467〜77年)のおりには、一条兼良をはじめとする多くの公家や文化人が戦火をさけてこの地を訪れている。一条兼良が連歌や舞などをつうじて斎藤妙椿らと交流した様子は、『藤河の記』に記されている。

なお、土岐氏の居城である革手城は、正法寺の南、現在の岐阜市光樹町付近にあったと推定されている。その後、正法寺は、船田の合戦(1495年)で焼失したといわれる。済美高校の南西約100mのところに、地元で「お薬師様」とよばれている小さな薬師堂があり、正法寺跡として岐阜市の史跡に指定されている。

済美高校から北の県道1号線(加納城南通り)にでて、荒田川をこえ、1kmほど西へ進むと国道157号線にでる。加納城南通2丁目東の交差点を南におれて約800mいった辺りが岐阜市茜部本郷で、東

柳ヶ瀬界隈と加納

大寺領茜部荘の故地である。この地にある浄性寺を含む，慶善寺・善超寺・専光寺・西福寺・快楽寺の6カ寺は，「河野六坊」とよばれ，絹本著色親鸞聖人御絵伝 附 紙本墨書蓮如裏書（県重文）を河野六坊組合で所有し，毎年8月2日の御虫干しのときに，輪番で一般公開している。この絵伝は，浄土真宗中興の祖といわれる蓮如が，1470（文明2）年にこの地の河野惣門徒に授与したもので，親鸞聖人の生涯が4幅の掛け軸に丁寧な筆使いで描かれている。

加納天満宮 ⓮

058-271-0706
〈M▶P.2,24〉岐阜市加納天神町4-1 P
JR岐阜駅 徒 5分

中山道沿いにある加納の天神さま　加納和傘発祥の碑

JR岐阜駅南口をでて南東へ5分ほど歩くと，加納天満宮（祭神菅原道真）がある。1445（文安2）年，守護代斎藤利永が中世加納城を築城したとき，城の鎮守として，現在の岐阜市加納沓井町付近に守護神をまつったことにはじまる。それを1601（慶長6）年，近世になってあらたに加納城を築城する際に現在地に遷宮したという。祭神には，のちに八幡大神と春日大神を合祀した。

例祭は10月下旬に行われる天神祭りで，宝物の1つである高さ5mにおよぶ山車の鞍馬車もひきだされる。また，境内には傘祖彰徳碑がある。和傘づくりは，第二次世界大戦前までの加納の中心産業であったが，その発祥は，1639（寛永16）年，播州明石（現，兵庫県明石市）より加納城主に移

加納天満宮

った松平光重が傘職人を帯同したことによるとされる。

　加納天満宮の東に玉性院がある。2月3日の節分の日、午後7時から行われるつり込み祭りで知られている。赤鬼に扮した厄男を御輿に乗せて町内を練り歩く厄払い行事である。

　加納天満宮の1本南を東西に走る本町通りが、旧中山道である。この通り沿いに本陣などがあったが、戦災で焼失し、その面影はない。加納宿は美濃16宿中最大の宿場で、1843(天保14)年の宿内人口は2728人、旅籠35軒、諸職人230軒余りであったという。

　旧中山道沿いを東へ進み、附属小学校バス停北にあるレンガ造りの建物が、1926(大正15)年に建築された、岐阜市と併合する前の旧加納町役場庁舎である。国の登録有形文化財である。

　中山道をさらに東に約2km進むと岐阜市細畑である。中山道沿いに伊勢路との分かれ道を示す地蔵堂と道標があり、一里塚も残る。さらに東に約2kmの岐阜市蔵前には、毎年4月第2土曜日の手力雄の火祭り(県民俗)で知られる手力雄神社(祭神手力雄命)がある。

柳ヶ瀬界隈と加納

③ 長良川に沿って北へ

岐阜市東部の長良川に沿った地域には、大きな古墳や、古代・中世において栄華を誇った有名な寺院が多い。

琴塚古墳 ⑮

〈M▶P.2〉岐阜市琴塚3-5ほか
JR岐阜駅・名古屋鉄道本線名鉄岐阜駅🚌大洞・関方面行琴塚🚶5分

5世紀の前方後円墳岐阜県内最大級の規模

　琴塚バス停をおりて東進し、琴塚4丁目南の交差点を南へ200mほどいった東側に、岐阜県内最大級の規模をもつ前方後円墳の琴塚古墳（国史跡）がある。全長約115m、後円部直径68m・高さ10m、前方部幅72.5m・高さ7.5m、くびれ部の両側には径6mの造出しをもっている。前方部の幅が後円部の直径よりやや大きいことから、5世紀後半の築造と考えられている。同墳はまた、二重の環濠を有する岐阜県唯一のものである。内濠幅18〜32m・外濠幅約7mで、内濠と外濠の境の堤の幅は10.5mあるが、現在内濠も外濠も埋められている。この古墳からは、円筒埴輪や土砂の流出を防ぐ葺石が発見され、物部氏出身の景行天皇妃五十琴姫命の墳墓と伝えられている。

　この付近一帯では、琴塚古墳を中心にして、柄山・南塚・土山の古墳とともに前方後円墳群が形成され、さらに周囲には大小70基余りの円墳が分布していたとされている。現在残っている古墳は、ヤマト政権の支配下にあったこの地方の有力者の存在と権威を物語っている。

琴塚古墳

　琴塚古墳から東へ800mほどいったところには柄山古墳（県史跡）がある。全長約82mの前方後円墳で、前方部が後円部にくらべて小規模であることから、4世紀後半から5世紀初頭の築造と推定さ

れている。しっかりした葺石が確認されたこの古墳からは、鶏をかたどった形象埴輪が出土し、各務原市埋蔵文化財調査センターに展示されている。

また、同じく北西方向に5kmほど向かったところには龍門寺古墳群があり、そのなかには4世紀後半の築造と推定される円墳の龍門寺1号墳がある。この古墳は、中国の後漢と三国時代につくられて日本にもたらされた三角縁獣文帯四神四獣鏡・方格規矩鏡が出土したことで知られる（岐阜市歴史博物館に展示。ただし三角縁神獣鏡は複製）。

琴塚古墳から県道92号岐阜巣南大野線を北へ進み、国道156号線にでて関方面へ進む。芥見5丁目信号を東へおれ、東部クリーンセンターへつうじる道路を800mほどいくと、各務原山地から続く標高約300mの丘陵、通称諏訪山の北側斜面（和光団地の南側）に、奈良時代前期（7世紀末から8世紀前半）に須恵器を生産した窯跡群がある。

3基からなるこの窯跡群からの出土品は約7万点にもおよび、なかでも「美濃」や「美濃国」と刻印のある須恵器や、押印に用いた陶製印が出土していることで知られている。出土品の美濃国刻印須恵器は国の重要文化財の指定をうけており、岐阜市歴史博物館に展示されている。

また、この丘陵を南にこえた反対側の諏訪山団地奥にも、同時代に操業されていたとみられる窯の跡があり、ここでも美濃国刻印須恵器が発見されている。これらは老洞・朝倉須恵器窯跡として国史跡の指定をうけている。

美濃国刻印須恵器は、美濃国分寺跡など岐阜県内にとどまらず、平城宮跡（現、奈良県奈良市）、伊勢斎宮跡（現、三重県多気郡明和町）など、当時の国家機構と密接なつながりをもつ遺跡のほか、郡衙関連施設のあった恒川遺跡（長野県飯田市）や古墳時代から中世にわたる複合遺跡の大庭北遺跡（大阪府守口市）などからも出土しており、供給先の多様さがうかがえ、美濃国刻印須恵器が運ばれた背景として考えられる国家の力を探るうえで、重要な意味をもっている。

長良川に沿って北へ

岩滝毘沙門堂 ⓰

〈M▶P.2, 28〉岐阜市岩滝東3-421

JR岐阜駅・名古屋鉄道本線名鉄岐阜駅🚌大洞・関・美濃方面行岩田🚶30分、または🚌尾崎団地線岩小学校前・北洞🚶25分

岐阜県内屈指の美しい木造毘沙門天立像　鎌倉時代の典型的な仏像

岩滝毘沙門堂

芥見地区周辺の史跡

北洞バス停から東へ歩み、北洞町1丁目の交差点を北へおれ、県道93号川島三輪線を北進する。300mほど進んだところで東へおれ、田畑地帯をさらに1kmほど進むと、岩滝東3丁目の集落にはいる。その集落の北に位置する山の南斜面に、岩滝毘沙門堂がある。山のなかに分けいる石段をのぼったそのさきの境内には、高さ20m以上に育ったヤマモモの木がある。毘沙門堂の本尊はヒノキ材を用いた像高約1.5mの寄木造の木造毘沙門天立像(国重文)であり、鎌倉時代初期の典型的な仏像である。甲冑に身をかため、右手に三叉戟、左手に宝塔をもち、邪鬼を踏まえてたつ玉眼の彩色像は、緊迫感がただよったみごとなものである。正月初寅と8月15日の大祭の日のみ拝観できる。

国道156号線を北上し、東芥見バス停を西におれ、北西方向に500mほどいくと芥見小学校がある。その西側の小山(芥見簑笠山)の麓には、八幡神社(祭神応神天皇)・日吉神社(祭神大

28　長良川と金華山—岐阜

山咋神)の両社殿(県重文)が鎮座している。八幡神社は、山城国石清水八幡宮の分霊をおさめたものであるといわれており、『美濃国風土記』に「簔笠山山麓に亭々たる巨木茂る美しき里に鎮座」と記されている。両神社とも創建の年代は定かではないが、ともに屋根のそりが美しい一間社流造で、規模・形式とも酷似しており、組物の技法などから桃山時代末期のものといわれている。蟇股のボタンやオシドリの彫刻、妻飾・斗栱もすぐれたもので、時代の特徴をよくあらわしている。

願成寺 ⑰ 〈M▶P.2〉岐阜市大洞1-21-2 P
058-243-2154　JR岐阜駅・名古屋鉄道本線名鉄岐阜駅🚌大洞団地線光輪公園口🚶5分

鎌倉時代の文化財が多数　中将姫誓願ザクラ

光輪公園口バス停をおりて大洞団地の反対側、南東へのびるゆるやかな坂をのぼっていくと、願成寺(真言宗)がある。寺伝によれば、創建は674(天武3)年で、壬申の乱の功臣村国男依が、十一面観音の小像を安置したのにはじまるという。745(天平17)年、観音の霊験を得た日野金丸が奈良東大寺の大仏を鋳造したことから、聖武天皇が行基に命じて七堂伽藍・十二坊を建立し、如意山願成寺と勅額を下賜されたと伝えられる。しかし、その後、堂宇の多くは兵火によって焼失し、現在の本堂は、1928(昭和3)年に再建されたものである。

願成寺には、鎌倉時代を中心として、平安時代から室町時代までの文化財が多く所蔵されている。そのうち、県重文に指定されているものは、本尊の木造十一面観音立像、木造阿弥陀如来坐像、木造大日如来坐像、木造金剛力士立像(仁王像)、「乾元二(1303)年」銘鰐口、華瓶及び閼伽桶、念誦次第五種(伝叡尊筆)・絹本著色刀八毘沙門天像、春日版大般若経である。

山門の木造金剛力士像は、

中将姫誓願ザクラ

長良川に沿って北へ

高さ2.8m、ヒノキ材の寄木造で、目は彫眼、忿怒の表情を示す姿には、充実した力強さと気迫がみられ、鎌倉仏像彫刻の写実性をよく伝えている。揖斐郡揖斐川町の横蔵寺(天台宗)、本巣郡北方町の円鏡寺(真言宗)とともに県下の優作といわれる。この金剛力士像と阿弥陀如来坐像以外は非公開である。

　また、境内の一角には、中将姫誓願ザクラ(国天然)がある。奈良時代の藤原豊成の女中将姫が、当寺の観音を慕って奈良の当麻寺から移ってきたとき、病気や難産を救おうとして植えたという。また別伝によれば、継母に憎まれ、逃げのびて当寺にきた中将姫が、長旅の疲れから病に伏したため、全快を祈って植えたという。このサクラは、花弁が細長いうえ、その数も20から30余弁と多く、ヤマザクラから変異したサクラであることが確認されている。毎年、4月中旬に淡紅を帯びた白色のみごとな花を咲かせる。

延算寺 ⑱
058-242-3007

〈M▶P.2,32〉岐阜市岩井397 P
JR岐阜駅・名古屋鉄道本線名鉄岐阜駅🚌加野団地線岩井山かさ神口🚶8分／岩井山かさ神口🚶5分

平安時代の木造薬師如来立像 かさ神さん信仰

　長良川右岸を北上して、県道94号岐阜美濃線の藍川橋西交差点から北西方向に2.5km(加野西畑北交差点からは2km)ほどいった加野団地の奥、岩井山かさ神口バス停から北へ300mほどいき、突き当りの道を西へ200mほど進み山に分けいったそのさきに、「かさ神様」として有名な延算寺(真言宗)がある。815(弘仁6)年に弘法大師(空海)が諸国巡教の際にこの地に立ち寄り、薬師如来を拝し、建立したと伝えられる。当時は草庵で仏像をまつる場所もなく、新しい盥に安置したということで、「盥薬師」ともよばれる。その後、864(貞観6)年、清和天皇の病気平癒祈願に効験あって定額寺(官立

延算寺

の寺)となり，七堂伽藍および十二支院を有したといわれる。

　寺につうじるゆるやかな坂をのぼると，そのさきには約300坪(990m²)の敷地に，6つの趣向を異にする庭園がみえてくる。この庭園は，当寺参拝者の来世往生に加え，現世安穏をも祈ってつくられたものという。園内には葉が枝先に3枚つくことから名がついたコバノミツバツツジのみごとな群落がある。

　庭園をぬけると，延算寺本堂(県重文)と鐘楼がみえてくる。本堂は，ゆるやかな勾配をもつ入母屋造の建造物で，格調高く均整のとれた外観は優美である。1582(天正10)年の兵火で全焼し，現在の本堂は1643(寛永20)年に再建されたものであるが，組物・蟇股・入母屋破風などの彫刻に，室町時代末期の様式がよく伝えられていると評される。隣には，1683(天和3)年建立と伝えられる鐘楼が並んでたてられている。入母屋屋根の簡明な建造物であるが，上層格天井には絵天井をもつ。

　堂内には，クスノキ材を用いた高さ約1.5mの一木造の木造薬師如来立像(国重文，5月5日開帳)が秘仏としてまつられている。寺の縁起では，805(延暦24)年，伝教大師(最澄)の作と伝え，はじめ因幡国(現，鳥取県)岩井山にあったが，815(弘仁6)年に移してきたもので，比叡山延暦寺の根本中堂，揖斐川町の横蔵寺の薬師像と同作であるという。

　なお現在の延算寺から東へ500mほど坂をくだったところに，小さな薬師堂があり，瘡神薬師をまつっている。ここが東院で，近郷の庶民の信仰を集めてきたいわゆる「かさ神さん」である。昔，小野小町が参籠したところ，病(天然痘)がなおったので堂をたてたとの伝承がある。現在も盛んな信仰が寄せられ，縁日には皮膚病をはじめとした諸病の平癒，安産や商売繁盛などを祈願する参詣者で賑わう。

　延算寺から北東方向へ約3km進むと，溝口中という集落内にはいる。県道94号岐阜美濃線の岐関大橋西交差点の手前200mほどのところに慈恩寺(浄土宗)がある。1195(建久6)年に土豪山県国盛・国成兄弟が，木曽義仲に殺害された父国時の十三回忌に際して，延暦寺(天台宗)の慈源を招いて開山したといわれている。最澄作と

延算寺周辺の史跡

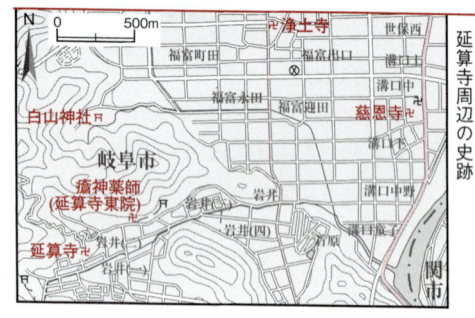

伝えられている本尊の木造千手観音坐像(国重文)は、十一面四十二手形式で、藤原時代後期の作といわれている。後部左右の脇手が頭上で阿弥陀如来像をささげている珍しいもので、京都清水寺(北法相宗)の本尊と同じ形式である(8月9・10日のみ開帳)。

また、岐関大橋西交差点を西におれて1kmほど進み、福富迎田(ふくとみむかえだ)交差点を北進して400mほどいったところには、浄土寺(じょうどじ)(浄土宗)がある。ここでは、8月末から10月なかばまでの48日間、福富地区の集落の人たちが入れ替わり立ち替わり念仏参籠する四十八昼夜念仏(しじゅうはちちゅうやねんぶつ)という行事が続いている(現在は、昼間のみの念仏参籠)。

本尊の阿弥陀如来立像(県重文)は、寺伝によると、1280(弘安3)年、伊勢国(現、三重県)の僧侶大空澤山(だいくうたくさん)が、京都東福寺(臨済宗)から移したものであると伝えられている。鎌倉時代初期の作といわれる優雅な満月相(まんげっそう)の面貌(めんぼう)をもったこの像は、ヒノキ材を用いた寄木造で、法衣のひだに凹凸がなく、沈線(ちんせん)をもって表現している点が珍しい。

一方、同寺の聖観音立像は、比叡山西谷浄土院(にしだにじょうどいん)にあったものを、寛永(かんえい)年間(1624～44)に、同寺中興の吟龍(ぎんりょう)がもち帰ったものであると伝えられている。藤原時代後期の作といわれるこの像は、顔は優美、目鼻だちがしっかりしており、彫法も浅いゆえ、のびやかな感じをうける観音立像である。現在では、2体とも彩色が剥げ落ちて黒い木地をあらわしている(拝観には事前連絡が必要)。

浄土寺から南西へ約1.5kmいった山麓には、白山神社(祭神白山姫命(しらやまひめのみこと))がある。その参道右側には、周囲約6m強・樹高30m余りもあるスギの大木(県天然)がたっている。その昔、疫病が流行した際、ある老婆が当社に祈願したところ、病の流行がおさまったので、そのお礼に植えたものであるという言い伝えがあり、樹齢はおよそ600年と推定されている。

長良川と金華山―岐阜

真長寺 ❶⑲
058-229-1336

〈M▶P.2〉 岐阜市三輪778-1 ℗
JR岐阜駅・名古屋鉄道本線名鉄岐阜駅🚌加野団地線・高美線三輪釈迦前🚶すぐ

平安時代の木造釈迦如来坐像
枯山水の名園

　三輪釈迦前バス停をおりてすぐ北側に，土地の人びとに「三輪釈迦」とよばれ親しまれている真長寺（真言宗）がある。奈良時代の行基の開創，940（天慶3）年の再興と伝えられているこの寺は，中世のころには，この地に勢力をもった豪族三輪氏の氏寺となり，三輪神社（祭神大物主命）の別当寺として，十六坊が並ぶ大寺院で，寺領も広大であった。織田信長の時代に寺領の一部は没収されたというが，その後，江戸幕府の保護をうけ，今でも多くの寄進状や免状が伝えられている。

　本尊の木造釈迦如来坐像（国重文）は，カツラの木に漆を塗り，その上に金箔をほどこしてつくられた寄木造の高さ約4mの丈六仏である。二重の円光をもつ後背は，制作当時のままに現在まで残っている。全体がよく整い，ふっくらとした豊かで気品に満ちた作風は，藤原時代のものである。

　また，客殿の前にある庭園は，江戸時代初期につくられた石庭で，コケや石，塀や竹林の絶妙な配置により，思想性と抽象性に富んだ枯山水の庭園として知られている。一面のスギゴケと大小7個の山石が無類の世界を構成し，現世から仙人が住むと伝えられる，蓬莱世界へつながる空間を表現しているといわれている。

　三輪神社は，ここから東へすぐのところにある。永禄年間（1558～70）にこの地の領主であった近松光保が社殿を建立したが，やがて破損したため，1696（元禄9）年に再建されたのが現在の本殿である。再建のとき，建立当初の様式を踏襲したといわれ，室町時代の様式がみられる。ここに伝えられている稚児山の芸能は，三輪神社の例

真長寺の石庭

長良川に沿って北へ

獅子庵

祭三輪祭りの中心部分で，4月4日夜の試楽と5日昼の本楽で演じられる。美麗な衣装を着て舞う稚児の舞は，いわゆる「お稚児さん」となって神に奉仕し，水の鎮護や五穀豊穣の祈願をこめた民俗性豊かな行事である。

真長寺から北西へ約1kmいった山麓には，大智寺（臨済宗）がある。この寺は，鎌倉時代に建立されたが，その後，戦国時代の兵火などによって荒廃し，1500（明応9）年，北野城主鷲見美作守保重が菩提寺として再建し，妙心寺10世悟渓宗頓門下八哲の1人玉浦宗珉が開山したといわれている。江戸時代には，幕府に寺領を寄進したため，幕府より朱印をうけ，葵の紋の使用を許されたことから，現在も勅使門・仏具・瓦に葵の紋が使われている。境内には根元の周囲が9m以上もあり，落雷によって幹によじれがみられる樹齢約700年の大ヒノキ（県天然）がある。堂内には，円空初期の作といわれる観音像と地蔵像の2体があり，それらを背中合わせにするとぴったりと符合し，1本の柱になっていることがわかる（拝観には事前連絡が必要）。

参道入口の西側には，蕉門十哲の1人で美濃派俳諧（獅子門）の始祖といわれる各務支考の住居跡獅子庵（県史跡）がある。支考は，ここから近い山県郡北野村（現，岐阜市北野）出身で，幼くして大智寺の僧として参禅修行をしていた。やがて還俗し，26歳のとき，松尾芭蕉を訪ねて門下となり，以後，芭蕉にしたがって各地を遊歴した。

支考は46歳で郷里に帰り，獅子庵をたて，67歳で没するまでの約20年間，美濃を中心にして俳諧の普及につとめた。獅子庵は瓦葺き平屋建ての簡素な建物であり，20年間隠遁した北野堀端から，支考の死後，墓所の隣の現在地に移したものである。なお，獅子庵の北側には，支考の墓と歴代道統の句碑がひっそりとたっている。

❹ 岐阜の玄関羽島

いにしえの鎌倉街道・美濃路を行き交う旅人に思いを馳せ，円空仏の微笑みと出会い，木曽の川面に治水の労苦を思う。

移築された尾張藩校の聖堂
平方勢獅子7つの舞

永照寺 ⑳
058-398-2063
〈M▶P.2, 37〉 羽島市福寿町平方1372
名古屋鉄道羽島線新羽島駅🚶12分

　新羽島駅をでて東海道新幹線岐阜羽島駅にはいり，駅構内のコンコースを北口から南口へぬけてロータリーの信号を右折する。新幹線の高架に沿って北西に300m進み，北方4丁目の信号からさらに100mで左折し，南西に200m進んで平方第1公園を右にみながら西に200mいくと，福寿分団平方消防車庫がある。さらに西に100m，2本目の小道を左折すると永照寺(浄土真宗)の堂宇がみえる。

　永照寺は，蓮如の異母弟蓮淳の5男照光が，伊勢国長島(現，三重県桑名市長島町)に開いた寺で，1574(天正2)年，織田信長によって長島の一向一揆が平定されたため，長島から平方に移ってきた。本堂(県重文)は，もとは尾張藩の藩校明倫堂の聖堂で，現在に残る数少ない儒教建築物の1つである。1787(天明7)年に尾張藩9代藩主徳川宗睦によってたてられた聖堂が，1873(明治6)年に売りにだされ，名古屋から永照寺に移されて本堂に改造された。総ケヤキ材の入母屋造，唐破風の向拝が往時をしのばせる。かつては屋根が銅板葺きで，内部には床面より約70cm高い位置に孔子像をまつる神座が設けられていたらしい。

永照寺本堂

平方勢獅子

岐阜の玄関羽島

永照寺から北に300mいくと，長い参道の奥に長良川左岸堤防を背にした平方の氏神八幡神社(祭神応神天皇)の社殿がみえてくる。10月第2日曜日の秋祭に奉納される平方勢獅子(県民俗)は，江戸時代初期に創作され，のちに歌舞伎の勢獅子を取りいれるなどの改良が加えられた。また，伊勢神楽の流れをくむともいわれている。幣の舞・遊猿の舞・勢獅子・剣の舞・天狗の舞(五人持)・夫婦和合の舞・狐釣りの7つの舞で構成され，約1時間半をかけて演じられる。

中観音堂(羽島円空資料館) ㉑
058-398-6264

〈M▶P.2,37〉羽島市上中町中526 P
名古屋鉄道羽島線新羽島駅 6分

円空上人生誕の地 幻の加賀野井城跡

円空の生誕地といわれる上中町中にある中観音堂は，名神高速道路岐阜羽島ICの南東約1.5kmの位置にあるが，2001(平成13)年に名鉄竹鼻線の江吉良・大須間が廃線となり，交通の便はよくない。廃線となったのは，1921(大正10)年，西笠松・竹鼻間に開通した竹鼻鉄道が，海津市平田町三郷のお千代保稲荷(千代保稲荷神社，祭神大祖大神・稲荷大神・祖神)への参詣客を運ぶため，1929(昭和4)年に延長した区間であった。

中観音堂には，2mをこす本尊の十一面観音像をはじめ，17体の円空作仏像群(県重文)が安置され，隣には羽島円空資料館が併設されている。今や国内外で注目されるようになった鉈彫りの円空仏は，力強くかつ柔和な姿をもって現代人の心を魅了し続けている。

中観音堂から東に200m，路傍の円空案内仏を左折し，北に800mいくと，長間の薬師寺(浄土宗)に着く。本尊の薬師如来像をはじめ，9体の円空作仏像群(県重文)がある。羽島市内には，ほかに桑原町八神の金宝寺(臨済宗)，同大須の徳林寺(真言宗)，下中町城屋敷の光福寺(浄

円空作の十一面観音像(中観音堂)

36　長良川と金華山—岐阜

岐阜羽島駅周辺の史跡

土真宗)、江吉良町の大乗寺(臨済宗)、竹鼻町狐穴の薬師堂などにも円空仏がまつられている。

また、中観音堂から東に600mの交差点を右折し、南に400m進んで左折すると100mで日興製薬本社工場に至る。工場北の農道を東に700m進むと、下中町内屋敷の加賀野井城跡(県史跡)がある。名神高速道路木曽川橋と東海道新幹線木曽川橋が並行する地点から、600m下流の木曽川右岸堤防下に位置する。1584(天正12)年、小牧・長久手の戦いの際、城主加賀野井秀望が織田信雄方についたため、羽柴(豊臣)秀吉に攻められて落城した。

八神城跡㉒ 〈M▶P.2〉羽島市桑原町八神1998 **P**
名古屋鉄道羽島線新羽島駅🚌12分

中観音堂(羽島円空資料館)から南に3.8km、木曽川右岸堤防を左

岐阜の玄関羽島

八神毛利歴代の墓(金宝寺)

八神毛利氏の居城跡
大須観音のふるさと

手にみながら県道166号(桑原下中)線を進み、県道134号(桑原祖父江)線の新道を横切って100mいくと、イチョウの大木が目印の八神城跡に着く。八神城跡(県史跡)は、尾張徳川家につかえた石高3000石の領主毛利氏の居城跡である。子孫の毛利家には、羽柴(豊臣)秀吉から拝領した太刀銘貞綱(県重文)が伝わっている。

毛利氏は、鎌倉時代より尾張国中島郡長岡荘石田郷(現、下中町石田)を領し、土岐・織田・豊臣・徳川の各氏につかえた。1612(慶長17)年、毛利広盛(広次とも称す)が尾張藩祖徳川義直付きになった際、八神に居を移した。その広盛から13代にわたる八神毛利歴代の墓(県史跡)が、城跡から西に300mの金宝寺(臨済宗)にある。

金宝寺から西に1.3km、長良川左岸の南濃大橋のたもとに大須観音がある。名古屋の大須観音、すなわち真福寺宝生院(真言宗)は、もとは尾張国中島郡長岡荘(現、桑原町大須)にあった。1324(元亨4)年以後、後醍醐天皇の勅願による北野社の神宮寺として発展したが、1612(慶長17)年に徳川家康の命で名古屋城下に移された。羽島市にある大須観音は、地元の人びとがその跡地にたてた寺で、やはり真福寺(単立)と称する。堂宇は1959(昭和34)年の再建である。また、西隣の徳林寺(真言宗)も、創建は鎌倉時代末期である。1950年までは長良川右岸の海津市平田町幡長にあった。

佐吉仏と竹鼻別院界隈 ㉓㉔

佐吉の遺徳しのぶ大仏
古い町並みの別院界隈

〈M▶P.2, 37〉羽島市竹鼻町209
名古屋鉄道竹鼻線羽島市役所前駅🚶2分

「竹鼻大仏」(像高4.9m)として親しまれている佐吉仏(県史跡)は、羽島市役所前駅から踏切を渡って東に130mの大仏寺(単立)にある。親孝行と正直一筋の生涯をつらぬいた竹鼻の商人永田佐吉が、旅先でかかった病が癒えて帰郷できたことを感謝し、1750(寛延3)年、江戸の西村政時に鋳造させた銅造釈迦如来坐像である。なお、永田

佐吉仏

佐吉墓(県史跡)は本覚寺にある。

　大仏寺の駅寄り30m手前の道を，北に150m進んで右折し，30mで左折して再び北に150mいくと，竹鼻別院(浄土真宗)に着く。境内には，樹齢300年をこえるフジ(県天然)が，根回り2.3m・樹高2.4m，東西33m・南北15mに枝を張り，5月上旬に見ごろを迎える。フジ棚の南にある薩摩工事義殁者墓(県史跡)は，幕臣竹中伝六の墓である。宝暦治水は薩摩藩に大きな犠牲を強いるものであり，詳細は不明であるが，伝六は幕府の対応に抗議して，旅宿藤丸屋で自刃したと伝えられている。羽島市内の薩摩工事義殁者墓(県史跡)は，ほかに竹鼻町狐穴の少林寺(臨済宗)に家山甚八の墓，江吉良町の清江寺(曹洞宗)に瀬戸山石助・平山牧右衛門・大山市兵衛の墓(いずれも県史跡)があり，これらはすべて薩摩藩の関係者である。

　1996(平成8)年，竹鼻別院門前の映画館跡地に，羽島市歴史民俗資料館が開館した。地場産業である織物業の展示のほか，羽島市映画資料館を併設して注目を集めている。また資料館前には，竹鼻町上城の地を竹鼻城本丸跡地と比定し，石標がたてられている。竹ヶ鼻城は，応仁年間(1467～69)，竹腰氏の築城になる。1584(天正12)年，小牧・長久手の戦いの際，城主不破広綱が織田信雄方についたため，羽柴(豊臣)秀吉によって周囲2.6kmにわたる一夜堤が築かれ，水攻めにされた。1600(慶長5)年の関ヶ原の戦いの前哨戦では，城主杉浦重勝が西軍の織田秀信方についたため，東軍に攻められて落城し，以後廃城となった。

| 八劔神社 ㉕ 058-392-6306 | 〈M▶P.2, 37〉羽島市竹鼻町2434-1　P
名古屋鉄道竹鼻線竹鼻駅🚶5分 |

　竹鼻駅の南50mの交差点を右折し，30mほど進むと右手に圓覚寺(浄土真宗)がある。親鸞に帰依した尾張河野九門徒の法統をつぐ河野御坊専福寺が，明治時代に大谷派の本山別院(現，竹鼻別院)とされたため，この地に転じて本願寺派の寺号を移し，河野圓覚寺と

岐阜の玄関羽島　39

木造阿弥陀如来立像(圓覚寺)　　　　　　　　　　　　　　竹鼻祭の山車

称した。本尊の木造阿弥陀如来立像(県重文)は，平安時代後期の寄木造で，親鸞からさずけられたと伝えられている。

　圓覚寺から西に150m進み，逆川にかかる新橋から2つ目の交差点を右折して竹鼻線の踏切を渡ると，竹ヶ鼻城主の不破・杉浦両氏の菩提所であった本覚寺(曹洞宗)に着く。本堂には，幕末の勤王の絵師浮田一蕙が描いた絵天井雲竜(県重文)，庫裏の北側には永田佐吉墓(県史跡)がある。

　本覚寺から北に100mの秋葉神社を右折し，逆川左岸道路をこえて東に50mくだると，八剱神社(祭神日本武尊)の参道にでる。八剱神社は，1581(天正9)年に，不破広綱が竹ヶ鼻城の鬼門除けに遷祀したものである。社殿内の木造狛犬(県重文)1対には，1672(寛文12)年寄進の陰刻がある。また，5月3日の例祭(竹鼻祭)には，各町が保有する山車13台(県民俗)のうち，半数が毎年交互に曳行され，からくり人形や子どもの手踊りなどが奉納される。

竹ヶ鼻城ゆかりの社寺
絢爛豪華な祭礼の山車

起 渡船場石灯台 ㉖　〈M▶P.2〉羽島市正木町新井1589
　　　　　　　　　　名古屋鉄道竹鼻線羽島市役所前駅🚌6分

　羽島市役所前駅から南に300mの羽島郵便局を左折し，県道18号(大垣－一宮線)を東に2.9kmいくと，濃尾大橋に着く。橋西詰の交差点から50m北の木曽川右岸堤防上に，1770(明和7)年にたてられ

起渡船場石灯台

た起渡船場石灯台(県史跡)がある。対岸は美濃路起宿(現,愛知県一宮市)である。江戸時代は渡船によるのが通常であったが,将軍の上洛や朝鮮通信使・琉球使節などが通行するときは船橋がかけられた。

木曽川起渡船の灯台脇街道美濃路を歩く

美濃路は,東海道熱田宿と中山道垂井宿を結ぶ7宿14里(約55km)の脇街道である。1600(慶長5)年,関ヶ原の戦いに勝利した徳川家康が凱旋した道であり,参勤交代の大名行列などが頻繁に通行した。羽島市内の区間は,木曽川対岸の起宿と長良川対岸の墨俣宿(現,大垣市)との間で,2里半(約10km)の道のりである。美濃路は,起渡船場石灯台から600m上流で左斜めに堤防をくだり,左手の金刀比羅神社から西200mさきにある道標で右折する。北に800m進むと県道165号(小熊正木)線と重なり,その北300mの正木小学校西門脇には,一里塚跡がある。さらに北西に1.1km進むと,名鉄須賀駅に着く。須賀駅の南東50mにみえる法泉寺(真言宗)には,南北朝時代の絹本著色両界曼荼羅(県重文)があり,10月20日の土砂加持法要のときに拝観できる。

須賀駅西の踏切を渡り,北に300m進むと白山神社がみえてくる。美濃路はその手前で左折し,県道からはずれる。集落内の路地を400mほどいくと,小休所であった間の宿(現,加藤酒店)に着く。向かいは羽島市役所足近出張所で,かたわらに「親鸞聖人御旧跡」である西方寺まで,「従是北六丁」ときざまれた道標がある。足近小学校の南角を左折し,西に200m進むと県道1号(岐阜南濃)線と交差するが,そのさきは足近町坂井まで美濃路はとぎれている。

西方寺 ㉗
058-391-5081
〈M▶P.2,42〉羽島市足近町直道601-2 P
名古屋鉄道竹鼻線 南宿駅 🚶6分

南宿駅東口から北に50mで右折し,東に200mの地蔵堂を左折して北に500mいくと,足近町北宿の大恵寺(臨済宗)がある。寺の本尊である銅造如来三尊像(県重文)は,観音菩薩と勢至菩薩を脇侍と

「流血の阿弥陀如来」(西方寺)

羽島随一の古刹西方寺 謎を秘めた阿弥陀如来

する一光三尊の善光寺式阿弥陀如来像で、鎌倉時代の作である。春秋の彼岸会のときに拝観できる。

南宿駅東口から北に50mで左折し、踏切を渡って北西200mで県道1号(岐阜南濃)線を横ぎり、さらに西に100mで右折して路地を北に100mいくと、羽島随一の古刹西方寺(浄土真宗)に着く。平安時代後期の木造阿弥陀如来立像、鎌倉時代の絹本著色聖徳太子像、室町時代の絹本著色羅漢図(いずれも県重文)など、寺宝が多い。寺伝によると、612(推古天皇20)年、聖徳太子の創建になり、太子寺と号した。平安時代に西法寺(天台宗)と改めたが、1181(養和元)年の墨俣川の戦いで源氏の本陣となり、兵火のため伽藍を焼失した。鎌倉時代には親鸞に帰依して浄土真宗に改宗し、寺号も西方寺と改めたが、天正年間(1573〜92)の石山合戦で本願寺を支持したため、織田信長の命をうけた加賀野井秀望に堂宇を焼き払われた。本尊の阿弥陀如来立像は、秀望の槍を喉にうけ、血がほとばしりでたと伝えられ、「流血の阿弥陀如来」の異名をもつ。

羽島市北部の史跡

西方寺にきた路地を南に100m戻り、右折して西に600m進むと、『延喜式』式内社の阿遅加神社(祭神日本武尊)がある。その西300mで右折すると美濃路である。境川左岸堤防にのぼると、「親鸞聖人御旧跡」の西方寺まで、「従是東五丁」ときざまれた道標と、2体の辻地蔵がある。この境川左岸堤防は中世の鎌倉街道で、ここから

の1.8kmは、近世の美濃路と重複する区間である。西に1km進むと東小熊（ひがしおぐま）の一里塚跡、さらに西に800m進んで右折すると、美濃路の「小熊川の渡し」に至る。現在、境川橋と大江川橋（おおえ）がかかっており、2つの橋を渡って北西に600mで長良川左岸堤防にでる。対岸は墨俣宿（現、大垣市）である。また、境川橋の手前を左折し、南に500mいくと、イチョウの参道が美しい一乗寺（いちじょうじ）（臨済宗）がある。墨俣川の戦いにおける戦没者の霊を供養している。

5 高富街道に沿って

発掘された土岐氏の城下町・大桑と，禅宗寺院の数々。多くの巡礼者で賑わった観音信仰と，素朴な民間信仰を残す山里。

三田洞弘法への道 ㉘
058-237-3812(法華寺)

〈M▶P.2, 45〉岐阜市三田洞131 Ⓟ
JR岐阜駅・名古屋鉄道本線名鉄岐阜駅🚌三田洞線三田洞弘法前🚶5分

三田洞の弘法さん　長良川北の古墳群

　長良橋から高富方面へ北上する国道256号線を高富街道という。この街道の東側を並走するのが旧高富街道である。長良高見のバス停から旧高富街道にでて，長良高見郵便局から少し南下したところに浅見化石会館がある。ここは在野の化石収集家浅見薫が昭和10年代から三十有余年にわたって集めた浅見化石コレクション(県天然)を展示する私設博物館である。オウムガイなどの大型貝類をはじめ，大垣市赤坂町の金生山を中心に，全国各地から収集した2500点以上の化石が所蔵されている(見学は要予約)。

　ここから東へ向かうと県立岐山高校がある。岐山高校のさらに東側，百々ヶ峰の南麓には長良古墳群がある。このうち，真福寺墓地の西隅にある西山4号墳は，横穴式石室を残している。また，龍門寺1号墳からは京都府椿井大塚山古墳と同范の三角縁獣文帯四神四獣鏡(岐阜市歴史博物館に展示)が出土した。このことから，ヤマト政権の東方への勢力伸長に際し，戦略上の重要拠点であったこの地域が，ヤマト政権と結びついていたことがうかがえる。百々ヶ峰の山麓一帯には，このほかに常磐・鷺山・岩野田・三輪などの小地域を背景に古墳群が散在しており，それぞれの小地域に立脚した独自の勢力をもつ小豪族が並存していたと考えられる。これらのなかで突出する存在は，岩野田の眉山山頂にある鎧塚古墳(全長82mの前方後円墳)である。被葬

内藤十左衛門の墓(霊松院)

長良川と金華山―岐阜

者は，この地域の小豪族の連合体の上にたつ存在であったとの考えもある。

旧高富街道に戻り，1kmほど北上すると霊松院（臨済宗）がある。ここには宝暦治水工事義歿者墓（県重文）がある。これは，石津郡（現，大垣市上石津町）4300石の旗本高木氏の家臣内藤十左衛門の墓である。高木氏は江戸幕府の川通掛として河川管理を職務とする在地の旗本で，十左衛門は宝暦治水工事の際，現場を監督する役人として，桑名郡五明村（現，愛知県弥富市五明）の工区を担当した。ところが，同村の庄屋与治兵衛が指示通りの工事を行わなかったため，その責任が主家の高木氏におよぶのを恐れ，責を一身におって自刃したのである。
墓所は本堂西側の竹藪のなかにあるが，わかりにくいので，寺で案内を請うとよい。

旧高富街道をさらに北上し，百々ヶ峰に沿うように北側へまわり，三田洞弘法前バス停から山沿いに南へ少し進むと，弘法大師（空海）の創建と伝えられる法華寺（真言宗）がある。史実としては，弘法大師の地方布教の足跡は美濃国にはおよんでいないが，岐阜市鏡島の乙津寺・本巣郡北方町の円鏡寺とともに「美濃三弘法」に数えられている。「三田洞の弘法さん」として信仰を集めており，毎月21日の縁日は参詣者で賑わう。1839（天保10）年に完成したみごとな池泉回遊式の庭園があり，境内中央には弘法大師の手植と伝えられるボダイジュがある。

大龍寺 ㉙　〈M▶P. 2, 45〉岐阜市粟野2339　P
058-237-3837
JR岐阜駅・名古屋鉄道本線名鉄岐阜駅🚌岐阜高富線，高美線，または岐阜女子大線高富大竜寺前🚶2分

高富大竜寺前バス停をおりてすぐ右手に，広大な大伽藍がみえる。

三田洞周辺の史跡

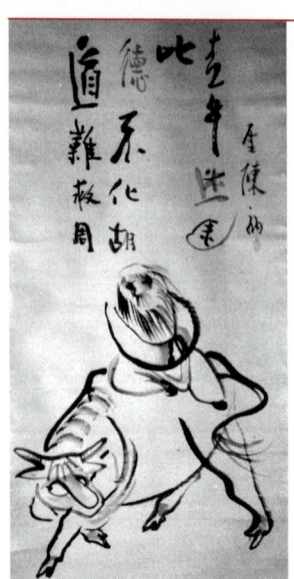

紙本水墨仙厓筆老子図

「だるま寺」の愛称で親しまれる大龍寺（臨済宗）である。毎年1月18日の「だるま供養」は大変な人出で賑わう。寺伝によると，大龍寺は持統天皇の時代に，鎮護国家のために開かれた寺で，1502（文亀2）年に土岐氏が瑞翁宗縉を中興の祖として迎え，達磨大師を奉安して臨済宗に改宗したという。

ここには江戸時代中期に描かれた，紙本水墨仙厓筆老子図・同狗子仏性図・紙本著色白隠筆白沢ノ図・観音像（いずれも県重文）がある。仙厓は武儀郡（現，関市武芸川町）の貧農の出身で，30年近く諸国を放浪したのち筑前博多（現，福岡県）の聖福寺の住職となった僧侶である。自由主義と反骨精神に貫かれた生涯を送り，質素な墨染を身にまとい，庶民に親しまれた。晩年は創作活動に没頭して多くの書画を残したが，ユニークで軽妙かつ機知に富んだ作風は，仙厓が到達した禅の境地をあらわしているといわれる。

一方，白隠は駿河国（現，静岡県）に生まれ，参禅者にあたえる問題である公案の体系を再構築するとともに，庶民に向けた禅の普及につとめた臨済宗中興の祖とされる高僧である。美濃・飛驒両国へは3回計6年間にわたって巡歴し，大龍寺をはじめ，大垣市瑞雲寺・多治見市永保寺・下呂市禅昌寺などに足跡を残した。大龍寺では，境内を彩るツツジと紅葉の時期にあわせて，4月と11月にこれらの寺宝を一般公開している。

大龍寺から西へ約1km，高富街道と並行して流れる鳥羽川を渡ると，済法寺（臨済宗）がある。寺伝によると，861（貞観3）年に創建された天台宗寺院で，慶長年間（1596～1615）に臨済宗寺院として再興され，後陽成天皇の帰依をうけたという。済法寺には7体の県指定文化財の仏像がある。このうち，本尊の木造十一面観音立像は，優雅で柔和な表情をしたヒノキ材の一木造による平安時代末

期の作である。このほか、木造地蔵菩薩立像・木造不動明王立像・木造四天王立像は、ヒノキ材の寄木造で鎌倉時代彫刻の写実的な特徴をよくあらわしている。正月三ケ日に一般公開されている。

白山神社 ㉚

〈M▶P.2〉山県市 東深瀬318
JR岐阜駅・名古屋鉄道本線名鉄岐阜駅🚃岐阜板取線、または岐北線 十王🚶8分

国重文の白山神社拝殿
土岐氏最後の城大桑城跡

　十王バス停から東へ600mほどいくと、白山神社(祭神伊弉冉尊)がある。神社の創建年代は不詳であるが、拝殿(国重文)は1502(文亀2)年の建立であることが棟札からわかる。入母屋造・檜皮葺きの簡素な造りであり、室町時代の典型的な神社建築様式を伝えている。なお、本殿は明治時代初期に再建されたものである。

　十王バス停に戻り、国道256号線を1kmほど北進すると三差路にあたる。そこを左折し北西へ4kmほどいくと、大桑の集落に着く。大桑は、天文年間(1532～55)に美濃国守護土岐氏の最後の居館がおかれていたところである。1996(平成8)年からはじまった発掘調査により、越前(現、福井県)など4カ国の軍勢の力を借りて築かれたという伝承のある四国堀や、越前堀などの遺構が確認された。これらの堀に囲まれた市洞地区に、越前国朝倉氏の城下町一乗谷と同様な城下町が存在したと考えられている。土岐氏10代の頼武が朝倉孝景の妹を室としていることや、城下町を貫く街道が美山(現、山県市)を経て越前につうじていたことを考えると、戦国大名斎藤氏の台頭などによる軍事的緊張の高まりのなかで、土岐氏が朝倉氏の支援のもとで、大桑に城下町を築いたと考えられる。

　大桑城は、背後の古城山(407m)に築かれたが、現在は高さ4mほどのミニチュアの模擬天守閣がたち、麓からの登山道が整備されている。麓の駐車場から山頂まで、約50分のハイキングコースである。山頂付

白山神社拝殿

高富街道に沿って　47

近には、曲輪・堀切・竪堀など山城特有の遺構があり、桐井戸とよばれる井戸跡も残る。やがて斎藤道三が美濃国の支配を確立すると、大桑城下町の住人は井之口城下に移住させられたといわれており、岐阜市内に残る「上大久和町」「中大桑町」「下大桑町」などの地名がその名残りであるという。

大桑小学校の隣には南泉寺(臨済宗)がある。ここは守護土岐氏が1517(永正14)年に創建した寺で、現在の寺域は「大桑城南の第」とよばれた土岐氏の旧館跡といわれるだけに広大である。南泉寺は、「心頭を滅却すれば火も自らすずし」の言葉で有名な臨済僧快川紹喜の頂相(肖像画)や、絵画にも秀でた土岐氏一族の筆になる「土岐の鷹」など同氏と関わりの深い文化財を所蔵している。

東光寺 ㉛

〈M▶P.2〉山県市小倉618-41 P
0581-36-3805
JR岐阜駅・名古屋鉄道本線名鉄岐阜駅🚌岐阜高富線山県市役所行山県市役所乗換え山県市自主運行バス伊自良長滝行東光寺口
🚶5分

臨済寺院東光寺と甘南美寺 雨乞い神事十六拍子

東光寺口バス停から伊自良川を渡り、西側の山に向かって5分ほど歩くと、山ぎわに東光寺(臨済宗)がある。明応年間(1492〜1501)の創建といわれ、山号を富士山という。富士山から飛来したという伝承をもつ薬師如来をまつることに由来する。広大な寺域には多くの堂宇がたち並び、創建以来の宝物や仏具が残されている。なかでも経堂には黄檗版一切経5700余巻がおさめられている。

東光寺から、県道伊自良高富線を伊自良川に沿って約7km北上すると、長滝の集落に着く。ここには300年におよぶ伝統の雨乞い神事「十六拍子」が伝わっている。伊自良川はかつては暴れ川で、干魃と洪水で流域の人びとを苦しめた。このため、長滝集落の上流に治水と利

甘南美寺のエドヒガンザクラ

水を目的にダム湖(伊自良湖)が建設された。

伊自良長滝バス停から伊自良湖畔の道をたどること20分余りで甘南美寺(臨済宗)に着く。伝承によると、建久年間(1190〜99)に高阿弥・那智阿弥という念仏行者の夫婦が、伊勢国(現、三重県)でさずかった観音像を釜ヶ谷山の山中に安置したのが起源という。その後、天文年間(1532〜55)に、観音像を山麓に移したのが甘南美寺の創建とされる。江戸時代中期から美濃西国三十三観音霊場の13番札所として巡礼が盛んとなり、また馬頭観音として近在の農民の信仰対象となった。本尊の十一面千手観世音菩薩像は秘仏。境内には樹齢300年をこえるエドヒガンザクラ(県天然)の古木がある。

普門寺 ㉜ 〈M▶P.2, 49〉山県市佐野
JR岐阜駅・名古屋鉄道本線名鉄岐阜駅🚌岐北線佐野🚶2分

平安仏の十一面観音像 武儀川沿いの禅寺の数々

武儀川の北岸を並走し、尾並坂峠をこえて根尾にぬける国道418号線は、かつては越前街道とよばれた。山県市美山地区は、この街道沿いに細長い集落が断続し、由緒ある寺社が点在している。

佐野バス停から50mほど西へ進んだ右手の山ぎわに普門寺(臨済宗)がある。美濃国守護土岐氏が大桑に建立した南泉寺の鬼門除けのためにたてられたもので、土岐氏衰退後は荒廃して観音堂だけが残った。本尊の木造十一面観音立像(県重文)はヒノキ材の一木造による平安仏である(拝観は南泉寺に要連絡)。

美山地区の中心集落である谷合から武儀川を渡り、ゴルフ場手前の道を南の山側へ500mほどはいると、九合洞窟遺跡がある。間口

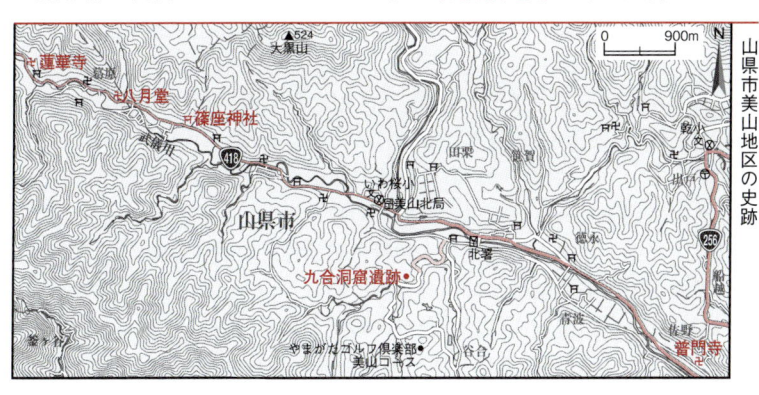

山県市美山地区の史跡

高富街道に沿って

九合洞窟遺跡

15m・奥行30m,開口部の高さ5mという大きな洞窟で,旧石器時代から古墳時代にまたがる複合遺跡である。土器や石器など縄文時代のものを中心に,多くの遺物が出土した。

再び国道418号線に戻って西へ約3km進むと,山戸口バス停前に篠座神社(祭神大己貴命)がある。この神社は,越前国大野郡(現,福井県大野市)の篠座神社から1522(大永2)年に分祀されたもので,「永享四(1432)年」の銘がある鰐口(県重文,非公開)がある。

さらに国道418号線を西へ500mほど進み葛原の集落にはいると,八月堂バス停前に八月堂(真言宗)がある。この堂は紀伊国熊野(現,和歌山県)の武将藤原家次が,1126(大治元)年に建立したと伝える観音堂である。家次の一族にはつぎのような伝承がある。一族は源平合戦において平家方に属し,越中(現,富山県)砺波山の戦いで源義仲に大敗を喫した。一族は当地に落ちのびたが,源氏方軍勢の激しい追撃にあい,背後の天狗城の砦で激戦の末に大半の者が戦死してしまった。わずかに生き残った人びとが,この山里に住みついて,八月堂の観世音菩薩を深く信仰し続けたのだという。八月堂には「明徳二(1391)年」の銘がある喚鐘(県重文,非公開)がある。

八月堂からさらに上流の,奥峠バス停から北西へ5分ほどのところに蓮華寺(臨済宗)がある。寺伝によると,1582(天正10)年の開山であるという。境内にはいるとまず目を引くのが,庫裏御堂とよばれる巨大建築である。積雪の多いこの地域では,除雪作業の便を考えて,本堂と庫裏を合体させる独特の建築様式が用いられてきた。これは福井県の豪雪地帯と共通のものであるという。このほか境内には経堂があり,経堂内には八角形の輪蔵がある。787(延暦6)年の奥書がある大般若経をはじめ,多くの経典がおさめられている。

6 木曽川に沿って

木曽川沿いに栄えた町，笠松町・岐南町と，古代からの歴史の舞台各務野を探訪する。

木曽川笠松渡船場跡石畳 ㉝

〈M▶P.2,52〉羽島郡笠松町 港町河川敷坂路 P
名古屋鉄道本線笠松駅🚶10分

かつての県庁所在地「やっこ」を投げ渡す奴行列

　笠松駅から笠松の町並みを名鉄の線路沿いに南に歩くと，木曽川笠松渡船場跡石畳（県史跡）に着く。江戸時代，笠松は中山道加納宿と東海道熱田宿を結ぶ脇往還の宿場の1つであった。また，木曽川舟運の中心的港町として栄え，明治時代には，桑名（現，三重県）との間に小蒸気船が1日2往復していた。石畳は，荷を運ぶ大八車の車輪がめりこまないように，現在の笠松町相生町から港町にかけて石を敷きつめたものである。現在残っている石畳は，1878（明治11）年の明治天皇行幸の際に整備された石畳の一部である。

　渡船場跡石畳から100mほど北に戻ると笠松町役場がある。その北側一帯は県町という地名がついているが，かつて県庁があった名残りである。江戸時代，笠松には美濃国内の幕府領を統轄する美濃郡代の陣屋がおかれていたが，明治維新後は，笠松県庁となった。そして，1871（明治4）年11月に岐阜県が成立した際も，ここがそのまま岐阜県庁舎となり，岐阜市に移転するまでの約2年間は笠松が行

笠松渡船場跡石畳

美濃郡代笠松陣屋跡

木曽川に沿って　51

笠松町・岐南町の史跡

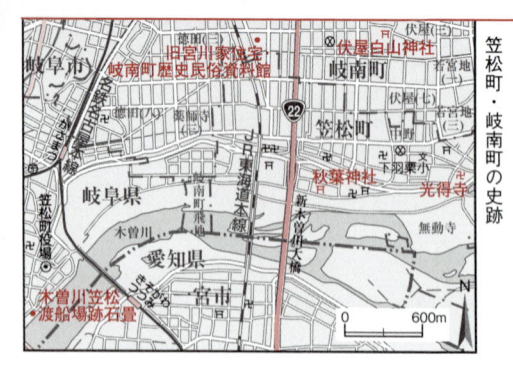

政の中心地であった。現在，県庁・陣屋跡の石碑がたっている。なお，笠松町に伝わる奴行列（県民俗）は，幕府領であったため参勤交代がなかった笠松の住人が，大名行列を模してはじめたとされ，「やっこ」とよばれる毛槍や鳥毛を投げ渡しながら，百数十人の行列が4月中旬の笠松まつりの際に町内を練り歩く。

　名鉄笠松駅から県道178号線を東へ約2kmいくと，円城寺地区に至る。ここに伝わる円城寺の芭蕉踊（県民俗）は，江戸時代の雨乞い踊りに起源をもち，毎年8月下旬に秋葉神社に奉納される。円城寺からさらに県道178号線を東にいき，円城寺の交差点を右折し，すぐに左折して700mほどいくと光得寺（浄土真宗）がある。この寺には，1475（文明7）年に鋳造された梵鐘（県重文）がある。

　県道178号線に戻って，木曽川右岸堤防を東進すると，関ヶ原の戦いの前哨戦があった米野に至る。木曽川を渡って美濃国にはいろうとした東軍の池田輝政・浅野長行・山内一豊らと織田秀信ら西軍が激突した地である。古戦場の跡地からさらに東進し，東海北陸自動車道をこえて250mほどの交差点を右折し，河川環境楽園東口の交差点を左折すると，世界淡水魚園水族館（アクア・トトぎふ）などがある河川環境楽園に至る。ここは，木曽川の中州につくられた，東海北陸自動車道のサービスエリア・遊園地・河川環境の研究所の機能をあわせもった施設である。

旧宮川家住宅 ㉞
058-247-7737（岐南町図書館）
〈M▶P.2, 52〉羽島郡岐南町平成7-47
名古屋鉄道本線岐南駅🚶20分

「四ツ八」の農家跡
伏屋の獅子芝居

　岐南駅から国道21号線を東に700mいき，岐大バイパス手前から南東へ800mほどのところに，旧宮川家住宅（県民俗）がある。この住宅は，1892（明治25）年にたてられた茅葺き（軒庇は瓦葺き）・寄棟造の住宅で，8畳間4部屋を田の字形に配した「四ツ八」とよ

旧宮川家住宅

ばれる間取りをもつ、濃尾平野の典型的な農家建造物である。藁打ち石・かまど・風呂などが往時のままに保存されており、明治時代の農家の生活をうかがい知ることができる。隣接地に岐南町歴史民俗資料館がある。なお、近隣の伏屋白山神社の例祭(10月)では、獅子芝居(県民俗)が奉納される。男性が女形の所作で演じる嫁獅子の獅子芝居などが演じられる。

少林寺 ㉟
058-382-0903
〈M▶P.2, 54〉各務原市那加新加納町2104-1
名古屋鉄道各務原線新加納駅 5分

臨済宗の名刹少林寺
那加の総鎮守手力雄神社

新加納駅から名鉄各務原線の線路沿いの道を西に約400m歩くと、少林寺(臨済宗)がある。少林寺は、1499(明応9)年に東陽英朝を開山として創建された。英朝は美濃国の守護土岐氏の出身で、妙心寺派の一派聖沢派の祖として、美濃・尾張に多くの寺を開いた。また、少林寺は英朝の入寂の寺としても知られ、英朝の公案3冊・辞世偈1副(ともに県文化、非公開)などを所蔵している。本堂裏には舟形の自然石でできた石塔のたつ、東陽英朝禅師塔所(県史跡)がある。少林寺は、その後、織田信長の岐阜城攻めに際して、堂宇のほとんどを焼失したが、江戸時代にこの地を領有した旗本坪内氏が再建し、菩提寺とした。

少林寺から北に約2kmいった那加手力町に、信長が岐阜城攻めのとき、戦勝祈願をしたという手力雄神社(祭神手力男命)がある。この神社は、那加周辺の総鎮守として崇拝を集めた神社で、信長から社領などの寄進もうけた。神社には、「天正九(1581)年」銘のある阿形・吽形1対の石造狛犬(県重文)がある。なお、この神社から西南約2km中山道沿い、岐阜市蔵前にも手力雄神社がある。こちらの神社では、4月第2土曜日の祭礼に手筒花火が奉納され、手力雄の火祭(県民俗)として知られている。

那加の手力雄神社より、北へ約2kmの岐阜市との境に柄山古墳

木曽川に沿って　53

(県史跡)がある。全長約82mの前方後円墳で、4世紀後半から5世紀前半に造営されたと考えられている。西方800mを隔てた岐阜市内にある琴塚古墳(国史跡)とともに、当地を支配した有力者の古墳である。近くには、岐阜市内の古代寺院跡である厚見寺跡に文字瓦などを供給した柄山古窯跡がある。

薬師寺 ㊱
058-383-5411
〈M▶P.2,54〉各務原市那加雄飛ケ丘町129
名古屋鉄道各務原線各務原市役所前 🚶 5分

奈良薬師寺より移された本尊 飛行場と航空宇宙博物館

　各務原市役所前駅から北に約5分歩くと、「ぜんぜ薬師」の名で親しまれている薬師寺(法相宗)がある。薬師寺は、戦前旧川崎航空機工業(現、川崎重工業)の修練道場で、奈良薬師寺(法相宗)の管長の指導をうけていた。本尊の薬師如来坐像(県重文)はその縁で、奈良薬師寺から移されたものである。高さ45cmのヒノキの寄木造で、像の底内側に書かれた墨書銘から、1348(貞和4)年に慶派の流れをくむ道弁によってつくられたことがわかっている(拝観は事前の予約が必要)。

　各務原市役所前駅に戻り、駅前からシ

かかみがはら航空宇宙科学博物館

薬師寺周辺の史跡

ャトルバスに乗り10分ほどで、かかみがはら航空宇宙科学博物館に到着する。1996(平成8)年に開館した博物館で、当地で開発された、低騒音STOL(短距離離着陸)実験機「飛鳥(あすか)」や、各種ヘリコプター、グライダーなどが展示されている。なお、博物館のすぐ北側には航空自衛隊岐阜基地があり、各務原市は、航空機関連の産業の町としても知られる。

　各務原市役所前駅の西隣の市民公園前駅の南、岐阜大学農学部の跡地に市民公園があり、市民の憩いの場所となっている。市民公園から1kmほど南に、各務原市埋蔵文化財調査センターがある。各務原市内遺跡の出土遺物のほとんどを収蔵しており、原始・古代を中心とした各務原の歴史を紹介している。

山田寺跡(さんでんじあと) ㊲

〈M▶P.2,54〉各務原市蘇原寺島町(そはらてらしまちょう)1-100
名古屋鉄道各務原線六軒駅(ろっけん)🚶20分

古代寺院跡の密集地蘇原　重要文化財の舎利容器

　名鉄六軒駅より県道を北へ1.5kmほど進み、蘇原寺島町の信号を左折して200mほどいくと、白鳳期(はくほう)の寺院である山田寺跡(県史跡)がある。蘇原地区、とくに通称「おがせ街道」とよばれる県道長森各務原線沿いの地域は、古代各務郡の中心の1つで、官道である東山道(とうさんどう)もこの周辺を東西にとおっていたと推定されている。また、蘇原地区は古代寺院跡が密集する地域としても知られている。その代表が山田寺跡で、現在の山田寺(臨済宗)の周辺には、礎石が残り、多数の瓦類が出土している。最近の発掘調査の結果、大規模な寺院跡が想定できるという。

　山田寺から150mほど東にある無染寺(むせんじ)(臨済宗)の境内に、山田寺の塔心礎(とうしんそ)(国重文)がある。また、山田寺跡から出土した舎利容器(しゃり)(塔心礎納置銅壺(のうちどうこ)、国重文)は、鴟尾瓦片(しび)などとともに山田寺で保管されている(要事前問い合わせ)。また、舎利容器の複製や瓦類およ

山田寺塔心礎

木曽川に沿って　55

び周辺の古代寺院跡出土品は，各務原市埋蔵文化財調査センターに展示されている。なお山田寺は，645(大化元)年中大兄皇子(のちの天智天皇)・中臣(藤原)鎌足らとともに蘇我蝦夷・入鹿を倒した蘇我倉山田石川麻呂が建立したとの伝承がある。石川麻呂の墓と伝えられる土盛りが，山田寺より北西約2km離れた蘇原宮塚町にあり，宮塚とよばれている。

炉畑遺跡 ㊳

〈M▶P.2〉 各務原市鵜沼三ツ池町6-342
名古屋鉄道各務原線二十軒駅 🚶 15分

独特の縄文土器が出土した炉畑遺跡 承久の乱の激戦地前渡

名鉄二十軒駅より南に約200mいくと，県道(関江南線)にでる。県道を400mほど進んで左折し，さらに200mほどいくと炉畑遺跡(県史跡)に至る。この地域の縄文遺跡発掘の先駆となった遺跡で，1968(昭和43)年からの数次にわたる調査で，10基の竪穴式住居が発見された。胴部がくびれ，口の部分が大きく外に開く，縄文時代中期後半を中心とした土器や，石器類が多数出土した。現地は，住居跡が復元されて遺跡公園となっている。出土品(県重文)は，各務原市埋蔵文化財調査センターでみることができる。

公園北側には，1871(明治4)年建築の旧桜井家が移築されている。桜井家は，この地域の養蚕農家で，各務原市ではここを各務原市民俗資料館とし，生活用具とともに展示・公開している。

遺跡公園から県道(関江南線)に戻って，南へ800mほどいき，信号で右折し，さらに500mほどいくと，矢熊山(87m)があり，木曽川(国名勝)が眺望できる。ここには，「前渡不動」とよばれる仏眼院(真言宗)があり，当寺の不動尊像は京都醍醐寺から勧請したものと伝えられている。また，中腹には，承久の乱(1221年)戦没者の供養塔が残っている。承久の乱に際して，美濃国の多くの武将

炉畑遺跡復元住居

は後鳥羽上皇方に与し，都へ赴く鎌倉幕府軍と木曽川をはさんで対峙した。9つの木曽川渡河点で戦いが繰り広げられたが，摩免戸（前渡）もその1つであった。ここをまもった後鳥羽上皇方の鏡久綱とその一党が自刃した供養塔とされる。

坊の塚古墳 ㊴　〈M▶P.2,57〉各務原市鵜沼羽場町5-26
名古屋鉄道各務原線各務原羽場駅 🚶10分

県内最大級の前方後円墳 交通の要地鵜沼

羽場駅をおりて北へ進み，JR高山線の踏切を渡ると，国道21号線にぶつかる。国道21号線を東に500mほど進むと，左手に坊の塚古墳（県史跡）がみえてくる。全長約120mの前方後円墳で，岐阜県では大垣市の昼飯大塚古墳，岐阜市の琴塚古墳などと並んで最大規模の古墳の1つである。後円部頂上部分は大きくえぐられているが，周濠跡が残っており，5世紀前半の古墳と考えられている。出土品には，琴柱形石製品・石製斧・刀子・円筒埴輪片などがある。

坊の塚古墳のすぐ東には，衣裳塚古墳（県史跡）がある。直径52mの美濃地方最大級の円墳である。なお，ここから南西に3.5kmの木曽川右岸沿いの大牧で，横穴式石室と家形石棺をもつ大牧1号墳が発見された。この古墳は現在，大牧の陵南小学校校地内に保存されている。石棺の全長2.4m，石室の幅と高さはそれぞれ1.2m，1.3mという規模である。

鵜沼周辺の史跡

大安寺 ㊵
058-384-0158
〈M▶P.2,57〉各務原市鵜沼大安寺町1-11
名古屋鉄道各務原線新鵜沼駅 🚌東部線つつじが丘北 🚶すぐ

新鵜沼駅からふれあいバス東部線に乗ると，まず木曽川が目にはいってくる。上流の可児市今渡から加茂郡坂祝町を経て各務原

木曽川に沿って

貞照寺

土岐氏・斎藤氏創建の禅宗寺院
川上貞奴ゆかりの貞照寺

鵜沼に至る約11kmの木曽川は，ドイツのライン渓谷に似ているところから日本ラインの名で知られている。川の両岸には，褶曲したチャートがみごとな甌穴や岩礁，急崖をつくり，国の名勝に指定されている。

ふれあいバスの貞照寺前バス停でおりると，成田山貞照寺(真言宗)がある。日本の女優第1号として知られ，欧米でも「マダム貞奴」とよばれた川上貞奴が，1933(昭和8)年に私財を投じて創建した寺である。仁王像を安置した仁王門・本堂・鐘楼のほか，貞奴に関する遺品・演劇脚本などが展示されている貞奴縁起館などがある(8件が国登録)。貞奴にあやかり，諸芸上達・芸事成就を願う人の参拝も多い。

ふれあいバスに乗ってさらにいくと，やがてうぬまの森前バス停に着く。ここは「日本ラインうぬまの森」として整備された森で，旧中山道がとおり，かつての難所の1つ謡坂の入口にもあたる。一里塚や行き倒れの碑が残っており，石畳も整備されている。木曽川や濃尾平野が一望でき，人びとのオアシスの場となっている。

さらに，ふれあいバスに乗ってつつじが丘北バス停でおり，坂を500mほど歩くと，大安寺(臨済宗)がある。大安寺は，美濃国守護土岐頼益が1411(応永18)年に創建した寺で，境内には土岐頼益・斎藤利永の墓(県史跡)がある。斎藤利永は，守護土岐頼益とその子

土岐頼益・斎藤利永の墓(大安寺)

58　長良川と金華山―岐阜

持益を補佐して、当時の美濃国の政治を主導し、守護代斎藤家繁栄の基礎を築いた人物である。また、本堂の前には、空蔵庵の堂塔心礎と伝わる礎石がある。空蔵庵は、揖斐郡揖斐川町谷汲の横蔵寺(天台宗)の末寺で、室町時代には当地鵜沼荘にあったといわれる寺である。

大安寺から各務原パークウェーを北に1kmほどのぼった山あいには、車折神社(祭神清原頼業)、その北隣に日乃出不動、さらに北約2kmに迫間不動がある。入試合格・商売繁盛・病気治療などを祈願する参詣者が多い。

各務の舞台(村国座) ㊶

〈M▶P.2〉 各務原市各務おがせ町3-46
名古屋鉄道各務原線新鵜沼駅🚌各務原東部線各務おがせ町5丁目🚶15分

重要文化財の農村歌舞伎舞台　村国男依ゆかりの神社

各務おがせ町5丁目バス停をおりて、西に約200m歩き、信号を右折して、さらに100mほど先の信号を左折し、500mほどいき橋を渡ったところで左折すると神社がある。『延喜式』式内社の1つ、村国神社(祭神天之火明命)である。その境内には、「各務の舞台」として知られる村国座(国民俗)がある。花道・回り舞台なども整い、500〜600人を収容することができる。明治時代初期につくられた舞台であるが、現在も毎年10月の祭礼に、地元の子どもたちによる歌舞伎が演じられている。

舞台のある村国神社は、壬申の乱(672年)の勝者大海人皇子(のちの天武天皇)の舎人(側近)の1人で、勝利に貢献した村国男依の創建と伝えられている。旧各務郡内に式内社や古代寺院跡が多いことは、壬申の乱後の論功行賞として寺社をたてることが認められた結果であったとする説もある。

村国神社から北へ約1km進むと、須衛地区にはいる。須衛を含む各務原市北部の山麓一帯は古代にお

村国座

木曽川に沿って

ける窯業生産の中心地の1つであり、美濃須衛古窯跡群とよばれている。この古窯跡群のなかには、全国で唯一国名の刻印がある須恵器を焼いたことで知られる老洞古窯跡群（岐阜市、国史跡）が含まれる。当時、美濃国の役所などで使用する須恵器類を生産したと推定されている。古窯跡群内には、ほかに奈良時代の須恵器や平安時代の灰釉陶器を焼いた天狗谷古窯跡が、7世紀後半の横穴式石室をもつ天狗谷古墳とともに、関市にぬける市道沿いに、保存・公開されている。古窯跡群の出土品の多くは、各務原市埋蔵文化財調査センターに所蔵されている。

7 織部の里から能郷へ

条里制の名残りをとどめる瑞穂市・本巣市・北方町には，円鏡寺など多くの寺社や，文楽・能といった伝統芸能が残る。

古墳文化にふれる地
今も残る条里制跡

宗慶大塚古墳 ㊷

〈M►P. 2, 66〉本巣市宗慶444 P
JR東海道本線穂積駅🚗15分，またはJR岐阜駅・名古屋鉄道本線名鉄岐阜駅🚌大野真正北方線JA真正支店前🚶10分

JA真正支店前バス停でおり東に直進し，古墳公園通りを南に100mほど歩くと，犀川と糸貫川にはさまれた平野部に，宗慶大塚古墳(県史跡)がある。４世紀後半に築造された前方後円墳であるが，開発により著しく原形をそこなっている。全長63m・高さ1.5m・後円部直径40mであったと推測され，前方部側面には濠の痕跡が認められる。この古墳は「王塚」ともよばれ，『古事記』に記載されている本巣国造神大根王に関わる人物の墓ではないかとの説もある。

宗慶大塚古墳から国道157号線を車で約５km北上すると，船来山がみえてくる。船来山には1000基以上の古墳があるといわれ，1997(平成９)年までに216基が発掘された。このうち４世紀中ごろの前方後円墳からは，全国でも珍しい方形板革綴短甲という鉄製の甲が出土した。古墳群の多くは，６～７世紀につくられた横穴式石室を備えた後期古墳である。出土した須恵器や装身具などの副葬品の多くは，本巣市上保にある富有柿の里のなかの「古墳と柿の館」に展示されている。また同館では地域の特産品の富有柿についても学ぶことができる。

長屋神社の祭礼行事(馬駆け)

富有柿の里から車で東へ約５分いくと，本巣市長屋の長屋神社(祭神建速須佐男命)がある。この神社の本殿(県文化)は，江戸時代初期にたてられた三間社

流造の華麗な建造物である。8月2日の馬駆けなどを行う長屋神社の祭礼行事(県民俗)は、近隣から多くの人が集まる祭りである。

本巣市山口から瑞穂市十九条までは、古くから開発が進められたところで、奈良時代の条里制の名残りを今にとどめている。近辺には「条」や「坪」のついた字名が残っており、旧中山道以北の生津・馬場(瑞穂市)、高屋・柱本(北方町)では、坪割が整然としている。ここでは、縦横1町ごとに道路や溝が設けられており、各坪の境も明確に残っている。北方町高屋の条里公園内には、条里跡(県史跡)の石碑がたっている。

宗慶大塚古墳から車で南東に約5km進み、JR穂積駅前を東にぬけた瑞穂市別府の光泉寺(浄土真宗)近くの仏堂に木造十一面観世音菩薩像(県文化)があり、通称別府観音とよばれている。この像は、ヒノキ材の一木造で、平安時代末期の作と推定される。像高182.4㎝で、谷汲山華厳寺の観音像と同作等身の像とされる。開帳されるのは、8月10日の千日参りと2月3日の星供養の年2回だけである。別府は、江戸時代の美濃を代表する工芸品である別府細工でも有名な地である。また、JR穂積駅から北西約1kmの瑞穂市只越の西蓮寺(浄土真宗)には藤九郎ギンナン、長屋神社から南東約5kmの本巣市春近には、国恩寺のヒイラギ(ともに県天然)がある。

円鏡寺 ㊸
058-323-0021

〈M▶P.2, 66〉 本巣郡北方町大門1346-1
JR東海道本線穂積駅🚌15分、またはJR岐阜駅・名古屋鉄道本線名鉄岐阜駅🚌大野真正北方線北方円鏡寺前🚶1分

美濃の正倉院
美濃派俳諧の拠点

円鏡寺前バス停から北に進むと、すぐに円鏡寺の楼門が目にはいる。円鏡寺(真言宗)は811(弘仁2)年、嵯峨天皇の勅願により弘法大師空海が創建した真言宗別格本山で、美濃三弘法の1つである。

円鏡寺楼門

織部の里

コラム

郷土がうんだ戦国の文化人
大胆で自由な「ゆがみ」の美

古田織部は，1544(天文13)年美濃国山口(現，本巣市)に生まれた。織田信長・豊臣秀吉・徳川家康につかえた武将であるとともに，千利休の高弟の1人に数えられる茶の湯の名人でもある。織部は利休が完成させた侘茶の精神を継承しながら，織部好みとよばれる大胆で自由な茶風をつくりだした。

表面に即興的な絵をほどこしたわざとゆがませた茶碗や向付けは，当時の日本人の価値観を一変させたが，その革新性は茶の湯文化をめぐる諸産業全体にも大きな影響をおよぼしました。

現在，岐阜県ではオリベプロジェクトを立ち上げ，自由・奔放独創・革新的な織部の精神と理想をいかした地域社会づくりを行っている。道の駅「織部の里もとす」にある織部展示館や，本巣市役所西の本巣民俗資料館には織部焼が展示され，その歴史を知ることができる。

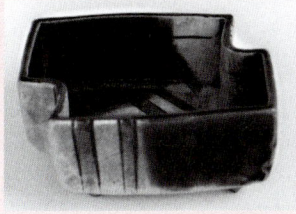

織部焼

楼門(国重文)は梁に残る銘によると，1296(永仁4)年，永尊によって建立された檜皮葺き・入母屋造の代表的和様建築物で，柱はすべて円柱である。楼門の両脇には，運慶作と伝える木造金剛力士立像(国重文)がある。鎌倉時代初期の寄木造で，写実的ななかに力強さがよくあらわれている。本尊の木造聖観音立像(国重文)は，像高約1.8m，ヒノキ材の寄木造である。また木造不動明王立像(国重文)は，穏健な写実的表現で，右手を腰にあてて和剣をとり，左手には羂索をさげている。このほかに，金胎両界曼荼羅図・渡唐天神像・三千仏図・如来荒神図・真言八祖像・五大明王図(いずれも県重文)などを所蔵し，貴重な文化財が多いことから，「美濃の正倉院」ともよばれている。楼門と金剛力士像以外は非公開である。

円鏡寺楼門前の道を北進し，2つ目の十字路を東へ100mほど歩くと，右手に西運寺(浄土宗)がある。当寺には，美濃派俳諧水上道場跡附句碑(県史跡)がある。北方町は，松尾芭蕉の門人各務支考の流れをうけた俳諧獅子門(美濃派)の一大拠点であり，芭蕉を元

織部の里から能郷へ 63

祖，支考を2世と数えて，4世にあたる五竹坊のときに，西運寺に俳諧の道場がたてられた。境内には，歴世道統宗匠の卵塔が25基たち並ぶ。また獅子門正式俳諧会席用具2揃（県民俗）は，現在，北方町立図書館に保管されている。

北方城跡 ⓱

〈M▶P.2,66〉 本巣郡北方町北方地下249
JR東海道本線穂積駅🚌15分，またはJR岐阜駅・名古屋鉄道本線名鉄岐阜駅🚌北方円鏡寺線岐阜農林高🚶5分

北方合戦による落城の地 面影残る陣屋跡

西運寺から北東へ直進し5分ほど歩くと，大井神社（祭神大己貴命）がある。この神社は円鏡寺の鬼門の守りとして，988（永延2）年に創建されたという。神社南の天王川沿いの一帯は，江戸時代に旗本戸田家陣屋となり，奉行所・代官屋敷などがたち並んでいた。神社の南西側には常誓寺（浄土真宗）があり，その前の小川を東へ約60m進むと，北方城跡（県史跡）の碑がたっている。北方城の本丸跡とされ，約3900m²の広さであるが，当時の様子はあきらかではない。

北方城は，土岐・斎藤両家につかえた西美濃三人衆の1人，安藤（安東）伊賀守守就の居城であったと伝えられるが，1582（天正10）年，同じ三人衆の稲葉一鉄の攻撃をうけて落城した。

安東伊賀守守就戦死の地（県史跡）とされる石碑は，北方城跡より西に進み，百年記念通りを北上した旧名鉄揖斐線の線路沿いにある。

また北方城跡より天王川沿いを南へ直進して10分ほど歩き，県道岐阜関ケ原線をこえたすぐのところに朝日神社（祭神朝日大明神）があり，その境内には朝日神社のクロガネモチ（県天然）がある。1994（平成6）年，おりからの風雨により，幹と葉のしげった部分が分断され蘇生がむずかしい状態であったが，関係者の努力により近年小

北方城跡

マクワウリ

コラム 食

郷愁を誘う甘い伝統の味　サクッとした歯触り

　マクワウリは俵型で，サクッとした歯触りとあっさりした甘みが特徴である。『万葉集』の山上憶良の歌に「瓜食めば　子ども思ほゆ　栗食めば　まして偲はゆ」とあるが，このウリはマクワウリのことだといわれている。マクワウリは，万葉の時代から全国各地で栽培されたが，真桑村(現，本巣市上真桑)が発祥の地といわれる。

　真桑村産のウリは織田信長や徳川家康も好んで食べ，盛夏に欠かせぬ果物として愛されてきたが，近年はスイカやメロンに押されて姿を消していった。1990(平成2)年に地域の住民が栽培研究会を結成し，毎年栽培と研究が続けられ，市場にでまわっている。

マクワウリ

枝を張りつつある。

真桑人形浄瑠璃 ㊺

〈M▶P.2,66〉本巣市上真桑353
樽見鉄道北方真桑駅 🚶15分

全国的に有名な操人形舞台　地域で守る伝統芸能

　真桑人形浄瑠璃(国民俗)は上真桑・本郷地区に300年前から伝わる伝統芸能である。毎年3月の春分の日とその前日に物部神社(祭神物部古千根)の祭礼に奉納され，真桑文楽として親しまれている。境内にある真桑の人形舞台(国民俗)で上演されるが，人形浄瑠璃を上演する舞台は全国でも珍しく，桟瓦葺きの切妻造で，間口13.0m・奥行き8.2m・棟高6.5mの大きさである。

　この芸能は，根尾川用水をめぐる水争いの解決に尽力した福田源七郎の遺徳をたたえて，元禄年間(1688～1704)に「義農源七郎」という外題の人形芝居を上演したのがそのはじまりであるといわれている。しか

真桑人形浄瑠璃

織部の里から能郷へ

法英寺護摩堂と芭蕉句碑

本巣市真桑・北方町周辺の史跡

し，なんの素地もない地域に突然人形浄瑠璃が上演されたとは考えにくい。そのため，この地方にはそれ以前から傀儡子（くぐつ）の流れをくむ人形遣いが住みつき，彼らによって上演されたのではないかと考えられている。その後，明治初年に至るまで，用水の恩恵をうけた2郡16カ村が毎年村の石高に応じて経費を負担し，上演を続けてきた。一人遣いが，今日みられるような三人遣いになったのは，寛政（かんせい）年間（1789～1801）に文楽の人形の遣い方が伝わったためである。現在は真桑文楽保存会により，地域の子どもたちをまじえて後継者の育成と伝承活動が行われている。

物部神社の北側には法英寺観音堂（ほうえいじ）・護摩堂（ごまどう）（ともに県文化）がある。護摩堂手前の小庭園には，「柳 小柳（やなぎこり） 片荷（かたに）はすゞ志（し） 初真桑（はつまくわ）」という松尾芭蕉の句碑がたてられている。

根尾谷断層（ねおだにだんそう）46　〈M▶P.2〉本巣市根尾水鳥（みどり）
樽見鉄道水鳥駅 🚶 2分

1891（明治24）年10月28日，根尾中部で発生した濃尾（のうび）地震は，日本

長良川と金華山—岐阜

根尾谷淡墨ザクラ

の内陸地域でおこった地震としては史上最大規模の，マグニチュード8.0と推定される巨大地震であった。この地震は，福井県南部から南東へ約80kmにわたってのびる根尾谷断層の活動によっておこったが，このとき水鳥地区に，北西から南東方向1km以上にわたって生じた断層崖は，根尾谷断層（国特別天然）となっている。この断層崖は，断層をはさんで約3m横にずれ，東側が垂直に6m隆起してできたもので，断層崖の典型的な事例として，世界的に有名である。現在，断層の真上にある根尾谷地震断層観察館では，地下で動いた断層の様子を直接みることができるほか，地震の仕組み・歴史などを学ぶことができる。

　樽見鉄道終点の樽見駅で下車し，桜橋を渡り坂道に沿って西へ10分ほど歩くと山裾に根尾谷淡墨ザクラ（国天然）がある。樹高16.3m，目通り幹回り9.9mの日本三大桜の1つに数えあげられるエドヒガンザクラ（一説によればウバザクラ）の巨樹である。このサクラを中心に公園が整備されている。

　伝承によれば，今から1500余年前，皇位継承の争いからこの地に身をひそめていたのちの継体天皇が，大和へ帰る際に住民との別れを惜しんで，1本のサクラの苗木を手植えして「身の代と　遺す桜は　薄住よ　千代に其の名を　栄盛へ止むる」と詠んだのがこのサクラであるといわれている。今も樹勢を保ち，毎年4月中旬には淡い墨絵のような美しさで開花する。

　また樽見駅から根尾東谷川に沿って車で約10km北上していくと，根尾谷の菊花石（国特別天然）の産地，初鹿谷の入口に到着する。菊花石とは，輝緑岩または輝緑凝灰岩中にある石灰岩物質（方解石）の放射線状結晶集合体であり，ちょうどキクの花のような断面をみせているものである。淡墨公園内にあるさくら資料館は，淡墨ザクラのすべてがわかる資料館で，菊花石も多数展示している。

地にきざむ大自然の爪痕　淡い墨絵の名木の世界

織部の里から能郷へ

樽見駅から3分ほど北西に歩いた国道418号線沿いに白山神社がある。この神社では、毎年旧暦の1月11日に、樽見の十一日祭（県民俗）が行われる。

能郷白山神社 ⓭ 〈M▶P.2〉 本巣市根尾能郷162
樽見鉄道樽見駅🚗15分

樽見駅から国道157号線を車で北上すると能郷に至る。能郷は能郷白山(1617m)の麓にあって、717(養老元)年、泰澄によって開かれたという能郷白山神社(祭神伊弉冉尊)が鎮座する。この神社には、修験者たちが伝えたと思われる文化財が多く、平安時代の9面の和鏡、「文明十二(1480)年」銘のある梵鐘、室町時代の能面20面、能狂言装束類17領、わが国最古で、1598(慶長3)年に白山神社の神主が改め書写したとの奥書がある「間狂言間語」という能狂言本、江戸時代中期の木地師の手になる供物器18点(いずれも県重文)などが所蔵されている。

また4月13日の祭礼に、能郷の猿楽衆の家16戸によって奉納されるのが、能郷の能・狂言(国民俗)である。この芸能は年1回、この日にかぎって上演される。猿楽衆の家は、能方・狂言方・囃子方とそれぞれが世襲になっている。演目はすべて口伝とされており、前述の能狂言本をのぞけば、台本は存在しない。その演じ方は今日の能楽とはおおいに異なり、抑揚がなく方言を多用した台詞や舞の素朴さのなかに、中世の能の本質をよく残しているといわれている。

能郷の能

霊山でまもられた文化財　中世の古能の世界

Seinō # 古戦場と水のふるさと―西濃

東津汲鎌倉踊り

国営木曽三川公園より油島千本松締切堤史跡をのぞむ

古戦場と水のふるさと—西濃

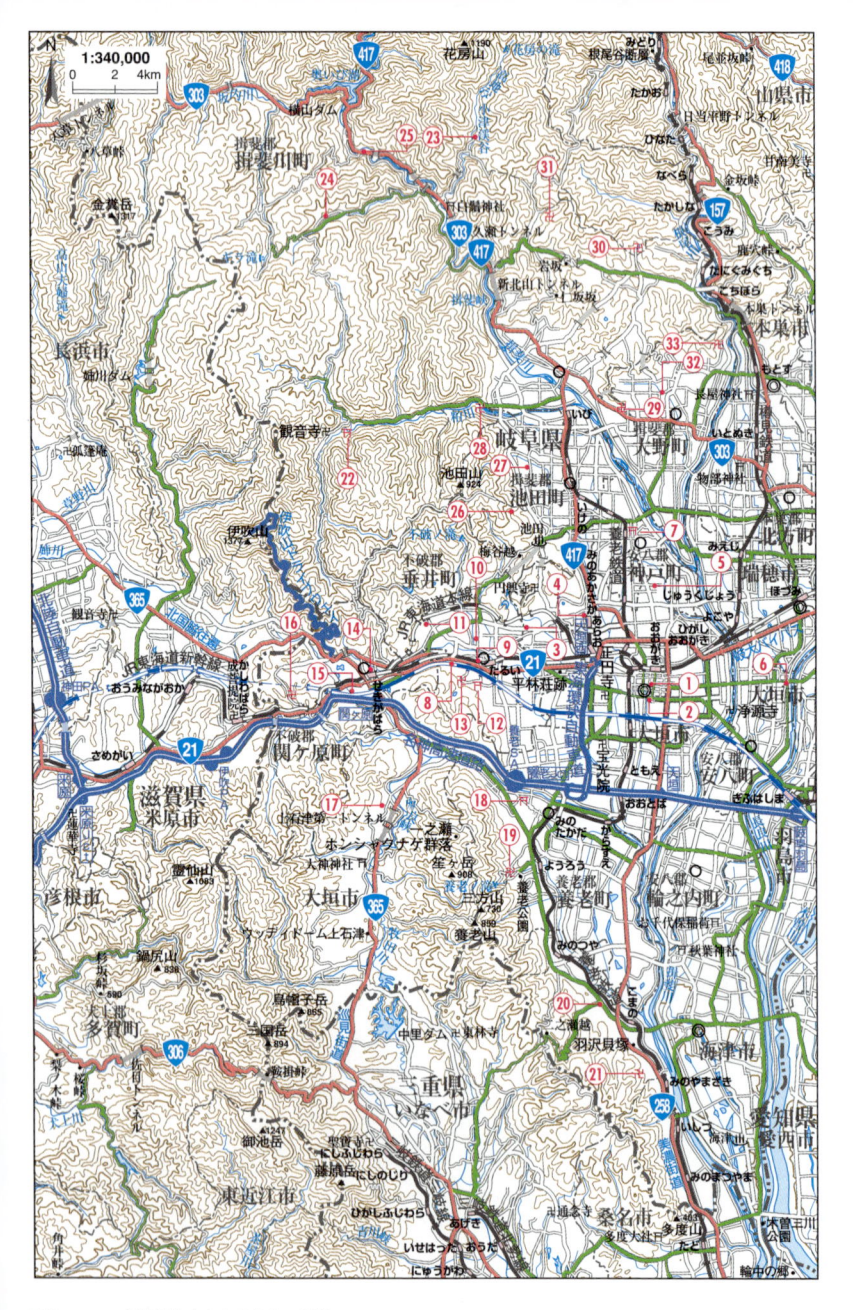

◎西濃地区散歩モデルコース

1. JR東海道本線・養老鉄道大垣駅 7 大垣城 8 住吉燈台・奥の細道むすびの地記念館 20 美濃国分寺跡 6 赤坂宿 10 曽根城跡 7 神戸の日吉神社 10 養老鉄道広神戸駅 13 大垣駅

2. JR東海道本線垂井駅 3 南宮大社 2 朝倉山真禅院 10 竹中氏陣屋跡 10 関ヶ原古戦場 5 不破関跡 3 JR東海道本線関ケ原駅

3. 養老鉄道養老駅 15 養老公園(養老寺・養老の滝・養老神社) 15 養老駅 12 養老鉄道駒野駅 15 行基寺 25 国営木曽三川公園・油島千本松締切堤・治水神社 7 養老鉄道多度駅

4. 養老鉄道美濃本郷駅 6 願成寺西墳之越古墳群 7 瑞巌寺 25 横蔵寺 17 華厳寺 15 来振寺 10 野古墳群 15 養老鉄道広神戸駅

---

①大垣城
②住吉燈台
③美濃国分寺跡
④赤坂周辺
⑤曽根城跡
⑥墨俣宿
⑦神戸の日吉神社
⑧垂井一里塚
⑨垂井の泉
⑩美濃国府跡
⑪竹中氏陣屋跡
⑫南宮大社
⑬朝倉山真禅院
⑭関ヶ原古戦場
⑮不破関跡
⑯妙応寺
⑰桑原家住宅
⑱多岐神社
⑲養老寺
⑳庭田貝塚
㉑行基寺
㉒川合の六所神社
㉓小津
㉔日坂
㉕徳山民俗資料収蔵庫
㉖霞間ヶ渓
㉗願成寺西墳之越古墳群
㉘瑞巌寺
㉙釣月院
㉚華厳寺
㉛横蔵寺
㉜野古墳群
㉝来振寺

『奥の細道』むすびの地

近世，戸田氏10万石の城下町として栄えた大垣は，文教の町としても知られ，史跡も多く残る。

大垣城 ❶
0584-74-7875
〈M▶P.70, 73〉大垣市 郭町2-52
JR東海道本線・養老鉄道・樽見鉄道大垣駅 🚶 7分

合戦にのぞむ石田三成の拠点 戸田氏10万石の居城

　駅前通りを南にくだっていくと，大垣城のかつての外濠であった水門川にかかる新大橋を渡る。さらにいくと，右手に大垣城七口門の1つ，柳口門を移築した現在の大垣城東門がある。

　大垣城は，大柿城と書かれたときもあり，巨鹿城・麋城とも称された。1535(天文4)年土岐氏の被官宮川安定の築城と伝えられる。当初は本丸と二ノ丸のみの城であったが，1596(慶長元)年に城主伊藤祐盛が4層4階建ての天守閣を築造したとも，1585(天正13)年に豊臣秀吉が城主一柳直末に造営を命じ，1588年に完成したともいわれる。

　関ヶ原の戦いでは，西軍の将石田三成が入城して拠点とした。しかし，東軍が赤坂宿の岡山に陣を構えたので，背後を断たれることを懸念して大垣城をでて，関ヶ原に布陣して敗れ，大垣城は落城した。その後，1601(慶長6)年上総成戸(現，千葉県山武市)から石川氏が5万石で入封し，以後石川氏3代・松平氏2代・岡部氏2代・松平氏1代が城主となった。1635(寛永12)年には，戸田氏鉄が摂津尼崎(現，兵庫県尼崎市)から転封され10万石となり，以後江戸時代をつうじて戸田氏11代の居城となった。

現在の大垣城

　廃藩置県後，内堀はすべて埋めたてられ，本丸・二ノ丸周辺は公園となった。1935(昭和10)年には天守閣を郷土博物館として一般公開し，翌年，天守閣と艮櫓が国宝に指定されたが，1945年第二

次世界大戦の戦災ですべて焼失した。その後、大垣城再建の気運が高まり、1959年に天守閣が再建された。再建された天守閣も資料館として公開している。

なお、この再建工事の際、旧天守閣の盛土の下底部付近から、弥生時代の土器とともに、楕円形に近い長方形で、四隅に高さ1cmの脚をつけた石案(県重文)が出土した。この石案は、年代・用途など不明である。現在は大垣市歴史民俗資料館に保管されている。

城の南東約500mに位置する広峯神社(祭神素盞嗚神)境内には、大手門跡が残り、城の西約400mにある円通寺(浄土宗)には、大垣藩戸田家初代藩主氏鉄から11代氏共までの戸田家廟所(県史跡)がある。

毎年5月15日に近い土・日曜日に行われている大垣祭は、1648(正保5)年に藩主戸田氏鉄が大垣八幡神社の社殿を再興したとき、その祝いとして、近郷の村々が神輿をだし、城下の人びとが車に飾り物をおいた車渡り物をだしたのがはじまりとされている。祭りに曳きだされる11基の軕(山車、9基が県民俗)のなかには、「三輛軕」といわれている3基の山車がある。この山車は、1679(延宝7)年に藩主がつくらせた山車の後身といわれ、一層四輪で囃子が山車の後ろについていくなど、古い形態をとどめている。なお竹島町には、朝鮮山車附属品(県民俗)が残っている。この朝鮮山車は、朝鮮通信使の行列を模したもので、朝鮮王の国使を模した大将人形を飾った山車を中心に、前後を揃いの金襴の朝鮮服を着用した若い衆が、「朝鮮王」の旗や笛・太鼓・鉦・羯鼓・胡弓・唐団扇などをもち、大垣祭の行列にでていたが、明治以降はでなくなった。以前は美濃路大垣宿の本陣跡である竹島会館に保存されていたが、現在は大垣城の近くにある大垣市郷土館に、大将人形頭や朝鮮王旗・朝鮮服な

どが展示されている。この館には，別府細工・中島コレクションや美濃後藤派金工作刀剣装具収集品(ともに県重文)などがある。

住吉燈台 ❷ 〈M▶P.70,73〉大垣市船町1
JR東海道本線大垣駅 🚶 15分

大垣城から南へくだって大垣市役所前をとおり，さらに南へ約300mいくと，大垣市内を流れる水門川沿いに住吉燈台(県史跡)がみえる。この辺りが水門川の船町湊跡で，かつては桑名方面と連絡する河湊として栄えた。水門川の水運業は慶長年間(1596～1615)ごろにはじまり，船町が形成され，船問屋も設置された。正徳年間(1711～16)までは，2艘の船が大垣藩主の江戸往復の御用船をつとめるなど，川船も多く，水運業が栄え，船町湊は繁栄した。

1884(明治17)年には，大垣乗船会社および濃勢汽船会社が設立され，汽船や和船によって，桑名・大垣間の旅客や貨物の運搬を行った。1913(大正2)年大垣・養老間，1919年養老・桑名間が養老鉄道として開通したことにより旅客の乗船は減少したが，貨物の運輸は，なお盛んであった。しかし昭和時代になると，貨物輸送の中心は鉄道になり，水運は衰退していった。

住吉燈台は，水門川の東岸に船町湊の標識および夜間の目印にたてられたものであり，高さ約8m，四角の寄棟造，最上部には四方に油紙障子をはめ込んで中央に灯火をいれるようになっている。外部は杉板鎧張りをほどこしている。建造年代は，元禄年間(1688～1704)ごろと推定されている。

「奥の細道」むすびの地 水運の拠点船町湊

住吉燈台と水門川

燈台の対岸には，「奥の細道むすびの地」の石碑がたっている。松尾芭蕉は，1689(元禄2)年3月江戸を出発し，奥羽・北陸をめぐり歩いて，8月敦賀(現，福井県)より美濃にはいり，関ヶ原・垂

井を経て8月21日に大垣入りした。大垣では、北村季吟の同門であった船問屋谷木因をはじめ、多くの大垣の俳人と交流した。9月6日に大勢の人たちの見送りをうけて、「伊勢の遷宮おがまんと又舟にのりて」船町湊を出立、「蛤のふたみに別行秋ぞ」と詠み、水門川から揖斐川を経て長島へとくだっていった。なお、芭蕉は『野ざらし紀行』の旅の途中の1684(貞享元)年、『笈の小文』の1688(元禄元)年、さらに1691年にも大垣へ来遊している。

石碑と芭蕉・木因像のすぐ西には、2012(平成24)年に開館した奥の細道むすびの地記念館がある。この館は芭蕉館、先賢館、観光・交流館と移築された幕末維新期に活躍した大垣藩家老で勤王家の小原鉄心の別荘「無何有荘大醒榭」から成っている。小原鉄心の墓は、この近くの朝鮮通信使の宿泊地であった全昌寺(曹洞宗)にある。

なお、江戸時代に人びとが利用した用水の水源は、大垣北部に湧出するガマとよばれる扇端湧水である。この水は澄んで冷たいので、水源近くの西之川町にはハリヨ生息地(県天然)がある。ハリヨは、元来琵琶湖南東岸部と濃尾平野南西部にのみ生息するといわれる貴重なトゲウオ科の淡水魚である。

以下大垣市の文化財を簡単に紹介する。

樽見鉄道東大垣駅より20分歩くと、JR東海道線の鉄橋の北に、現在は道路橋になっている旧揖斐川橋梁(国重文)がある。この橋は東海道本線開通当時の橋梁として唯一原位置に残る遺構である。

大垣市南東部の揖斐川にかかる揖斐大橋と大垣大橋の間辺りにある大村の浄源寺(浄土真宗)には、鎌倉時代に描かれた絹本著色聖徳太子六臣像・絹本著色真宗高祖列坐像(ともに県重文)がある。

大垣輪中南部の浅草には、輪中集落における水屋をともなった庄屋の住居様式をよく残した大橋家住宅(県民俗)がある。

大垣市西部の静里町にある正円寺(浄土真宗)には、経塚(県史跡)がある。この経塚の石碑には、「文治五(1189)年」「勧進崇暁寺」「願主増栄」「女施主宮道氏」などの文字がきざまれている。

静里町から南へいくと、綾野にでる。ここの報恩寺(曹洞宗)には、円空作仏像15体(県重文)がある。中央に薬師如来立像、左に日光菩薩像、右に月光菩薩像、周囲に十二神将像がある。円空仏として

十二神将像が完全にそろっているのは，県内ではここだけである。なお，綾野の白鬚神社例祭には，5基の祭軕(県民俗)がでる。

綾野の東，杭瀬川を隔てた青柳町の徳勝寺(浄土真宗)には，「弘安三(1280)年」銘の梵鐘(国重文)がある。刻銘によると，この梵鐘は元寇調伏の願をこめて鋳造され，美濃一宮南宮神社に奉納されたものである。これは，この年に朝廷が，諸国の寺社に異国降伏の祈禱を命じたことに応じたものと考えられる。また，追銘にはのち大垣八幡神社に伝わり，さらに1873(明治6)年徳勝寺の所有になったとある。これは，神仏分離によるものとみられる。

綾野から南へ2kmほどいくと，左目不動で知られる野口の宝光院(天台宗)に着く。ここには，室町時代の絹本著色両界曼荼羅(県重文)がある。この両界曼荼羅は江戸時代に，揖斐城主の西尾豊後守光教が奉納したものと伝えられている。

大垣市の西部，不破郡垂井町に近い長松町には，平林荘跡(県史跡)がある。ここは，江戸時代後期の蘭方医・植物学者飯沼慾斎の隠居所であった。慾斎はこの平林荘で植物学を研究し，スウェーデンの植物学者リンネの植物分類法に基づき，日本で最初の科学的な植物図鑑である『草木図説』をあらわした。

大垣は美濃国における蘭学の中心であり，その中心人物は大垣藩医の江馬蘭斎であった。蘭斎は江戸で，前野良沢にオランダ医学を学んで大垣に戻り，藤江(現，大垣市藤江町)に蘭学塾好蘭堂を開いた。この塾は明治時代のはじめまで続き，小森玄良や早矢仕有的ら多くの優秀な人材が育っていった。なお女流漢詩人として有名な江馬細香は，蘭斎の長女である。

美濃国分寺跡 ❸

〈M ▶ P.70, 80〉 大垣市青野町419
JR東海道本線大垣駅 🚌 15分

往時をしのぶ広大な遺跡　歴史探究への足がかり

大垣駅でおりて北西へ約8kmほどいくと，史跡公園として整備された美濃国分寺跡(国史跡)がある。その東北側の丘陵には，国分寺創建時の瓦窯跡(国史跡)もある。美濃国分寺は，在地豪族が白鳳期にたてた寺院跡を利用し，美濃国府(不破郡垂井町府中)や不破関(不破郡関ケ原町)に近く，南は東山道に面し，北には低丘陵を背負ったこの地に建立された。887(仁和3)年火災で焼失し，国分寺

美濃国分寺跡

の機能を席田郡定額尼寺（現，本巣市）に移したが，10世紀後半に再び現在地に再建されたと考えられている。

この美濃国分寺跡は，1968（昭和43）〜80年まで発掘調査と史跡公園への整備が行われ，東西231m・南北203.7mの寺域と主要堂塔跡（七重塔・金堂・講堂・回廊など）が確認された。また，出土した単弁十六葉蓮華文軒丸瓦など瓦の文様は，奈良県高市郡明日香村にある川原寺の屋根瓦文様の系統に属するとみられる。

1996（平成8）年以降の発掘調査で，伽藍配置は法起寺式ではなく大官大寺式であるといわれるようになった。出土品は，史跡公園のすぐ北側の大垣市歴史民俗資料館に展示されている。

国分寺跡の北100mほどのところに，1615（元和元）年，真教上人が国分寺（真言宗）を再興した。本尊の木造薬師如来坐像（国重文）は，ケヤキ材の一木造で，像高304.8cm，平安時代後期の作風を顕著に示しているといわれている。しかし，後頭部・体背面・両肩から手先など，一部は近世後半に補材されている。

なお，国分尼寺は，国分寺の西700mの垂井町平尾の願證寺（浄土真宗）付近にあったと推定されている。2005（平成17）年の調査により，尼寺の西の端と推定される土手が奈良時代のものであることが分かった。一方，南の端と推定される場所には溝状の落ち込みがあり，屋根瓦が多数出土した。

赤坂とその周辺 ❹ 〈M▶P.70, 80〉大垣市赤坂町（駅前にレンタサイクル〈期間限定〉あり）
JR東海道本線大垣駅乗換え美濃赤坂線美濃赤坂駅
🚶 7分

源朝長終焉の地　皇女和宮ゆかりの地

JR東海道本線大垣駅から美濃赤坂線に乗り換えて，終点の美濃赤坂駅で下車すると，そこが大垣市赤坂町である。江戸時代，赤坂宿は，中山道の江戸から数えて56番目の宿場町として栄え，本陣・

『奥の細道』むすびの地

赤坂宿本陣跡

脇本陣をはじめ、多くの旅籠や商家が軒を並べていた。駅から北へ3分ほど歩けば県道赤坂垂井線で、これが旧中山道である。この交差点にある道標には、ここを起点として谷汲巡礼街道が北にのびていることがきざまれている。

交差点を右へおれるとすぐに、赤坂宿本陣跡である。本陣跡は現在整備されて本陣公園となっており、園内には和宮顕彰碑や幕末の志士所郁太郎の銅像など、赤坂宿にゆかりの深い人物の史跡がある。

1861(文久元)年10月25日、公武合体政策の下、江戸幕府14代将軍徳川家茂に嫁すため、孝明天皇の妹和宮は中山道を東に向かい、この赤坂宿で1泊した。このとき、赤坂宿では54軒もの家屋がたて直され、「お嫁入り普請」とよばれた。現在も街道の両側には、中2階に格子壁のある家が多く並び、近世の宿場町の様子を今に伝えている。

幕末の志士所郁太郎は、1838(天保9)年、赤坂の醸造家矢橋家に生まれ、11歳のとき、西方村(現、揖斐郡大野町)の医師所家の養子となった。のちに越前大野(現、福井県大野市)の洋学館や大坂の適塾で洋学を学び、京都で町医者を開業した。こののち長州藩士桂小五郎(木戸孝允)らと親交を深め、長州藩医院総督・遊撃隊参謀などを歴任している。1864(元治元)年、井上聞多(馨)が刺客におそわれたとき、瀕死の重傷であった井上に畳針で手術をほどこし、その命を救った逸話は有名である。

本陣公園から、さらに東へ3分ほど歩くと水路があり、橋のたもとに赤坂湊跡がある。この湊は、明治時代に西濃地方の物産を杭瀬川の水運を利用して運搬するために設けられたもので、往時をしのばせる常夜灯や、明治時代初期の洋風建築を復元した赤坂港会館がある。

一方，さきほどの交差点から西へ進むとすぐに，脇本陣跡がある。赤坂宿の脇本陣は代々飯沼家が管理し，現在は旅館になっている。脇本陣跡から西へ進み，細い路地を100mほど南下すると，お茶屋屋敷跡(県史跡)がある。このお茶屋屋敷は，1605(慶長10)年ごろに徳川家康が上洛往還のために造営した将軍専用の休息施設であり，織田信長が築いた岐阜城の千畳敷御殿を移築したものといわれている。周囲に土塁・空堀をめぐらし，その内郭を本丸とよぶなど，実際には城郭の構えをなしていたと考えられる。現在は屋敷内にボタンが多く植えられているため，ぼたん園ともよばれ，4～5月ごろには多くの人が訪れる。

　赤坂宿を中山道にそって西に1kmほどいくと，昼飯地区にはいる。街道のすぐ南には，昼飯大塚古墳(国史跡)がある。この古墳は，4世紀後半に築造された全長約150mの県内最大の前方後円墳で，後円部に竪穴式石室と粘土槨が築造されている。

　昼飯地区からさらに中山道を西に約1km進み，JR東海道本線のガードのすぐ手前の信号を右折して，北西へ2kmほどいくと円興寺(天台宗)がある。この寺は，790(延暦9)年青墓(現，大垣市)の大炊氏の帰依を得て，最澄によって創建されたといわれている。のちに織田信長勢の焼打ちにあい，現在地に移った。本尊の木造聖観音立像(国重文)は石上観音ともよばれ，最澄みずからがきざんだと伝えられる。ヒノキの一木造で，弘仁・貞観年間(810～877)の傑作である。

　円興寺の周辺には，現在，「青少年憩いの森遊歩道」と名づけられた散策路が整備されている。円興寺の東側の谷合を走る県道大垣池田線を北上すると，右手に旧円興寺伽藍跡や源朝長の墓への参道がある。

　1159(平治元)年，平治の乱に敗れた源義朝は，長男

源朝長(左)・義朝(中央)・義平の墓

『奥の細道』むすびの地

美濃赤坂駅周辺の史跡

義平・2男朝長・3男頼朝らとともに、美濃青墓宿の大炊長者を頼って逃亡してきた。長者の娘延寿と義朝の間には娘がいたこともあり、義朝はここでしばらく潜伏し、再起をはかろうとした。しかし、平氏の追手が迫るなかで、すでに重傷を負っていた朝長は、父義朝に頼み首を打たれた。

参道入口から山道を約800mのぼると、源朝長の墓が、父義朝・兄義平の墓とともに苔むしてたっている。その隣には、大炊氏一族の墓が、さらに100mほど奥には旧円興寺の金堂・講堂跡がある。

このほかにも、この赤坂周辺には寺院や史跡が多い。石灰や大理石の産出で名高い金生山の中腹には、687年、役行者が創建したといわれる明星輪寺(真言宗)がある。本尊は、三重県伊勢市朝熊町の金剛証寺、京都市の法輪寺とともに日本三大虚空蔵の1つといわれている。同寺にはそのほかにも、平安時代末期の作とされる木造地蔵菩薩半跏像(国重文)、鎌倉時代の木造金剛力士像(県重文)、大垣藩の和算の関流天極斎(浅野孝光)門人28人によって制作・奉納された算額(県民俗)、「明徳四(1393)年」銘がある梵鐘(県重文)、「久安四(1148)年」銘がある石造如法経碑石(県重文、岐阜市歴史博物館保管)などの貴重な文化財が多い。なお、金生山は化石だけでなく、日本屈指の陸貝生息地(県天然)としても有名である。

また美濃赤坂駅の南西にみえる丘陵が、通称お勝山とよばれてい

古戦場と水のふるさと―西濃

る岡山である。1600（慶長5）年9月14日，関ヶ原の戦いの前日，東海道を西進してきた徳川家康は，この地に本陣をおいて西軍と対峙した。

曽根城跡 ❺

〈M▶P.70, 87〉大垣市曽根町1　**P**
JR東海道本線大垣駅🚌大垣大野線大野バスセンター行曽根
🚶10分

勇将稲葉一鉄の本城
幕末の漢詩人梁川星巌の故郷

曽根バス停でおりて，少し南へいったところにある交差点を東へ10分ほど歩くと，曽根城公園である。ここは戦国時代に，西美濃三人衆の1人として勢力を誇った稲葉一鉄の居城曽根城があった場所である。曽根城の初代城主は，伊予国（現，愛媛県）守護河野氏の一族で，1464（寛正5）年美濃国にきて土岐成頼につかえ，稲葉姓に改称した稲葉通貞である。1525（大永5）年，通貞の孫にあたる稲葉一鉄が城主となり，織田信長につかえ，1588（天正16）年には，一鉄の嫡男貞通が郡上八幡に転封となった。その後，西尾光教が城主となり，関ヶ原の戦いでは東軍に属して，大垣城を攻略した。光教はその功により1万石の加増となり，揖斐城に転封されたため，曽根城は廃城となった。

1734（享保19）年，旧曽根城本丸跡に華渓寺（臨済宗）が移転された。華渓寺は，1576（天正4）年に稲葉一鉄が，母の菩提寺として建立した寺院であるが，漢詩人で尊王論者の梁川星巌ゆかりの寺としても知られている。

梁川星巌は，1789（寛政元）年，安八郡曽根村（現，大垣市曽根町）で生まれた。19歳のとき江戸に遊学し，山本北山に漢学と詩文を学んだ。郷里に帰り，白鷗社という詩社を結成し，江馬細香らと漢詩の研鑽に励んだ。その後，星巌は妻の紅蘭とともに西遊の旅にで，再び江戸に赴き，神田お玉ヶ池（現，東京都千代田区）近くに玉池吟社を開き，江戸詩壇の中心的な存在となり，多くの門人をもった。このころから時事への

梁川星巌・紅蘭銅像

『奥の細道』むすびの地　81

関心を深め，頼山陽・佐久間象山・藤田東湖・吉田松陰らと交流するようになり国事に奔走したが，安政の大獄直前に京都で病死した。華渓寺境内には梁川星巖資料館があり，星巖の遺品が展示されている。なお，梁川星巖・紅蘭愛用の七絃琴 附 明星津石・鉄如意(県重文)は，大垣市郷土館に展示されている。

曽根城公園の北西部にはハナショウブ園が広がっているが，その一角に，稲葉一鉄の重臣であった斎藤内蔵助利三の屋敷跡がある。利三は，のちに明智光秀の家老となるが，その娘が江戸幕府3代将軍徳川家光の乳母として有名な春日局である。また，華渓寺の北部に広がる池は，1815(文化12)年の大洪水の際に破堤して形成されたものという。

墨俣宿 ❻

〈M▶P.70〉大垣市墨俣町
JR東海道本線大垣駅🚌岐垣線岐阜聖徳学園大学行墨俣🚶7分

豊臣秀吉出世の地　美濃路屈指の宿場

墨俣バス停のすぐ近くにある墨俣小学校の北東周辺には，多くの寺院が密集し，寺町とよばれている。このうち，本正寺(浄土真宗)の山門は美濃路墨俣宿の脇本陣の門であり，明台寺(浄土宗)境内には，南北朝時代から室町時代にかけての武将である土岐悪五郎康貞や守護代斎藤利藤の墓がある。寺町を東にぬけると，すぐに犀川右岸堤防に突きあたるが，この堤防は桜堤防の愛称で親しまれているとおり，春のサクラの季節には，多くの花見客で賑わう場所である。この堤防を100mほど北上すると，美濃路墨俣宿の本陣跡の石碑がある。

美濃路は，1602(慶長7)年に，中山道と東海道を結ぶ脇往還として整備された。中山道垂井宿から分かれ，大垣・墨俣・起・萩原・稲葉・清洲・名古屋の7つの宿駅をとおり，東

美濃路墨俣宿本陣跡の石碑

海道熱田宿に至るもので、朝鮮通信使や琉球使節の通行に利用された。

墨俣宿は、大垣宿から約8km、尾張の起宿(現、愛知県尾西市)から約9.7kmの距離で、宿駅の長さ7丁7間(約776m)のカギ型となっていた。本陣の管理は、初代沢井九市郎正賢以降、代々沢井氏が明治時代まで13代にわたりつとめた。

本陣跡から西へ300mほどの通称本町通りが、旧宿場町の中心で、本陣・脇本陣・旅籠・茶屋などがたち並んでいたが、現在は脇本陣跡や津島神社内の琉球使節通行記念の石灯籠などに当時の名残りをとどめている。墨俣宿は墨俣川(長良川)に面しており、渡しがあったが、朝鮮通信使や将軍が通行するときには、船橋がかけられた。なお、鎌倉時代の『宇治拾遺物語』や『十六夜日記』のなかに、墨俣川渡河の記事がある。

墨俣宿本陣跡から、さらに200mほど北上すると、正面にみえてくるのが墨俣一夜城歴史資料館である。永禄年間(1558〜70)、尾張の織田信長は、宿敵である美濃斎藤氏への攻略拠点としてこの墨俣に砦を築くために、木下藤吉郎(のちの豊臣秀吉)に墨俣築城の命令を下した。

1566(永禄9)年9月、藤吉郎は濃尾の地理に詳しい蜂須賀小六らの協力を得て、墨俣築城に着手した。その方法は、木材など必要な資材や道具をあらかじめ河川の上流に準備しておき、木曽川・境川の水運を利用して墨俣に運びいれ、一気に築城するという斬新なものであった。9月12日、藤吉郎以下2000の兵が築城にとりかかり、13日の夕刻早くも馬柵と櫓がほぼ完成した。藤吉郎は築城成功の功績を認められ、墨俣城主となり、後世「一夜城」として賞賛されるに至った。現在の模擬天守閣は、1991(平成3)年歴史資料館として建造されたもので、墨俣築城に関連する資料が展示され

源平墨俣川古戦場跡の碑

『奥の細道』むすびの地

ている。また歴史資料館の周囲には、当時の馬柵が復元されるとともに、墨俣築城犠牲者の墓や、西行法師・阿仏尼の歌碑などが整備されている。

一方、墨俣バス停から1kmほど南下すると、源平墨俣川古戦場の跡がある。1181（養和元）年3月、この地を主戦場として、平重衡を総大将とする平氏と源行家・源義円を将とする源氏との合戦が展開された。義円は義朝の子で、幼名を乙若といい、源義経とは同腹の兄にあたる。義円は、墨俣川西岸に陣を張る平氏の軍勢に対して、川を渡り夜襲をかけたが、平盛綱に討たれた。古戦場跡は、現在義円公園として整備され、義円地蔵や義円供養塔などが並んでいる。

神戸の日吉神社 ❼

〈M▶P.70,87〉安八郡神戸町神戸1　P
養老鉄道広神戸駅 🚶10分

迫力ある神戸山まつり
簡素で逸品の十一面観音坐像

広神戸駅でおりて東へ向かって100mほど歩くと、北側に護国寺（臨済宗）がある。寺には尾張藩初代藩主徳川義直の庇護をうけて、天台宗から臨済宗に改宗・再興した愚堂東寔の書跡（県重文）がある。さらに東へ進むと、神戸の町を南北に貫く広い道路にでる。江戸時代に鳥居前町として栄え、九斎市が開かれていた名残りであり、広神戸の名称のいわれである。南へ約200mいくと東側に瑠璃光寺（臨済宗）があり、江戸時代中期の禅僧で、臨済宗中興の祖といわれる白隠慧鶴の書跡（県重文）がある。1758（宝暦8）年白隠が当寺に滞在中に書いたものである。

この道路を北へいくと大きな石の鳥居があり、それを左にみながら五条橋を渡り、まっすぐいくと朱色の鳥居（惣門）がある。現在は、そこからが日吉神社（祭神大己貴命）の参道になっている。日吉神社は、817（弘仁8）年に伝教大師（最澄）が近江坂本（現、滋賀県）の日吉神を勧請したことにはじまると伝えられている。かつて神戸が延暦寺荘園の平野荘であったことから、その荘園を鎮守する神社として、日吉神社は発展した。

参道の左右には山王社僧八坊の跡があり、石碑がたっている。それをすぎると右手東側に、室町時代の木割の大きな均斉のよくとれた豪壮華麗な三重塔（国重文）がある。1585（天正13）年に、西美濃三人衆の1人である稲葉一鉄がこの塔を修造した際の棟札が残ってい

日吉神社三重塔

る。築造は、永正年間(1504〜21)に美濃の守護代斎藤利藤の弟利綱によると伝えられている。利綱は日吉神社に残る1514(永正11)年の神像銘のなかに、大檀那と記されている。明治時代初期、廃仏毀釈で破却される危機にあったが、当時の住民の努力によって破壊を免れた。

正面には拝殿があり、祭礼のときには、神輿が7基安置される。その奥の玉垣の上に、7社の社殿(5社が正面、2社が西側)が並び、中央に流造の本殿(県重文)がある。「寛永七年庚午(1630)霜月八日　尾張松平大納言(尾張藩初代藩主徳川義直)」と記された棟札が残っているのは、この地が江戸時代に尾張藩領であり、当社がその庇護をうけていたことによる。また、玉垣中央石段の左右には、「宝永四(1707)年」銘のある百八燈明台1対(県民俗)がある。これは本来寺院にあるもので、神社の社前にあるものとしては珍しい。三重塔や神社内にある神像・仏像とともに、神仏習合の名残りをとどめるものである。社殿東側の収蔵庫には、平安時代の優雅な様式をもつ木造十一面観音坐像2体、同じく平安時代の木造地蔵菩薩坐像、「天正五丁丑季(1577)五月吉日」「不破河内守光治(西保城主)造立」銘がある石造狛犬1対(いずれも国重文)などがある。とくに、木造十一面観音坐像のうち1体(像高22cm)は、刀法が簡素で神像に近い趣があり、面相が豊麗で、眼鼻が美しく、逸品であるといわれている。

祭礼は、毎年5月3・4日の両日(以前は日吉大社と同じ4月13・14日)に行われ、神戸山王まつり(県民俗)、通称「神戸の火祭り」といわれている。4日午前0時から朝渡御がはじまり、松明をもった多くの氏子にまもられた1687(貞享4)年作の7基の神輿(県民俗)が順に、神社から石の鳥居近くにある御旅所をめざして走り、途中琵琶湖に模した小さな川(庄九郎川)を渡る。その川端には唐崎神社がある。神輿の担ぎ手は、走りながら所定の場所で交代

『奥の細道』むすびの地

神戸山王まつり

していく。「走る神輿」はこの祭りの特徴の1つであるが、走る理由はよくわかっていない。

4日午後5時には御旅所から神社に神輿が戻る還御が行われる。以前は午後1時から町内を神輿が回る昼渡御が行われていた。この祭りは山王7社にそれぞれ神輿があり、琵琶湖に模した川を渡るなど、本社である日吉大社の山王祭りを強く意識している。大津坂本とは異なる山のない環境のなかで、日吉大社の西本宮系と東本宮系の2つの祭りを選択・融合し、そのうえに神戸独自の要素を加味していると考えられる。

日吉神社惣門前の道を東に約200mいくと、県道赤坂神戸線にでる。その県道を南に約300m進み、JAにしみの神戸支店の手前の道を東に約400mいくと、善学院(神護寺、天台宗)がある。817(弘仁8)年に安八太夫安次がこの地に滞在していた最澄のために建立したと伝えられる。日吉神社との関わりが深く、今でも祭礼のおりには、善学院の僧侶が日吉神社本殿の神前で読経をする。この寺には、鎌倉時代の作とみられる絹本著色阿弥陀如来像、室町時代の絹本著色涅槃絵像、郷土の伝説と結びついた江戸時代初期ごろの絹本著色夜叉姫感得地蔵菩薩図、「応永十(1403)年八月」銘がある鰐鈑(いずれも県重文)などがある。

善学院から再び県道に戻り、南へ約600m歩き、川西・下宮の交差点を東におれ約200m進むと、下宮日吉神社の裏に着く。この神社には、神戸日吉神社と同型の石造狛犬1対(県重文)がある。その南隣に善学院と同じような寺歴を伝える勧学院(密厳寺、天台宗)がある。この寺には、「元徳三(1331)年法眼定審作」の墨書銘があるヒノキの寄木造で、漆箔がほどこされた木造釈迦如来立像、「天文七(1538)稔九月十七日」銘がある黒漆塗の桐鳳凰沈金彫経箱、天台密教の祈禱などに用いる鎌倉時代の作と推定される仏器(6種12

点）、装飾経である彩箋墨書法華経（いずれも県重文）などがある。

勧学院から南東へ約1kmいった神戸町瀬古に、1667（寛文7）年建造された流造の春日神社本殿（県重文）がある。また、同じく勧学院から南へ約1.5kmいった神戸町加納に香林院（浄土宗）があり、平安時代後期ごろに制作されたと推定される木造広目天・多聞天立像（県重文）がある。

神戸の日吉神社から西へ約500mの神戸町末守の信願寺・性顕寺（ともに浄土真宗）には、ともに「慶長十八（1613）年」の裏書がある絹本著色親鸞聖人絵伝（県重文）が保存されている。同じく神戸の日吉神社から北へ約1.5kmの神戸町横井の永徳寺（浄土真宗）にも、「慶長五（1600）年」の裏書のある絹本著色親鸞聖人御絵伝（県重文）がある。神戸町北一色の白鳥神社には、「天正六（1578）年」銘の石造狛犬1対（県重文）がある。そのほか神戸町には、個人所蔵の備前長船次光作の太刀（県重文）、同じく個人所蔵の制札（県重文）が3点ある。これらの制札は、神戸市場にだされた禁制で、織田信長の花押がある「永禄四（1561）年」のもの、羽柴筑前守（のちの豊臣秀吉）の署名・花押のある「天正拾（1582）年」のもの、本多忠勝・井伊直政の署名がある「慶長五（1600）年」のものである。

広神戸駅周辺の史跡

『奥の細道』むすびの地

2 美濃国府と古戦場

かつての美濃国の中心であった垂井と、天下分け目の合戦が2度も繰り広げられた関ケ原、それぞれの関連史跡を多く残す。

垂井一里塚 ❽

〈M▶P.70, 91〉 不破郡垂井町日守121-1
JR東海道本線垂井駅🚶25分

中国指定史跡の一里塚 中山道の旧茶所

　JR垂井駅から北に向かい、中山道にはいり、それを西へ約2km進み、JR東海道本線の日守踏切から国道21号線を渡ると、200mほどで垂井一里塚（国史跡）に到着する。国史跡に指定されている一里塚は全国で16件で、そのうち中山道に残るものは、ここと東京都板橋区志村1丁目の志村一里塚のみである。塚には目印に植えられたというエノキは今はない。

　一里塚のすぐ東隣には旅人が休憩した茶所があり、弘法大師がまつられている。この茶所は、もとは関ヶ原山中の松尾芭蕉ゆかりの地に、芭蕉を元祖、各務支考を2世とする獅子門（美濃派）以哉派の道統である岩手（現、垂井町岩手）の国井化月坊が、秋風庵として江戸時代にたてたものである。それを明治時代になって一里塚の隣に移し、中山道をとおる人びとの休憩所として、昭和初期まで利用された。現在は、大垣新西国八十八カ所弘法の札所となっている。なお、関ヶ原の戦いでは、この塚付近に浅野幸長が陣をしいた。それを示す石碑も、この敷地内にたてられている。

　また、垂井一里塚から国道21号線に沿って1kmほど東へいくと、春王・安王の墓（県史跡）がある。春王と安王は、鎌倉公方足利持氏の遺児で、1440（永享12）年の結城合戦で、結城氏朝によって擁立され、室町幕府方とたたかったが、敗れた。幕府方にとらえられ京都へ護送される途中、1441（嘉吉元）年、墓から東へ500mほどの金

垂井一里塚

蓮寺(時宗)で処刑されたといわれている。

垂井の泉 ⑨

〈M▶P.70,91〉 不破郡垂井町屋敷1378・1351-1
JR東海道本線垂井駅🚶5分

古来より歌に詠まれ地名の由来となった泉

　JR垂井駅北口から西へ垂井町役場前をとおり約400mいくと、玉泉寺(臨済宗)がある。この門前の南側の大ケヤキ(県天然)の根元より、水が湧きでている。これが垂井の泉(県史跡)である。藤原隆経の「昔見し　たる井の水は　かはらねど　うつれる影ぞ　年をへにける」(『詞花集』)や、松尾芭蕉の「葱白く　洗ひあげたる　寒さかな」など、多くの歌や俳句に詠まれている。松尾芭蕉の句碑もたてられ、投句用のポストも設けられている。なお、「垂井」の地名はこの泉がもとで、「清水した垂る泉」という意味である。現在でも、涸れることなく水が湧きでており、夏は冷たく冬は暖かい清水を、地元の人びとが日常生活に利用しており、1986(昭和61)年には、岐阜県の名水50選の1つにも選ばれた。毎年7月には清水祭りが行われる。

　玉泉寺の北西300mほどに八重垣神社(祭神素戔嗚尊)がある。この神社の5月2〜4日の例祭(垂井祭)には、3基の曳軕(県民俗)がでて、軕の舞台では、子供歌舞伎が演じられる。なお、曳軕の1つ攀鱗閣の天井板に「文化五(1808)年辰」「当国不破郡山中村(現、関ケ原町山中)大工藤井太兵衛宗国」「文政十一(1828)年亥年八月出来　濃州安八郡大垣(現、大垣市)塗師楠屋十太夫白光」らの墨書銘がある。また、1772(明和9)年の東町祭礼帳に「日高川入相楼」の芸題記録が残っている。

垂井の泉

美濃国府跡 ⑩

〈M▶P.70,91〉不破郡垂井町府中
JR東海道本線垂井駅🚶20分

　JR垂井駅の北口をでて北の府中地区に向かい、相川橋をこえた

美濃国府と古戦場　89

美濃国府政庁跡の一部(南宮御旅神社)

古代の美濃の中心 国指定史跡の美濃国府跡

ところで左手におれて川沿いの道を進み,博愛会病院前の交差点を右折し北へ向かうと, 南宮神社の祭礼の時に神輿が渡御する南宮御旅神社(祭神金山姫命)がある。この神社の境内が美濃国府跡(国史跡)で, 国府政庁の中心となった建物, 正殿があったところである。1991(平成3)年からの発掘調査によって, 東西67.2m・南北73.5mの塀に囲まれた北側に, 正面23.4m・奥行12mの正殿, その南の東西にそれぞれ南北27m・東西5.4mの東脇殿と西脇殿の遺構が確認された。政庁内の建物は, 8世紀前半には掘立柱建築で造営がはじめられ, 9世紀には礎石建築にたてかえられたことが判明している。さらに政庁跡の東には, 官衙建物群が広がっていたとみられる。国府の位置は, 美濃国全体からみると著しく西に位置し, 都寄りになっている。これは国府の北西約6.2kmの地点にあった不破関の存在と大きくかかわっているといわれている。なお, 国府跡の北東約2.6kmの大垣市青野町には, 美濃国分寺跡がある。

竹中氏陣屋跡 ⓫

〈M▶P.70〉不破郡垂井町岩手619-2
JR東海道本線垂井駅🚶7分

智将竹中半兵衛の故郷 当時の面影残す長屋門

JR垂井駅北口から相川橋をこえ, 左折し約3.6km直進すると, 竹中氏陣屋跡(県史跡)に至る。現在, 陣屋跡は岩手小学校になっており, 櫓門と石垣・土塁・濠が残る。櫓門は, 間口6間(約11m)・奥行3間(約5.5m)の木造白壁塗りである。隣には公民館とともに菁莪記念館があり, 竹中氏に関する資料を展示している。記念館の名は, 竹中氏が天保年間(1830～44)に設け, 家臣らの教育につとめた「菁莪堂」に由来する。竹中氏は, 土岐・斎藤氏につかえていたが, 1558(永禄元)年に遠江守重元(竹中半兵衛重治の父)が, 不破の岩手氏を攻め, 福田・長松・岩手付近(現, 大垣市の一部・垂井町の一部)を支配, 菩提山に砦を築き, その麓に屋敷を構え

た。

竹中氏陣屋跡

　竹中半兵衛重治は、西美濃三人衆の1人である本巣郡北方城主の安東守就の娘を妻とし、斎藤龍興の家臣として稲葉山城下に住んでいた。1564(永禄7)年に義父安東守就とはかって、稲葉山城をわずかな手勢で奪いとり、その名を天下に知られた。このとき半兵衛は美濃攻略をもくろむ尾張の織田信長の「城と引きかえに美濃国半分をあたえる」という申し出を拒絶し、奪いとった稲葉山城を龍興に返し、自分は栗原山へ閑居したという。この話を聞いた信長が、木下藤吉郎(のちの羽柴・豊臣秀吉)を使者にたてて栗原山を訪ねさせ、以後秀吉配下で信長につかえた。

　半兵衛は、同時代の黒田官兵衛孝高(如水)と並び称される名軍師であるが、秀吉の中国攻略の一環として別所長治の三木城を攻めたおりに陣中で病に伏し、1579(天正7)年に36歳で病没した。その後嫡男の重門は、関ヶ原の戦いにおいて、黒田長政(官兵衛の子)とともに東軍に属し、小西行長を捕虜とするなど軍功をあげて、5000石を安堵された。子孫は、江戸時代をつうじて旗本として幕府につかえ、1868(慶応4)年の鳥羽・伏見の戦いでは、竹中重固が幕府方の陸軍奉行をつとめた。

　陣屋跡から北へ400

垂井駅周辺の史跡

美濃国府と古戦場　91

mほどいくと、竹中氏の菩提寺である禅幢寺(曹洞宗)に至る。当寺には竹中氏の墓所がある。また、陣屋跡の西方には、半兵衛と父重元の居城があった菩提山(402m)がある。現在は、麓から1時間余りのハイキングコースになっている。

なお、幕末から明治時代にかけて、蕃書調所教授・兵庫県令・貴族院議員・学士院会員などをつとめた神田孝平は、幕末には竹中氏の家臣であった。孝平は学術・文化の振興に貢献するとともに、郷土の人材育成にも尽力し、小学校である菁莪義校設立(明治6年)に際して、おおいに寄与した。

竹中氏陣屋跡がある岩手地区の南西にある伊吹地区には、伊富岐神社(祭神多々美彦命ほか)があり、その境内には大スギ(県天然)がある。伊富岐神社は、『延喜式』式内社で、この地方の豪族伊福氏が創建した神社と伝えられる。

南宮大社 ⑫
0584-22-1225

〈M▶P.70, 91〉不破郡垂井町宮代1734-1 **P**
JR東海道本線垂井駅🚶20分

美濃国一宮 金属の神の総本宮

JR垂井駅南口から南へ徒歩約5分、国道21号線沿いの歩道を西へ約5分いくと御所野の交差点にでる。そこからさらに国道を横切り、南へいくと朱塗りの大鳥居がみえてくる。大鳥居からさらに南へ600mほどいくと、周囲をスギの大木に囲まれた南宮大社がある。

社伝によると祭神は金山彦命で、当初は現在の垂井町府中の地にまつられていたが、崇神天皇の時代に現在地に移され、仲山金山彦神社と称した。『延喜式』式内社で、国府から南方に位置することから、のちに南宮大社といわれるようになったと伝えられている。

また、古来より神宮寺であった真禅院とともに、平安時代の平将門の乱における戦勝の勅願や、前九年の役(1051〜62年)における安倍貞任追討の祈願などを行い、その存在は大きかった。一時衰退した時代もあったが、源氏・北条氏・土岐氏らの有力な武将の尊崇を集め、美濃国一宮として、また金属の神の総本宮として栄えた。

社殿は、関ヶ原の戦いの戦火にあって焼失したが、高須藩主徳永寿昌と竹中半兵衛の従弟の竹中伊豆守重隆が再建に尽力し、1611(慶長16)年に仮社殿が完成した。さらに江戸幕府3代将軍徳川家

南宮大社楼門

光の天下普請によって，1642(寛永19)年に現在の社殿が造営された。この造営には，家光の乳母で西濃出身の春日局の願いもあった。広い境内には，江戸時代の代表的な神社建築が数多く残っている。三間一戸の楼門をくぐると，方三間宝形造で十二支の丸彫がある高舞殿があり，つぎに拝殿がある。この奥に，方一間唐破風造の幣殿や本殿がある。さらに，摂社樹下社本殿・摂社高山社本殿・摂社隼人社本殿・摂社南大神社本殿・摂社七王子社本殿・2基の回廊・勅使殿・神輿舎・神官廊・石輪橋・下向橋(石平橋)・石鳥居(いずれも重文)がある。

　南宮大社には，前記以外にも多くの文化財が残されている。備前長船康光の銘がある太刀，三条宗近の作とされる太刀や鉾(いずれも国重文)があり，室町時代後期の作である紅糸中白威胴丸や刀剣7口(剣1口・太刀2口・刀4口，いずれも県重文)もある。

　祭礼・神事も多くあり，年間をつうじて50余りにおよぶ。とりわけ南宮の神事芸能(国民俗)は，毎年5月4・5日の例祭に奉納され，御田植神事，蛇山神事，神輿が南宮御旅神社から還幸する途中に蛇山の下におかれた「だんじり」の上で演じられる還幸舞(鞨鼓舞・脱下舞・竜子舞)からなっている。御田植神事は，神社の中庭に設けられた御田代で，早乙女が苗にみたてた松葉を並べ，田植えの所作を演じる。蛇山神事は，市場野の祭礼場にある櫓に蛇頭(竜頭)を取りつけ，神輿の通過や駐輦のときに，囃子にあわせて激しく頭をふり，からくりにより口を開閉させる。これは農耕にかかわるものではないかといわれている。鞨鼓舞は，男児2人が宝冠をかぶり，胸に鞨鼓をつけて踊る。脱下舞は，男児2人が紫縮緬の長頭巾をかぶり，長袖の片袖を脱ぎ緋縮緬をのぞかせて踊る。この舞は，中世風流踊りから発達した初期歌舞伎踊り的な要素をよくとどめているものであるといわれている。竜子舞は，男児4人が竜頭をかぶっ

て踊る。この舞は、一人立ち獅子舞の形式ではあるが、太鼓はつけない。

　これら神事芸能は、室町時代に現在の形態になり、関ヶ原の戦い以後中止されていたが、寛永年間(1624〜44)に社殿再建に伴い旧に復したといわれている。また、毎年11月8日には金山祭(鞴祭)が行われ、烏帽子・直垂姿の野鍛冶による鍛錬式などが奉納され、全国の金属関係の業者が多く参詣する。

　南宮大社背後の南宮山中腹には、南宮神社 経塚群(県史跡)があり、鎌倉時代と思われる陶製の経甕などが出土している。また、南宮大社の南方200mの宮代笹石子地区には、モリアオガエル群生地(県天然)がある。

　南宮大社の東側、表佐地区には、表佐太鼓踊(県民俗)が伝わっている。この太鼓踊は、1762(宝暦12)年の旱魃のとき、氏神や南宮神社に雨乞いの祈願をし、南宮山山頂で太鼓などを打ち鳴らした。その結果願いがかなったので、南宮神社と氏神に村中総出の太鼓踊を奉納したのがはじまりであると伝えられている。その後、五穀豊穣を願い太鼓踊を奉納するようになると、若者の娯楽・鍛錬の要素も加わり、太鼓の大きさをきそいあい、力くらべをするようになったといわれている。さらに、直径1m以上の大太鼓を胸にかけて踊るようになった。

　表佐地区の南側に、栗原地区がある。この地区には栗原連理のサカキ(県天然)がある。この木には、一方の幹からでた枝が他方の枝に癒着し、連なっているところが5カ所ほどある。

朝倉山真禅院 ⑬
0584-22-2212

〈M▶P.70, 91〉不破郡垂井町宮代2006
JR東海道本線垂井駅 徒 20分

行基伝承を伝える南宮大社の元神宮寺

　南宮大社脇の坂道を西へ1kmほどのぼると、朱塗りの三重塔が目にはいってくる。ここは近隣の人びとから朝倉山といわれている真禅院(天台宗)である。寺伝によると、創建は739(天平11)年と伝えられ、開山といわれる行基がみずから彫刻したとされる阿弥陀如来像が本尊となっている。創建時は、象背山宮処寺といった。その後、延暦年間(782〜806)に勅命をうけた最澄により、南宮大社と両部合体して、寺号を南宮寺と改めた。

真禅院三重塔

　この寺は，平将門の乱に際して，939（天慶2）年勅命により将門降伏を祈願したり，1059（康平2）年には安倍貞任追討を祈願するなど，尊崇を集めていた。伽藍は，1501（文亀元）年の火災により焼失したが，美濃国守護土岐政房により11年後に再建された。その後，関ヶ原の戦いの戦火で再び焼失したが，1642（寛永19）年，江戸幕府3代将軍徳川家光のときに再建された。

　境内には，本尊が安置されている入母屋造・妻入りの本地堂（国重文）をはじめ，いくつかの堂宇が静かで落ち着いたたたずまいをみせている。ひときわ目につくのが，三重塔（国重文）である。この塔は伝承によれば，741（天平13）年に建立されたと伝えられ，1600（慶長5）年の関ヶ原の戦いにより焼失し，ほかの建物と同様に江戸時代初期に再建された。その後，明治初期の神仏分離令により，本地堂や鐘楼などとともに南宮大社の地から現在地に移された。1981（昭和56）年の豪雪により屋根が損傷し，翌年から2年9カ月をかけて解体修理された。また，保存のために「撞けない鐘」として知られる梵鐘（国重文）もある。この梵鐘は総高約1.65m・口径約1.01mで，平安時代中期以前の作と推定されている。そのほか，1642年に再建された鐘楼，平安時代末期の作といわれる木造薬師如来立像，鉄塔（いずれも県重文）がある。この鉄塔は，高さ1.8m・上経0.7m・下経1.0mの二重塔で，「応永五（1398）年」銘があり，上層には菩薩6体，下層には四天王像が鋳つけられている。現存するのは初層主軸部と屋蓋，2層主軸部だけである。なお，この鉄塔は，北条政子が源頼朝の菩提をとむらうために，南宮神社に寄進したものと伝えられている。

　国道21号線御所野交差点の南側一帯が宮処寺跡（県史跡）で，出土した軒丸瓦には，二重六弁・二重八弁などの蓮華文がみられ，白鳳期のものと推定されている。

　南宮大社から500m南東には，不破氏の一族宮勝氏の氏寺で，

美濃国府と古戦場　　95

白鳳期の創建と推定される宮代廃寺跡(県史跡)があり、塔心礎が残っている。

関ヶ原古戦場 ⓮

〈M▶P.70, 96〉不破郡関ケ原町関ケ原
JR東海道本線関ケ原駅🚶20分

関ヶ原古戦場(国史跡)は、1600(慶長5)年9月15日早朝から徳川家康率いる東軍と、石田三成率いる西軍とがたたかったところである。戦いは、おもに関ケ原町一帯で繰り広げられた。戦況は昼すぎまでは一進一退だったが、家康と密約のあった西軍の小早川秀秋が内応したことにより、形勢は一挙に東軍に傾き、午後3時ごろ東軍徳川側の大勝に帰した。これにより徳川氏の覇権が確定的となった。

駅の西側の道路をとおり、JR東海道本線にかかる渡線橋を渡ると、すぐ左手に朱塗りの門がみえる。この奥に東首塚(国史跡)がある。徳川家康が首実検をした首をまつらせた塚で、戦い後、家康の命で竹中重門がつくったとされる。なお、ここは井伊直政・松平忠吉の陣跡であった。東首塚から北へ約350mいくと、関ケ原町歴史民俗資料館がある。戦いの様子を再現したジオラマや、東・西両軍の

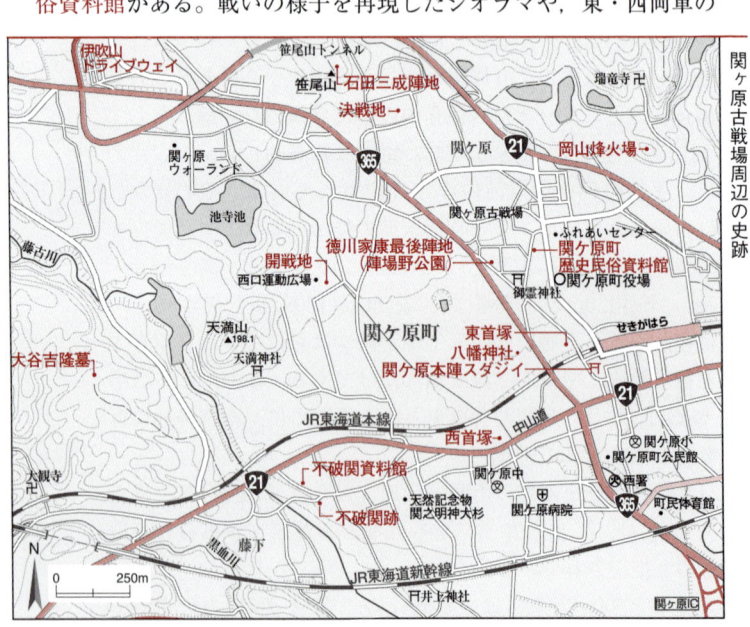

徳川家康最後陣地(陣場野公園)

武将にかかわる資料がテーマごとに展示され、戦いの全体像が把握できる。歴史民俗資料館と道を1つ隔てたところに陣場野公園がある。ここが、徳川家康最後陣地(国史跡)で、西軍将士の首実検をしたところでもある。家康最初陣地(国史跡)は、この地より直線距離にして約2.5km南東にある桃配山においたが、より戦況を把握するため、この場所に陣を移し指揮をとった。

家康最後陣地から東へ約400mいき、瑞竜交差点で国道21号線バイパスを渡り北へいくと、小高いところが通称丸山で、ここに東軍の黒田長政・竹中重門が陣をしいた岡山烽火場(国史跡)がある。丸山は戦場の様子がよく見渡せる場所で、狼煙をあげるには適地であった。

岡山烽火場から北西へ約1.2kmいくと、決戦地(国史跡)がある。この地は、最大の激戦地であり、最後の決戦場であった。決戦地の北800mほどのところに笹尾山の石田三成陣地(国史跡)がある。登り口は2カ所あり、右手は傾斜がややゆるやかで、左手は近道であるが傾斜は急である。

現在は、合戦当時をしのばせる竹矢来や防護柵が再現されている。笹尾山からは合戦場が一目で見渡せ、またすぐ南には北国街道がとおっており、軍事上重要な地点であった。

笹尾山をおりて国道365号線を渡り、小関の集落へはいると、東海自然遊歩道から分かれた史跡遊歩道が設けられている。案内板にしたがって進むと、神明神

関ヶ原の戦い決戦地

美濃国府と古戦場　　97

社境内奥の山麓には島津義弘の陣跡がある。島津隊は西軍の敗北が決定的になると,家康の陣前を突破し伊勢街道をぬけ,領地鹿児島に帰国した。その西の北天満山には小西行長の陣跡があり,行長は開戦と同時に狼煙をあげさせ,西軍に開戦を知らせたという。北天満山を背にした西田公園の入口に開戦地(国史跡)の石碑がたっている。この地は,東軍の福島正則が井伊直政と先陣を争い,南天満山に布陣していた宇喜多秀家を攻撃した場所である。

南天満山の天満神社近くにある宇喜多秀家陣跡から,藤古川ダムの堰堤を渡ると,西軍で垂井城主であった平塚為広の墓があり,さらに約500mいくと西軍の参謀大谷吉隆墓(国史跡)に着く。吉隆は,西軍の敗北が決定的になると自刃した。墓は東軍藤堂家がたてたものである。大谷吉隆陣跡は,墓の約300m南にある。

吉隆の墓から西へ600mほど歩くと,東海自然遊歩道にでる。それを南にくだりJR東海道本線をくぐり,中山道沿いに東にいくと,道の周辺には,不破関跡・福島政則陣跡・藤堂高虎陣跡・西首塚(国史跡)などがある。西首塚は,JR関ケ原駅から国道21号線を西へ700mほどのところにある。この塚は合戦直後ここに戦死者を葬ったもので,胴塚ともいわれている。

不破関跡 ⓯

〈M▶P.70, 96〉不破郡関ケ原町松尾149-1
JR東海道本線関ケ原駅🚶20分

古代三関の1つ 歌に詠まれた不破関

関ケ原駅から西へ約1.3kmいくと,東山道の美濃国不破関跡(県史跡)がある。これは,東海道の伊勢国鈴鹿関(現,三重県亀山市)・北陸道の越前国愛発関(現,福井県敦賀市)とともに古代三関の1つである。

『日本書紀』によると,672年の壬申の乱にあたって,大海人皇子の命により,美濃出身の村国連男依が不破道をふさいだと記されている。不破関の成立ははっきりしないが,壬申の乱後まもなく設けられたと考えられている。不破関には,関司(国司の四等官のうち複数)が常駐し,兵士が配置されていた。この関の設置目的は,都における政変や反乱など,非常事態が東国に波及するのを防ぐことであった。このような場合は,固関使が派遣され関が閉鎖された。また,日常には通行人の過所(通行許可書)の点検があり,民衆が流

不破関跡

民化しないように監視する役目もあった。789(延暦8)年桓武天皇の勅により往来の障害になっているとして廃止され、三関の役割はおわった。しかし、その後も固関は行われた。

1974(昭和49)～77年にわたる発掘調査の結果、不破関は、西側は藤古川の断崖、北・東・南には土塁をめぐらした要塞であったことが判明した。土塁の長さは、北側約460m・東側約432m・南側約120mで、台形状をなし、面積は12万3500m²におよぶ。そのほぼ中央部を東山道が東西方向にとおり、藤古川からの急坂をのぼりきった辺りに西の門があった。また東山道に面して、北側に築地塀(ついじべい)で囲まれた約1町四方の内郭が構えられており、このなかが関の政庁で、政務を司る瓦葺きの建物がたてられていた。このほか、関の敷地内には倉庫・兵器庫・兵舎など、掘立柱・瓦葺きの建物が多くたてられ、関の四隅には望楼がたち、見張りをおいていたと考えられる。近くにある不破関資料館には、不破関の模型や資料が展示してある。

また、不破関跡は、文学作品にも取りあげられており、阿仏尼(あぶつに)の『十六夜日記(いざよいにっき)』には、「我がことも　君につかへん　ためならで　渡らましやは　せきの藤川」と記され、松尾芭蕉(まつおばしょう)も「秋風や　藪も畠も　不破の関」と詠んでいる。

不破関跡から関ケ原駅へ戻る途中、国道21号線と365号線のまじわる西町交差点から東へ進み、銀行の角を約50m北へいくと八幡(はちまん)神社がある。その境内には、かつて関ヶ原宿本陣の庭にあったといわれる関ヶ原本陣スダジイ(県天然)の巨木がある。

妙応寺(みょうおうじ) ⑯　〈M▶P.70〉不破郡関ケ原町今須(います)2591-1
0584-43-5141　JR東海道本線関ケ原駅🚗7分

関ケ原駅から西へ向かうと、国道21号線と中山道がまじわる辺りの南側に、復元された今須一里塚がある。中山道沿いに西へ300mほどいくと、生活改善センターがあり、そこから南側の今須小・中

美濃国府と古戦場　99

妙応寺

中山道の今須宿
長江氏の墓がある妙応寺

学校の敷地にかけてが、今須宿本陣跡であり、広さ215坪（約65m²）あったといわれている。さらに中山道沿いに西へ200mほどいくと、右手に今須宿の人馬の継立などの事務を行った問屋場であった山崎家がある。そこから西へ約100mいくと、左手に常夜灯がある。さらに西へ50mほどいくと、右手に今須宿灯籠がある。

中山道を約400m戻り左折し、国道21号線とJR東海道本線のガードをくぐって100mほどで、妙応寺（曹洞宗）の山門にたどり着く。妙応寺は、1360（延文5）年長江八郎左衛門重景が、母妙応尼のために創建した寺で、道元の弟子峨山紹碩が開山したと伝えられている。長江氏は、承久の乱（1221年）後、重景の曽祖父長江四郎左衛門秀景のときに、相模国（現、神奈川県）より今須の地に移り住み、勢力を張った。しかし、1468（応仁2）年に、守護代同士の勢力争いである富島氏と斎藤氏の戦いに、富島氏側について斎藤妙椿とたたかったが敗れ、長江一族は離散してしまった。境内の裏手には、長江氏の墓（県史跡）がある。また、妙応寺宝物館が敷地内にあり、妙応寺関係資料や長江氏関係資料などがある。見学には事前連絡が必要である。

妙応寺の東には、青坂神社がある。この神社は長江重景が、先祖の鎌倉権五郎景政をまつったものである。

再び中山道に戻って、西へ1km余りいくと、国道21号線とまじわる今須交差点の手前に車返しの坂があり、地蔵尊がまつられている。

車返しの坂には1つの伝承がある。室町時代（伝承では平安時代となっている）の公卿で歌人であった二条良基は、荒れ果てた不破関の板廂からもれる月光の風情をこの目でみたいと思い、京から牛車で美濃に向かった。これを聞いた関周辺の人びとは、貴人に

100　古戦場と水のふるさと―西濃

失礼がないようにと関の建物を修繕し,屋根も葺きかえてしまった。良基はこの坂まできてそのことを知り落胆し,京へ引き返した。以後,人びとはこの坂を「車返しの坂」とよんだという。

　ここからさらに今須交差点をこえ,JR東海道本線の踏切もこえて600m余りいくと,滋賀県との県境になる。美濃国と近江国(現,滋賀県)との国境をはさんで隣の宿で寝ながら語りあうことができたというので,寝物語の伝説があるところである。

　妙応寺から南東へ約2.3kmのところに,聖蓮寺(浄土真宗)がある。境内には親鸞が当地に滞在していたとき,饗応としてだされた梅干を「末代の女人浄土往生の証に一花八果の梅になるべし」とみずから植えたと伝える八房ウメ(県天然)の古木がある。また,本堂左隅には,中国明時代の「隆慶五(1571)年」銘がきざまれている,八葉形半鐘(県重文)がある。

伊勢街道に沿って

❸

木曽三川に囲まれたこの地域は、孝子伝説の養老の滝や宝暦治水関係者をまつった治水神社など、歴史に彩られた場所が多い。

桑原家住宅 ⓱　〈M▶P.70, 103〉大垣市上石津町一之瀬365
JR東海道本線大垣駅🚌大垣多良線時行一之瀬🚶5分

サンシュユの古木がある江戸時代の郷士住宅

　一之瀬バス停から西へ約70mいき、左折して牧田川に流れ込む小さな川に沿っていくと、桑原家住宅（国重文）がある。桑原家は、江戸時代、一之瀬村を領有していた尾張藩家老石河氏につかえた郷士であり、代々権之助を襲名した。

　現存する主屋は、1733（享保18）年の焼失後、現在地に新築されたものである。以前は東に隣接する1段高い地にあった。1800（寛政12）年に本玄関から書院までの4室を増築し、天保年間（1830～44）に改築された。主屋は2階建て切妻段違、表門は入母屋造で、土蔵造の米倉・西倉・北倉などがあり、江戸時代における郷士住宅の特徴をよく残している。また、書院の西には心字池を中心とした庭園がある。その庭園の植込みには、ミズキ科の落葉樹で、春に黄色の花が咲き、秋に果実が赤く熟するサンシュユ（県天然）の古木がある。

　一之瀬バス停から東へ約300mいくと、国道365号線の川西交差点に至る。左折して北へいき、牧田川の一之瀬大橋を渡り、川東交差点を右折、東へ約400mいくと、1057（天喜5）年叡山の僧玄良が開いたと伝える天喜寺（臨済宗）がある。この寺には、いずれも室町時代と推定される絹本著色涅槃図・絹本著色釈迦三尊図（三幅対）・木造雙桂定巌和尚坐像（いずれも県重文）がある。なお、雙桂定巌和尚は、1366（貞治5）年にこの寺にはいり、天台宗から臨

桑原家住宅

102　古戦場と水のふるさと―西濃

済宗に改宗した僧である。

　天喜寺から南東約３kmの養老山脈笙ヶ岳の北斜面に，自生の一之瀬のホンシャクナゲ群落（国天然）があり，４月には淡紅色の花が咲く。

　天喜寺から国道365号線に戻り，左折して南へ約4.5kmいくと，上石津地域事務所がある。そこから国道365号線を横断して西へ向かい，牧田川を渡り，坂道をのぼると，大神神社の社叢（県天然）がある。さらに道沿いにのぼると宮バス停がある。その近くに旗本東高木家土蔵と伊勢街道の碑がある。伊勢街道は，中山道の関ヶ原宿より分かれて東海道の伊勢桑名に至る街道で，県内にはこの地より約６km北の牧田宿（現，大垣市上石津町）がある。牧田宿は濃州三湊につうじる牧田街道の分岐点でもある。伊勢街道は牧田宿より沢田・桜井（以上養老町）・津屋・志津・徳田・太田（以上海津市南濃町）をとおり伊勢多度・桑名に至る道と，一之瀬・多良・時（いずれも大垣市上石津町）をすぎて養老山地の西をとおる道路の２筋がある。この道は，西美濃地方の生産物の輸送路であり，伊勢参りの道として重要であった。

　宮バス停の手前を道なりにのぼると，西高木家陣屋跡（県史跡）に至る。旗本高木家は，江戸時代に，時・多良（現，上石津町）を領し，この地に陣屋を構えていた。高木家は西高木家・東高木家・北高木家の３家に分かれ，交代寄合美濃衆とされ，大名の格式をあたえられ参勤交代も行った。本来は交通の要衝の地を押さえる役割であったが，1705（宝永２）年以降は，水行奉行として，美濃・伊勢・

伊勢街道に沿って

尾張の諸河川の巡視を通常の任務とするようになった。元禄年間(1688〜1704)から享保年間(1716〜36)ごろの屋敷の状況を示しているとみられる、1830(天保元)年作成の西高木家屋敷全図によると、表門・御殿・長屋・大奥・中奥・表居間・南御屋敷・下屋敷・稽古場・馬場・埋門などが描かれており、この陣屋が旗本としては規模の大きい居館であったことが推測できる。現存する遺構としては、石積みや埋門などがあり、建物としては、1852(嘉永5)年建造の長屋門などがある。なお、陣屋跡に隣接する上石津郷土資料館では、高木家の資料をはじめ、牧田古墳群からの出土品や古文書などが展示されている。

国道365号線に戻り、上石津地域事務所から500mぐらいのところで左折し、国道をくぐり道なりに西へいくと、「文治五(1189)年」銘の経筒が出土した観音寺経塚(県史跡)がある。なお、観音寺は北高木家の菩提寺であったが、1970(昭和45)年に焼失した。そのほか、下山の老杉神社の社叢、唯願寺のしぶなしガヤ、堂之上の湯葉神社のスギ(いずれも県天然)がある。

多岐神社 ⑱ 〈M▶P.70, 107〉養老郡養老町三神町406-1 P
養老鉄道美濃高田駅 徒歩20分

絶妙なからくりの曳軸 式内社の多岐神社

美濃高田駅前の交差点を左折し、養老町役場前をとおり、養老郵便局のところで右折し約700mいくと、左手に愛宕神社(祭神火産霊命)がある。この神社の例祭は、高田祭といわれ、曳軸(県民俗)が3基でる。この曳軸は2階建ての名古屋式で、そのうち2基はからくり人形の技を演じる。とくに東組の鶴の羽ばたきのからくりは、絶妙であるといわれている。また、きわめて精巧で重厚さがある39面の西町軸木彫(県重文)は、信州諏訪の立川流彫刻3代目立川和四郎富重・専四郎富種兄弟によるもので、1849(嘉永2)年までに完成させた。当時、個性的で鋭い刀法による立川流彫刻は、全国的に有名であった。

愛宕神社からさらに少し南にいくと、荘福寺(臨済宗)がある。この寺には漆骨蔵器(県重文)がある。寺伝によれば、1468(応仁2)年、応仁の乱(1467〜77年)により京都清水坂の長清寺が焼失したので、長清寺にあった小笠原長清(鎌倉時代に長清寺や荘福寺を草

多岐神社碑

創したといわれる)の墓をその子孫である丸毛長照が掘りおこし、骨蔵器にいれ郷里の荘福寺へもち帰ったものといわれている。骨蔵器は桐製で、全体に漆が塗られており、表面には長文の銘があるが、火災により一部分をのぞいて判読が困難になっている。しかし、1710(宝永7)年に模写した文書が残っている。

　愛宕神社前の道に戻り、北西へ300mいった交差点を右折すると、200mほどで多岐神社(祭神倉稲魂神)に至る。ここにはすべてに「正中二(1325)年」から「弘治二(1556)年」までの紀年銘が墨書されている懸仏27面(県重文)がある。ほとんどが阿弥陀如来像で、祭礼の当屋にあたるものが奉納したのではないかと推測されている。なお、多岐神社は『延喜式』式内社で、多芸(現、養老町・大垣市の一部)の豪族物部氏の創建と伝えられている。

　美濃高田駅前の交差点を右折して高田橋を渡り、金屋交差点をすぎてすぐ左折し、県道養老赤坂線を北へ約1.6kmいくと室原にでる。郵便局近くの福源寺(臨済宗)には、藤原時代の作と推定されるヒノキ材の木造観世音菩薩立像(県重文)がある。なお、室原地区には、長浜式の室原祭曳軸(県民俗)が3基ある。かつては、福源寺近くの熊野神社の祭礼の際に、曳軸の舞台で子供歌舞伎が上演されていた。

　また、高田橋南詰から牧田川沿いに約3km南東にくだると、養老鉄道の烏江駅に着く。少し南にくだったところが栗笠で、古くは烏江・船附とともに濃州三湊の1つとして栄えた。濃州三湊は、揖斐川の支流牧田川の河湊で、琵琶湖と伊勢湾を結ぶ物資運搬の中継地であった。烏江駅から南へ約1kmくだった福地神社(祭神大物主神)の例祭には、栗笠の獅子舞(県民俗)が奉納される。この獅子舞は、舞の種類が48もあり、伊勢神楽の影響をうけているといわれている。

　多岐神社の南西約1kmの竜泉寺地区には、了福寺(浄土真宗)があり、ここには鎌倉時代のオリーブ色の灰釉がかかった高さ

伊勢街道に沿って

32.3cmの古瀬戸の瓶子(県重文)がある。この瓶子は、了福寺から約1.5km離れた山中で発見され、なかには人骨がおさめられていた。同地区の六社神社には、ムクノキ(県天然)がある。その南の勢至地区には、「勢至鉄座之址」の石碑がある。この鉄座に関する織田信長の朱印状もあり、中世には鉄を精錬して鋼や錬鉄とし、それを鉄座で販売していた。さらに南の柏尾にある神明神社の地は、天平宝字年間(757〜765)に建立されたと伝えられている柏尾廃寺跡(県史跡)で、かつては寺坊が24におよんでいたというが、戦国時代の兵火によって焼失したと伝えられ、金堂の跡と推定される礎石がある。ここから西北約50mのところに、柏尾廃寺跡から掘りだされた五輪塔や石仏など千数百体が土壇にまつられている。なお、養老山東麓一帯の地には、柏尾寺をはじめ、別所寺・竜泉寺・光堂寺・養老寺・光明寺・藤内寺の7寺があり、多芸七坊とよばれていたが、すべて戦国時代末期には廃寺となったと推測されている。

養老寺 ⑲

〈M▶P.70,107〉養老郡養老町養老公園1276-1 **P**(養老公園)
養老鉄道養老駅🚶15分

国重文の十一面千手観音立像
孝子伝説の養老の滝

養老駅前の道を西へいき、こどもの国の前をとおり、約1kmで養老公園に着く。公園駐車場奥の1段高いところに養老寺(浄土真宗)がある。多芸七坊の1つで、天平年間(729〜749)には七堂伽藍も整い、12の寺坊があったといわれている。永禄年間(1558〜70)に織田勢の兵火にあい焼失したが、1607(慶長12)年高須藩主徳永寿昌によって再建された。

養老寺には、平安時代後期の寄木造の木造十一面千手観音立像や、銘の一部とみられる「國」字の残る平安時代の剣1口、國光銘の鎌倉時代の太刀1口(いずれも国重文)、桃山時代のヒノキ材寄木造の木造不動明王立像(県重文)などがある。平安時代の剣は、寺伝では天國作といわれているが、粟田口久國作という説もある。また鎌倉時代の太刀は、寺伝では新藤五國光といわれているが、粟田口國光作という説もある。なお、この太刀は、徳川家康が関ヶ原の戦いの戦勝記念として寄進したものであると伝えられている。

養老寺の南側を流れる谷川の右岸に渡り、その道をのぼっていき、妙見橋のたもとで左手の山道にはいると、すぐ妙見堂(日蓮宗)が

養老寺

ある。ここには江戸時代初期の寄木造の木造釈迦如来立像(県重文)がある。像高は355cmあり、日蓮宗の高僧で仏像彫刻に秀でた日護の作と伝えられている。

右岸の道に戻りさらにのぼると、滝谷にでる。この滝谷にかかる滝が孝子伝説で知られる養老の滝で、高さは約30mある。滝の付近には多くの句碑や詩碑がある。滝谷から谷川の左岸をくだると養老神社(祭神天照皇大神)があり、銅製経筒・和鏡など平安時代の養老神社経塚出土品8点(県重文)を所蔵する。

美濃高田駅・養老駅周辺の史跡

また、養老神社の北には元正天皇行幸遺跡(県史跡)がある。『続日本紀』によると、717(霊亀3)年9月、元正天皇は不破行宮で近隣諸国の国司に政情を聞き、さらに多芸郡に行幸して多度山の美泉をみたのち、美濃国司らに褒賞をあたえたとされている。11月には、多度山の美泉が大瑞にかなうとして、養老改元の詔がでている。この行幸と改元に関しては、当時の美濃守笠朝臣麻呂と政界の実力者で、律令制度の整備を推し進めていた右大臣藤原朝臣不比等、不比等の4男美濃介(介は国司次官)藤原朝臣麻呂の存在が大きいといわれている。笠朝臣麻呂の美濃国司在任は、706(慶雲3)年から720(養老4)年までの14年余りであり、当時の国司の一般的な在任期間が3年弱であることから、異例の長さであったことがわかる。これは、律令政府によって高く評価された

伊勢街道に沿って　107

吉蘇路（木曽路）の完成や，不破関整備によると考えられ，719年には，国司の監察官である按察使（美濃・尾張・三河・信濃国担当）にも任命されている。なお，美泉の場所については，養老の滝とする説と，養老神社境内の菊水泉とする説がある。

庭田貝塚 ⑳　〈M▶P.70, 115〉海津市南濃町庭田
養老鉄道駒野駅🚶20分

駒野駅前の道をまっすぐにいき，最初の四ツ辻を左折し，養老鉄道の踏切と国道258号線を横切り，城山小学校前をとおり，県道南濃関ヶ原線にでる。右折して養老方面にいき，円満寺の手前の小道を右折して約100m，さらに左折して少しいくと，縄文時代中期の庭田貝塚（県史跡）がある。駅から約1.7kmである。この貝塚は，マガキを主とし，そのほかアカニシ・ハマグリ・アサリなど鹹水性の貝が多くみられる。さらに土器なども出土している。庭田貝塚の南東約2kmに縄文時代晩期後半の羽沢貝塚（県史跡）がある。この貝塚は，ヤマトシジミを主とする淡水性の貝が多く，人骨や土器も出土している。この2つの貝塚の存在から，木曽・長良・揖斐三川の堆積の進行と，海進・海退の現象を知ることができる。

庭田貝塚の西方100mには，鼓堂をもつ楼門や宝形造の本堂をもつ円満寺（天台宗）がある。また円満寺の裏山には，三角縁「天・王・日・月」銘唐草文帯二神二獣鏡，三角縁波文帯三神二獣博山炉鏡，画文帯神獣鏡（いずれも岐阜県博物館が所蔵）などが出土した円満寺山古墳がある。

養老郡養老町との北の境には，善教寺（浄土宗）があり，刀工志津三郎兼氏の顕彰碑がある。志津三郎（初代兼氏）は南北朝時代に志津（現，海津市南濃町）に住し，大和の作風を土台に相州風を加えた志津派を打ちたてた。その後，兼氏の流れをくむ刀工が，直江（現，養老町直江）に移り直江志津とよばれた。15世紀のはじめには，直江の刀工は関（現，関市）に移住した。

海津市内の天然記念物としては，南濃町津屋に津屋川水系清水池ハリヨ生息地（国天然）がある。ハリヨはトゲウオ科イトヨ属の淡水魚で，現在，環境省レッドリストの絶滅危惧ⅠA類に選定されている。この生息地は養老山地の東山麓にあり，トゲウオ科魚類の世界

的な分布南限の1つである。そのほか、南濃町太田にある杉生神社のケヤキ、南濃町松山にある諏訪神社の大クス、海津町稲山にある梶屋八幡神社のカンチクの社叢（いずれも県天然）がある。

行基寺 ❷

0584-55-0031

⟨M▶P.70, 115⟩ 海津市南濃町上野河戸御山1024-1　P
養老鉄道美濃山崎駅、または駒野駅🚕30分

行基伝承を伝える寺院　高須藩主の菩提寺

美濃山崎駅が近いが、タクシーがないため、駒野駅で下車し、タクシーで国道258号線の西側の山道をのぼると、山腹に行基寺（浄土宗）がある。この寺は、天平年間（729〜749）に行基によって開かれたといわれているが、1336（延元元）年、兵火にあって焼失し、1702（元禄15）年円心寺の僧性誉が、高須藩主松平義行に願いでて再興したといわれている。

境内には高須藩主松平氏歴代の墓（県史跡）がある。松平高須藩の初代義行は、尾張藩2代藩主徳川光友の2男であり、尾張藩の支藩としての役割を果たした。尾張藩中興の祖といわれた8代宗勝や幕末の14・17代慶勝らが宗家をつぐ場合もあった。また、幕末の京都守護職を歴任した会津藩主松平容保は高須藩主義建の子で、会津藩松平家の養子になった。なお、海津町萱野の海津市歴史民俗資料館の3階には、高須藩御館の一部が復元してあり、高須藩関係の資料も展示している。

高須藩主の墓から境内をしばらくいくと、行基塚とよばれている塚がある。その上に「永和三（1377）年」の銘があり、金剛界の大日如来の種子（仏・菩薩などを1字で象徴的にあらわす梵字）と脇侍仏の種子が彫られている板碑（県重文）がある。その横には自然石の由来碑があり、「行基菩薩御入定御墓申伝」と彫られている。また、当寺には、鎌倉時代末期の絹本著色一光三尊弥陀仏（県重文）があり、白雲に乗った阿弥陀三尊が描かれている。

行基寺

伊勢街道に沿って　109

美濃山崎駅の南約800m，線路の東側に，戦国時代末期の武将で西美濃三人衆の1人氏家卜全をまつるといわれる五輪塔がある。卜全は，はじめ土岐頼芸・斎藤氏につかえ，のち織田信長につかえた。1571(元亀2)年に伊勢長島で一向一揆とたたかい，戦死した。

　美濃山崎駅から国道258号線を約7km北上，瑞穂交差点を右折して1.5kmいき，揖斐川の今尾橋を渡ると，平田町今尾地区に至る。今尾地区南部の揖斐川東岸のゆるやかな斜面上に，春岱今尾窯跡(県史跡)がある。この窯は，瀬戸の加藤系陶工24代加藤宗四郎(仁兵衛，号春岱)が，1851(嘉永4)年に今尾に居を構える尾張藩の国家老竹腰正美に招かれて築いたものである。東窯と西窯の2基があり，茶碗・鉢・皿・水差・壺・香炉・置物など多種類の陶器が焼かれたといわれている。今尾橋から県道養老平田線を北東に約1kmいくと，大きな左義長みこしを神社の境内につりこみ，それを燃やす今尾左義長(県民俗)が行われる秋葉神社(今尾神社御旅所，祭神火産霊神)がある。さらに県道を北東へ約2kmいくと蛇池の交差点に至る。左手がお千代保稲荷である。そのまま県道を約200mいき，右折して南へ約300mいくと，蛇池の宝延寺(浄土宗)があり，そこには，「正安二(1300)年」銘をもつ蛇池宝篋印塔(県重文)がある。

宝暦の治水

コラム

薩摩藩士による壮絶なる宝暦治水工事

　美濃地方の平野部には木曽三川が流れており，三川分流以前は木曽川は長良川と合流し，長良川は揖斐川と中村川・中須川・大榑川などで結ばれ，合流した木曽・長良両川は下流の油島で揖斐川と合し，再び分かれ伊勢湾に流れていた。美濃平野は東から西へいくほど低くなり，いちばん東にある木曽川の川底がもっとも高く，つぎに長良川・揖斐川となっている。

　一般に雨域は西から東へ移るため，まず揖斐川，長良川が増水し，そこへ増水した木曽川の水が合流することになり，西南部の地域に水害が多くおこった。さらに近世になって低湿地の新田開発が進むと，従来遊水地であったところが耕地化され，水の行き場がなくなり，水害を増加させることにもなった。

　このような状況のなか，木曽三川沿いの村々の嘆願があいつぎ，江戸幕府も三川分流を重要問題として取り上げた。1753（宝暦3）年，幕府は代官を美濃に派遣し，美濃郡代や川通掛高木氏らと治水工事箇所の検分を行うとともに，各大名領などの役人から意見を求め，それらをもとに治水工事の計画をつくり，その実行を御手伝普請として薩摩藩に命じた。

　この工事の範囲は，美濃6郡141カ村・尾張1郡17カ村・伊勢1郡35カ村におよび，木曽・長良・揖斐三川の河口からさかのぼること50～60kmに至る流域のほぼ全域にわたる大工事であった。工事計画は2期に分かれ，第1期は水害復旧工事で，第2期は三川を分流するための油島締切堤と大榑川洗堰建設を中心とする工事であったが，完全な三川分流は実施されなかった。

　この工事は，石材の確保や工事中に洪水に見舞われるなど難航をきわめたが，1755年に完了した。しかし，薩摩藩は総額40万両（当初予定10万両）にのぼる莫大な出費と，病死・自刃など80人余りにおよぶ多数の犠牲者をだした。その責任をとって，薩摩藩総奉行平田靱負は自刃した。この治水工事を宝暦の治水という。

　なお，明治時代になってからも，地元の人びとは水害の根本的な解決をめざして，政府に対して三川分流の請願を続けた。その結果，1878（明治11）年，いわゆるお雇い外国人であるオランダ人技師ヨハネス・デ・レイケによる木曽三川の調査が行われ，調査報告書が政府にだされた。それ以後も地元の運動は続き，デ・レイケの意見に基づく木曽川改修計画が1886年に作成され，翌年木曽三川下流域の工事がはじまった。1900年には三川分流をなしとげ，1912年に完了した。

　以下に宝暦の治水に関する西濃

地域の史跡を列挙する。

油島千本松締切堤
海津市海津町油島
養老鉄道石津駅🚌海津南回り線
木曽三川公園🚶7分

木曽三川公園バス停でおりて，国営木曽三川公園を南に向かってとおりぬけると道路を隔てた南側に，1938（昭和13）年に創建された治水神社がある。この神社には，宝暦治水工事の犠牲となった薩摩藩家老平田靱負ほか80人余りがまつられている。この南側が油島千本松締切堤（国史跡）である。この締切堤は，宝暦治水の中心工事の1つであった。油島は長良川と合流した木曽川が揖斐川と合流する地点であり，この2川を完全に締め切って分流してしまうか，ある程度開口部を残すかが問題となった。難工事であることと，各輪中の利害関係などから，油島と長島輪中の松之木間の締切堤の間に，約700mの開口部を残すこととなった。工事終了後，薩摩藩士たちによって薩摩から取り寄せた黒マツの苗木が植えられ，それが現在千本松原となっており，散策することができる。

大藪洗堰跡
安八郡輪之内町新河原2865-4
JR東海道本線大垣駅🚌輪之内線輪之内文化会館乗換え南北線大藪🚶20分

大藪バス停から南へ約600mいくと，県道羽島養老線の下大榑の交差点にでる。そこを左折し東へ約900mの東大藪交差点を右折し南へ少しいき，左折して東へいくと「薩摩堰遺跡」の石碑がたっている。そこから東へいくと，長良川右岸にでる。そこに大藪洗堰跡（県史跡）の説明板がある。さらに右岸を南にくだると大池公園の隣に洗堰公園があり，洗堰のミニチュアがつくられている。大藪洗堰は宝暦治水の二大工事の1つで，大榑川洗堰ともいった。かつて大榑川は長良川右岸の東大藪より分かれ西南に流れ，揖斐川左岸の今尾で揖斐川に合流していた。川底は長良川よりも約2.5mも低かったので，増水時になると長良川の水が大量に大榑川をとおり揖斐

治水神社

油島千本松

川に流入し，洪水を引きおこした。

そのため，この工事を締切堤にして大榑川を廃川にするか，洗堰（下流の水位や水量を調節するため，川幅いっぱいに水流を横切ってつくる堰）にするかが問題となったが，締切堤が難工事であることや，各輪中の利害関係などを考慮して洗堰となった。洗堰の規模は長さ98間（約178m），保護工や水たたき段などを加え全体堰幅23間（約42m）で，その全面を竹籠の中に石をつめた蛇籠でおおった。長良川の水位が2合（約1.2m）をこえると大榑川に流れ込み，この洗堰で水勢を抑える計画であった。この工事の技術は高く，工事の途中で洪水にあっても，基礎工事の部分はまったく損傷をうけなかったといわれている。

なお，大榑川は明治時代の三川分流工事により，大榑川締切堤が完成し，廃川になった。

大巻薩摩工事役館跡
養老郡養老町大巻95-14 P
JR東海道本線大垣駅🚌海津線・海津庁舎行池辺🚶5分

揖斐川支流の牧田川堤防道路上の池辺バス停でバスをおり，堤防から南におりる道をくだっていくと，石碑がたっている大巻薩摩工事役館跡（県史跡）にでる。この役館は，宝暦治水工事における薩摩藩の詰所で，安八郡大牧新田の豪農鬼頭兵内の広大な屋敷建物を借り，総奉行平田靱負らが詰めていた。この役館を元小屋といい，その出張所を出小屋といった。出小屋は，中島郡石田村（現，羽島市）・安八郡大藪村（現，安八郡輪之内町）・石津郡太田新田（現，海津市南濃町）・伊勢国桑名郡金廻村（現，海津市海津町）・伊勢国桑名郡西対海地新田（現，三重県桑名郡木曽岬町）の5カ所におかれた。

なお，平田靱負が1755年5月24日に工事竣工引渡済の報告書を薩摩藩に提出し，翌25日早朝，工事の全責任をとって自刃したのは，この役館であった。

以下宝暦治水の犠牲者の墓碑を紹介する。

今尾常榮寺薩摩工事義歿者墓
海津市平田町今尾3117
JR東海道本線大垣駅🚌海津線・海津庁舎行今尾🚶5分

平田町今尾の常榮寺（日蓮宗）の境内に，自刃した薩摩藩士黒田唯右衛門の墓（県史跡）がある。1754年5月に第1期工事がおわったが，第2期工事のための資材調達などが思わしく進展しないなどさま

まな支障があり、この準備期間に自刃した藩士が多い。

石津薩摩工事義歿者墓
海津市南濃町太田66
養老鉄道石津駅🚶3分

駅の北東約200mにある南濃町太田の円成寺（曹洞宗）の境内には、石段の上に自刃した13人の墓（県史跡）がある。13人のうち10人が1754年6月から10月の間に亡くなっている。

根古地薩摩工事義歿者墓
養老郡養老町根古地279-1
JR東海道本線大垣駅🚗海津線・海津庁舎行根古地🚶10分

養老町根古地城屋敷の地に、1913（大正2）年にたてられた墓碑（県史跡）がある。この墓碑には、病死者24人がまつられている。そのうち21人が、足軽・仲間・下人という身分の人びとであった。

天照寺薩摩工事義歿者墓
養老郡養老町根古地三昧233
JR東海道本線大垣駅🚗海津線・海津庁舎行根古地🚶7分

国道258号線沿いの養老町根古地の天照寺（浄土宗）の境内には、病死した3人の墓（県史跡）がある。そのうち1人は現場主任であった。なお、現場主任16人のうち病死した2人をのぞいて全員が自刃した。

江翁寺薩摩義士墓
安八郡輪之内町楡俣新田410
JR東海道本線大垣駅🚗輪之内線輪之内文化会館🚗5分

輪之内町楡俣の江翁寺（臨済宗）の境内には、工事費の予算超過を藩主に対して謝罪するため自刃した、永山市左衛門盛次ら6人の墓（県史跡）がある。

心巌院薩摩義士墓
安八郡輪之内町下大榑13024
JR東海道本線大垣駅🚗輪之内線輪之内文化会館🚗5分

輪之内町下大榑の心巌院（臨済宗）の境内には、自殺した八郎左衛門の墓（県史跡）がある。

桝屋伊兵衛の墓
安八郡輪之内町大藪1865
JR東海道本線大垣駅🚗輪之内線輪之内文化会館🚗6分

大藪小学校から東へ約600mのところに輪之内町大藪の円楽寺（浄土真宗）がある。ここには桝屋伊兵衛の墓（県史跡）がある。桝屋伊兵衛は、養老郡多良（現、大垣市上石津町）に生まれ、のちに江戸に住み旗本高木貞往（東高木家）の下人となった。

宝暦の治水のとき、高木貞往が水奉行となり、幕府方の工事監督の任にあたることになったので、伊兵衛もこれにしたがって帰国した。

難工事の実態や、その工事の責任をとって自刃する薩摩藩士の状態をみた伊兵衛は、1754年9月22日、工事の渋滞は水神の怒りによるものと思い、自分が人柱になり濁流に身を投げたといわれている。

海津市および宝暦治水関係の史跡

伊勢街道に沿って

輪中の生活

コラム

水との共存 人間の知恵 輪中

　木曽三川(木曽・長良・揖斐川)の合流する西濃平野は、わが国有数の洪水多発地域であった。そのため、この地域の人びとは、集落や耕地を洪水からまもるため、周囲に堤防を築いた。この水除堤の囲堤を輪中堤と称し、輪中を単位とした水防共同体を形成した。輪中の多くは、江戸時代に開発され、明治時代初期には、約80を数えた。輪中の人びとの生活には、他の地域ではみることのできない水屋や堀田など独特なものがあった。

　水屋は、洪水時の避難場所であり、財産をまもるための建物で、屋敷内に高く土盛りや石積みをした上にたてられた。水屋にはいろいろな形態があるが、住居倉庫式水屋の場合は、家財や穀物を収納する部屋と人が居住できる部屋があり、庇部分には味噌部屋があり、味噌・醤油・漬物をおく。建坪は30〜40m^{2}が多い。また、母屋や水屋の軒下には、避難用の舟(上げ舟)がかけられていた。しかし、多くの人びとは経済的に余裕がなく、水屋をもつことができなかったので、その集落の便利な場所に共同で土盛りをして高台をつくり、洪水時の避難場所とした。また地主がその屋敷の一部に、周りの住民の避難場所をつくることもあった。これを助命壇とか命塚とよんでいる。

　堀田は、輪中地域にみられる土地利用形態の特徴をよく示すもので、江戸時代中期以降にはじまったものである。輪中内の排水状況は悪く、悪水のため植えつけた稲などの作物が、水腐れをおこして不作になることがよく生じた。そのため、一部の田面の土を掘りさげ、その土を隣接する田面に盛土して水田の植えつけ面を高くした。土を盛りあげた田を掘上げ田、掘った部分を掘潰れといい、クリーク状の短冊形の池沼になり、水路の役割もはたした。この掘上げ田と掘潰れを総称して堀田という。農作業での往来や農具・収穫物の運搬、水路交通には田舟を利用した。

　輪中は、外水対策としての河川改修、内水対策としての排水機設置や土地改良工事などによって大きく変容し、景観面のみでなく人びとの輪中に対する意識も薄らいでいったが、1976(昭和51)年に長良川が決壊した「9.12水害」により輪中が再認識された。

　なお、海津市海津町萱野の海津市歴史民俗資料館には、屋外展示として堀田が復元してあり、屋内の展示場には、高須輪中の大形模型や、輪中の生活に関する資料が展示してある。

古戦場と水のふるさと―西濃

④ 揖斐川をさかのぼる

この地には、山村生産用具や古面などの文化財が残り、さらに華美なシナイ竹を背負った太鼓踊りが伝承されている。

川合の六社神社 ㉒

〈M▶P.70〉揖斐郡揖斐川町春日川合1682-1
養老鉄道揖斐駅 🚌 春日線美東行・古屋行川合 🚶 3分

南北朝時代の宝篋印塔と懸仏

川合バス停から南西に3分ほど歩くと、左手に六社神社（祭神天照皇大神）がある。境内には、高さ120cmの南北朝時代のものとみられる宝篋印塔2基（県重文）がある。地元では、山県郡伊自良（現、山県市伊自良）より川合村に移住した宮守長左衛門義益の子で、南朝方の武士であった宮守光治の墓と伝えている。

伝承によれば、1333（元弘3）年、後醍醐天皇に応じて足利高氏（尊氏）が六波羅を攻めたとき、宮守光治は近江国で恒良親王を奉じて戦い、親王の令旨と錦の御旗をうけたといわれている。この神社には鎌倉時代末期から南北朝時代の作といわれている懸仏30面（県重文）もある。

川合の六社神社から南西に約1.6kmいくと、春日中山に西美濃三十三霊場の観音寺（曹洞宗）がある。この寺には、平安時代後期の特徴をよく示しているヒノキ材の木造大日如来坐像と木造釈迦如来坐像（ともに県重文）がある。また観音寺の隣の中山六社神社社叢、春日中山のケヤキ（ともに県天然）がある。

旧春日村の5地区（上ケ流・下ケ流・寺本・種本中瀬・川合）には、華美なシナイ竹を背負った春日の太鼓踊り（県民俗）が伝承されている。また、下ケ流地区では1月15日に薬師堂において燈籠を飾り、ションガイナ踊りを踊る燈籠まつり（県民俗）が行われる。

そのほか、旧春日村には笹又の石灰質角礫巨岩、種本の熊野神社のアラカシ（ともに県天然）がある。なお、石灰質角礫巨岩とは、石灰質の石が雨水などによって溶解

川合の宝篋印塔

揖斐川をさかのぼる　117

し，乳状液となって，大小の角礫岩を集結したものである。

小津と日坂の面 ㉓㉔

〈M▶P.70, 120〉揖斐郡揖斐川町小津3003，日坂北尾佐

養老鉄道揖斐駅🚌揖斐川北部線横山診療所行・広瀬行 東津汲🚶10分，🚗15分

貴重な古面が残る小津・日坂の面

　久瀬振興事務所がある東津汲から小津川に沿って約4kmいくと，小津白山神社（祭神伊弉冉尊）に至る。白山神社は，小津の面（県重文）とよばれる古面25面を所蔵し，境内には樹高43.5m，目通りの幹の周囲7.3mの大スギ（県天然）がある。小津の古面には，翁面などの能面や猿面などの狂言面，追儺（悪鬼を払い疫病をのぞく）に使用する追儺面などがある。なかでも狂言の1つ鉢巻男の面は，作例の少ない貴重な面である。これらの面は，神面のため一切公開されていない。なお，この白山神社は，氏子の1人が禰宜という役について，境内にある家屋に寝泊りし，奉仕している。1989（平成元）年までは，大晦日の参拝は女人禁制で，暗闇のなかで行われ，言葉を発することが禁止されていた。

　東津汲から日坂川に沿って西へ約5kmいくと，日坂春日神社（祭神天照皇大神）に至る。春日神社には日坂の面（県重文）とよばれる古面が21面伝わる。越前（現，福井県）の出目満照作，近江（現，滋賀県）の井関作の能面や，空吹などの狂言面があり，なかでも翁面や怨霊面は優品であるといわれる。これらの面は，関市小屋名にある岐阜県博物館に保管されている。

小津白山神社

　日坂春日神社の近くに高橋家住宅（県重文）がある。この建物は，1809（文化6）年にたてられた大垣藩西北山筋大庄屋の住宅で，主屋と直角に取り付いている座敷棟を備えている。山村の豪農

コラム

太鼓踊り

芸

勇壮華麗な風流系太鼓踊り

　岐阜県には、大型の締め太鼓を胸に下げ、円陣を組んで音頭にあわせて太鼓を打ちながら踊る太鼓踊りが多く残されている。これらの太鼓踊りを大きく分けると、華美なシナイ竹などの神籠を背負う系統とあまり飾りをつけない系統に分けることができる。

　谷汲踊や東津汲鎌倉踊などの華美なシナイ竹などの神籠を背負う太鼓踊りの系統は、西美濃北部の揖斐川町(旧春日村・旧久瀬村・旧坂内村・旧谷汲村・旧揖斐川町)・池田町などから山沿いに西から北東へ、郡上市の旧明宝村(寒水の掛踊)あたりまで分布している。

　一方、表佐の太鼓踊りなどのあまり飾りをつけない太鼓踊りの系統は、西濃西部の不破郡関ケ原町・垂井町などから、岐阜地区・中濃地区南部までのところどころに伝えられている。これらの2つの系統は、関ケ原の西にある滋賀県米原市春照およびその周辺の太鼓踊りを伝える地域につながっているといわれている。

　この地域では、旧春日村の上ケ流太鼓踊り・下ケ流太鼓踊り・寺本太鼓踊り・種本中瀬太鼓踊り・川合太鼓踊り、旧久瀬村の東津汲鎌倉踊・三倉太鼓踊、旧坂内村の川上ほうろ踊り・坂本神の踊り・広瀬西村流太鼓踊り・広瀬北村流踊りなどがある。

　つぎに東津汲鎌倉踊を例に、踊りの内容をみる。

　鎧武者を先頭に、太鼓打ち8・ザイフリ8・鉦鼓8・横笛4・拍子木1・唄方2の総勢32人で踊る。太鼓打ちは神籠の一種であるホロ(シナイ竹)を背負い、胸に太鼓をつけ、太鼓をたたきながら、ホロを上下左右に振る。太鼓は、直径五十数cmの一番太鼓をはじめ3種類ある。ホロは、長さ2m60cm・周囲30cmぐらいの真竹を割り、彩色した和紙をつけ、全体を5色に彩り、先端を大きく開けてある。踊りは道行・拍子太鼓・役踊りの3種類あり、それぞれに多くの曲がある。たとえば、役踊りでは、「殿踊り」「鎌倉御所」「長者踊り」「堂所踊り」「寺踊り」などがある。「鎌倉踊り」の名称は、役踊りのうち「鎌倉御所」の曲が有名になったことによると考えられている。

　なお、太鼓踊りは、雨乞い・盆の供養・害虫や疫病などの災厄を鎮送するときなどに踊られるが、岐阜県の太鼓踊りは、雨乞い踊りとして奉納されたことを起源とする場合が多いといわれている。

屋敷の形態と景観をよく残している。大垣藩主戸田氏視察の際には、本陣となった。また、高橋家には普請帳など建築に関する古文書が伝わる。

小津・日坂周辺の史跡

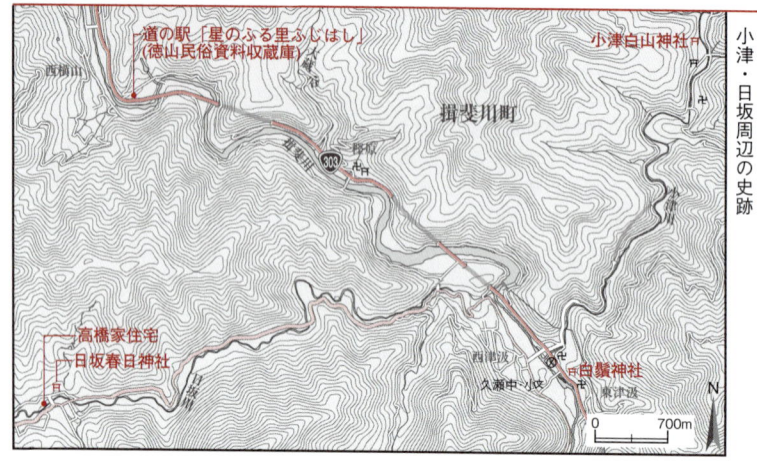

旧久瀬村の華美なシナイ竹を背負った太鼓踊りには，東津汲の白鬚神社（祭神猿田彦命）の例祭で奉納される東津汲鎌倉踊と，三倉の峯神社例祭で奉納される三倉の太鼓踊（ともに県民俗）がある。

徳山民俗資料収蔵庫 ㉕
0585-52-2662

〈M▶P.70,120〉揖斐郡揖斐川町東横山183-1 P
養老鉄道揖斐駅🚌揖斐川北部線広瀬行・川上行道の駅🚶1分

国有形民俗文化財の徳山の山村生産用具

道の駅バス停でおりると，目の前が道の駅「星のふる里ふじはし」である。「星のふる里ふれ愛広場」という建物の一部が，徳山民俗資料収蔵庫になっている。この収蔵庫には，徳山の山村生産用具5890点（国民俗）が収蔵・展示されている（土・日曜日，祝日のみ見学可）。

徳山民俗資料収蔵庫

旧徳山村は，福井県と境を接する県北西部にあり，その境には越美山脈が走る山村であったが，徳山ダム（2008〈平成20〉年完成）の建設に伴い村民が移転し，1987（昭和62）年藤橋

村と合併、さらに2005(平成17)年の町村合併により揖斐川町の一部となった。

　山村生産用具の内訳は、山樵（さんしょう）用具(ヨキ・オガなど924点)、木地屋（きじや）用具・製品(ショクダイ・ハチ・タテマクラなど201点)、へぎ板打ち・茅葺（かやぶ）き用具(クレヘギナタ・ヤネバサミなど65点)、紙漉（かみすき）用具・製品(マタブリ・フネ・スゲなど308点)、鍛冶屋（かじや）・大工道具(フイゴなど108点)、農具(ウシメ・ツチブネ・アブリコ・ドウヌキなど1138点)、養蚕（ようさん）用具(ワタトリキなど460点)、紡織用具(オンボケ・テマワシツモ・ヘダイなど422点)、手仕事用具・製品(ワラグツ・ツケカゴ・タチウス・ネヤなど1005点)、狩猟用具(シシヤリ・クマヤリなど62点)、川漁用具(クダリモジなど74点)、自然物採取用具(スズカリ・アジカなど91点)、運搬用具(セナカミノ・テンゴ・クビカケなど403点)、衣生活・食生活用具(ユキワランジ・ヤマギなど578点)、出作（でづくり）生活用具(仏壇・アンドなど21点)、計量用具26点、信仰・儀礼用具(雨乞い面・オコビツなど4点)である。いずれも山村生活を知るうえで貴重なものである。

5 巡礼街道をいく

古くから巡礼者で賑わった谷汲をはじめ，奥深い山あいにも歴史を感じさせる古寺や史跡が数多く残されている。

霞間ヶ谷(かまがたに)のサクラ ㉖

〈M▶P.70〉揖斐郡池田町藤代 P
養老鉄道池野駅 🚗 5分

八幡のハリヨ池公園
サクラの名勝霞間ヶ渓

　池野駅から西へいくと国道417号線にでる。その国道を約1km南にいき，八幡郵便局前の信号を東に左折し少しいくと，ハリヨ池公園として整備されている池田町八幡のハリヨ（トゲウオ科淡水魚）繁殖地（県天然）にでる。この地域は杭瀬川流域の湧水地帯である。

　八幡郵便局前の信号から西へ約2kmいくと徐々に標高が高くなり，池田山（924m）の山麓道路にでる。北へ向かって約700mいくと，霞間ヶ渓（国名勝）に着く。この地は，近郷の村々の入会地(いりあいち)として薪(たきぎ)取りや草刈りに利用されていたが，1650（慶安3）年以後たびたび激しい山崩れをおこしたため，1780（安永9）年と1782（天明2）年に大垣藩(おおがき)は鎌止(かまどめ)（草木伐採の禁止）の命令をだして，山の保護を行った。その結果，谷一帯に雑木が生い茂り，とくにヤマザクラが繁殖・成長し，「花の山・霞間ヶ渓」として有名になったといわれている。明治時代になってからも保護・育成され，1896（明治29）年の豪雨によって大きな被害をうけた際には，ヤマザクラ数千本が移植され，これが現在の霞間ヶ渓の景観をつくりあげた。

　池野駅の北東約500mにある六之井(ろくのい)の妙勝寺(みょうしょうじ)（曹洞宗(そうとう)）には，木造聖観音立像(しょうかんのん)（県重文）がある。この像はヒノキ材の寄木造(よせぎづくり)で，平安時代末期の作といわれている。寺伝によると，909（延喜9）年鎮守府将軍六孫王(ちんじゅふしょうぐんろくそんおう)（源経基(みなもとのつねもと)）が池田荘六井村（現，池田町）の若一王子宮境内に一堂を建立し，この聖観音像を安置したと伝える。

霞間ヶ渓のサクラ

122　古戦場と水のふるさと―西濃

六之井の中八幡古墳出土品(県重文)は，西濃地域首長と朝鮮半島の関係を具体的に示すもので，県内の古墳時代の貴重な遺産である。

　六之井の北にある池田町下東野の市山からくり花火(県民俗)は，下東野の神明神社の祭礼に置山の上で，囃子にあわせて3体の操り人形(からくり人形)を踊らせ，それと交互に「御幣」「万燈」「市山」などと称する仕掛け花火を行うものである。

願成寺西墳之越古墳群 ㉗

〈M▶P.70〉揖斐郡池田町願成寺字西墳之越360　P(大津谷公園)
養老鉄道美濃本郷駅🚶5分

100基余りの願成寺西墳之越古墳群　土岐頼忠の菩提寺禅蔵寺

　美濃本郷駅の西側にある国道417号線を約200m北へ進むと，願成寺(西墳之越)古墳群の標識がある。標識にしたがって西へ約500mいったところを左折して南へ少しいくと，本郷城跡がある。この城は，3国(美濃・尾張・伊勢国)の守護であった土岐頼康の弟で，1390(明徳元)年の土岐康行の乱(美濃の乱)後，美濃国の守護になった土岐頼忠が築城したといわれている。その後，在地領主で土岐氏の被官でもあった国枝氏の居城となった。

　本郷城跡から少し南にいき，池田山に向かう広い道をまっすぐ西へ約2.4kmいくと，山麓道路にでる手前に，サクラで有名な大津谷公園があり，公園の南側から西側にかけて願成寺西墳之越古墳群(県史跡)が広がっている。この古墳群は大津谷と中ノ谷に囲まれた扇状地の北半分にあり，現在111基の古墳が確認されている群集墳である(97基が史跡)。おもに6世紀から7世紀にかけて築造された円墳で，横穴式石室をもち，規模は直径10～15m前後・高さ2m前後のものが多い。

　大津谷公園から山麓道路を南へ約500mいくと，禅蔵寺(臨済宗)がある。この寺は美濃国守護土岐頼忠が覚源禅師を招いて建立したもので，境内には土岐頼忠並びに一族の墓(県史跡)

願成寺西墳之越古墳群

巡礼街道をいく

があり，頼忠と頼益を中心に，一族の宝篋印塔が並んでいる。

願成寺の北約1kmにある宮地区には，区が管理している梵鐘（県重文）がある。この梵鐘は明で製作され，「大明萬暦十四(1586)年」の銘があり，下の縁が波形になっている。

瑞巌寺 ㉘

0585-55-2111(商工観光課)

〈M▶P.70〉揖斐郡揖斐川町小島瑞岩寺192 [P]
養老鉄道揖斐駅 🚌 春日線新丁 🚶10分

二条良基がほめた土岐頼康建立の瑞巌寺

新丁バス停でおりて，すぐ目の前の瑞岩寺橋を渡り，道沿いに左にいき，瑞巌寺の標識があるところを右折すると，1336(延元元)年，のちに3国の守護となる土岐頼康が，父頼清の菩提をとむらうために建立した瑞巌寺（臨済宗）がある。

瑞巌寺には，関白二条良基が1353(文和2・正平8)年にあらわした『小島のすさみ』の写本（県重文）がある。奥書によると，1470(文明2)年，左近衛権中将藤原朝臣が筆写したとされる最古の写本である。同書の原本が現存しないことから，貴重な史料とされている。

二条良基は，1353年6月，南朝方が京都に迫ってきたため，美濃国守護土岐頼康を頼って美濃国にのがれた北朝方の後光厳天皇を追い，7月，頼康が設けた小島頓宮（行宮）にはいった。『小島のすさみ』は，良基が9月に帰京するまでの行き帰りの旅と美濃国での暮らしを書いている。そのなかで，瑞巌寺のことを「この堂いと見所多し。山陰ふかう作りなして，岩木水のながれ，都にてもかゝる所はをかしかりぬべき山水のさまなり」と記している。

瑞巌寺の本尊は，木造地蔵菩薩坐像（県重文）である。この像は高さ45cmの寄木造で，像底には「至徳元(1384)年霜月十九日恵尊」の墨書がある。そのほか，寺伝によると中国南宋の画僧牧谿筆とい

瑞巌寺

われ，後光厳天皇から下賜されたと伝えられる絹本水墨草座釈迦像(県重文)や，江戸時代の仙厓筆紙本水墨宝満山之図，瑞巌寺13世住職であった愚堂東寔の筆跡(ともに県重文)などがある。また，瑞巌寺境内の南側の山道をのぼると，土岐頼清・頼康父子の墓(県史跡)や当寺の中興にかかわった大垣城主岡部長盛の墓がある。

釣月院 ㉙ 〈M▶P.70, 126〉揖斐郡揖斐川町清水106
養老鉄道揖斐駅 🚌揖斐大野線・清水循環線清水 🚶15分

夢窓国師伝承をもつ釣月院 稲葉一鉄が眠る月桂院

清水バス停のすぐ西の道を権現山(通称清水山)に向かって北へ進み，権現山の山道をのぼっていくと，山麓に夢窓国師に関する伝承を伝えている釣月院(曹洞宗)がある。ここには，室町時代のヒノキ材で寄木造の木造千手観音立像(県重文)がある。

この清水には，西美濃三人衆の1人稲葉一鉄が居城とした清水城があった。江戸時代初期には清水藩1万2000石の居城となったが，1607(慶長12)年の廃藩に伴い廃城となった。今はその面影はなにもない。

清水バス停から西へ約600m，そこから北に向かって約200mの権現山麓に月桂院(曹洞宗)がある。月桂院は1582(天正10)年に，稲葉一鉄が清水城北の山腹にある妻(月桂周芳)の墓のそばに，亡妻の旧宅を移して一院となったものであり，境内には妻らの墓とともに1588年に没した稲葉一鉄の墓(4基，県史跡)がある。

この寺には，清水神社所有の梵鐘(県重文)があり，稲葉一鉄が陣鐘として用いたと伝えられている。この梵鐘は銘文によると，1320(元応2)年に鋳物師山城権守近行によって近江国(現，滋賀県)平方生駒神社の神宮寺の鐘として鋳造されたものである。また，清水神社所有で，稲葉一鉄着領の素懸威鎧兜附鎧櫃1個(県重文)は，上南方の揖斐川町歴史民俗資料館に収蔵されている。

清水バス停から国道303号線を北西へ約3.2kmいった揖斐川町バス停でおり，上新町交差点を北へ約80mいくと，北側の商店街にでる。その商店街を少し西へいくと，イチイガシ(県天然)のある秋葉神社(祭神火産霊神)に至る。この神社には，木造不動明王立像と脇侍に制多迦童子・毘伽羅童子像(いずれも県重文)がある。いずれも鎌倉時代の作で，ヒノキ材の一木彫成であり，力強く迫力がある。

巡礼街道をいく　　125

揖斐川町役場周辺の史跡

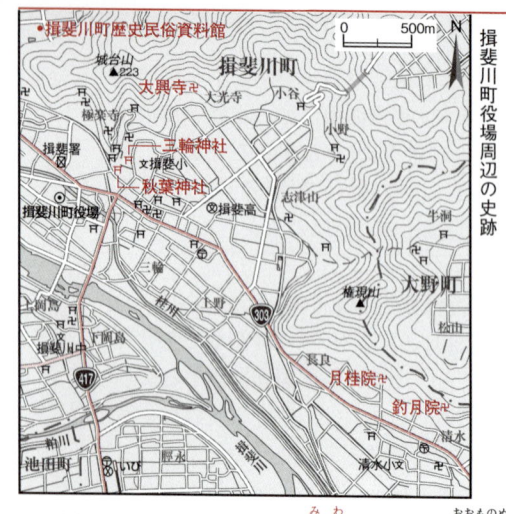

これらの像は、もとは極楽寺にあったという。極楽寺は、横蔵寺創建時にその末寺の1つとして建立されたが、戦国時代の兵火で焼失し、廃寺になったと伝えられる。

秋葉神社から東に少しいき、奥にはいったところに揖斐小学校がある。その西隣に三輪神社(祭神大物主神)がある。その例祭である揖斐祭には芸軕(山車)5基(県民俗)がでて、芸軕の舞台で子供歌舞伎が演じられる。

揖斐小学校と三輪神社の間の道を北へ約2kmのぼっていくと、城台山の南東の麓に大興寺(臨済宗)がある。この寺には土岐頼康の弟で、大興寺を創建した土岐頼雄の墓(県史跡)がある。この墓は高さ約1.2mの五輪塔で、その墓壇の正面に「康暦二(1380)年五月二日」の銘がある。なお、頼雄は城台山上に揖斐城を築き、揖斐姓を名乗った。

また、国道303号線の上新町交差点からさらに北西へ約2.1kmいき、上南方の交差点から県道神原揖斐線を北東へ約1.5km、さらに町道を約1kmいくと、西ノ山の山裾若松地区の東光寺(天台宗)に至る。そこには平安時代中期の作で、一木彫成の木造薬師如来坐像(県重文)がある。

上新町交差点から国道417号線を南へ約1kmいき、下岡島交差点から西へいく県道春日揖斐川線の周辺には、和田地区の西蓮寺のムクノキ、新宮地区の関ヶ原合戦の落武者をとむらったという伝承が残る新宮塚のムクノキ、市場地区の稲荷神社のイチイガシ(いずれも県天然)がある。

華厳寺 ㉚ 〈M▶P.70〉揖斐郡揖斐川町谷汲徳積23-1-3 P
0585-55-2033　養老鉄道揖斐駅🚌横蔵線谷汲山🚶すぐ

西国三十三番札所　谷汲山華厳寺

　那智山青岸渡寺を一番とする西国三十三所観音霊場の第三十三番札所として知られる谷汲山華厳寺(天台宗)は，寺伝によると，798(延暦17)年奥州の大口大領が京で十一面観音像をつくらせ，奥州へ帰る途中，霊夢によってこの地に安置したのがはじまりであるという。また，堂を建立するとき，谷の岩間から湧きだした油をくんで，観音の灯明に使用したことから，「谷汲」といわれるようになったと伝えられている。のち，この奇瑞を聞いた醍醐天皇が，917(延喜17)年に「谷汲山」の扁額を下賜し，944(天慶7)年に朱雀天皇が勅願寺としたと伝えている。

　谷汲山バス停でおりると，すぐ土産物屋などが並ぶ参道になる。これをのぼっていくと，仁王門がある。門には仁王像があり，大小のワラジがかけてある。さらに進み，正面の高い石段をのぼりきると本堂がある。本堂内陣には本尊の十一面観音(秘仏)の脇に，ヒノキ材で一木造の木造毘沙門天立像(国重文)がある。この像は藤原時代の作であるが，貞観年間(859〜877)の作風を踏襲しながら，藤原時代の優美さもあわせもっているといわれている。この寺には縦2m弱・横1.5m弱の巨幅で鎌倉時代制作の絹本著色三十三所観音像(国重文)がある。画面中央に阿弥陀如来，それを取り囲むように33体の観音像が描かれている。画像は，三十三所観音像の現存最古で最大の作例で，現在は大阪市立美術館に寄託されている。

　本堂の左手には笈摺堂がある。西国三十三所観音の最後の札所にあたる当寺で，巡礼者は巡礼中，身につけていた笈摺(白い袖なしの単衣。笈が背で擦れるのを防いだ)や杖・笠などをこの堂におさめ，満願を謝した。「今までは　親とたのみし　笈摺を　脱ぎておさ

華厳寺仁王門

巡礼街道をいく　127

むる　美濃の谷汲」と御詠歌にうたわれている。

　なお、中山道赤坂宿(現、大垣市赤坂町)から、この谷汲山華厳寺に至る道を巡礼街道、または谷汲街道とよんでいた。

　毎年、華厳寺前で谷汲踊(県民俗)が奉納される。谷汲踊は、華美なシナイ竹を背負った太鼓踊りで、地元では源氏にかかわる伝承を伝えているが、雨乞い踊りの系統であるといわれている。

　華厳寺門前の交差点から県道山東本巣線を東へ約2.6km、左折して県道根尾谷汲大野線を北へ約3.6kmいき、左折し町道にはいり、北西へ約600mいくと、谷汲岐礼の法雲寺(臨済宗)に至る。この寺には土岐頼芸の墓(県史跡)がある。1552(天文21)年、美濃国守護であった頼芸は、斎藤道三によって美濃から追放され、土岐氏による美濃国支配はおわった。頼芸はその後各地を転々とし、1582(天正10)年、当時清水城主であった稲葉一鉄に迎えられ、岐礼を訪れたが、同年この地で病死したと伝えられる。

　なお、岐礼の新宮神社には伊野一本スギ(県天然)がある。華厳寺門前の交差点から県道山東本巣線を西へ約1.5km、南へ約200mいくと名礼の花長下神社があり、その境内はヒメハルゼミ生息地(県天然)となっている。

横蔵寺 ㉛
0585-55-2020(谷汲観光協会)

〈M▶P.70〉揖斐郡揖斐川町谷汲神原1160　P
養老鉄道揖斐駅🚌横蔵線横蔵🚶すぐ

西美濃の正倉院　両界山横蔵寺

　横蔵バス停でおりると、すぐ目の前に横蔵寺(天台宗)がある。この寺は「西美濃の正倉院」といわれ、数多くの文化財を所蔵する。寺伝によると、805(延暦24)年に最澄が創建したと伝えている。最澄は1本の霊木から2体の薬師如来像をきざみ、1体を延暦寺に、もう1体を当寺の本尊としてまつったと伝える。この本尊は、織田信長による延暦寺焼打ち後、延暦寺に移され、かわりに京都洛北より現在の本尊薬師如来像が伝来したとされる。また、横蔵寺の寺号は、最澄が唐からもち帰ったという金銅造薬師如来像を本尊の胎内におさめるとき、像横側からいれたことに由来するといわれている。

　10世紀ごろには日吉山王七社を勧請し、鎌倉時代には38坊となり、隆盛をきわめた。室町時代以降は火災や台風などで衰えたが、江戸時代に復興した。

横蔵寺本堂

　当初の伽藍は，谷を隔てた山の頂上近くに設けられ，その旧跡には礎石が残っている。その後，山麓につくられるなどした後，1646（正保3）年から現在地に伽藍がたてられた。

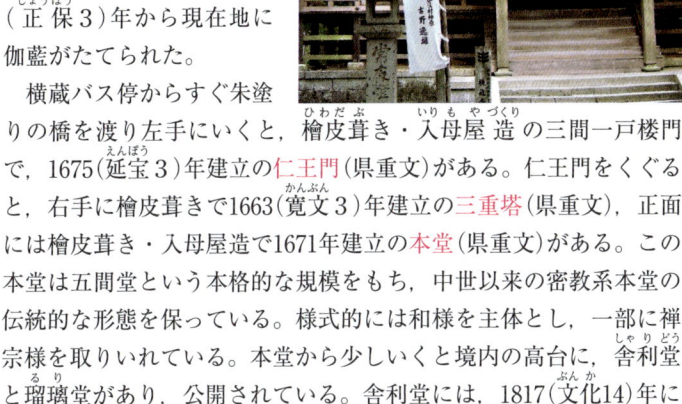

　横蔵バス停からすぐ朱塗りの橋を渡り左手にいくと，檜皮葺き・入母屋造の三間一戸楼門で，1675（延宝3）年建立の仁王門（県重文）がある。仁王門をくぐると，右手に檜皮葺きで1663（寛文3）年建立の三重塔（県重文），正面には檜皮葺き・入母屋造で1671年建立の本堂（県重文）がある。この本堂は五間堂という本格的な規模をもち，中世以来の密教系本堂の伝統的な形態を保っている。様式的には和様を主体とし，一部に禅宗様を取りいれている。本堂から少しいくと境内の高台に，舎利堂と瑠璃堂があり，公開されている。舎利堂には，1817（文化14）年に入定した妙心法師の即身仏（ミイラ）を舎利仏として安置してある。

　瑠璃堂には，クス材の一木造で平安時代作の木造深沙大将立像（国重文）がある。この像は，大きな目玉，太くつりあがった眉，大きく横に開いた口など，全体的に異国的であり，独創的で新鮮な形態である。また，ヒノキ材の寄木造で，1183（寿永2）年三重塔におさめた旨の墨書がある木造大日如来坐像，鎌倉時代中期の慶派の作ではないかと推定されている木造薬師如来坐像，平安時代末期から鎌倉時代初期の作といわれているが，全体に穏やかな表現で藤原時代の名残りがある木造十二神将立像12体，鎌倉時代後期の作といわれている木造四天王立像4体，寄木造で胎内に1256（建長8）年の墨書銘がある木造金剛力士立像2体（いずれも国重文）がある。さらに，1枚の白檀の板の表面に法華曼荼羅図像を浮き彫りにした平安時代作の板彫法華曼荼羅（国重文）がある。この板彫は，全面を4段に等分し，中央には多宝塔を彫りだし，その内部には釈迦・多宝の2仏，その左右には文殊・普賢の両菩薩，四隅に四天王を配し，

そのほか14の諸像が彫られているものである。

野古墳群 ㉜

〈M▶P.70, 131〉揖斐郡大野町野
JR東海道本線大垣駅🚌大垣大野線大野バスセンター🚶25分

国史跡の野古墳群
鳥居建構造の牧村家住宅

大野バスセンターと大野町役場の間の道を北へ約300mいき,右折して西へ約800mいくと,大野中学校の横にでる。その四ツ辻を左折して北西に約200mいくと五差路があり,北西に約300mいくと神社が右手にみえてくる。そのすぐさきに西方の牧村家住宅(国重文)がある。

牧村家は,江戸時代に庄屋をつとめた旧家で,この住宅は1701(元禄14)年,10代当主がたてたものである。茅葺き・入母屋造で,土間が広く,板張りのダイドコロ・ナンド・ザシキの広間型三間取りである。おもな建材を手斧で仕上げ,柱と梁の軸組を鳥居のような形にしている鳥居建構造である。なお,19世紀中ごろに四間に改めたが,1981(昭和56)年に解体修理が行われ,原型に復した。

牧村家住宅から100mほど北へ向かうと,県道深坂大野線の交差点にでる。その交差点を渡って,突き当りを左折して西へいくと,野古墳群(国史跡)がある。

この古墳群は約1km四方の範囲にわたって,前方後円墳や方墳など28基以上が密集して築造されていた。現在は,南出口古墳(城塚)・南屋敷西古墳・登越古墳・不動塚古墳・乾屋敷古墳などの前方後円墳8基,方墳1基が遺存している。最大のものは,登越古墳で全長83m,3段築成。最小は方墳8号墳で1辺15.8m。7号墳は造出しがついた円墳で,県内では類例が少ない。

築造年代は,南屋敷西古墳から出土した円筒埴輪により5世紀後半と推定され,古墳群全体としては,5世紀から6世紀前半にかけて形成され

野古墳群のうちの登越古墳

たとみられる。なお，この辺りから北部の山麓一帯にかけては，県内でも有数の群集墳地帯である。また南出口古墳（城塚古墳）からは，鍍金鋸歯紋複線波紋縁線彫式獣帯鏡（国重文）が出土し，現在は五島美術館（東京都世田谷区）が所蔵している。

一方，野古墳群から南へ約4.5kmいくと，大野南小学校近くに上磯古墳群がある。この古墳群は，全長約98mの亀山古墳，全長約85mの北山古墳（ともに県史跡），全長約96mの南山古墳の3基の前方後円墳と，現在は消失した2基の小円墳からなっていた。前方後円墳の3基は，ともに後円部に対して前方部が低く，幅もせまい。これらは5世紀前半の岐阜県内の代表的古墳である。亀山古墳からは四獣鏡・六獣鏡各1面，北山古墳からは内行花文鏡1面の3面の鏡（いずれも県重文）が出土している。

上磯古墳群から北に約1kmいくと，南方地区になり，県道大垣大野線の西側に揖斐二度ザクラ（国天然）がある。このサクラは，赤芽のヤマザクラであるが，枝ごとに花が一重と八重の2種類があり，さらに八重咲きのなかには，普通の八重咲きのものと2段咲きがある。2段咲きの花は，普通の八重咲きと同時期に開花するが，ほかの花が散りはじめるころになると，花弁の中心にあらたな花芯ができ，自身の外側の花が散りはじめると，内側の花芯が開花して小さい花をつける。このため，「二度ザクラ」の名がある。

来振寺（きぶりじ）㉝ 0585-32-0078　〈M▶P.70,131〉揖斐郡大野町稲富397-1　P
JR東海道本線大垣駅🚌大垣大野線大野バスセンター🚗7分

国宝絹本著色五大尊像を所蔵する来振寺

　大野バスセンターから北東へ約5kmいくと，右に来振神社がみえてくる。そこを左折して，広い道にでて北へ約400mいくと来振寺（真言宗）がある。来振寺は，715（霊亀元）年行基によって創建されたと伝えられている。はじめは法相宗で新福寺と称していたが，725（神亀2）年来振大神降臨との神詞があったので，聖武天皇の勅によって来振寺と改称し，七堂伽藍を備えた勅願寺になったといわれている。のち真言宗に属した。根尾川の大洪水などにより衰退したが，のちに再興されたといわれている。現在，西美濃三十三霊場などの札所になっている。

　この寺には，絹本著色五大尊像5幅（不動明王像・降三世明王像・軍荼利明王像・大威徳明王像・烏芻沙摩明王像，いずれも国宝）がある。五大尊像は，明王五尊を個別の壇に配し，調伏・祈願を行う密教の修法の1つである五壇法の本尊で，形式から弘法大師（空海）御筆様と智証大師（円珍）請来様に大別される。この五大尊像は後者で，円珍が請来した天台系の図像に基づいたもので，優美な色彩と形態をもっている。降三世明王像には「寛治二（1088）年」，軍荼利明王像には「寛治四（1090）年」の銘があり，智証大師請来様としては，中世以前で5幅がそろって現存する唯一の作品である。現在この五大尊像は，奈良国立博物館に委託保管されている。

　ほかに絹本著色弘法大師御影，鎌倉時代前期の作と推定されている絹本著色如意輪観音像，逆蓮華上にたつ五鈷杵の上の蓮台に梵字の阿字が書かれている絹本著色蓮台阿字（いずれも県重文）がある。

来振寺本堂

古戦場と水のふるさと—西濃

日本の真ん中―中濃

Chūnō

美濃和紙あかりアート展（美濃市）

杉原千畝記念館（八百津町）

1:455,000
0
10km
N
荘川の里
西ウレ峠
石徹白スギ
大日ヶ岳
蛭ヶ野
ひるがの高原センター
湿原植物植物園
ひるがの高原
ひるがの高原SA
牧歌の里
高山市
飛騨共同模範牧場
川上岳
阿弥陀ヶ滝
上野高原
山中峠
鷲ヶ岳
烏帽子岳
ドライブイン大原
白尾山
しろとり
こうげん
はくさんながたき
阿多岐ダム
大洞峠
みのしろとり
母袋烏帽子岳
ひだおさか
ひだみやた
しょうろ
ひだはぎわら
御前山
福井県
大野市
おおなか
寒水白山神社
岐阜県
郡上市
小川峠
下呂市
ぜんしょうじ
下呂富士
湯ヶ峰
げろ
とくなが
滝波山
八尾山
やまだ
和良歴史資料館
岩屋ダム
馬瀬川第二ダム
くじょうはちまん
堀越峠
久野川峠
やけいし
21世紀の森
あいおい
ふかど
火打峠
松坂峠
野多井峠
美並ふるさと館
高賀山
みなみかりやす
あかいけ
ひだかなやま
瓢ヶ岳
ふくの
馬越峠
袋坂峠
しもゆい
板山神社
さんの
やさか
佐羅早松神社
加茂郡
七宗町
神渕神社
白川町
和紙の里
はんの
すはら
北条峠
しらかわぐち
山県市
汾陽寺
美濃市
湯の洞
見坂峠
間見峠
飛水峡の甌穴群
うめやま
みのし
まつもり
関市
美濃加茂市
川辺町
日本最古の石博物館
神明神社
岐阜女子大
しもあそう
富士山
白鬚神社
加茂郡
八百津町
人道の丘公園
なかかわべ
日本昭和村
愛宕山
丸山ダム
せき
とみか
岐阜市
坂祝町
みのおおた
可児郡
御嵩町
さかほぎ
かに
みたけ
各務原市
自衛隊岐阜基地
犬山城
愛知県
犬山市
日本モンキーセンター
しもぎり
可児市
ひめ
青少年活動センター
美濃焼伝統産業会館
瑞浪市
土岐市
羽島郡
岐南町

◎中濃地区散歩モデルコース

1. 長良川鉄道関口駅 10 新長谷寺 10 梅竜寺 10 神明神社 10 善光寺 1 弁慶庵 15 関市立図書館 25 春日神社 5 関鍛冶伝承館 10 常楽寺 10 貴船神社 5 フェザーミュージアム 15 弥勒寺跡 5 関市円空館 15 岐阜県博物館 10 塚原遺跡公園 5 陽徳院裏山古墳群 5 蓮華寺 10 小瀬方墳 30 高沢観音 30 関口駅

2. 長良川鉄道美濃市駅 15 小坂家住宅 3 旧今井邸 5 円通寺 10 上有知湊・住吉型川港灯台 5 小倉山城跡 5 清泰寺 5 横越のお薬師さま 10 大矢田市場の跡 30 大矢田神社 10 美濃和紙の里会館 15 長蔵寺 20 高賀神社 30 20 六角地蔵堂 20 5 洲原神社 15 霊泉寺 20 長良川鉄道洲原駅

3. 長良川鉄道郡上八幡駅 20 八幡城 10 安養寺 5 宗祇水 5 職人町 15 慈恩寺 30 明宝歴史民俗資料館 60 和良歴史資料館 60 星宮神社・美並ふるさと館 30 那比新宮 40 本宮神社 20 長良川鉄道相生駅

4. 長良川鉄道徳永駅 5 明建神社 20 篠脇城跡 30 白山長滝神社 5 若宮修古館 5 白山文化博物館 20 阿弥陀ヶ滝 30 白山中居神社 30 石徹白スギ 35 中在所大師堂 40 大鷲白山神社 30 鷲見城跡 20 長良川鉄道北濃駅

5. JR太多線可児駅 30 長塚古墳 30 豊蔵資料館 20 可児郷土歴史館 20 久々利八幡神社 15 薬王寺 5 甘露寺 30 可児市兼山歴史民俗資料館 5 兼山湊 10 金山城跡 20 願興寺 5 中山道みたけ館 20 愚渓寺 5 顔戸城跡 20 可児駅

6. JR高山本線・長良川鉄道美濃太田駅 15 祐泉寺 5 太田宿脇本陣林家住宅・表門 15 JR美濃太田駅 10 瑞林寺 10 正眼寺 5 清水寺 20 JR美濃太田駅

---

①新長谷寺
②善光寺
③春日神社
④弥勒寺跡
⑤岐阜県博物館
⑥高沢観音
⑦小坂家住宅
⑧小倉山城跡
⑨横越のお薬師さま
⑩大矢田神社
⑪美濃和紙の里会館
⑫高賀神社
⑬六角地蔵堂
⑭洲原神社
⑮八幡城
⑯安養寺
⑰明宝歴史民俗資料館
⑱星宮神社・美並ふるさと館
⑲那比新宮神社
⑳那比本宮神社
㉑篠脇城跡
㉒白山長滝神社・長滝寺
㉓若宮修古館
㉔白山文化博物館
㉕白山中居神社
㉖鷲見氏の旧跡
㉗長塚古墳
㉘豊蔵資料館
㉙薬王寺
㉚金山城跡
㉛願興寺
㉜中山道太田宿脇本陣
㉝瑞林寺
㉞正眼寺
㉟清水寺
㊱龍門寺
㊲大山白山神社
㊳大仙寺
㊴旧八百津発電所資料館

① 打刃物の町関

交通の要衝として繁栄した関は，中世には鍛冶が集住し，時宗が広まった町である。

新長谷寺 ❶ 〈M▶P.134, 140〉 関市長谷寺町1 P
0575-22-3454 長良川鉄道関口駅 🚶10分

吉田観音として親しまれる国重文を10点所蔵

　関口駅前の道を北に向かい，宮地の交差点を左折して西に400m，大門橋を渡ってさらに100mほど進むと，吉田観音の名で親しまれてきた新長谷寺(真言宗)の大門跡(総門跡)に着く。大門跡から真北をのぞむと，おおよそ300mさきに仁王門がみえる。かつてはこの大門から北の観音山までの広大な土地が新長谷寺の境内であった。現在この参道を国道418号線が横切っている。貞応年間(1222～24)に，護忍上人が大和の長谷寺で夢告をうけて創建したもので，後堀河天皇の勅願寺になったという。七堂伽藍が整い，真言8坊・天台8坊計16坊の塔頭が並ぶ大寺院であった。1300(正安2)年に焼失し，その直後に鎌倉幕府の重職をになった二階堂氏の援助で再建がなされている。

　境内に二階堂出羽守行藤，女の理秀尼の墓がある。1457(長禄元)年の火災ののち，関の領主であった村山氏の助力で再建された。現在のおもな堂宇はこのときに建立されたものである。本堂・三重塔・鎮守堂・薬師堂・釈迦堂・阿弥陀堂・大師堂・客殿(いずれも国重文)は檜皮葺き(客殿は銅葺き)で，室町時代の様式を残している。本堂には鎌倉時代の作，寄木造の十一面観音立像(国重文)が秘仏としてまつられている。また，阿弥陀堂には鎌倉時代の木造厨子入阿弥陀如来立像(国重文)が安置されている。この仏像は安阿弥作で，厨子は四方開きの春日形となっている。これは青墓(現，大垣市)

新長谷寺

日本の真ん中―中濃

時宗の町

コラム

> 関は時宗が広まった町であった。鎌倉時代末期に遊行派の開祖真教は、関の与阿弥陀仏に消息をだしており、また南北朝時代から室町時代にかけては、時宗の結縁者の存在を、「時宗過去帳」から多数確認することができる。
>
> さらに1515(永正12)年には一時期、遊行派の本山が関市内の二ッ岩に移されていたこともあり、美濃の一大拠点となっていた。
>
> 備後(現、広島県)の尾道や尾張(現、愛知県)の萱津のように、時宗が存在するところはいずれも繁栄した町場であったように、中世において関もひときわ賑わう町場であったに違いない。
>
> 時宗は近世になると関からはまったく消滅し、その痕跡は、二ッ岩という地名と、常楽寺(黄檗宗)という寺院名が残っているのみである。

時宗遊行派本山が一時期関に移ってきた

の長者の娘で、源義朝の愛妾延寿が寄進したという寺伝がある。客殿を参観し、当麻曼荼羅の世界と称せられる庭園をのぞみながら、抹茶を味うこともできる。2月18日は初観音、8月9日は九万九千日供養で賑わう。

新長谷寺の大門から、大門町を西に200mほど進み、突き当りを南に200m向かうと、梅竜寺山西麓に梅竜寺(臨済宗)がある。梅竜寺は1479(文明11)年景川紹隆を開山として創建されたが、その後兵火で焼失したのを、1558(永禄元)年天猷玄晃が長谷川氏らの助力によって再建された寺院である。天猷は、1561年に斎藤義龍が京都から別伝をつれてきて美濃の妙心派寺院を支配・統制しようとした(別伝の乱)とき、快川・速伝らとともに義龍・別伝に対抗した僧の1人である。この事件の顛末を綴った「永禄沙汰」を同寺は所蔵している。長谷川氏は中世末期に建築資材である榑をあつかう榑座の座方(掌握者)の権利をもっており、関の有力者であった。

門をはいったところに、梅竜寺に貢献した金子家の墓地がある。金子氏は江戸時代中期に刀鍛冶を廃業して、近江大溝(現、滋賀県高島市)の商人の指導をうけて商人に転身し、南部氏の領内(現、岩手県・青森県)と京都と関を結ぶ遠隔地取引で財をなし、菊屋孫六の商標で酒造業も営んでいた。

新長谷寺の裏にあたる伊勢町には神明神社があり、善財童子、護

打刃物の町関

137

法神（いずれも県重文）の2体の円空仏がある。なお同社は関町の鬼門（丑寅）の方角にあたる。

善光寺 ❷
0575-22-2159
〈M▶P.134,140〉関市西日吉町35 Ｐ
長良川鉄道関駅🚶3分

戒壇巡りができる芭蕉の弟子惟然の庵

　関駅で下車して南へ100mほど進み，左折すると安桜山(152m)の西南の麓に着く。この辺りはかつて関町の一大墓所であり，多くの寺院が集まっている。いちだんと高い石垣の上に「関の善光さま」と親しまれる善光寺（宗休寺，天台宗）がある。宗休寺は関で酒造業を営む広瀬氏が，先祖の菩提をとむらうために，1753（宝暦3）年に，下総国印旛郡（現，千葉県）から丈六（1丈6尺〈約4.8m〉）の阿弥陀如来像を運び，青墓村（現，大垣市）の竹本院（天台宗）を移して建立した寺院である。1798（寛政10）年には信濃善光寺の出開帳の縁により，善光寺如来写仏（分身）を請けて，「関の善光寺」と称されるようになった。

　梵鐘（県重文）は明のころのもので，「大明嘉靖庚子(1540)歳製」の銘がある。近辺に鍛冶兼常家の菩提寺である千手院（曹洞宗）があり，千手院の門前には関鍛冶の祖元重翁碑がある。善光寺の前の立蔵寺（曹洞宗）には鍛冶善定兼吉の墓がある。また善光寺の南隣には広瀬惟然の住んだ弁慶庵がある。松尾芭蕉晩年の直弟子で，蕉門十哲に数えられている惟然は，芭蕉追善のため各地を廻り，風羅念仏なる歌をとなえ，瓢を打ち鳴らし，念仏踊りに興じたという。弁慶庵には惟然に関する資料がおかれている。

　弁慶庵から100mほど東南に進むと，香積寺（曹洞宗）に着く。香積寺には，鍛冶兼永の墓石と，室町時代に関の領主であった村山一族の宝篋印塔が残っている。村山氏の菩提寺智勝禅寺（臨済

善光寺（宗休寺）

宗)の跡である。

　長良川鉄道関市役所前駅で下車し，南東へ600mほど進むと，関市立図書館がある。館内には，せき・わかくさ文庫が設けられ，製鉄，刀剣・刃物，惟然・円空らの郷土史関係の資料や書籍が多く収蔵されており，研究者への便宜がはかられている。関市立図書館から北1kmに，『雨月物語』に登場する快庵が修行した龍泰寺(曹洞宗)があり，かつては500余りの末寺などを有していたという。龍泰寺から800m西に進むと県道美濃関(281号)線につきあたる。県道を右折し，1.5kmほど北上すると，白山信仰関係の文化財が多い神光寺がある。

春日神社 ❸　〈M▶P.134, 140〉関市南春日町1-1　P
0575-22-0570　　　　長良川鉄道刃物会館前駅🚶5分

関鍛冶の総氏神
古典神事芸能の童子夜行

　刃物会館前駅で下車し，国道418号線(平和通)を東に200mほど進むと，春日神社(祭神武甕槌神・経津主命・天児屋根命・比売命)がある。1288(正応元)年関鍛冶の総氏神として奈良春日大社より勧請したという棟札の写が残っている。かつては正月に神事能が奉納され，大和鍛冶の流れをくむ，三阿弥・奈良・得印・徳永・良賢・室屋・善定の関鍛冶七流がこれをつとめていた。境内には檜皮葺きの能舞台がある。これは1665(寛文5)年に旗本大島氏が大旦那となり，関惣中で再建された建物である。太鼓堂もあり，神仏分離以前の別当寺大雄寺の鐘楼の名残りである。

　春日神社には，「永和二(1376)年」の銘のある能・狂言面類(国重文)61面や，「袁思誠」「陸小恵」の文字が浮織りされている能装束類(国重文)が残っている。また関鍛冶七流の奈良派に属する兼常と，徳永派に属する清宣の刀剣(いずれも県重文)が保存されている。

　春日神社の祭りは，現在4月の第3土・日曜日に関祭りとして盛大に行われ，能舞台において古典神事芸能として童子夜行が行われている。童子夜行とは，猿面の木偶が長い綱を渡り，山の魔物の住家を焼き払い，魔物を退治するという神事である。

　春日神社の西隣に関鍛冶伝承館がある。古来より関に伝わる刀鍛冶の技を映像や資料展示によって紹介している。刀剣展示室には，

打刃物の町関

関市中心部の史跡

　関の孫六とよばれる兼元の刀剣などが展示されている。また,日本刀鍛錬場が付属しており,日本刀鍛錬と柄巻師・鞘師などの外装技能師の実演が,1月2日と3・4・6・11月の第1日曜日に行われている。付近の岐阜県刃物会館では,包丁・ナイフ・かみそり・はさみなどが購入できる。

　春日神社の南の一ツ山山麓西に常楽寺がある。江戸時代中期,商業で財をなした金子家が建立した黄檗宗寺院であるが,木造菩薩坐像(国重文)2軀がある。

　春日神社から,北西600mのところに貴船神社(祭神美都波売之神・高龗神)がある。古くは八竜社と名乗っており,桐谷(関市の南)から移ってきたという伝承があり,『美濃国神名帳』の梧山

関の打刃物

コラム 産

折れず曲らずよく切れる実用本位関の打刃物

鎌倉時代後期，元重という鍛冶が関にやってきて刀剣づくりをはじめたといわれている。しかし関に鍛冶が定着し発展したのは，直江（現，養老町）から多くの鍛冶が移住してきた15世紀初頭以降であった。この時期は足利義満が日明貿易をはじめた時期と重なり，日明貿易は別名刀剣貿易とよばれることからも，関の打刃物産業は日明貿易によって発展したと考えられる。

発展の条件として，よい焼刃土が出土する，長良川で砂鉄がとれる，松炭が得られやすいといったようなことがあげられるが，どれも確たるものではない。関で消費した大量の鉄は，長良川の砂鉄ではとうていまかなえるものではない。関は交通の要衝であり，鉄や炭が大量に供給されたことと，また京極氏の所領で近江（現，滋賀県）からは離れており，比較的自由な町であったので，鍛冶が活動しやすかったからではないかと考えられている。

関鍛冶は大和鍛冶の流れをくみ，春日神社を中心に座を組織し，三阿弥・奈良・得印・徳永・良賢・室屋・善定の関鍛冶七流が成立し，「関の孫六」の商標をもつ兼元や兼定らの刀鍛冶を輩出した。関の刀剣の特徴は，装飾よりも切れ味で，折れず曲がらずよく切れるという実用を旨としており，また鍛錬法はまくり鍛錬法という簡単な仕上げで，廉価であったことである。

関鍛冶は刀剣より，剃刀や小刀などの刃物が得意であった。明の茅元儀のあらわした『武備志』は，兼常の小刀は紙を裁断するのにもっともよいと評価している。貴族や僧侶の日記には，関の打刃物の記事が頻出する。『大乗院寺社雑事記』1498（明応7）年6月26日の記事には「三乃より返事到来，…略…斎藤又四郎髪剃十手を進める，同母方より絹一疋・紙一束これを給う」とある。美濃のみやげは関の刃物と美濃紙のセットが定番であったようである。

その後，江戸時代になると平和な世の中となり，刀の需要が急激に減少した。関鍛冶の多くは，全国各地の城下町に移住し，美濃伝の影響が全国に広まった。

現在，関伝日本刀鍛錬技術保存会がつくられ，刀匠・研師・鞘師・柄巻師・はばき師・彫刻師・塗師・鍔師が加わっている。

日本刀鍛錬の実演（関鍛冶伝承館）

打刃物の町関

明神に比定される。社宝の備中鍛冶守次作の太刀（県重文）は、天文年間(1532〜55)に関鍛冶兼見が同社に寄進した太刀である。春日神社の北西にフェザー剃刀が経営するフェザーミュージアムがあり、かみそりの変遷などが展示してある。また春日神社から100mの北北東には浄性寺（浄土宗）があり、同寺の寺伝では1232(貞永元)年の成立としており、県下でもっとも古い浄土宗寺院である。

弥勒寺跡 ❹

〈M▶P.134〉関市池尻　🅿
長良川鉄道刃物会館前駅🚌高野線鮎之瀬橋🚶5分、または
長良川鉄道刃物会館前駅🚗15分

法起寺様式の伽藍配置
弥勒寺は円空入定の地

刃物会館前駅から国道418号線にでて、西へ2kmほどいき、小瀬北の交差点で右折し、県道上野関(290号)線を北に向かう。長良川を鮎之瀬橋でわたり、橋のたもとでまがり、東へ長良川沿いに200mほど進むと、林のなかに白鳳期の寺院弥勒寺跡（国史跡）がある。バスの場合は鮎之瀬橋で下車する。

1953(昭和28)年の発掘により、金堂・塔・講堂の礎石があきらかになり、東に塔、西に金堂、北に講堂を配する法起寺式伽藍配置となっており、塔は五重塔と推測されている。また川原寺式の軒丸瓦や軒平瓦が出土し、丸山古窯跡で焼かれたものであることがわかっている。壬申の乱(671年)に功労のあった牟義都君広の氏寺ではないかと考えられている。

弥勒寺は中世には存続していたが、のちに廃寺となった。元禄年間(1688〜1704)に円空によって天台宗園城寺派の寺院として再建され、現在は北東の隣に新築移転している。円空は弥勒寺で1695(元禄8)年に死去し、鮎之瀬橋のたもとに円空上人入定塚（県史跡）がある。近くには関市円空館があり、池尻の白山神社の円空仏を

弥勒寺塔心礎

鰻・鮎料理

コラム 食

鵜飼を見物し天然もののアユを食す

　関の名物はウナギの蒲焼で，多くの鰻屋が存在する。町の人たちは土用以外にも好んでウナギを食する。関の蒲焼の特徴は，ウナギを腹開きにして，蒸さない関西風の焼き方である。
　また鮎料理も有名である。鵜飼が行われる小瀬・池尻では，数軒の鮎料理屋がある。いずれも鵜匠が経営をしており，鵜飼で捕獲した長良川のアユを使っていて，鮎づくしを食することができる。天然ものなので季節限定となっている。夏はここで小瀬の鵜飼を見学することもできる。

中心に展示している。
　また，弥勒寺跡の東側の発掘調査の結果，郡衙の跡が発掘され，弥勒寺官衙遺跡として国の史跡に指定された。郡衙とは令制の郡役所のことで，正殿，2棟の脇殿が品の字形に配置された郡庁院跡，整然と並ぶ方形の倉庫群跡が発掘された。国司や公的な使者の接待の場所である館院跡，食膳と酒饌などを用意した厨院の跡も出土している。豪族の氏寺と郡衙が併存するのは，あらかじめ一体のものとして計画され，弥勒寺は牟義都氏の氏寺の範疇をこえて，郡の寺としての性格を有していたのではないかと考えられている。
　対岸の小瀬では小瀬鵜飼が行われる。鵜匠足立家は永正年間(1504〜21)ごろ，下流の岩田(現，岐阜市)から移転してきたといわれており，現在17代目になっている。江戸時代には幕府や尾張藩，明治時代以降は宮内省(庁)に保護され，伝統的な漁法を保ったまま現在に至っている。

岐阜県博物館 ❺
0575-28-3111

自然・人文分野の総合博物館　源頼政の首塚

〈M▶P.134〉関市小屋名1989 P
長良川鉄道刃物会館前駅🚌八幡線小屋名🚶15分，または長良川鉄道刃物会館前駅🚕15分

　刃物会館前駅から，国道418号線にでて，西へ1kmほど進み，栄町の交差点で左折して国道248号線を西へ3kmほど進み，右折して県道295号(関記念公園)線を南に200mほどいくと，岐阜県百年公園の北口につく。バスの場合は小屋名で下車して国道156号線を北東に200mほど進み，国道248号線を300mほど東に向かうと北口の入口に着く。

打刃物の町関　143

塚原遺跡公園

　岐阜県置県百年を記念して開園されたため、岐阜県百年公園と命名された広い公園内の、里山の中腹に岐阜県博物館がたっている。館内には岐阜県に関する地質・化石・動植物など、テーマ別に展示した自然展示室と、遺跡の出土品から近代までの歴史資料・芸能・書画・刀剣・陶磁器など時代別に展示した人文展示室とがある。また『正法眼蔵十六』（県重文）、大垣市十六町から発見された銅鐸（県重文）、斎藤道三の書状、兼元の刀剣などを所蔵している。

　県民が自分の作品やコレクションを展示し、発表できるマイ・ミュージアムとよぶ施設もある。

　岐阜県百年公園北口から北へ国道248号線をこえてつき進み、国道156号線にでる。左折して南西に300mほどいき、右折して北西に主要地方道79号（関本巣）線を2kmほどいく。千疋大橋を渡り、北東にまがって、長良川右岸に沿って700mほどいくと塚原遺跡にいきあたる。バスの場合は千疋大橋で下車する。縄文時代中期の竪穴住居址と古墳時代後期の古墳群が発掘・復元されて、遺跡公園となっている。塚原遺跡公園展示館があり、塚原遺跡で発掘された土器や石器が展示されている。千疋大橋バス停の北西の山には陽徳寺裏山古墳群がある。ここからは、全国的にも珍しい須恵器の角杯が出土している。岐阜県博物館が保管している。

　千疋大橋バス停から、西に主要地方道79号（関本巣）線を600m進み、北へ山沿いに700mほどいくと、尾張藩家老石河氏の菩提寺である蓮華寺（真言宗）にいきあたる。同寺西の山腹には、以仁王とともに挙兵し宇治川で戦死した源頼政の首塚がある。

　岐阜県百年公園北口から国道248号線にでて、東に2kmほどいく。高速道路の高架の東で国道より北に、三段方墳である小瀬方墳がみえる。バスの場合は新田で下車する。また小瀬方墳の西方には二ツ

岩と称する山があり、その山麓は戦国時代に時宗遊行派の本山が一時移転してきたところである。

高沢観音 ❻
0575-49-2892

〈M▶P.134〉関市下之保4585　P
長良川鉄道関口駅🚌上之保線高沢観音口🚶30分、または長良川鉄道関口駅🚗30分

美濃清水といわれる本堂 北条政子雨乞い祈願の寺

　関口駅前の道を北にしばらくいき、宮地の交差点で左折し、地方主要道58号(関金山)線を東へ10kmほどいく。高沢観音口バス停で西にまがり、案内板にしたがって約2.5kmの参道をのぼる。バスの場合は、高沢観音口で下車する。参道をのぼりきると、高沢観音の伽藍が眼前にあらわれる。正式には日龍峯寺(真言宗)で、かつては白山信仰に関わる寺院であった。

　仁徳天皇の時代にこの地の人びとを苦しめていた毒龍を、飛騨からやってきた両面宿儺が退治してこの寺を開いたといわれる。また鎌倉時代に、北条政子が雨乞い祈願の礼に七堂伽藍を寄進したという伝承も残っている。2層の多宝塔(国重文)は鎌倉時代の遺構で、檜皮葺きの軒反り屋根の上に九輪のたつ姿は流麗である。美濃清水の異名をもつ本堂(県重文)は、寛文年間(1661〜73)の再建で、裏手の岩屋には、源頼朝の分骨をおさめたという宝篋印塔(県重文)が安置されている。

日龍峯寺多宝塔

打刃物の町関　145

❷ 卯建のあがる町並み美濃

上有知は，美濃紙の集散地として発展し，卯建の並ぶ町並みは江戸時代末期から明治・大正時代の面影をよく残している。

小坂家住宅 ❼ 〈M▶P.134, 147〉美濃市相生町2267 Ⓟ
長良川鉄道美濃市駅 🚶15分

目字の形の町
起り屋根をもつ町屋

　美濃市駅で下車し，北西に600mほど進むと二番町通の俵町につきあたる。丁字路を右折して300mほどいくと，造り酒屋業を営む小坂家住宅(国重文)がある。安永年間(1772〜81)の建物で，この町を代表する町屋建築となっている。屋根は全体に起り(緩やかな反り)をもつ桟瓦葺きの珍しい形で，3本の卯建がある。建具・調度・神棚など町屋の雰囲気をよく残している。

　小坂家から七軒横町をぬけて一番町通の泉町にでると，そこにはこの町でもっとも規模の大きい旧今井邸がある。江戸時代中期にたてられ，現在は美濃史料館となっている。長箪笥・帳机・小間よせ・接客用火鉢・座布団がおかれ，町人の生活を見学することができる。奥には蔵がいくつも並び，また庭園には水琴窟が設けられている。

　旧今井邸から一番町通を200mほど南西に進むと坂があり，坂をおりたところを左折し，東南の方角に100mほどいくと，俵町の円通寺(臨済宗)の前にでる。円通寺の裏山は町人の墓地となっており，漢学者村瀬藤城・国学者河村内郷・画家村瀬太乙らの墓がある。

　上有知は，織田信長・豊臣秀吉・徳川家康の3人につかえた金森長近が1606(慶長11)年に完成させた城下町で，金森氏滅亡後，商業都市として発展した。町筋は市をたてるためか，2本の大通りと4本の細い横町でつながれた目の字の形をしている。かつては3

卯建のあがる町並み

146　日本の真ん中―中濃

と8のつく日に、六斎市がたち、穀物・糸・綿・木綿・楮・紙出などが売買され、大変繁昌した町であった。現在、電柱が地下に埋設され、夜は行灯によってライトアップされるなど、町並みの整備が進み、卯建が屋根に林立する町屋が並んでいる。引上大戸や、都戸の跡のある町屋も残り、江戸時代後期から明治・大正時代の町並みが保存され、国の重要伝統的建造物群保存地区になっている。毎年10月の上～中旬の夜、あかりアート展が開かれる。作品は外国からもよせられ、卯建の町並みは幻想的に照らされる。

卯建とは類焼を防ぐために隣家との間に小屋根をもった防火壁のことで、当初はきわめて簡素なものであったが、時代とともに華美で大型化したといわれている。「うだつがあがらぬ」という言葉があるが、卯建は裕福な町人の財力を象徴するものであった。全国各地の卯建は消えていき、上有知は卯建の残る数少ない町となっている。

一番町通加治屋町の美濃市観光協会の横から、100mほど北西にアプローチ道路をくだると、国道156号線にあたる。国道156号線を横切ると、かつての城内にあたる殿町に至る。さらに殿町を北西に100mほど進み、急な坂をくだると上有知湊（県史跡）にでる。1910（明治43）年美濃電気軌道株式会社による岐阜・上有知間の電車が開通するまでは、この地方の物資流通・交通の要衝となっていた。

この湊では40艘の船が番船に編成され、積荷の順番が定められ、上有知の町人が番船株を独占し、船主になっていた。湊跡には、住吉神社・住吉型川港灯台・船着き場が残っている。船着き場の少し上流に、美濃橋（国重文）がかかっている。1916（大正5）年に完成し、

現存する吊り橋のなかで，国内最古のものとなっている。

小倉山城跡 ❽

〈M▶P.134, 147〉美濃市小倉山
長良川鉄道美濃市駅🚶25分

金森長近の夢の跡 石垣と竪堀のみが残る

　泉町と本住町の間のアプローチ道路を北西に100mほど進むと国道156号線にあたる。国道156号線を横切り，さらに100mほどいくと小倉山の登り口に至る。小倉山は海抜159m，山腹に小倉山城跡がある。金森長近が1606（慶長11）年に築城したもので，現在は石垣と竪堀のみが残っている。この山はもと尾崎丸山といったが，長近は京都の名勝小倉山にならって小倉山と命名したといわれている。1611年に上有知金森家が断絶し，小倉山城は廃墟となった。しばらくしてこの地域は尾張藩領となったが，のちに地方行政機構の改革により，1783（天明3）年に尾張藩の代官所が城内に設けられた。

　明治時代になって小倉公園として開放され，庶民に親しまれてきた。小倉山の山頂には展望台が設けられて，眼下に長良川をのぞみ，四方がよく見渡せる。また小倉山の中腹を一周するアドベンチャーグリーンロードという散歩道も設けられている。

　小倉山の西南200m，出丸にあたる小山の東の面には，金森氏の菩提寺である清泰寺（臨済宗）がある。上有知鉈尾山城主佐藤氏の菩提寺であった以安寺（臨済宗）をこの地に移したもので，大圭紹塚が開山となっている。境内には金森権現がまつられ，前城主佐藤清信・秀方父子，長近の子長光，江戸幕府代官石原清左衛門の墓がある。またこの小山の南面には，当地の産土社八幡神社が鎮座する。この八幡神社は承久の乱後，常陸からきた美濃佐竹氏の分家佐竹上有知氏の勧請と考えられる。

　八幡神社から1kmほど南西の長良川左岸一帯は，金森氏以前の上有知町のあったところで，古

小倉山城石垣

148　日本の真ん中―中濃

時の人を風刺する美濃流しにわか　　芸　　コラム

祭りの宵、街角で繰り広げられる寸劇と笑いの渦

　美濃市八幡神社の祭礼では，毎年4月第2土・日曜日の2日間，夕方街角で美濃流しにわか（県民俗）が演じられる。にわかとは俄狂言のことで，即興的に行われる滑稽な寸劇である。

　美濃流しにわかは，荷車に数個の提灯と太鼓をつけ，三味線や笛などで町内の伝統のにわか囃子をかなでながら，各町の街角の決った場所で，寸劇を流していく。

　流しにわかは，はじめに拍子木と「とざい，とーざい」という口上がつき，最後の落としをいうと「エッキョウ」と演技者全員が掛け声をかけて，去っていく。

　その内容は毎年創作され，世相を風刺したものが多い。世間で話題の人や権力者が題材にされ，風刺精神が脈々と伝わっている。各町内の若者が中心となって，美濃町弁で演じられている。

町・古城跡・小者町などの地名が残っている。

横越のお薬師さま ❾　〈M▶P.134, 150〉　美濃市横越588-2　P
長良川鉄道美濃市駅🚌高美線藍川団地🚶15分

横蔵寺からきた薬師如来坐像　観音堂は仏像の宝庫

　美濃市駅から国道156号線にでて，2kmほど南にいき，下松森の信号でまがり，地方主要道94号（岐阜美濃）線を西に進む。長良川を山崎大橋で渡り，橋のたもとの交差点を北にまがり，1.2kmほどいくと横越の江龍寺（臨済宗）に着く。バスは藍川団地で下車する。

　同寺の観音堂には，この村で廃寺となった寺の仏像が集められている。平安時代の聖観音菩薩立像，鎌倉時代の阿弥陀如来坐像，室町時代の金剛界大日如来坐像（いずれも県文化）などがある。観音堂の隣には薬師堂がある。本尊の薬師如来坐像（県重文）は平安時代後期の作で，ヒノキ材の寄木造となっている。1442（嘉吉2）年に，揖斐の横蔵寺（天台宗）から尾張国住人山田右馬丞が迎えてきたという伝承が残っている。

　薬師堂の西に標高150mの西山があり，この山頂の前方後方墳からは1992（平成4）年，中国新時代の流雲文方格規矩四神鏡（美濃市教育委員会所蔵）が出土した。この鏡は中国でつくられた舶載鏡で，10片に割れた破鏡という形で出土した。この遺跡はゴルフ場の造成のため破壊された。

　江龍寺から長良川に沿って2.5kmほど南にくだると笠神に福満寺

卯建のあがる町並み美濃　　149

(真言宗)がある。隣の上神神社(祭神下照比売命)の別当寺であった。この寺には室町時代の大日如来坐像(県重文)がある。

大矢田神社 ⓾

〈M▶P.134, 150〉美濃市大矢田 楓谷
長良川鉄道美濃市駅🚌高美線大矢田🚶30分，または長良川鉄道美濃市駅🚗30分

美濃紙の六歳市ひんここ祭りで有名

美濃市駅から国道156号線にでて，下松森の交差点から地方主要道94号(岐阜美濃)線を西に4kmほど進み，丁字路を北に少しいくと，岐阜バス大矢田バス停がある。この辺りは，かつて紙市が開かれていた市場の跡である。1469(応仁3)年の室町幕府奉行人連署奉書案(京都御所東山御文庫記録)に大矢田紙荷公事物を毎月6度運送したとあり，中世に美濃紙の六斎市がたち繁栄したところである。武儀川流域の武芸谷，板取川流域の牧谷が美濃紙の主要な生産地となっていた。この両地域の紙を集めていたのが大矢田の紙市であった。1600(慶長5)年に金森長近が上有知に入部して新しい上有知城下町が完成して上有知で六斎市が開かれるようになると，大矢田の紙市は衰退した。現在バス停の傍らには六地蔵と市神がまつられている。六地蔵は新しいものに取り替えられているが，室町時代と考えられる古いものは近くの太清寺(臨済宗)の参道に移されている。また，中世のこの地は東隣の極楽寺とともに山口郷東方(現，美濃市西方一帯)に属し，室町幕府奉公衆佐竹氏の本拠地でもあった。

美濃市西部の史跡

市場跡から2.5kmほどまっすぐに北へ向かうと，天王山の中腹にある大矢田神社に到着する。祭神

素朴な大矢田ヒンココ

祭 コラム

和紙で繁栄した六斎市の名残り

　大矢田神社の祭礼、**大矢田ヒンココ**（県民俗）は、天王山の麓にある小山の中腹に設けられた舞所で、杖頭人形が八岐大蛇退治を演じる神事である。この人形は竹籠に布をつけた素朴なもので、かつては毎年つくられていた。舞所より数10m下の麓の祭り場から人びとは見上げて見物する。

　祭礼の日は早朝から、「ヒンココ、チャアココ、チャーチャー、ホーイ」と掛け声をあげて、杖頭人形のひんここが舞う。御輿が祭り場に渡御し、2両の屋台の上では子どもによる獅子舞や稚児の舞がはじまる。さらに舞所でヒンココが上演されるようになると、祭りは最高潮を迎える。麦蒔きをする農民を八岐大蛇がつぎつぎと食べていく、そこへ素戔嗚尊に変身した禰宜殿が登場し、みごと大蛇を退治する。素戔嗚尊が神を送る舞をはじめると、祭りも終焉に近づく。

　大矢田神社はかつて牛頭天王社といい、祇園社系統の神社であった。この祭礼は大矢田に紙市が繁栄していたころ、市場の町屋が祭礼をつとめていたという言い伝えがあり、京都の祇園祭と同様、当初は疫病を退散させる祭りであったようである。江戸時代になり、市場が中絶すると、農民の祭りとなった。麦蒔き神事とよばれるようになり、旧暦の9月8日が祭礼の日であったが、最近は4月の第2日曜日に行われている。なお秋の紅葉祭の11月23日に保存会の人たちによって、ヒンココのみ上演がなされている。

は素戔嗚尊・天若日子尊という。かつては天王山禅定寺と号し、泰澄大師開基の伝承があり、白山系の神仏習合の寺院であった。戦国時代に戦火にあい、本堂の跡に牛頭天王社の本殿が移築されたという。牛頭天王社は明治時代になって大矢田神社と改名された。この神社には、室町時代の梵鐘2口、絹本著色釈迦十六善神図（ともに県重文）、大般若経などが残っている。

　本殿は1672（寛文12）年に再建され、**拝殿**（ともに国重文）はそれよりもやや古

大矢田神社本殿・拝殿（手前）

いと伝えられている。山麓には大矢田神社の祭り場と庁屋(御旅所)があり、ここでひんここ祭りが演じられる。神社の社域をなす楓谷のヤマモミジ樹林(国天然)は古来から有名で、各務支考は「飛ぶ鳥の　羽うらこがるる　紅葉かな」と詠んでいる。背後の天王山は標高538m、山頂には土豪後藤氏の拠った天王山城跡が残っている。

市場跡から800mほど南に丸山古窯跡(国史跡)があり、ここで関市池尻の弥勒寺(白鳳期)の瓦を焼いた。市場跡より西へ3kmの武芸川町谷口には、寺尾にぬける峠道の途中に汾陽寺(臨済宗)がある。永享年間(1429〜41)年に斎藤利永が雲谷玄祥に帰依して建立したといわれ、鎌倉時代の絹本著色涅槃図(県重文)を所蔵している。

美濃和紙の里会館 ⓫
0575-34-8111

〈M▶P.134, 152〉美濃市蕨生1851-3 Ｐ
長良川鉄道美濃市駅🚌牧谷線和紙の里会館前🚶
すぐ、または長良川鉄道美濃市駅🚗20分

紙祖伝承の紙漉の里　美しい舎利塔

美濃市駅より国道156号線にでて、しばらく北に進む。曽代の交差点で西にまがって長良川を新美濃橋で渡り、主要地方道81号(美濃洞戸)線を北に6kmほど進むと、板取川の右岸の蕨生に着く。バスは蕨生あるいは蕨生大島で下車する。この蕨生地区では、現在2軒4人が伝統的な製造方法により、本美濃紙(国重文)を漉いている。本美濃紙の条件は、原料として楮を使用する、川さらしによるほかは薬品漂白をしない、糊料としてねべしを使う、天日乾燥する、竹簀による伝統的抄紙法でつくる、などとなっている。

美濃紙は中世には濃紙・薄白などとよばれ、障子紙・扇の下紙・草子紙として重宝され、現在は文化財の補修などにはかかせないものとなっている。

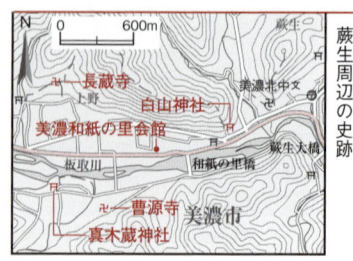

蕨生周辺の史跡

蕨生バス停から、国道より1つ北の道路を400mほど西に進むと、道路に面して蕨生の白山神社がある。この神社には円空仏の十一面観音立像・阿弥陀坐像・聖観音坐像(いずれも県重文)がまつられて

美濃和紙を漉く

コラム

産

1200年の和紙づくりの伝統を体験する

美濃和紙の里会館では、紙漉を体験することができる。伝統的な流し漉きという技法で、簾桁を使う本格的な紙漉である。

原料は楮で、天日と川の水によって白くさらし、釜で柔らかくなるまで煮て、さらに細くほぐす。これを紙料というが、この紙料を漉舟（水槽）にいれ、水とトロロアオイの根の粘液とをよく混ぜあわせる。ここまでの工程は美濃和紙の里会館で用意してくれる。

体験はここからで、漉舟に簾桁をいれて、上澄みの化粧水で紙の表面をつくり、縦揺り・横揺りを繰り返して、最後に払い水で紙面を整えて、45×33cmの美濃判が完成する。

美濃判は帳面などによく利用されたので、B判の基となった紙のサイズである。紅葉の葉などをいれてもよい。また、はがきも漉くことができる。乾燥時間15分で、もち帰りができる。

いる。

白山神社から500mほど西に美濃和紙の里会館がある。美濃和紙の里会館では和紙の歴史や和紙づくりの技術を紹介しており、美濃和紙と他地域の和紙との比較が興味深く理解できるようになっている。また紙漉を体験することもできる。

美濃和紙の里会館の北西にあたる集落上野は、対岸の御手洗とともにかつては和紙生産の盛んなところで、上野には太田縫殿助信綱が1173（承安3）年に牧谷にきて紙を漉きはじめた。また御手洗には、羽場蔵人秀治が810（弘仁5）年に牧谷で製紙をはじめたという紙祖伝承が残っている。

美濃和紙の里会館から西に500m、右折してさらに北に800mほどいくと、上野集落の背後の小山の山腹に長蔵寺（臨済宗）がある。1356（延文元）年に覚源禅師が開いた鎌倉五山建長寺派の寺院であったが、衰退していたのを江戸時代初期に再興され、現在は臨済宗妙心寺派寺院となっている。開山覚源が鎌倉円覚寺の仏舎利を分けて安置したという舎利塔及び須弥檀（国重文）、室町時代の絹本著色白山三社本地仏図（県重文）がある。

美濃和紙の里会館の前から、主要地方道81号（美濃洞戸）線を200mほど東にいくと和紙の里橋があり、この橋を渡り、対岸を西に1kmほど進むと御手洗の真木蔵神社（祭神御手洗姫命）に着く。『美濃

長蔵寺舎利塔及び須弥檀

『国神名帳』には「正六位上真木倉神社」とある。同社所蔵の獅子頭(県重文)には「嘉元三(1305)年」の銘がある。真木蔵神社の東南400mの曹源寺(臨済宗)には「永正三(1506)年」銘の銅造鰐口(県重文)がある。

美濃和紙の里会館の前より主要地方道81号(美濃洞戸)線を東へ2kmほどいき、谷戸で北にまがり、片知渓谷を5kmほどのぼると、木地師の里板山に着く。かつては薬師堂であった板山神社には、薬師三尊立像(県重文)の円空仏3体がある。板山から瓢ヶ岳登山道の途中にある岩屋観音堂には、円空作十一面観音像・薬師如来像(ともに県重文)がある。

高賀神社 ⑫
0581-58-2295

〈M▶P.134〉関市洞戸高賀　P

長良川鉄道美濃市駅🚌洞戸線高賀口🚶60分、または長良川鉄道美濃市駅🚌60分

高賀山麓6社の1つ　虚空蔵菩薩信仰が中心

美濃市駅から国道156号線にでて、しばらく北に進んで、曽代の交差点でまがり、長良川を新美濃橋で渡る。主要地方道81号(美濃洞戸)線を北に板取川に沿って14kmほど進み、洞戸橋で板取川を渡ると、国道256号線につきあたる。国道256号線を北に5kmほどいくと新高賀橋がある。新高賀橋を渡り100mほど東に進むと、名水として高賀神水が売られている。高賀川に沿って約4kmほどさかのぼると高賀神社(祭神天之御中主命ほか19座)に着く。バスは高賀口で下車して歩く。

近世までは虚空蔵社とよばれていた高賀山大本神宮を中心に、月日社、八幡社、大行事社、津島社の5社が並んでいる。かつては蓮華峰寺(天台宗)を中心とした神仏習合の山岳修験の聖地であった。

境内には高賀神社収蔵庫があり、高賀信仰資料(県重文)が一括して保存され、拝観できる。高賀信仰資料には、平安時代後期の大日如来坐像、「天治元(1124)年」銘のある聖観音坐像、平安時代末期

の神像，280余面の懸仏（かけぼとけ），錫杖（しゃくじょう），鰐口（わにぐち），大般若経（だいはんにゃきょう），和鏡などがある。境内には円空記念館があり，円空仏と円空自筆和歌集 附神符三十枚（しんぷ）（ともに県重文）が収蔵・展示されている。

六角地蔵堂（ろっかくじぞうどう） ⓭

〈M▶P.134〉 美濃市立花佐ヶ坂（たちばなさがさか）
長良川鉄道美濃市駅🚌八幡線新部（にいべ）🚶20分

峠の六角地蔵堂 飛騨の匠の再建

美濃市駅から国道156号線にでて，北に5kmほど進み，新立花橋を渡り立花トンネルのすぐ前で西に左折する。橋の下の道におりて左折し，東に200mほどいくと三差路があるが，この辺りで駐車する。この三差路を左に100mほどのぼると，旧郡上（ぐじょう）街道の峠の登り口に着く。案内板があり，ここから急峻な坂道をしばらくのぼると，鞍部（あんぶ）にでる。バスの場合は，新部で下車する。

この鞍部に1311（応長（おうちょう）元）年飛騨の大工匠頭藤原朝臣宗安（たくみのかみふじわらのあそんむねやす）が再建したといわれる六角地蔵堂（国重文）がある。平面は六角形で周囲に縁をめぐらし，柱は円柱，斗組は三斗（ますぐみ），屋根は檜皮葺き（ひわだぶき）となっている。内部には鎌倉時代末期の地蔵菩薩立像と円空作天部像（てんぶ）（ともに県文化）2体がまつられている。内部の柱には天文年間（1532～55）の墨書の落書（らくしょ）がいくつかみられる。

峠道入口から長良川を右岸に沿って西に約3kmくだったところに，鹿苑寺（ろくおんじ）（臨済宗）がある。清泰寺6世密厳和尚（みつがん）が，1685（貞享2）（じょうきょう）年に上有知町人の支援によって廬山（ろさん）とよぶ山の中に再建し，大正年間（1912～26）に現在の地へ移転した寺院である。クスノキ材で一木造の木造聖観音立像（県重文）がある。この仏像と六角地蔵堂の地蔵は，7年ごとに交互に開帳され，桜曳き（さくらひき）行事といわれている。前回は2010（平成14）年に行われ，次回は2018年に行われることになっている。

六角地蔵堂

洲原神社（すはらじんじゃ） ⓮
0575-32-2363

〈M▶P.134〉 美濃市須原（すはら）468-1-1 Ｐ
長良川鉄道洲原駅🚶10分，または八幡線洲原神社前🚶すぐ

洲原駅から国道156号線にでて，北に500mほど進むと，長良川に

卯建のあがる町並み美濃

面して洲原神社の社叢(県天然)がある。バスの場合は洲原神社前で下車する。洲原神社(祭神伊弉諾尊・伊弉冉尊・大穴牟遅命)は泰澄大師の伝承があり、美濃の白山信仰の前宮として、中世にはおおいに繁栄した。江戸時代からは農業の神としても信仰され、お洲原参りとして他国にまたがって広い信仰圏をもっていた。

白山三社権現をまつる3つの本殿(県重文)が並び、中門・拝殿・舞殿・楼門がある。本殿は1456(康正2)年に焼失し、1487(長享元)年に村山対馬守忠広が再建したと伝えられている。1589(天正17)年の鉈尾山城主佐藤才次郎以徳の再建棟札が残っている。

拝殿には1685(貞享2)年尾張藩主寄贈の板絵著色商船之図絵馬があり、同神社には室町時代から江戸時代初期の能面が3面、1536(天文5)年の朱根来塗供物鉢・朱根来塗供物台、1670(寛文10)年の木製黒塗供物台、1656(明暦2)年の素地供物鉢(ともに県重文)がある。

かつて社叢はブッポウソウの繁殖地(国天然)であった。ブッポウソウとはコノハヅクのことで、現在、国道156号線の騒音をさけて、隣の鶴形山に移っているという。この鶴形山は鶴形山暖性植物群(県天然)を形成し、照葉樹林の自然林で、暖性植物の北限地である。洲原神社奥の院跡まで1.6kmの登山道が整備されている。

洲原神社の上流、長良川左岸の上河和には、泰澄大師が創建したという佐羅早松神社が鎮座する。平安時代の木造十一面観音立像、鎌倉時代の木造増長天像(ともに県重文)が本地仏としてまつられてきたが、明治初年の神仏分離のなかで、近くの霊泉寺(曹洞宗)の観音堂に移され、現在拝観することができる。

白山信仰の拠点前宮 白山三社権現をまつる

洲原神社

③ 踊りの城下町八幡

郡上八幡は、戦国時代から城下町となり、古い町並みが残っている。夏は町中が郡上踊り一色となる。

八幡城 ⑮　〈M▶P.134, 158〉郡上市八幡町一の平 P
0575-67-1819　長良川鉄道郡上八幡駅🚶10分

> 郡上一揆が押しよせた城
> 全国初の木造再建の城

　郡上八幡駅から市街地を抜け、宮ヶ瀬橋を渡って本町にはいり、大手町筋で右折すると、八幡城の登坂口に至る。八幡城は近代になってからの名称で、江戸時代には郡上城・虞城・積翠城などとよばれていた。築城の起源は、苅安（現、郡上市美並町）にいた遠藤盛数が、東殿山城に拠る本家の東氏を滅ぼして郡上市一帯を統一した1559（永禄2）年にさかのぼる。盛数が吉田川と小駄良川に囲まれた天然の要害の地八幡山に山砦を築いたのがはじまりで、のちに八幡城は整備拡張され、その後明治維新を迎えるまでの310年間、郡上郡の歴代領主の居城であった。遠藤氏・稲葉氏・遠藤氏・井上氏・金森氏・青山氏らが城主となっている。

　1588（天正16）年、稲葉貞通が山頂に天守閣、山腹に二の丸を築いたが、その後、遠藤家3代常友の代に山頂に天守閣、山麓に本丸・二の丸・三の丸を配置し、現在のような遺構ができあがったといわれている。八幡城は1600（慶長5）年、関ヶ原の戦いの前哨戦となった遠藤氏と稲葉氏との八幡城の戦いや、1754（宝暦4）年郡上の農民が押し寄せてはじまった宝暦一揆などの舞台となった。

　廃藩置県後に石垣（県史跡）をのぞくすべてが取り壊されたが、1933（昭和8）年に天守閣や隅櫓、高塀が当時現存していた大垣城を模して木造で再建され、天守閣は展望台をかねた資料館となっている。展示品のなかでは旧藩主青山氏所有の金の弩標が注目をひく。これは徳川家康から拝領した青山家の家宝で、馬の首につけ

八幡城

踊りの城下町八幡

郡上八幡周辺の史跡

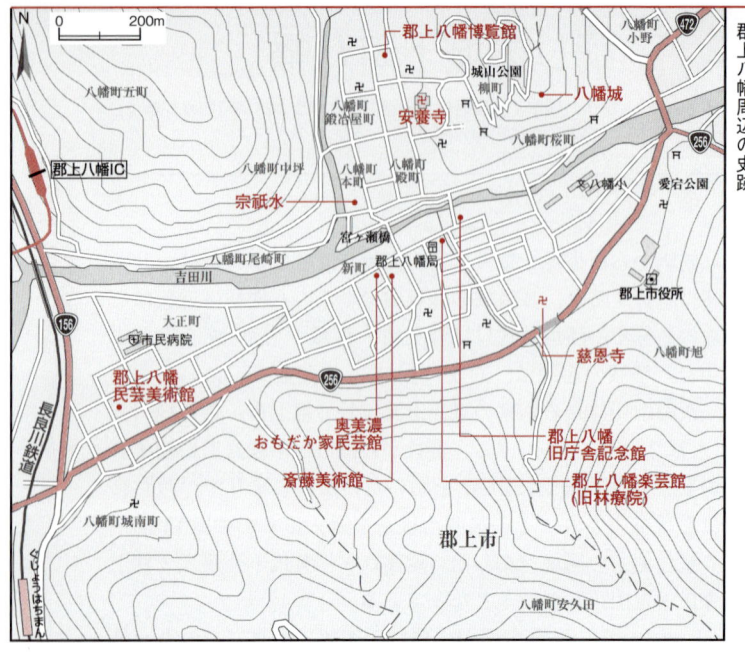

る弩標を飾り物に仕立て，行列の先頭に用いた。

　八幡城からは，吉田川をはさんだ対岸に赤谷山城跡と東殿山城跡がある赤谷山を遠望できる。赤谷山城は1409（応永16）年，東殿山城は1540（天文9）年，それぞれ東氏によって築かれた山城である。東殿山城は篠脇城（現，郡上市大和町）にかわる東氏の拠点であった。石垣の残る城跡へは，山麓の愛宕公園から尾根筋に沿っていけば40分ほどで到着する。

安養寺 ⑯
0575-66-2726
〈M▶P.134, 158〉郡上市八幡町柳町217 P
長良川鉄道郡上八幡駅 🚶10分

一向一揆の拠点の寺　宗祇を見送った泉

　1652（承応元）年の大火により焼け野原となった城下町八幡町は，1667（寛文7）年，遠藤常友により拡張整備された。1919（大正8）年の大火で町並みは再び焼失するが，枡形や地割・地名などが残っており，柳町・職人町・鍛冶屋町界隈は，大正時代から昭和時代初期にかけての面影をよく保っている。

　八幡城西麓，城への登り口の三の丸大手門跡に安養寺（浄土真宗）がある。江戸時代は中坪村にあったが，1870（明治3）年に焼け，

日本の真ん中—中濃

城下町郡上八幡散策

コラム

八幡の歴史と伝統文化を肌身で感じる施設

　城下町の散策は郡上八幡旧庁舎記念館（国登録）からはじめたい。1936（昭和11）年にたてられた洋風建築で、現在は観光案内所・休憩所として利用されている。

　八幡の歴史や伝統文化について知るなら、郡上八幡博覧館を訪ねたい。市内遺跡からの出土品から宝暦一揆、幕末の凌霜隊に至る歴史や、郡上本染・郡上踊りなど、伝統文化に関する展示が充実している。戊辰戦争に際し、郡上藩が命運を賭けて幕府方に派遣した将兵40余人が凌霜隊で、会津若松城落城とともに捕縛され、故郷の郡上に送られたのち全員禁錮刑に処せられた。八幡山の山腹には、彼らの顕彰碑がたっている。

　書画骨董や民具に関心がある人は、斎藤美術館・奥美濃おもだか家民芸館・郡上八幡民芸美術館を順に訪ねれば幅広い収蔵品を見学することができる。斎藤美術館の所蔵品は、茶道具に関するまとまった収蔵品として貴重であり、城下町における文化の奥深さを知るに十分な資料である。おもだか家民芸館の建物は、表通りに面する格子戸や玄関の吹き抜け、奥の土蔵に昔ながらの商家の雰囲気をよく残す。

　旧林療院の建物（国登録）を利用した郡上八幡楽芸館は、第二次世界大戦前の医療機器・器具や写真などを展示する特色ある資料館である。

1881年に当地に移転してきた。中坪村は城下への北の入口にあり、越前街道がとおっていた。同寺は鎌倉時代後期の近江国（現、滋賀県）蒲生郡にはじまり、戦国時代には、美濃・伊勢・越前・飛騨と移動を繰り返した大寺院である。また郡上の一向一揆拠点の寺で、1541（天文10）年東氏から求められ、安養寺了淳は越前朝倉勢を国境の郡上市白鳥町の油坂峠で撃退している。1569（永禄12）年飛騨三木氏の侵入の際には、遠藤氏に助勢した。安養寺は「石山本願寺日記」にもしばしば登場する。宝物殿には絹本著色十五尊像、

安養寺

踊りの城下町八幡　159

絹本著色阿弥陀如来像，絹本著色親鸞聖人御影，紙本墨書蓮如上人名号(ともに県重文)などが保管されている。

　安養寺から西に大手町を300mほど進むと本町にでる。左折して南に200mほどいくと，道の西側に石畳の路地がある。小駄良川に向かうこの路地をくだると，そこが宗祇水(県史跡)である。岐阜県名水百選の泉水である。宗祇水という名は，1471(文明3)年に古今伝授修得のために連歌師の飯尾宗祇が郡上を訪れたおり，郡上の領主であった東常縁が，この泉水近くまで見送り，宗祇に和歌を1首贈ったという故事による。江戸時代にも頼山陽をはじめとする文人墨客がこの泉を訪れた。寛文年間(1661〜73)，当時の八幡城主で文芸に秀でた遠藤常友が，この宗祇水を整備し，和歌にちなんで「白雲水」と命名，のちの城主金森頼錦も「千載白雲水」の碑をたてている。

　郡上八幡駅から国道256・472号線にでて，東に1kmほど進むと，乙姫トンネルの手前に，遠藤慶隆によって創建された島谷の慈恩寺(臨済宗)があり，庭園を公開している。花園天皇宸翰(国重文)，絹本著色薬師三尊像・十二神将像や紙本墨書白隠禅師書(ともに県重文)などの寺宝がある。

明宝歴史民俗資料館 ⑰
0575-87-2119

〈M▶P.134〉郡上市明宝気良154　P
長良川鉄道郡上八幡駅🚌明宝線明宝コミュニティーセンター前🚶5分，または長良川鉄道郡上八幡駅🚌30分

奥美濃山村の生活資料博物館　小学校校舎の再利用

　郡上八幡駅から，国道472号線に沿って14kmほどいき，気良川に沿ってさらに1kmほど北上すると，風格ある木造2階建ての建物明宝歴史民俗資料館がある。1937(昭和12)年にたてられた明方小学校校舎を再利用した資料館である。収蔵品4万7000点のうちの大半が，旧明方村内(現，郡上市明宝)からの収集品。民具・生活用品を中心に，考古出土品から江戸時代の地方文書におよぶ膨大かつ網羅的なコレクションは，全国的にみても珍しい。

　収蔵品のうち，焼畑農耕・一般農耕・山樵・養蚕・染織・手仕事・諸職・狩猟漁撈・運搬・仕事着・飲食・灯火などの分野からなる明方の山村生産用具2037点(国民俗)は，江戸時代末期から昭和30

郡上踊

コラム 祭

下駄と浴衣で踊りあかす奥美濃の夏

　奥美濃の夏の風物詩といえば郡上踊（国民俗）。寛永年間（1624〜44）に城主遠藤慶隆が、領民融和のために奨励したとも、宝暦一揆（1754年）後に入部した城主の青山氏が、領民の不満の解消策として奨励したともいわれるが、定かではない。おそらくは白山信仰に関連する山念仏や歌念仏が念仏踊りに発展し、さらにこれが盆踊りへと変化をとげたものと思われる。『経聞坊留記』によれば「享保八（1723）年」には踊り禁止令が公布されているというから、遅くとも享保ごろまでには成立していたようである。江戸時代後期には士民を問わず盛んに踊られたが、1874（明治7）年、伝統芸能を一掃しようとする新政府の開化政策によって禁止された。その本格的復興と保存は、1923（大正12）年の郡上民謡研究会の結成からで、1919（大正8）年の大火からの町並み復興と軌を一にする。

　郡上踊りは毎年7月中旬から9月上旬にかけて、八幡町内の各所でもよおされる。とくに8月13〜16日の徹夜踊りが有名で、浴衣姿の観光客で賑わう。囃子と音頭取りを中心に輪になって踊る「かわさき」や「春駒」が有名であるが、太鼓のみで踊る「げんげんばらばら」「ヤッチャク」、無伴奏で踊る「古調 かわさき」「猫の子」「さわぎ」「甚句」、あるいは拍子木のみの「まつさか」など、伴奏やテンポもさまざまで、バラエティーに富んだ内容豊富な盆踊りである。

　白鳥町の白鳥踊りも近年脚光をあびている。8月13日から15日には、切り子灯籠に照らされた屋台を囲んで、徹夜踊りが実施される。「白鳥マンボ」の異名をもつ白鳥踊りは、郡上踊りとくらべるとテンポが速く軽快。江戸時代以来の野趣豊かな盆踊りの伝統を色濃く残すともいわれる。8月17日夜には白鳥神社拝殿において、8月20日夜には貴船神社拝殿において、楽器や太鼓を伴わない白鳥の拝殿踊り（県民俗）が行われている。

年代にかけての奥美濃の山村生活の様子を伝える貴重な資料である。またこれとは別に、奥美濃の人生儀礼用具（国民俗）として、出産・結婚・葬儀にかかわる儀礼用具1504点と帳簿53点がある。

　明宝歴史民俗資料館より気良川をさらに2kmほど北にのぼった宮原に、千葉孫兵衛家がある。孫兵衛家の遠祖は、承久の乱（1221年）ののちに下総（現、千葉県北部・茨城県の一部）から東氏にしたがって郡上に入部した。千葉家の囲炉裏で燃え続けている火は、入部の際に火打石でつけた火であるという。気良荘の故地にふさわ

踊りの城下町八幡　161

明宝歴史民俗資料館

しい歴史を感じさせる伝承である。

　明宝歴史民俗資料館から国道472号線にでて，3kmほど飛騨方面にいくと，畑佐(はたさ)に着く。畑佐では古くから銀や銅の鉱山が開発され，大正時代まで採掘していた。落盤事故遭難者の慰霊碑がたっている。

　明宝歴史民俗資料館から国道472号線にでて，1.5kmほど八幡方面へいき，寒水口(かのみずぐち)から寒水川を4kmほどさかのぼった寒水白山神社(はくさん)では，9月8・9日の例祭に寒水の掛踊(かけ)(県民俗)が奉納される。1709(宝永6)年に隣の母袋村(現，郡上市大和町栗巣(やまとちょうくりす))から伝わったという伝承は，1732(享保17)年の紙幟(かみのぼり)が現存することからも裏づけられる。明治時代末期ごろまでは母袋村からの参加者との間で掛け合いが行われた。掛踊りという名称もこれに由来するという。総勢130人以上が五穀豊穣(ごこくほうじょう)・天下静謐(せいひつ)を祈願して踊る姿は圧巻である。

　明宝歴史民俗資料館から国道472号線にでて，八幡町の市街地に戻り，八幡大橋(はちまんおおはし)を渡って左折し，国道256号線を東に向かう。堀越峠(ほりこし)をこえて和良にはいり，宮地(みやじ)の荒川橋の手前を左折し，200mほど進むと和良歴史資料館がある。和良地内で発見された考古遺物や戸隠(とがくし)神社・宮代(みやしろ)白山神社の社宝，民具などが展示されている。

　宮地にある戸隠神社の祭礼は，400年の伝統を誇り，毎年体育の日に行われ，馬追い・大神楽(だいかぐら)・伊勢(いせ)神楽・山車(やま)からくりなどが披露される。

星宮神社と美並ふるさと館(ほしのみやじんじゃ)(みなみ) ⑱
0575-79-3440

〈M▶P.134〉郡上市美並町高砂(たかさご) 🅿
長良川鉄道美並苅安駅(かりやす)🚗15分

　美並苅安駅から長良川を三城橋(さんじょうばし)で渡り，北に進み，粥川橋をこえたところで左折し，粥川に沿って西方に4kmほどさかのぼると，高賀(こうか)六社の1つ星宮神社(祭神 明星天津神(みょうじょうあまつかみ)・雄角明神(おづぬみょうじん)・虚空蔵菩(こくうぞうぼ)

宝暦一揆と石徹白騒動

コラム

幕閣を震撼させた郡上の百姓一揆

　郡上藩主金森頼錦は、窮乏化した財政を再建するため、毎年一定額の納税を義務づけた定免法から、豊凶によって年貢高を決定する検見法への切り替えを画策した。事実上の年貢増徴策に反対した農民たちが、1754（宝暦4）年8月、八幡城下に強訴におよび、4年半におよぶ郡上藩宝暦一揆（金森騒動）がはじまった。

　藩は、村役人をはじめとする現状維持派である寝百姓の懐柔に成功したが、これに反発した急進派の立百姓は、検見法に反対を続けた。傘連判状に象徴される立百姓の結束は固く、1755年には江戸で老中への駕籠訴、1758年には目安箱への箱訴が決行された。

　ほぼ同時期に、同じ郡上藩領石徹白（現、郡上市白鳥町）でも、藩権力と結託した白山中居神社神官上村豊前に対し、村民の怒りが頂点に達しようとしていた。1755年、豊前の意向にしたがわなかった村民500余人が、雪中にもかかわらず飛驒白川方面に追放され、凍死者・餓死者があいつぐ惨事となった。離村した村民の代表は郡上の立百姓と同じく、幕府要人への直訴や箱訴におよんだ。この一連の事件を石徹白騒動とよぶ。

　幕府も郡上や石徹白の訴えを無視することができなくなり、本格的な裁判が行われた結果、老中以下幕閣多数の免職、郡上藩金森家の改易、上村豊前の死罪など、支配者側にとって予想外の厳しい処分となった。一方、郡上藩の農民側にも獄門4人を含む死罪14人、吟味中の獄死18人など、多大な犠牲が生じている。これに対し、石徹白の村民の罪はほとんど不問に付された。前代未聞の大事件は、江戸でも「金森騒動」として大評判となり、歌舞伎の題材にも取りあげられた。

　以後、幕府も諸藩も本格的な百姓一揆対策に取り組まざるを得なくなった。後世、獄門死・獄死した人びとや一揆に参加した立百姓は、義民とたたえられ、今日まで顕彰されている。

　長良川鉄道郡上八幡駅から国道156号線を1kmほど南下した長良川沿いに、一揆の中心的指導者であった前谷村定次郎・切立村喜四郎らが獄門となった殻見刑場跡がある。

薩）に到着する。粥川は、藤原高光の妖怪退治で知られる伝説の舞台であり、高光の道案内をしたウナギを神の使いとして保護している、粥川のウナギ生息地（国天然）でもある。

　瓢ヶ岳（1224m）・高賀山（1163m）・今淵ヶ岳（1048m）の山麓に分布する那比本宮神社・那比新宮神社・金峰神社・滝神社・高賀神

星宮神社

神の使い、ウナギを保護する粥川 円空生誕伝説の残る里

社・星宮神社の6カ所の神社は、いずれも平安時代中期ごろまでに成立したと推定される修験の道場で、南北朝時代から室町時代にかけて全盛期を迎えた。戦国時代に一時衰退するが、江戸時代には大峰山(おおみねさん)信仰がはいり、「六社(ろくしゃ)めぐり」と称される民間信仰が成立し、昭和時代初期まで存続した。

もとは神仏混淆(しんぶつこんこう)で、粥川社・星宮大権現虚空蔵尊と称し、粥川寺が別当(べっとう)であったが、明治時代になって星宮神社と改称した。「天暦(てんりゃく)七(953)年」の奥書がある大般若経巻第113巻の残巻1巻(だいはんにゃきょうかん)(国重文)や、鎌倉時代の紙本墨書大般若波羅密多経巻3巻(はらみったきょうかん)(県重文)など、修験道関係の社宝は多い。

星宮神社の隣には美並ふるさと館(円空(えんくう)ふるさと館・美並生活資料館の総称)があり、円空仏91体のほか、美並町内から収集された考古遺物や古文書・民俗資料などが展示されている。民俗資料に関する聞き書きや展示パネル・写真などで往時の生活が再現されていて興味深い。とくに、美並町の高原(こうはら)で行われていた筏(いかだ)流しに関する記録は貴重である。

美並町は円空ゆかりの地の1つで、郡上市内の円空仏170体のうち147体が美並町に所在し、粥川には円空生誕の伝説も残されている。美並苅安駅から国道156号線を北に徒歩15分ほどのところに、日本まん真ん中センターがあり、センターのなかには円空研究センターが併設されている。

那比新宮と本宮(なびしんぐう)(ほんぐう) ⑲⑳

〈M▶P.134〉郡上市八幡町那比6594 P
長良川鉄道相生(あいおい)駅 🚌20分

相生駅から那比川に沿って国道256号線を西に6km進むと、那比新宮神社の案内板がある。ここから新宮橋を渡り、新宮谷川(しんぐうだに)に沿って4kmほど進むと、那比新宮神社の社叢(しゃそう)(県天然)がある。ここも高賀山麓における修験道場の1つで、かつては巌屋(いわや)新宮と称し、七(しち)

那比新宮

堂伽藍がたち並んでいた。祭神は不詳だが，神体は虚空蔵菩薩像。宝物庫には，「正嘉元(1257)年」銘の懸仏(247面)・金銅宝冠虚空蔵菩薩坐像・金銅大錫杖頭・鰐口・梵鐘などを含む那比新宮信仰資料(国重文)，木造仏像・大般若経附経櫃・五部大乗経附経櫃・古瀬戸灰釉梅瓶・古常滑大瓶など(いずれも県重文)が保管されている。このうち大般若経の奥書には，1333(正慶2)年「楠木兵衛正成，金剛山において城郭を構える。応塔宮御軍の最中也」とあり，楠木正成や応(大)塔宮(護良親王)に関する伝聞が書き留められている。山中を縦横に移動し，情報を伝達した山伏たちの活躍ぶりをうかがわせる史料である。また境内には，文明年間(1469〜87)にこの地を訪れた東常縁と宗祇の歌碑が建立されている。拝観する場合は新宮の氏子総代に申請し，拝観の許可を得ることが必要である。

高賀山をめぐる修験道場の跡 山岳信仰の遺物の宝庫

　新宮橋から国道256号線にでて，那比川に沿って西へ1.5km進み，小谷津から林道を4kmほど南進すると，山腹の那比本宮神社にいき着く。高賀山麓の寺社には，廃仏毀釈の影響が少なかったせいか懸仏などの社宝が多く残されているが，本宮神社のものは残念ながら散逸して現存しない。わずかに境内の五輪塔と3基の宝篋印塔(ともに県文化)に，往時の繁栄をしのぶのみである。

踊りの城下町八幡

❹ 白山への道

古代から中世にかけて、白山信仰はおおいに発展し、白鳥町の白山中宮長滝寺は美濃の一大拠点であった。

篠脇城跡 ㉑ 〈M▶P.134, 166〉 郡上市大和町牧 P
長良川鉄道徳永駅🚗5分

和歌10首で戻った篠脇城 古今伝授が行われた里

徳永駅から国道156号線を横切って、栗巣川に沿った県道318号線を2kmほどいくと、鎌倉時代から戦国時代にかけて郡上をおさめた東氏関連の史跡群に至る。

川をはさんで明建神社(祭神国常立尊、神仏分離以前は妙見菩薩)と対峙する東南の山上には、典型的な中世山城である篠脇城跡がある。登山口から山道を30分ほどのぼると、山頂の本丸跡にたどり着く。周囲には二の丸や三の丸に推定される、削平面がつくりだされている。山頂から山麓に向かって放射状に掘られた30余りの竪堀は、敵の侵入を防ぐための仕掛けで、臼の溝に似ているところから、地元では臼の目堀とよんでいる。

山麓には東氏の居館が営まれていて、1980(昭和55)年にはじまった発掘調査では、中国南宋の輸入陶磁器類の破片や銅銭などの、中世遺物が大量に発見された。また地下からあらわれた石組みの庭園遺構は、地方武士の風雅な暮らしぶりの一端を伝える東氏館跡庭園(国名勝)として有名である。郡上東氏の祖東胤行は下総(現、千葉県北部・茨城県の一部)の御家人千葉氏の支族で、承久の乱(1221年)の戦功によって、郡上郡山田荘(現、郡上市八幡町・大和町・白鳥町)をあらたに給与された新補地頭である。明建神社も下総から勧請された。当社の祭礼である七日祭り(県民俗)は宮座によって毎年8月7日にとり行われ、獅子起こしの舞や杵振りの舞など野趣に富んだ祭りで、中世の田楽の様相を色濃く伝えている。

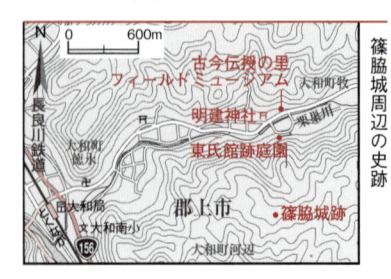

明建神社東側には東氏記念館や和歌文学館、大和文化財収蔵・展示館が整備され、大和町一帯の歴史や東氏と和歌の関わりについて深く学ぶことができ

篠脇城周辺の史跡

東氏館跡庭園

る。大和町では付近の史跡と複数の資料館の総称として古今伝授の里フィールドミュージアムとよび，観光開発と文化財保全・活用運動の両立をはかっている。

郡上東氏の祖東胤行は，歌人としても有名な鎌倉幕府3代将軍 源 実朝の近侍で，しかも藤原定家の孫娘（為家の娘）を妻に迎えた。東氏代々の当主が歌学にすぐれていたのはこのような理由による。学芸愛好は家学として伝承され，京都五山建仁寺の住持を輩出，五山文学の隆盛にも少なからぬ貢献をはたしている。

東常縁は室町幕府奉公衆として京都に常駐していたとき，二条流歌学の奥義をきわめ，和歌の秘事口伝である古今伝授を修得した。1468（応仁2）年，下総に出陣していた最中，斎藤妙椿に篠脇城をかすめ取られたとき，「あるがうちに　かかる世をしも　見たりけり　人の昔の　なおも恋しき」と詠んで，妙椿の関心をひき，和歌十首との交換で篠脇城を取り戻したという。こののちの1471（文明3）年，連歌師の飯尾宗祇が古今伝授のため常縁を訪れた。応仁の乱により，京都では古今伝授する者がいなくなったため，郡上を訪ねたのだといわれている。

白山長滝神社と長滝寺 ㉒

〈M▶P.134〉郡上市白鳥町長滝 P
長良川鉄道白山長滝駅 すぐ

美濃の白山信仰の基地
白山信仰の文化財の宝庫

白山長滝駅をでてすぐ，国道156号線沿いのゆるやかな参道をのぼると，正面に白山長滝神社（祭神伊弉諾尊・伊弉冉尊・彦火火出見尊）の拝殿と神殿，左手に天台宗長滝寺，右手に長滝寺所有の宝物庫滝宝殿，中央に「正安四（1302）年」銘の石灯籠（国重文）が所在する。明治初年の神仏分離令までは神仏混交の修験道場であり，白山中宮長滝寺と称する比叡山延暦寺別院であった。白山信仰の道場は美濃・越前・加賀の3カ所で，このうち長滝寺は美濃馬場として繁栄をきわめた。壮大な伽藍は1271（文永8）年の大火で焼失したが，その後再建し，堂宇30余宇，六谷六院満山衆徒三百六十坊と

白山への道　167

白山長滝神社本殿

よばれる全盛期を迎えることになる。

室町時代以降，浄土真宗の浸透や戦国時代の争乱によって長滝寺の寺勢は衰微した。明治初年の神仏分離令によって長滝寺と白山長滝神社とに分離，さらに1899（明治32）年の大火で寺社すべての堂宇を失った。現在では寺社ともに再建され，執行（宮司）の若宮家によって祭祀がたえることなく存続されている。長滝寺は阿名院のほか，経聞坊と宝幢坊が存続している。

長滝神社と長滝寺には，鎌倉・室町時代の宝物の数々が伝えられている。いずれも白山信仰に関連する仏教美術の傑作で，鎌倉時代後期の木造釈迦三尊像・木造四天王像（ともに国重文）と，南宋の木心塑造韋駄天立像及び木造善財童子像（県重文）は，境内の一隅にある滝宝殿に保管されている。そのほか宋版一切経・正和元（1312）年銘古瀬戸黄釉瓶子2口・鉄蛭巻手鉾・鉄製斧・木造古楽面25面（いずれも国重文）をはじめとする品々は，寺社の北東，国道156号線を渡った白山文化博物館に収蔵・展示（展示替えあり）されている。

長滝の延年の舞（国民俗）は，1月6日の六日祭に奉納される神事である。延年はかつて南都北嶺の大寺院でも行われていた年越しの行事で，現在これを伝えているのは長滝神社のほか，奥州平泉の中尊寺・毛越寺（岩手県），下野の日光輪王寺（栃木県）を数えるのみである。大晦日から7日間行われ，修正会の最後の日は，若い僧や稚児による法楽であり，また新年にあたり国

長滝寺講堂

日本の真ん中—中濃

家安穏・五穀豊穣を祈るものであった。拝殿天井につるした花笠の奪い合いがあり，ゆえに「花奪い祭」の異名もある。

若宮修古館 ㉓
0575-85-2023

〈M▶P.134〉郡上市白鳥町長滝138 Ⓟ
長良川鉄道白山長滝駅 🚶 8分

長滝神社の宮司を代々つとめた若宮家　小説『細雪』の舞台爛柯亭

長滝神社から長良川鉄道に沿った小道を200mほど北上すると，西側に若宮家住宅(県重文)がみえる。神仏分離令以前，若宮家は白山中宮長滝寺の執行(宮司)を代々つとめていた。神仏分離令以降は長滝神社の社家となる。母屋の奥座敷は1785(天明5)年建築のもの。母屋の北側の建物は，1835(天保6)年の建造で，若宮修古館として利用されている。展示品は2000点，その大半は古美術品や民具類である。朱根来平鉢・朱根来瓶子(ともに県重文)，香時計(県民俗)のほか，全国各地からの参詣者がそなえた多数の酒壺のコレクションは，民俗資料としても貴重である。

母屋の南側には谷崎潤一郎の小説『細雪』の舞台となった旧爛柯亭がある。不破郡垂井町から移築されたもので，谷崎の色紙や手紙も保管されている。

若宮家住宅

白山文化博物館 ㉔
0575-85-2663

〈M▶P.134〉郡上市白鳥町長滝402-11 Ⓟ
長良川鉄道白山長滝駅 🚶 8分

白山の3つの峰をデザインした建物　長滝寺・長滝神社の宝物展示

白山長滝神社と若宮修古館から，国道156号線を隔てた東側の長滝自然公園内に，白山文化博物館がある。白山文化博物館では延暦寺政所下文など，長滝寺・長滝神社の白山信仰の宝物が収蔵・展示されている。また白鳥町六ノ里の松本遺跡出土の蜂巣石をはじめ，白鳥町内出土の遺物の大半が陳列され，宝暦騒動関係では，傘連判状などの史料も多い。

館内は，テーマ展示室・文化財展示室・歴史民俗展示室・ふるさと生活展示室・インフォーメーションプラザなどに分かれ，資料やパネルを使ってわかりやすく解説・展示している。インフォメーシ

白山への道

白山文化博物館

ョンプラザでは、映像やジオラマ・パネル展示で白山信仰や白山の自然がわかりやすく紹介されている。また、ふるさと生活展示室には膨大な民具が展示されており、積雪地帯を生きぬいた先人の知恵が感じられる。

白山中居神社㉕
はくさんちゅうきょじんじゃ
0575-86-3405
〈M▶P.134〉郡上市白鳥町石徹白2-48 P
長良川鉄道北濃駅 🚗30分

藤原氏寄進の虚空蔵菩薩坐像
苗字帯刀が許された石徹白の領民

長良川鉄道北濃駅から国道156号線を1kmほど北上して、前谷の三差路を左折し、県道314号線を6kmほどいくと阿弥陀ヶ滝(県名勝)がある。長滝寺の寺名はこの滝に由来する。落差60mほどの滝で、長滝寺の僧侶道雅法印が護摩を焚いたところ、阿弥陀如来が滝に写ったので阿弥陀ヶ滝と命名したと伝えられる。さらに県道314号線をとおり、標高960mの檜峠をこえて石徹白の集落に至る。

石徹白は九頭竜川の支流、石徹白川沿いに開けた集落で、江戸時代には越前国に属しながらも郡上藩の預り地であった。白山中居神社の神領であるという理由から年貢は免除され、領民には苗字帯刀が許されていた。明治維新以降、福井県に属していたが、1958(昭和33)年、白鳥町に編入され現在に至っている。

石徹白の歴史は上在所の白山中居神社(祭神伊弉諾命・伊弉冉命・菊理媛命)に象徴される。中居とは、美濃馬場から白山に向かう中継地という意味である。神社が拠ってたつ地形は特異で、巨大なスギの古木の間をとおって石段をおり、渓谷を渡

銅造虚空蔵菩薩坐像(白山中居神社旧蔵)

日本の真ん中―中濃

綿々と続いた白山信仰

コラム

山に千人、籠に千人 隆盛した白山信仰

　標高2702mの白山は日本を代表する霊山であり、山岳信仰の道場として古くから信仰を集めてきた。「白山之記」などの寺社の縁起によると、白山信仰は717（養老元）年、泰澄の創建にはじまるというが、確かな史料でこれを裏づけることはできない。確実な記録は『日本文徳天皇実録』や『日本三代実録』に登場する9世紀代の記事である。9世紀のなかば以降、天台の修験道場として白山一帯の開発が進んだものと思われる。855（斉衡2）年、武義郡から郡上郡が分離独立するが（『日本文徳天皇実録』）、背景には白山信仰の隆盛があったのではないかと思われる。

　白山の登拝口は美濃・越前・加賀の3カ所で、このうち長滝寺は美濃口の馬場であった。美濃側の参拝ルートは白山前宮の洲原神社（美濃市）から白山中宮長滝寺（郡上市白鳥町）を経て、白山中居神社（郡上市白鳥町石徹白）を中継点に白山連峰へ通じていた。

　白山信仰の影響は日本列島各地におよんだ。御師とよばれる行者が、夏場は信者を白山参拝に案内し、冬は御札や薬草を諸国に配布して歩くという布教活動を長年にわたって続けた結果である。

　現在、白山神社の分社は全国に2700社以上あり、そのうち岐阜県は525社で最多。飛騨白川郷や美濃白川も、その地名は白山信仰に由来する。

　白山信仰が衰退しはじめたのは戦国時代のことで、本願寺が布教を広めた結果、長滝寺配下の寺院がつぎつぎと浄土真宗に改宗し、これが地元における信仰の衰微につながった。

　また長年にわたり、長滝寺を保護してきた東氏の滅亡も大きな要因であった。しかし歴代郡上藩主の保護や本山延暦寺との結びつきもあり、明治初年の神仏分離令まで法統がたえることはなかった。

ってさらに石段をのぼらなければならない。参詣者に神域の威厳を感じさせる立地である。積雪から拝殿・神殿をまもるための鞘堂をくぐると、中居神社本殿の彫刻（県重文）が目に飛び込む。「粟に鶉」の意匠は風雅で精巧だが、長年の風雪に劣化が進んでいる。このほか、能面6面（県重文）が保管されている。

　明治初年の神仏分離令の際、白山中居神社にまつられていた仏像は、すべて中在所の大師堂・観音堂に移された。注目すべきは銅造虚空蔵菩薩坐像（国重文）で、鎌倉時代初期の代表的な仏像である。奥州平泉の藤原秀衡が寄進したと伝えられる。このほか金銅金剛童子立像・木造薬師如来坐像・銅製鰐口5口（いずれも県重文）が保

白山への道

管されている。中居神社から白山参道を6kmほどのぼった途中にある石徹白スギ(国特別天然)は、12人抱えとよばれるほどの大木で、推定樹齢は1800年、幹の周囲は約13.5mある。

鷲見氏の旧跡 ㉖

〈M▶P.134〉 郡上市高鷲町 正ヶ洞
長良川鉄道北濃駅🚌八幡荘 川線正ヶ洞🚶5分、または長良川鉄道北濃駅🚗15分

大鷲退治伝承の里 戦後に開拓された蛭ヶ野

北濃駅より国道156号線を北へ6kmほど進むと、正ヶ洞の集落にはいる。正ヶ洞バス停より少し東に向かうと、道路が大きくまがるところの手前に細い小道があり、その小道をおりると、正ヶ洞の大鷲白山神社がある。同神社には、「永仁元(1293)年」銘のものを含む懸仏48面(県重文)が保管されている。鎌倉時代から戦国時代にかけてこの地を支配していた鷲見氏にかかわる遺品であろう。鷲見氏は、雲ヶ嶽(現在の鷲ヶ岳)の大鷲退治の伝説で知られる頼保にはじまり、その子重保が建仁年間(1201〜04)に鎌倉幕府より本領を安堵され、地頭としての地盤をかためた。さらにその子の家保は承久の乱(1221年)に際し、美濃の豪族の多くが朝廷側に味方したのに反し幕府軍に合流、その戦功によって本領を再び安堵された。1253(建長5)年、大鷲白山神社の南の大鷲地区の小高い山の上に鷲見氏は城を築いた。今に残る鷲見城跡である。

正ヶ洞から国道156号線にでて北に8kmほどのぼると、蛭ヶ野高原(900m)にでる。蛭ヶ野高原は日本海に流れ込む庄川水系と、太平洋に流れ込む長良川水系の分水嶺である。国道沿いには分水嶺公園や湿原植物園がある。蛭ヶ野高原は第二次世界大戦後に開拓されたところで、そのなかには、旧満州(中国東北地方)から引き揚げた満蒙開拓団の人たちも多くいた。今日、蛭ヶ野高原は観光地として、高冷地野菜の産地として発展している。

大鷲白山神社

⑤ 志野のふるさと可児

可児市・可児郡一帯は濃尾平野の北東端。中山道と木曽川の水運により交易が発達した。古代からの歴史が重なりあう。

長塚古墳 ㉗　〈M ▶ P.134, 173〉　可児市中恵土1970
JR太多線可児駅・名古屋鉄道広見線新可児駅🚶30分

東部最大の前方後円墳 市街地に古墳が散在

駅前を約600m東進すると、県道64号(可児金山)線にでる。左折して北へ進み、名鉄広見線の踏切をこえると、子守神社南の交差点で北東にまがり、県道122号(御嵩犬山)線を約600m進むと、道の左手に長塚古墳(国史跡)がみえる。全長81mの、東濃地方最大の前方後円墳である。4世紀末ごろの築造とされるが、前方部を西に向けて構築された墳丘は、住宅地のなかではほぼ原型を保っている。付近にある前方後円墳の野中古墳、前方後方墳の西寺山古墳とともに「前波の三ツ塚」と俗称されている。

JR可児駅前から東へまっすぐに、県道可児金山線を横切りそのまま500m進むと、右手に生涯学習センター(ゆとりピア)がある。可児市街を見渡せる一帯の丘陵地は、遊歩道が整備されている。この一角に身隠山古墳(県史跡)がある。身隠山古墳は古墳時代前期のもので、標高130mの丘陵の頂上にある白山・御嶽の2基の円墳からなり、古墳の名称は墳頂にまつられた社に由来している。両古墳からは多くの副葬品が出土したが、なかでも1902(明治35)年に、白山古墳の粘土槨内から出土した品々は、宮内省(現、宮内庁)へ提出されたのち、現在は東京国立博物館に所蔵されている。

ゆとりピアを南に300mほどいくと、道の西側に熊野古墳(県史跡)がある。古墳時代後期の円墳であるが保存状態が悪く、封土が流失し、横穴式石室の上部が大きく露出している。この道路をセレモニーホールでまがり、生活道路を東に1.3kmほど進み、日吉神社

熊野古墳

志野のふるさと可児

可児駅周辺の史跡

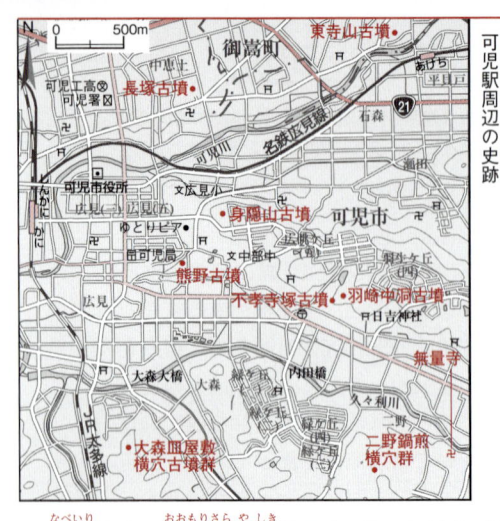

横から少しのぼると、山腹の南斜面に羽崎中洞古墳(県史跡)がある。凝灰岩の露頭に穿たれた古墳時代後期のものである。この古墳の西、少し手前に同じく古墳時代後期の不孝寺塚古墳(県史跡)が山麓の民家の敷地のなかにある。近くには二野鍋煎横穴、大森皿屋敷横穴(いずれも県史跡)がある。

可児駅から県道64号(可児金山)線にでて、木曽川にかかる川合大橋の南側一帯の川合地区には、次郎兵衛塚1号墳(県史跡)がある。1辺29.5mで3つの横穴式石室をもつ、県内最大級の方墳である。7世紀初めの構築で、当時の可児地域の首長級の人物が葬られたものと考えられる。発掘調査ののち復元・保存されており、出土品などが古墳のすぐ北にある川合考古資料館に展示されている。

豊蔵資料館 ㉘
0574-64-1461
⟨M ▶ P.134, 175⟩ 可児市久々利大萱352 [P]
JR太多線可児駅・名鉄広見線新可児駅🚌15分

名品をうんだ古窯群 人間国宝・荒川豊蔵

可児駅から県道64号(可児金山)線にでて、南に1km進み、末広2の交差点で左折し、県道84号(土岐可児)線、別名安土桃山街道を東に5kmほどいくと久々利に至る。ここから3kmほど、久々利川に沿った山道を進み、小渕ダムをすぎると大萱である。陶芸家荒川豊蔵の作品と収蔵品を保存・公開する豊蔵資料館(金・土・日曜日、祝日開館)は、県道から右手にはいった山の中腹にある。

大萱古窯跡群(県史跡)は大萱集落の南側山麓にあり、牟田洞窯・窯下窯など6カ所の窯からなりたっている。ここから南に向かって中窯跡・大平古窯跡群、やや西に離れて浅間窯跡(ともに県史跡)が分布する。この一帯は、桃山時代から江戸時代にかけての美濃窯業の中心地で、瀬戸黒・黄瀬戸・志野・織部などの名品が、この

日本の真ん中—中濃

久々利周辺の史跡

地でつくられた。多治見出身の荒川豊蔵は，1930（昭和5）年，大萱牟田洞の古窯跡で，志野筍絵茶碗の破片を発見して以来，作陶の中心をこの地に移し，その後の活躍により，国重要無形文化財保持者（人間国宝）に指定された。

久々利に戻る。久々利には県道84号線に面して可児郷土歴史館がある。可児郷土歴史館は4400石の旗本千村氏の屋敷跡のなかにある。この郷土歴史館には，銅鐸（県重文）や周辺の古窯からでた陶器類が多数展示されている。1733（享保18）年，可児郡久々利番場の狐塚のかたわらより農民利八が掘りだしたとされるこの銅鐸は，現存部の高さ111cm，底部長径41cm，重さ約26kgの大型近畿式銅鐸で，岐阜県内出土銅鐸6口のうち，もっとも新しい型式に属し最大のものである。銅鐸発掘の地も県史跡となっている。銅鐸発掘の地の近くに無量寺（真言宗）がある。この寺の大日如来坐像（県重文）も，現在は郷土歴史館に寄託・展示されている。像高約78cmの寄木造で，平安時代後期の作である。

久々利の町の北西のはずれに久々利八幡神社がある。9世紀から10世紀ごろの創建と考えられるが，本殿（県重文）は，1629（寛永6）年の再建である。棟札は本殿の附指定となっている。六角神輿（県民俗）をもつが，六角神輿は1910（明治43）年に合祀された天満神社より伝わったもので，1493（明応2）年の墨書銘をもち，室町時代末期の特徴をあらわしている。毎年4月15日にいちばん近い日曜日に行われる祭礼では，久々利の町なかにある御旅所の八劔神社との間を神輿が往復して神事が行われる。町なかには2台の山車がでて，からくりが奉納される。この山車の引き回しは，1668（寛文8）年以来の歴史をもっている。

郷土歴史館から県道を渡ると久々利城跡がある。応永年間（1394〜1428）に，土岐三河守悪五郎（行春）により築城されたといわれ，

志野のふるさと可児

山腹に数段の曲輪を設けている。土塁・空堀で要所を備えた典型的な中世の山城である。1583(天正11)年，金山城の森長可によって滅ぼされた。

薬王寺 ㉙

〈M▶P.134〉 可児市 東帷子1649 P
名古屋鉄道広見線西可児駅🚶10分

西可児駅から南南東へ約800m，愛岐ヶ丘の少し手前を左にはいると薬王寺(天台宗)がある。本尊の薬師如来坐像はクスノキ材の一木造，像高272cmの大きな仏像で，二重蓮台の上に結跏趺坐した姿である。ヒノキ材の寄木造で等身大の持国天像・増長天像(いずれも県文化)とともに平安時代の作と考えられる。

西可児駅から名鉄広見線に沿った道路を北へ約1kmの塩には甘露寺(臨済宗)がある。寺伝によれば，付近の転びキリシタン信徒のために，近くの大儀寺(臨済宗)が末寺として建立したという。1661(寛文元)年に行われたキリシタン信徒の取調べの際に，自然石の凹みを利用して墨をすったというのが硯石で，現在は可児市坂戸の山林のなかから甘露寺の境内に移されている。

薬王寺本堂

尾張につながる西可児
美濃キリシタンの要地

金山城跡 ㉚

〈M▶P.134〉 可児市兼山 P
JR太多線可児駅・名古屋鉄道広見線新可児駅🚌15分

駅をでて，県道64号(可児金山)線を北へ進み，名鉄広見線の踏切をこえ，子守神社南の交差点で右折し，県道122号(御嵩犬山)線を東北に約5km進むと，元兼山町役場であった兼山振興事務所に着く。古城山(烏ヶ峰)の山頂(273m)にある金山城跡(県史跡)にのぼるためには，兼山振興事務所から200mほど西に戻り，案内板にしたがって登山口を山側にはいる。途中左におれ，兼山小学校をすぎると蘭丸ふるさとの森広場に至る。ここには駐車場があり，サク

森蘭丸生誕の地
川湊と城下町兼山

兼山湊の石畳

ラの若木と整備された歩道がある。のぼっていくと、出丸・三の丸・二の丸・大手門の順にたどって本丸に着く。わずかに石垣・土塁が残る程度であるが、落葉樹と常緑樹が混在する森は下草もなく見通しがよい。

ここには樹齢300年余りのバラ科のヤマナシの巨木（県天然）が自生している。この木の根元辺りからは、木曽川左岸に沿って細長くのびる城下町の姿を眺めることができる。

　城下町兼山は木曽川の水運で栄えた。かつて、木曽の木材はここを経由して桑名（三重県）まで運ばれ、かわって海産物が東濃地方にもたらされた。戦国時代、斎藤氏・森氏のもとで川湊として栄えたのが兼山湊（県史跡）である。現在も東海環状自動車道の橋梁の上手に灯台と石畳が残り、往時をしのばせている。

　古城山にはじめて築城したのは、斎藤道三とされる。養子斎藤正義がこれをうけつぎ、1537（天文6）年に城を築き直し、烏ヶ峰城と称したと伝えられる。正義は、1548年に久々利城主の土岐氏に謀殺され、この城は1565（永禄8）年、織田信長によって家臣の森可成にあたえられ、可成はその名を金山城と改めた。可成の死後、その子の長可がついだ。信長の近習で本能寺で死んだ蘭丸は長可の弟である。

　長可が1584（天正12）年の小牧・長久手の戦いで死ぬと、末弟の忠政が森氏をついだ。しかし、1600（慶長5）年、徳川家康は忠政を信州に移封し、金山城を犬山城主石川光吉にあたえた。城は解体され、城の建材は木曽川の水運を利用して犬山まで運ばれ、犬山城の修築に利用されたと伝えられる。忠政はのちに美作（現、岡山県）に転封となった。

　兼山振興事務所の西100m、生き生きプラザに隣接して、可児市兼山歴史民俗資料館がある。資料館は1885（明治18）年にたてられた木造3階建て懸造の小学校校舎を解体・復元したもので、趣があ

志野のふるさと可児　　177

る。宮町にある可成寺(臨済宗)は森家の菩提寺で、長可が着用した鎌倉時代制作脛当(県文化)が伝わり、現在はこの歴史民俗資料館でみることができる。魚屋町の大通寺(臨済宗)に伝わる「弘治元(1555)年」銘の青銅製燭台と花瓶(ともに県重文)も収蔵されている。

願興寺 ㉛
0574-67-0386
〈M▶P.134,180〉 可児郡御嵩町御嵩1377-1 P
名古屋鉄道広見線御嵩駅🚶すぐ

東美濃の正倉院・中山道の拠点・御嶽宿

御嵩駅におりると、東北側すぐに蟹薬師・可児大寺の名で親しまれる願興寺(天台宗)がある。寺伝によると、815(弘仁6)年、最澄がこの地を訪れ、疫病に苦しむ者のために布施屋(無料宿泊所)をたて、薬師如来像を安置したのにはじまるとされる。境内からは白鳳期の瓦が出土しており、寺院としての起源はさらにさかのぼることができると思われる。10世紀末、一条天皇の皇女行智尼がここに庵を結んでいたが、996(長徳2)年、庵の南西の尼ヶ池が金色の光を放ち、池のなかからカニに乗った薬師如来が出現、以来蟹薬師ともよばれるようになった。寺は一条天皇によって七堂伽藍が整備され、998(長徳4)年、大寺山願興寺と名づけられた。その後、たびたび兵火にあい、1108(天仁元)年と1572(元亀3)年に焼失、現在の本堂(国重文)は、1581(天正9)年に再建されたものである。

本堂は四方から本尊を遙拝できる四周一間通りとよばれる様式の数少ない建物である。大きく素朴な本堂に、地域と旅行者の信仰の中心として親しまれてきた願興寺の歴史をしのぶことができる。広大な境内には、ほかにも鐘楼門(県重文)をはじめ、江戸時代の建物が並んでいる。

願興寺には、本尊の薬師如来坐像及び両脇侍像・阿弥陀如来立像・阿弥陀如来坐像・釈迦如来坐像

願興寺本堂

キリシタンの里，塩・小原

コラム

地中からあらわれたキリシタン信仰の跡

　1569(永禄12)年ルイス・フロイスは岐阜で織田信長に謁し，1579(天正7)年信長の子信忠は宣教師のオルガンチノに，美濃・尾張での布教を許している。こうして美濃・尾張地域でもキリシタンが急速に拡大した。

　豊臣秀吉の禁教政策は不徹底であったが，江戸幕府3代将軍徳川家光の時代になると禁教は徹底され，とくに島原の乱(1637〜38年)後，幕府はキリスト教徒の全国的な検挙を実施し，1640(寛永17)年には寺請制度を設けて，宗門改めを実施している。

　全国的検挙から20年後の1661(寛文元)年，犬山に近い塩村(現，可児市)の領主林氏が，領内にキリシタンが多いということで，キリシタンの捕縛を尾張藩に依頼したことから，尾張・美濃地域のキリシタン大弾圧がはじまった。信仰を捨てないものは処刑され，改宗したものは「転びキリシタン」として，居住・婚姻など厳しい監視のもとにおかれた。改宗した信者のために，塩村には甘露寺が建立された。境内にある硯石は，取り調べの際，帳面に記録するための墨をすったとされるものである。

　1981(昭和56)年，塩村から少しはずれた御嵩町上之郷・謡坂地区の道路工事現場からキリシタンの遺物が発見された。そこは五輪塔が散乱していて，「七御前」とよばれ，祟る場所とされてきたところであった。その後の調査で，隣接する小原・西洞・謡坂から聖マリア像など貴重な遺物があいついで発見され，隠れキリシタンの存在が注目された。謡坂の発見現場には現在マリア像がまつられ，キリシタンの遺物は中山道みたけ館に展示されている。

及び両脇侍像・四天王立像・十二神将立像(いずれも国重文)など24体の仏像がある。これらは平安時代末期から鎌倉時代のもので，本堂隣の霊宝殿に収蔵され，公開されている。本尊は12年に1度子年の4月1日のみ開帳される秘仏である(次回は2008年)。また，鎌倉時代の大般若波羅密多経600巻や天正年間(1573〜92)銘の鰐口(ともに県重文)などの文化財も多く，「東美濃の正倉院」ともよばれている。毎年4月1日は蟹薬師祭礼(県民俗)で，近郷の人びとで賑わう。

　願興寺のすぐ東，かつての脇本陣跡に中山道みたけ館がある。2階が郷土館で，勾玉などの天神ヶ森古墳出土品(県重文)や中春日町

愚渓寺石庭

御嵩駅周辺の史跡

の春日神社(祭神春日大神)に伝わる嘉禎四(1238)年の官宣旨(県重文)をはじめ、町内に伝わる貴重な史料・文化財が展示されている。御嵩はかつて中山道69次の49番目の宿場町、御嶽宿として、また願興寺の門前町として繁栄した。みたけ館の東隣りには本陣野呂家があり(非公開)、その分家にあたる、江戸時代に金融業・繭・木材の仲買業を営んだ商家竹屋が資料館として公開されている。

　願興寺から北へ約1km、国道21号線をこえると、御嵩小学校の北側に、美しい石庭で知られる愚渓寺(臨済宗)がある。妙心寺から京都の竜安寺(禅宗)に迎えられた義天玄承が作庭したといわれている。1409(応永16)年に無著庵として創建され、その後、中村郷の鈴の洞に移転し、愚渓庵と改名された。天保年間(1830〜44)に鈴の洞より現在の地に移築した。この寺には朝鮮通信使の筆になる「古禅林」の扁額が伝わる。正徳元(1711)年に来日した写字官の李爾芳(花菴)の筆蹟である。愚渓寺から西へ500mほどいくと宝塚古墳がある。このほか町内伏見には、東寺山古墳、山田横穴があり、また町東部の中切には、中切古墳(いずれも県史跡)がある。

　愚渓寺より国道21号線を西に2kmほどいくと、顔戸交差点のすぐ北に顔戸城跡がある。可児川の河岸段丘の南端に位置する平城で、深い空堀と土塁をもつ。東海環状自動車道のすぐ東側に、竹藪に囲まれた城の領域を確認することができる。城主は斎藤妙椿である。

⑥ 日本ラインと太田宿

日本ラインは中山道が木曽川を渡る交通の要地にあたり、景勝地でもある。禅宗を中心とした文化財が多い。

中山道太田宿脇本陣 ㉜
0574-26-0740
〈M▶P.134, 181〉 美濃加茂市太田本町3-3-34 P
JR高山本線・長良川鉄道美濃太田駅 徒歩15分

交通の要所中山道太田宿現在まで続く林家

　中山道太田宿は木曽川を渡る交通の要所に位置し、尾張藩の太田代官所が設けられた重要な地点であった。駅前通りを南へ約800m、国道21号線を渡って直進し、中山道につきあたったところで西にまがると祐泉寺(臨済宗)がある。寺伝によれば、1474(文明6)年大道真源が営んだ涌泉庵にはじまり、寛文年間(1661〜73)に関村(現、関市)梅龍寺の広雲玄博を勧請開山として祐泉寺と改めたという。

　境内には木曽川の太田から犬山までを「日本ライン」と命名した地理学者志賀重昂や、槍ヶ岳を開山した播隆上人の名号碑、また北原白秋の歌碑などがある。中山道は祐泉寺付近でかぎ型におれまがり、枡形をつくっている。太田宿の町並みはここから西に向かって、上町・中町・下町からなり、祐泉寺の西方約500mの下町の端にも枡形がある。

　宿場中央には本陣と脇本陣がたてられた。本陣は正門が残されているのみだが、これは1861(文久元)年、皇女和宮が、江戸幕府14代将軍徳川家茂に嫁すため江戸に向かうときに、建造されたものである。脇本陣林家住宅(国重文)は、脇本陣の遺構を当時のまま残している貴重な建物で、主屋・質倉・借物台・隠居家・表門からなる。主屋は、1769(明和6)年にたてられた居室と、やや遅れてたてられた座敷からなり、切妻屋根の両端には立派な卯建が設けられ、正面の連子格子などとともに江戸時代の典型的な町屋建築の雰囲気をただよわせている。現在、建物群のうち、隠居家が公開されている。林家は太田村の庄屋や尾張藩勘定所御用達であった。脇本陣西隣には、太

美濃太田駅周辺の史跡

日本ラインと太田宿　181

脇本陣林家住宅

　田宿中山道会館があり，宿場の歴史や江戸時代の旅について学ぶことができる。

　脇本陣から約400m西に進み，国道41号線の高架をくぐり抜けると太田小学校があり，ここは尾張藩の代官所跡地である。明治の文豪坪内逍遙は代官所の役人の子としてこの地で生まれた。小学校正門右にはその顕彰碑があり，逍遙公園となっている。小学校横の小道をとおり，南の木曽川沿いの堤防道路にでる。この道を2.5kmほど東にいった太田橋の手前の堤防道路をこえた河川敷には，江戸時代から昭和の初めまで続いた太田の渡し跡がある。

　JR高山本線坂祝駅で下車し，西に600mほど進み，丁字路を北にまがり高山線の踏切をこえると，**猿啄城跡**への案内板があり，案内板にしたがって進む。急な登山道を30分ほどのぼると山頂の城跡に達する。現在はここに展望台が設けてあり，日本ラインだけでなく濃尾平野の眺望がすばらしい。この城は1530(享禄3)年に田原左衛門によって築かれ，多治見修理がまもっていたが，1565(永禄8)年，織田信長の美濃攻めのおりに攻略された。城跡から北へ約2kmの深萱には，十二社神社(祭神伊弉諾尊)がある。この神社に保存されている**深萱の農村舞台**(県民俗)は，拝殿と芝居小屋が1つになった造りで，床下で棒を押して舞台を回す皿回し舞台という構造になっている。常時はみられない。

瑞林寺 ㉝
ずいりんじ
0574-26-1847

〈M▶P.134〉美濃加茂市蜂屋町上蜂屋9-1 ℗
JR高山本線・長良川鉄道美濃太田駅 🚗10分

丈六の蜂屋大仏　柿寺の称号

　美濃太田駅北口から北に進み，西におれ国道248号線を1kmほどいく。太田北一中の交差点を北にまがり，主要地方道63号(美濃加茂八幡)線にでて3kmほどいき，上蜂屋東の交差点を西にまがり，国道418号線を2kmほど進むと，蜂屋小学校のすぐ西隣に**瑞林寺**(臨済宗)がある。悟渓宗頓の法嗣仁済宗恕が1504(永正元)年に悟

蜂屋柿

コラム 食

平安時代から献上された蜂屋の干柿

蜂屋柿は美濃加茂市蜂屋町でつくられている，甘みが強く豊かな風味をもつ干柿である。

この柿は，平安時代から公家などの，時の権力者に献上されていたことから，「堂上蜂屋」と名づけられた。

瑞林寺が室町幕府10代将軍足利義稙から寺領10石と「柿寺」の称号をあたえられて以来，蜂屋柿は豊臣秀吉や江戸幕府の歴代将軍にも献上され，寺領の付与のほか，村方の諸役免除の特権があたえられた。

蜂屋柿は1900（明治33）年のパリ万博や，1904年のセントルイス万博にも出品された。

大正時代から昭和時代の初めにかけて，養蚕におされて蜂屋柿生産は衰退したが，その後，人びとの努力により美濃加茂市の特産品としてみごとに復活した。

瑞林寺では毎年1月第2日曜日に，多くの茶道家が集まり，蜂屋柿茶会が開催される。

渓を開山として創建した。瑞林寺は柿寺ともよばれているが，これは仁済がこの地方特産の蜂屋柿を室町幕府10代将軍足利義稙に献上し，寺領10石と柿寺の称号をあたえられたことによる。

本尊は聖観音坐像（県重文）で，7年目ごとの4月初めの1週間開帳される。次回は2018年となっている。この聖観音坐像は室町時代の作で，像に内刳りがあり胎内仏をおさめているため，別名ハラゴモリ仏ともよばれている。また，弥勒仏坐像（県重文）は寄木造で，像の高さが約3mあり，通称蜂屋大仏の名で親しまれている。鎌倉時代末期のものと推定されている。そのほか，絹本著色涅槃図・紙本著色十六善神図（ともに県重文）などの文化財がある。

国道418号線をさらに東へ約3km進み，川辺町にはいる手前を北に左折すると，鬼飛山の山裾に賑済寺（曹洞宗）がある。1715（正徳5）年，白隠が寺にはいり，紙本墨書白隠筆書跡5

瑞林寺

日本ラインと太田宿　183

幅（県文化）を残しているが，現在は無住である。この付近の山之上町はナシの産地としても名高い。

　美濃太田駅北口から北へ1kmほどいき，丁字路を左折し，国道248号線を西に向かう。最初の交差点を右折して北に坂道を500mほどのぼり，交差点を右折して森のなかをしばらくいくと，みのかも文化の森につく。市民ミュージアム・生活体験館・民具展示館などが広い森のなかにあり，また弥生から古墳時代の竪穴式住居が野外に保存・展示されている。市民ミュージアムには，「川とみちと人」をテーマにした常設の展示があり，坪内逍遙・津田左右吉の業績や人柄を紹介している。

正眼寺 ㉞
0574-29-1369　〈M▶P.134〉美濃加茂市伊深町872-1 P
JR高山本線・長良川鉄道美濃太田駅🚗20分

妙心寺の奥の専門道場　雲水の専門道場

　美濃太田駅北口から主要地方道63号（美濃加茂八幡）線にでて，北へ7kmほどいくと，伊深の正眼寺（臨済宗）がある。同寺は妙心寺（臨済宗）開山関山慧玄（のちの無相大師）が修行したという伝承の地に，寛文年間（1661～73）に大極唯一が創建したもので，1675（延宝3）年にこの地の領主旗本佐藤吉次が没すると，2町余りの田地が同寺に寄進され，吉次の大きな墓石と霊廟が境内に設けられた。1847（弘化4）年に雪潭紹璞が入山すると，同寺は妙心寺派修行僧の専門道場となった。坐禅による修行は厳格なもので，プロスポーツ選手をはじめ，政財界人も数多く参加している。

　木々におおわれた参道の石段をのぼると，森閑としたなかに本堂があり，正面入口の上に「正法眼」の扁額が掲げられている。正眼寺の北300mには，正眼四隣寺の1つである龍安寺（臨済宗）がある。梵鐘（県重文）は1384（至徳元）年に，美濃国守護土岐康行

正眼寺山門

によって寄進されたものである。

清水寺 ㉟ 〈M▶P.134,186〉加茂郡富加町895-1 P
0574-29-1369
長良川鉄道加茂野駅🚗10分

加茂野駅前の県道346号(富加坂祝)線を北に3kmほど進み，川浦川新橋を渡って直進し丁字路を東に右折し，山沿いの道を2kmほどいくと，加治田の集落のはずれ梨割山の麓に，清水寺(臨済宗)がある。この寺は808(大同3)年延鎮大師を開山として，坂上田村麻呂によって創建されたといわれている。本堂は1673(寛文13)年に建立された。

清水寺の参道を清水谷(硯川)沿いに歩くと，持国天と増長天を安置する二天門(県重文)がある。入母屋造に2階を設けた望楼風の櫓門で，江戸時代前期のものと推定されている。ここから急な坂をのぼりきった左手奥に本堂がある。本尊は十一面観音坐像(国重文)である。十一面観音の坐像は珍しく，一木造で，平安時代中～後期の特徴がよくあらわされている。また脇侍として，延命地蔵尊の地蔵菩薩立像(県重文)がある。截金紋様が前面，側面，後部にほどこされており，室町時代の作と推定されている。

清水寺二天門の前から右手には，戦国時代の山城である加治田城跡へ続く道がある。山道を約30分のぼると，南に美濃加茂盆地をみおろす山頂付近に，曲輪の跡だけが残っている。この城は佐藤紀伊守の居城で，1565(永禄8)年に織田信長が美濃を攻略したとき，佐藤紀伊守は信長に内通し，安桜山城(関市)にいた長井隼人や堂洞城(美濃加茂市蜂屋)の岸勘解由とたたかった古城跡である。

清水寺からきた道を西へ約400m，東海環状自動車道をくぐる手前には伊和神社(祭神大己貴命)がある。この神社の4月5日の春祭りには，田の神祭り(県民俗)とよばれる田楽が5年ごとに奉納される。次回は2010年に行われる。神社の西400mには造り酒屋松井屋がある。酒造り用具と酒造り場3棟(県民俗)は近世造り酒屋の形態をよく示しており，現在も酒造りを続けるかたわら，松井屋酒造資料館として公開している。

松井屋酒造資料館から北西へ約200mの龍福寺(臨済宗)には，佐藤紀伊守，小牧・長久手の戦いで戦死した池田恒興・元助(之助)の

坂上田村麻呂の伝承寺
大人の顔をした地蔵尊

日本ラインと太田宿

清水寺二天門

位牌が安置されている。1443(嘉吉3)年大和国高市郡(現,奈良県高市郡)越智比丘景就銘の青銅製雲板(県重文)がある。

龍福寺から西へ約1kmほどいくと,大山の齢峯寺(臨済宗)があり,裏の墓地の奥に,鎌倉時代末期から室町時代初期と推定される無縫塔2基(県重文)がたっている。ここから西へ700mほどいき,津保川を大山橋で渡り,主要地方道58号(関金山)線にでて,北に500mほど進んだ西側の山麓に東香寺(臨済宗)がある。本堂前の庭園に,この寺を建立した土岐頼遠の供養塔といわれる鎌倉時代の宝篋印塔(県重文)がある。本堂の左手から裏にかけては,夢窓国師の作と伝わる池を配した庭園がある。庭園の坂をのぼると,南北朝時代の無縫塔(県重文)がある。

加茂野駅から県道346号(富加坂祝)線をしばらく北にいき,下羽生の交差点で西におれて国道418号線を500mほどいくと,大梅寺(黄檗宗)がある。本尊は平安時代後期のヒノキ材の一木造である観世音菩薩立像(県重文)である。また加茂野駅から県道346号(富加坂祝)線を南へ500mほど進み,加茂野の交差点で西にまがり,国道248号線を2.5kmほどいくと宝積寺(日蓮宗)がある。宝積寺には,

清水寺周辺の史跡

鎌倉時代から室町時代の十一面観世音立像(県重文)がある。ヒノキ材の寄木造で，江戸時代中期に西田原(関市)の小松寺(黄檗宗)から伝来した仏像である。

龍門寺 ㊱
0574-46-1028
〈M▶P.134〉加茂郡七宗町神淵4132-2 P
JR高山本線上麻生駅🚗20分

静かな山里の禅寺 竜の彫刻のある総門

上麻生駅から神淵川に沿った県道64号(可児金山)線を8kmほど進み，大塚の丁字路で東方に向かい，しばらくいって下市場でまがり，葉津川沿いの道を1kmほど進むと龍門寺(臨済宗)がある。せまい平地に開かれた水田と神淵茶畑を前にした，静かな山里の寺である。1308(延慶元)年，土岐頼貞が宋から来日した一山一寧を開山として創建したといわれる。はじめ福光山と号し，福光(現，岐阜市長良)にたてられたものであったが，兵火にあい神淵寺洞に移され，神淵山と改称したという。

総門には名匠左甚五郎の作と伝えられる竜の彫り物が掲げられている。夜中に竜が逃げだし暴れまわったので鉄砲で撃ったという伝承が残っているほど精巧である。総門をくぐり竜の池と名づけられた小さな池を右手にみながら進むと，正面に釈迦如来と十六羅漢が鎮座する山門がある。寺には室町時代の絹本著色釈迦十六善神図と絹本著色涅槃図，平安時代の写経形式を残す彩箋墨書妙法蓮華経寿量品第十六(ともに県重文)がある。

龍門寺から葛屋へこえる峠道の途中から，北東へ約2km林道をのぼると，神淵神社(祭神建速須佐之男命)がある。神淵十郷の総社で，神域は老杉が茂り静寂に包まれている。とくに社前の大スギ(国天然)は樹齢が850年とも1000年ともいわれている。毎年4月14日に近い日曜日に行われる神社の例祭は，天王山祭ともよばれ，須佐之男命の大蛇退治に由来をもつ古い形式を伝えている。また，龍

龍門寺

日本ラインと太田宿

門寺から葉津川沿いに2.5kmほど上流にいった葉津の春日神社（祭神天児屋根命）には、葉津文楽人形頭39点・衣装62点（県重文）が伝えられているが、現在は関市の岐阜県博物館に寄託してある。

上麻生駅に戻り、この付近からJR高山本線と国道41号線は飛驒川の険しく美しい峡谷沿いに東方へ、上流の白川町方面に進む。この峡谷は飛水峡とよばれ、飛驒木曽川国定公園の中核をなし、多数の甌穴群（国天然）がみられる。また、駅から飛驒川に沿って1kmほど下流に進むと、飛驒川左岸に上麻生礫岩の分布がみられる。このなかに含まれていた片麻岩は、約20億年前にできた日本最古の岩石である。この対岸の駅より1kmほど南にあたる国道41号線沿いに、上麻生礫岩のほか世界各地の岩石を集めた日本最古の石博物館がある。

大山白山神社 ㊲

〈M▶P.134〉加茂郡白川町水戸野 Ｐ
JR高山本線白川口駅 🚗30分

大山白山の山頂 広大なスギ・ヒノキの神社林

白川口駅をでて国道41号線を南に向かい、飛驒川を白川橋で渡り、県道62号（下呂白川東）線を2kmほど進むと、JA和泉支店バス停がある。このバス停のすぐさきを北にまがり上り坂の道を進むと、山の斜面に特産の白川茶の畑が広がる集落にでるが、そのさきは車がようやく1台通行できるくらいの細い林道が続く。林道終点の駐車場から長い階段をのぼると、標高862mの白山頂上に、大山白山神社（祭神伊弉諾尊）がある。

この神社は古くから、白川地方一帯近郷36カ村の総社として尊崇されていた。現在の本殿は1800（寛政12）年に再建されたもので、白山本地十一面観音をあらわし、11間4面となっている。拝殿内の格天井には32枚の天井画がある。拝殿の周辺は広大なスギ・ヒノキの

大山白山神社奥の院への石段

林となっており，岐阜県の緑地環境保全地域にも指定されている。本殿の右側からは，大山白山神社奥之院への石段が続き，石段の左側には，幹囲8mをこえる樹齢1200年と伝えられる大山の大スギ(国天然)がある。

　JA和泉支店から東へ県道62号(下呂白川東)線を約250m進み，白川小学校の手前を左折して400mほどのところに，和泉薬師堂がある。この堂の聖観音坐像(県重文)は，高さ94cm，ヒノキ材の寄木造で平安時代の作風をもつ。白川小学校からさらに東に約8kmいくと，東白川村の五加地区大沢に，廃仏毀釈で廃寺となった蟠龍寺跡がある。苗木藩に属したこの村の廃仏毀釈は激しく，現在は延長50mにおよぶ寺の石垣だけが残る。

　白川口駅に戻って飛騨川を白川橋で渡り，さらに白川を天神橋で渡って東にまがり，1kmほど進む。ここから赤川に沿って県道68号(恵那白川)線を約10kmほどいった切井の龍気寺(臨済宗)には，「応永二十二(1415)年」銘の銅製鰐口(県重文)がある。

大仙寺 ㊳
0574-43-0245

〈M▶P.134, 190〉 加茂郡八百津町 八百津4345-1　P
JR高山本線・長良川鉄道美濃太田駅🚌八百津線八百津本町🚶6分，または名古屋鉄道広見線明智駅🚌八百津線八百津本町🚶6分

土岐政房開基の寺　斎藤妙椿ゆかりの寺

　本町通より1つ東の道で，八百津町役場と八百津小学校の間の道を東北へ進み，国道418号線を渡ると，山裾に石垣塀に囲まれた大仙寺(臨済宗)がみえる。創建年代はあきらかではないが，在地の土豪古田信正が女如幻尼のために不二庵を草創したのがはじまりで，妙心寺6世雪江の法嗣，東陽英朝が入山して，1501(文亀元)年大仙寺と寺号を改めた。美濃国守護土岐政房の帰依により，代々土岐氏の祈願所として保護をうけるようになった。一時衰退したが，寛永年間(1624～44)に当寺8世愚堂が中興し，八百津町役場の近くの黒瀬字不二にあった寺を現在地に移した。愚堂東寔書跡2幅，東陽英朝書跡3幅，香炉型つり手縄文土器，蒙山徳異筆紙本墨書達磨，万里集九讃紙本墨画ハ、鳥(いずれも県重文)など多くの文化財がある。

　大仙寺の東南の隣にある善恵寺(浄土宗)は1223(貞応2)年善恵上人(証空)によって創建されたといわれている。のちに後花園天

大仙寺

皇により勅願寺の綸旨と、浄土西山嫡流の勅額を下賜された。美濃国守護の後見人であった斎藤妙椿が、一時この寺の持是院に住んでいたことがあり、妙椿は寺領を寄進している。現在の寺は明治時代初期の建築で、参道や境内の踏石などに石臼が使われているため、別名石臼寺ともよばれている。この寺には絹本著色阿弥陀来迎図(県重文)がある。

　善恵寺の前から国道418号線を西に約1.5kmほど進み、須賀バス停で北にまがってしばらくいくと、山ぎわに東光寺(真言宗)がある。鎌倉時代の薬師如来並びに脇侍(ともに県重文)がある。国道418号線をさらに西へ約1.5kmいき、野上の交差点から北にはいると、正伝寺(臨済宗)がある。暦応年間(1338〜42)年の創建といわれるこの寺には、十一面観音坐像・金銅三具足・愚堂国師筆跡(いずれも県重文)がある。

　八百津本町に戻り、本町通を南進して八百津橋を渡り、1.5kmほど西に向かうと伊岐津志の丸根山弘法大師堂に着く。ここから山麓の道を少しいくと明鏡寺(臨済宗)がある。1368(貞治7)年建立の観音堂(国重文)は、寄棟の宝形造で、純粋な唐様建築である。本尊の聖観世音菩薩(県重文)は、ヒノキ材の寄木造で、胎内に「貞治七(1368)年」の墨書銘がある

大仙寺周辺の史跡

コラム

杉原千畝

ナチスの迫害からユダヤ人を救った日本人

杉原千畝は，1900（明治33）年八百津町で生まれ，幼少時代をこの町ですごした。

杉原は1939（昭和14）年にリトアニアの首都カウナスの日本領事館勤務を命じられた。

この年，ドイツはポーランドに侵攻し，第二次世界大戦が勃発している。

1940年7月，リトアニアの日本領事館にナチスの迫害からのがれるため日本の通過ビザを求めるユダヤ人たちが押し寄せた。

領事代理であった杉原は，日本の外務省にビザ発行を求める電報を何度も打ったが，結局，ドイツと同盟関係にある日本の外務省からは許可はでなかった。

しかし杉原は，ユダヤ人の命を救うため，命令にしたがわず，懸命にビザの発行を続けた。

8月29日の領事館閉鎖までの短期間に，2139世帯に日本通過のビザを発行し，約6000人もの命を救った。杉原は戦後の1947年に帰国するが，独断でビザを発行した責任から，外務省を退官し，商社などに勤務した。

1968年，ボロボロになったビザを手にした1人のユダヤ人が，杉原のもとを訪ねてきた。杉原に助けられた多くのユダヤ人が，杉原のことを忘れず探し続けていたのである。

杉原は，1968年彼が助けたイスラエル宗教大臣から勲章をうけ，1985年にはイスラエル「諸国民の中の正義の人賞」を日本人ではじめて受賞した。

旧八百津発電所資料館 ㊴
0574-43-3687

〈M▶P.134, 190〉加茂郡八百津町八百津1770-1　P
JR太多線可児駅🚗20分

木曽川最初の発電所　杉原千畝記念館

善恵寺の前から，国道418号線より1つ南のバス路線道路にでて，八百津町の市街地をぬけて1.7kmほど東へいくと，旧八百津発電所資料館がある。これは国の重文に指定された旧八百津発電所施設を活用したものである。旧八百津発電所は1911（明治44）年に，木曽川水系では最初に建設された本格的な大規模発電所で，1974（昭和49）年に運転休止になるまで63年間にわたって発電してきた。この発電所はダムをつくらない水路式で，古い形の発電所である。本館は発電棟と送電棟が一体となった建物で，渦巻型フランシス水車の横に発電機を直結した発電装置が3組設置されている。資料館に木曽川の筏下りや綱場に関するコーナーがあり，その歴史を知ることが

日本ラインと太田宿

旧八百津発電所

できる。

旧発電所の対岸には錦織綱場跡がある。ここは木曽川筋の最上流の川湊で、1615(元和元)年に木曽の山が尾張藩領になってから尾張藩の錦織役所がおかれ、本格的に利用されはじめた。

旧八百津発電所からカーブの多い坂道をのぼり、国道418号線にでて東へ少しいくと、1994(平成6)年完成の人道の丘公園が広がり、人道の丘北バス停の横には、2000年に開館した杉原千畝記念館がある。この公園と記念館は、八百津町出身の外交官杉原千畝が、第二次世界大戦中、リトアニアの日本領事代理時代に日本の通過ビザを求める多くのユダヤ人難民の命を救ったことを記念し、世界平和のシンボルとして設けられた。

八百津の中心から北へ約10kmのぼった久田見には、白鬚神社(祭神猿田彦神)と神明神社(祭神天照大神)がある。4月第3土・日曜日に行われる祭礼の久田見祭には、絢爛豪華な山車6台(県民俗)が引きだされ、山車に設けられた舞台では、糸切りからくり(県民俗)という独特な操作による人形劇が繰り広げられる。

焼物とヒノキ―東濃

Tōnō

苗木城跡から恵那山をのぞむ

元屋敷陶器窯跡

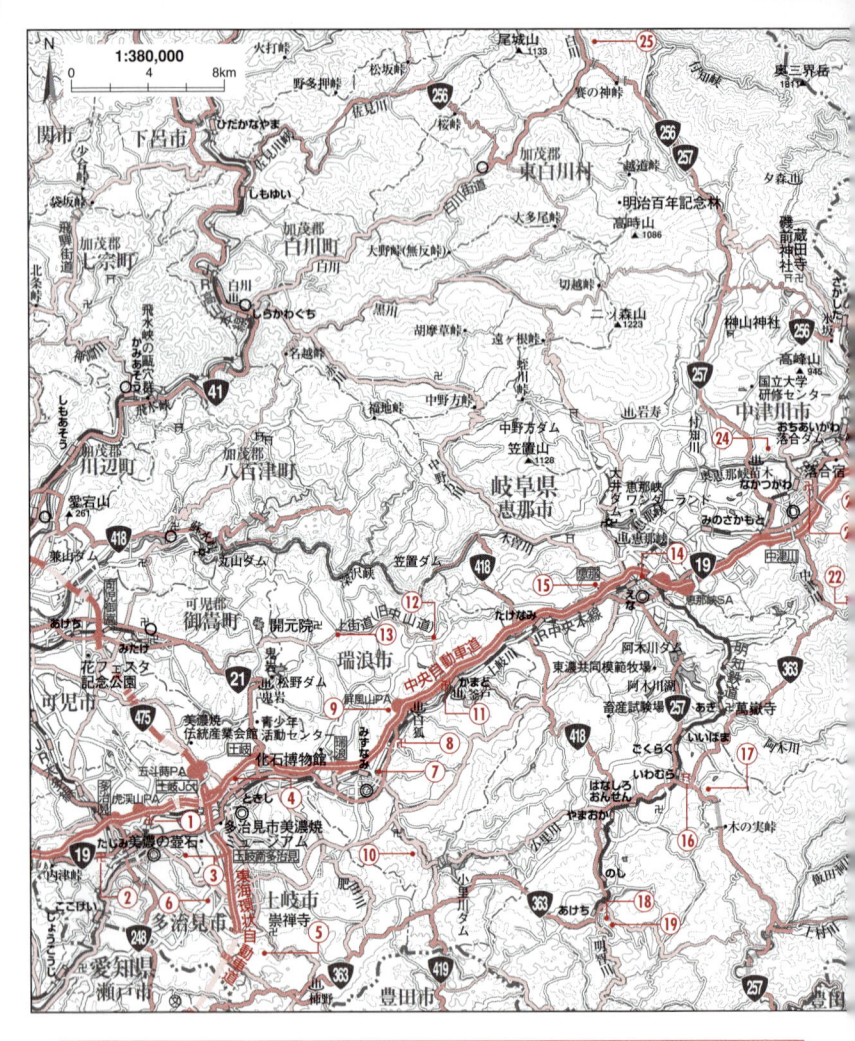

①永保寺	⑦土岐頼貞の墓	⑭大井宿本陣跡	㉑中山道落合の石畳
②永泉寺	⑧桜堂薬師	⑮伝西行塚	㉒恵那神社
③セラミックパーク MINO	⑨鶴ヶ城跡	⑯岩村神社	㉓藤村記念館・馬籠宿
④元屋敷陶器窯跡	⑩小里城跡	⑰岩村城跡	
⑤妻木城跡	⑪天猷寺	⑱大正ロマン館	㉔苗木城跡
⑥妙土窯跡	⑫大久手宿	⑲明智城跡	㉕加子母の明治座
	⑬細久手宿	⑳東円寺	

焼物とヒノキ—東濃

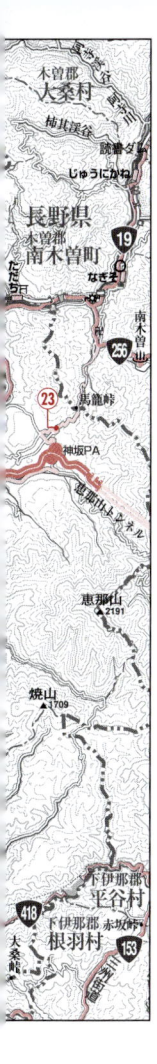

◎東濃地区散歩モデルコース

1. JR中央本線・太多線多治見駅 40 虎渓山永保寺 3 観音堂 3 開山堂 15 虎渓山1号古墳 15 神言修道院 35 多治見国長邸跡 20 JR多治見駅
2. JR中央本線・太多線多治見駅 5 永泉寺 15 セラミックパークMINO 10 多治見市美濃焼ミュージアム 10 多治見市陶磁器意匠研究所 10 岐阜県セラミックス研究所 10 JR多治見駅
3. JR中央本線土岐市駅 15 元屋敷陶器窯跡・織部の里公園・美濃焼(体験) 5 土岐市美濃陶磁歴史館 5 乙塚古墳 2 段尻巻古墳 10 隠居山遺跡 20 妻木城跡 10 崇禅寺 10 八幡神社 10 妙土窯跡 10 狐塚古墳 15 JR多治見駅
4. JR中央本線瑞浪駅 5 一日市場館跡 20 土岐頼貞の墓 10 桜堂薬師 10 鶴ヶ城跡 30 小里城跡 20 JR瑞浪駅
5. JR中央本線釜戸駅 10 天猷寺 70 大久手宿 20 琵琶峠 120 細久手宿 30 日中不再戦の誓いの碑 5 JR瑞浪駅
6. JR中央本線・明知鉄道恵那駅 3 中山道広重美術館 5 市神神社 3 明治天皇行在所 3 中山道ひし屋資料館 1 大井宿本陣跡 10 長国寺 10 武並神社 45 伝西行塚 30 恵那駅
7. 明知鉄道岩村駅 10 枡形跡地 5 岩村神社 5 勝川家 1 浅見家 1 木村家 1 土佐屋 10 岩村藩校知新館正門 5 岩村歴史資料館・民俗資料館 15 岩村城跡 30 岩村駅
8. 明知鉄道明智駅 5 大正路地 3 旧大正村役場 5 大正ロマン館 1 旧三宅家 3 大正村資料館 2 大正の館 3 おもちゃ資料館 2 天久資料館 30 明智城跡 35 八王子神社 5 明智駅
9. JR中央本線中津川駅 15 東円寺 15 中津川市中山道歴史資料館 1 旧肥田家 2 枡形 10 JR中津川駅
10. JR中央本線落合川駅 20 落合宿 60 医王寺 30 中山道落合の石畳 60 馬籠宿 1 清水屋資料館 1 藤村記念館 1 馬籠脇本陣史料館 5 永昌寺 30 JR中央本線中津川駅
11. JR中央本線中津川駅 15 苗木城跡 10 苗木遠山史料館 1 雲林寺跡 5 青邨記念館 15 JR中津川駅

① 美濃焼の町

美濃焼は安土・桃山時代の茶の湯の流行とともに発展し、織部・志野など、他に類をみない日本独自の焼物をつくりだした。

永保寺（えいほうじ） ❶
0572-22-0351
〈M▶P.194, 197〉 多治見市虎渓山町1-40 P
JR中央本線多治見駅🚌小名田行虎渓山🚶7分

臨済宗南禅寺派の禅寺
観音堂や開山堂は国宝

虎渓山バス停から南東に約150m、中央本線の踏切を渡って右に少しいくと、長瀬山の北麓、土岐川の河畔に鎌倉時代の雰囲気を色濃く残している虎渓山永保寺（臨済宗）がある。1313（正和2）年、夢窓疎石（夢窓国師）は美濃国守護土岐頼貞の招きをうけ、法弟の元翁本元（仏徳禅師）らと長瀬山にはいり、土岐川のほとりの深山幽谷の美しさに心をひかれ、庵をたてた。これが永保寺の草創で、その佳境が中国廬山（江西省）の虎渓に似ていることから虎渓山と号したという。その後、元翁本元が後醍醐天皇の勅をうけて開山した。1339（暦応2）年、北朝の光明天皇の勅願寺となり、室町時代には守護土岐氏の庇護をうけ、30坊余りが並んで隆盛をきわめた。しかし、戦国時代には再三の兵火によってその大部分を焼失し、現在まで塔頭（境内の子院）として続いているのは、永保寺の北にある保寿院・続芳院・徳林院のみである。

観音堂（国宝）は、観音閣とも水月場ともいう。「夢窓年譜」には、1314（正和3）年、夢窓国師が40歳のときに建立したと記されている。鎌倉時代末期の折衷様建築の代表作で、唐様建築の手法に平安時代から続いた和様建築の手法を折衷させた特殊な建築物である。堂内には、岸窟式厨子に聖観世音菩薩坐像（県重文）が本尊としてまつられている。

庭園西北の奥まったところにある開山堂（国宝）は、室町時代初期の典型的な唐様建築である。前方の礼拝堂、後方の祠

永保寺庭園

堂と，これらをつなぐ相の間が巧みに複合され，美しく変化に富んだ一堂を構成している。また，のちの神社建築(権現造)の原型としても貴重な遺構である。祠堂の内部には，塑像僧形彫刻(伝夢窓国師坐像，県重文)・仏徳禅師坐像が並んでまつられ，その後ろに元翁本元の墓とされる宝篋印塔がある。このほか永保寺では，絹本著色千手観音像(国重文)・絹本著色涅槃図・夢窓国師筆「仏鑑」・同筆「春帰家」・仏徳禅師書跡「吹毛不曾動」・仏徳禅師筆「遺偈」(いずれも県重文)など，多数の文化財を所蔵する。

永保寺庭園(国名勝)は観音堂，の前庭として，寺の創建直後，夢窓国師によって造庭されたといわれる。観音堂横の梵音巌と名づけられた岩山，これにかかる梵音の滝，無際橋をかけた臥龍池などの地割り構成は巧みであり，視界におさまる広さと大きさの調和も絶妙で，東海一の名園たるに恥じない。

2003(平成15)年9月夜，本堂付近から出火し，本堂と庫裏の2棟約910m²を全焼した。この火災で，本尊として本堂にまつられていた釈迦如来坐像及脇侍文殊・普賢菩薩が焼失した。しかし，ほとんどの文化財は本堂裏の宝物蔵に保管されていて焼失を免れ，観音堂と開山堂も本堂から離れていたため，類焼を免れた。

開山堂横の三笑橋を渡り，急な坂道をのぼると虎渓公園があり，山頂から多治見市街が一望できる。サクラの名所としても知られ，市民の憩いの場所となっている。公園の東には横穴式石室をもつ虎渓山1号古墳(県史跡)がある。

その古墳の脇を東におりると，日本三大修道院

永保寺周辺の史跡

美濃焼の町

の1つである神言修道院がある。1930(昭和5)年，カトリック神言修道会日本管区長ヨゼフ・モールは虎渓山の南麓，土岐川の清流に沿う1万坪(3万3000m²)の敷地に，修道院と聖堂を建立した。小高い丘に広がるぶどう畑，緑深い中庭の木々，中世ヨーロッパをしのばせる雰囲気をもつ神言修道院は，虎渓山永保寺とともに多治見市の名所となっている。

修道院から国道19号線にでて，西へ約600mいき，弁天町の交差点を左折し約1kmいくと，多治見国長邸跡(県史跡)がある。国長は，美濃国守護土岐頼貞の一族で，頼貞の10男頼兼とともに，正中の変(1324年)で後醍醐天皇に与し，1324(正中元)年に没した。

永泉寺 ❷
0572-22-0892
⟨M▶P.194⟩ 多治見市池田町7-3 Ⓟ
JR中央本線多治見駅🚌小泉 行池田🚶3分

聖観音立像は重要文化財 県内唯一の棒の手

池田バス停から国道19号線にでて西へ少しいくと，左手にイチョウの大木が目にはいる。そこが石動山永泉寺(曹洞宗)である。美濃地方には，奈良時代に行基の創建とする寺院が多くあり，池田神明神社の右隣の地蔵院(華厳宗)もその1つであった。永泉寺の寺伝によると，地蔵院は聖武天皇の皇后光明子の発願により，行基が創建し，可児道場と名づけたとされる。本尊の千手観音は行基がみずからきざんだといわれている。可児道場は地蔵院を中心に，明円寺・蓮華院・観音院・仏光院(いずれも華厳宗)からなり，池田五山と称せられ，東濃地方における華厳宗の一大道場として繁栄をきわめたが，鎌倉時代に衰退してしまった。

寛永年間(1624～44)，荒廃した蓮華院を周呑(曹洞宗)が再興し，移築して石動山永泉寺とした。現在はこの寺だけが残り，かつての仏光院の木造聖観音立像(国重文)，地蔵院の木造千手観音立像，観音院の木造十一面観音坐像・木造愛染明王坐像を安置している。

国道19号線を西に約4kmいくと，愛知県との県境をなす内津峠に着く。この峠から尾根に沿って南に約1.5kmいった廿原町水口には，廿原の柿(樹高9m，県天然)がある。木塚氏宅東の，道路に面した日当たりのよい小高い場所にはえる，県内にまれなカキの大樹である。

さらに約3km南の諏訪町小木には，小木棒の手(県民俗)が伝わ

永泉寺

る。これは諏訪神社(祭神建御名方神)の例祭(10月15日ごろ)に奉納される。半纏・風切り・手甲・鉢巻・襷など物々しいいでたちで、2～3人が組となって、棒・鎌・長刀・槍・太刀・釜蓋などで互いに打ちあう。その演技は、「棒合い」の儀式ではじまり、棒と木刀、槍と釜蓋、真剣と鎌など13番からなる。

セラミックパーク MINO ❸
0572-28-3200

〈M▶P.194〉多治見市東町4-2-5 P
JR中央本線多治見駅🚌妻木行セラパーク・現代陶芸美術館口🚶10分

産業と文化の複合施設陶磁器がテーマ

現代陶芸美術館口バス停横の坂を北へ約800mいくと、2002(平成14)年に開館したセラミックパークMINOがある。同施設は、岐阜県が誇る陶磁器をテーマにした、日本初の産業と文化の複合施設である。東町の丘陵地にあり、自然環境との調和を重視し、希少植物のシデコブシが自生する谷や尾根をこわさないよう建物を配置している。また、壁面は陶器製の装飾がほどこされており、外観は「器」がモチーフになっている。

施設は、岐阜県現代陶芸美術館とオリベスクエアの大きく2つのゾーンからなる。岐阜県現代陶芸美術館は陶芸の現代をテーマとして、国内外の19世紀以降の作品のみを収集する陶芸美術館である。個人作家の陶芸作品のほかに、作家が手づくりで少量生産する実用陶磁器や、モダンデザインの系譜としての産業陶磁器などが対象となっている。オリベスクエアは、県内最大の展示ホールや国際会議場を擁する本格的な多目的スペースである。中部地方のあらゆる産業・芸術・文化のコミュニティの中心をめざしている。

近くには多治見市美濃焼ミュージアムがある。これは岐阜県陶磁資料館が2012(平成24)年、多治見市に移管されたものである。同館の外壁には、美濃焼の志野に似せた色のタイルが用いられている。展示室は、磁器展示室・現代陶展示室・企画展示室・美濃焼1000年

美濃焼の町

の流れ・桃山陶展示室の5室がある。通路の内壁タイルも志野風で，竹を配した広い中庭では野点も行われている。また，多治見市美坂町には多治見市陶磁器意匠研究所があり，星ケ台には岐阜県セラミックス研究所がある。陶磁器関連産業の要求に対応した新製品の開発や技術力向上のための研究が行われ，当地の陶磁器生産の発展に寄与している。

元屋敷陶器窯跡 ❹
0572-54-2710

〈M▶P.194, 200〉 土岐市 泉 町 久尻1332 Ｐ
JR中央本線土岐市駅 徒歩15分

美濃最古の連房式登窯 織部の名品を焼いた窯跡

　JR土岐市駅から北に約300m進み，国道19号線をこえて丘陵地に向かってさらに北へ約600mいくと，元屋敷陶器窯跡(国史跡)がある。この窯跡は1600年ごろ，久尻陶祖加藤景延が，肥前国唐津(現，佐賀県唐津市)に学んで帰り，美濃地方ではじめて築いた窯といわれる。連房式登窯で全長24m。当時のこの地方としては，もっとも規模の大きな登窯の1つで，織部焼発祥の窯でもある。織部焼とは，戦国時代の武将で茶人の古田織部が，土岐・久尻の陶工に焼かせたことにはじまるとされる陶器で，清新で前衛的な作風で知られる。当窯跡には14の焼成室があり，各室の幅は平均2.2m，奥行は0.55〜1.3mと上へいくにしたがって大きくなっている。1958(昭和33)年の発掘調査では，美濃桃山陶のすぐれた特徴をもつ織部・志野などが多数出土し，近くにある土岐市文化会館隣の土岐市美濃陶磁歴史館に収蔵されている。現在，この周辺は作陶を体験する施設も整備され，織部の里公園になっている。

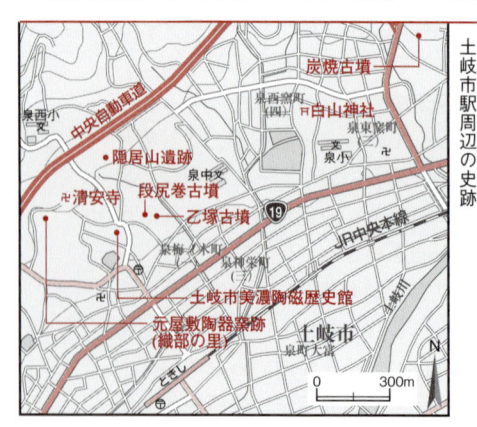

　この公園に隣接した小高い丘の上に，加藤景延一族の菩提寺清安寺(曹洞宗)がある。ここから東に約10分進むと，右手木立のなかに乙塚古墳(国史跡)がある。直径27.3m・高さ7.3mの横穴式石室をも

土岐市駅周辺の史跡

元屋敷陶器窯跡

つ円墳で,この円墳にあわせて12mの羨道があり,玄室は大きな切石を組んでつくられている。古墳時代後期(7世紀)のものといわれ,八坂入彦命の王女,弟媛ゆかりの者を葬ったと伝えられている。段尻巻古墳(国史跡)は乙塚古墳の北西約70mのところにあり,墳丘の直径12.8m・高さ3.7m・南北の径17m・東西の径15mの楕円形の円墳で,羨道・玄室がつくられている。

また,ここから北方200mには隠居山遺跡がある。1950(昭和25)年に,約1600万年前の哺乳動物パラオパラドキシア・タバタイ(デスモスチルス類)の完全な骨格化石(東京国立博物館保管)が発見されたところで,化石のレプリカは土岐市文化会館ロビーに展示してある。さらに乙塚古墳の北東約1.5kmの共同墓地内にある炭焼古墳(県史跡)は,玄室が前後2室に分かれ,羨道と前室の間および前室と奥室の間に石室門をつくり,両側壁に方柱形の石材がたつ特殊な構造である。小規模な古墳だが,岐阜県内に残る古墳では類例のないものである。

乙塚古墳の北東,泉小学校そばの白山神社(祭神菊里姫命)境内の林のなかに,樹齢およそ1000年といわれるハナノキと,その近くに自生しているヒトツバタゴ(ともに国天然)がみられる。そのほか,白山神社から南西の土岐津町土岐口の神明峠辺りでは,美濃の壺石(国天然)がみられる。

妻木城跡 ❺

〈M ► P.194〉土岐市妻木町上郷　P
JR中央本線土岐市駅　妻木行妻木上郷　40分

山頂に築かれた山城城郭遺構が残存

妻木上郷バス停から県道19号線を南東にむかって約1.2kmいくと,左手に御殿跡がみえる。御殿跡脇の登山道を25分ほど歩いていくと,城山山頂の妻木城詰城に到着する。妻木城は,1352(文和元)年,美濃国守護土岐頼貞の孫頼重(土岐明智氏の祖)により築城されたといわれているが,その後,土岐郡最大の豪族となった妻木氏が代々

美濃焼の町

の城主となった。妻木氏は、関ヶ原の戦いで東軍に加わり、岩村城(現、恵那市)を攻め落し、その功により土岐郡内7500石の旗本となったが、1658(万治元)年3代頼次の急死により断絶し、妻木城は廃城となった。なお、妻木氏は代々陶器の生産を奨励し、織部・志野などに代表される美濃焼を育てた旗本としても注目されている。

妻木城跡(県史跡)は、山麓に平素の居城をおき、背後の城山山頂部に詰城が築かれた典型的な中世の山城である。山麓の御殿跡・士屋敷跡(県史跡)は、石垣で固められた3段の曲輪から構成されている。詰城は、山頂部に本丸・二の丸をおき、西側の1段下に蔵を備えた曲輪、さらに堀切を隔てて西の尾根筋にも曲輪を構え、根小屋がある北方を重視した縄張りとなっている。城の遺構としては、本丸に石垣と虎口が、本丸南側にわずかであるが石垣が残っている。また、搦手には水の手があり、井戸・土塁が設けられている。

御殿跡から県道19号線を北に約600m戻ると、右手に、崇禅寺(臨済宗)の総門がみえる。この寺は土岐明智氏(のちの妻木氏)の菩提寺として、1354年、土岐頼重によって創建された。開山は永保寺開山の元翁本元の弟子果山正位である。また、本尊の釈迦如来立像(県重文)は寄木造ではなく、スギ材を丸木彫にして中心で2つに割り、胎内部をえぐりとった特殊な手法によりつくられている。寺宝にはほかに、夢窓国師筆果山条幅や此山妙在筆跡(ともに県重文)などがある。

崇禅寺の北約400mには八幡神社(祭神品陀和気尊)がある。この神社は、妻木城の守護神として土岐頼重が創建したもので、妻木頼久の奉納による絵馬2面(県重文)がある。これは左右1対の絵馬で、縦27cm・横73cmの面いっぱいに左右相対する馬(入馬と出馬)が対照的に大和絵風に描かれている。また、10月第2日曜日の例祭に奉納される流鏑馬は有名である。

妙土窯跡 ❻
0827-52-3773

〈M▶P.194〉多治見市笠原町向島区2457-6
JR中央本線多治見駅🚌笠原行川尻🚶5分

川尻バス停から東に約400m、向島の県道13号線脇の山中に、妙土窯跡(県史跡)がある。南に面した丘陵斜面を掘り込んで岩盤上に築いた、半地下式単室の美濃大窯とよばれる窯跡である。窯跡は天

美濃焼

コラム **体**

美濃焼研究と作陶体験　著名作家の茶碗も堪能

織部の里公園では,「歩いて見て・触れる」ことで,楽しみながら美濃桃山陶への理解が深められる。総面積は約8000m²あり,貴重な窯跡を見学したり,作陶体験もでき,多くの人が訪れている。ここで人気なのが美濃桃山陶の体験施設で,陶芸家の指導をうけながら,ろくろを使ってオリジナルの器づくりができる。

また,毎年5月中旬,市民茶会があり,参加者は著名作家の茶碗を用いる名陶茶席と,野外で茶を味わう野点茶席と,2つの茶席を自由に体験できる。名陶茶席では,14代美濃陶祖や市無形文化財の作家による志野や織部,瀬戸黒など約50点の逸品に触れられる。

半地下式単室の窯　銅緑釉小皿の陶片を発見

井部分が崩壊しているものの,床面・両側壁などをよく残しており,美濃大窯の窯体構造を細部にわたって伝える数少ない窯跡といえる。操業は16世紀初頭と推定され,元屋敷陶器窯跡に先行するものである。銅緑釉小皿の陶片が出土し,織部焼のはじまりをなすものではないかと,美濃陶磁史研究のうえでも注目されている。窯跡は埋めて保存され,出土品は多治見市笠原中央公民館に展示してある。

川尻バス停つぎの笠原車庫前バス停から道なりに南へ約150m,マツ林のなかに,7世紀前半の築造と推定される狐塚古墳(県史跡)がある。直径約11mの円墳で,高さは東側で約1.5m・西側で約2m。横穴式石室には,花崗岩の川原石を利用している。出土品の金環・勾玉などは,現在,東京大学人類学教室に保管されている。

狐塚古墳

② 土岐氏ゆかりの地

中世から近世にかけて、土岐氏・小里氏・馬場氏らが活躍した山間の地、瑞浪市。

土岐頼貞の墓 ❼　〈M▶P.194, 207〉瑞浪市土岐町市原
JR中央本線瑞浪駅 🚶15分

土岐氏累代の墓

美濃源氏土岐発祥の地 中興の祖頼貞の墓

JR瑞浪駅北口から県道352号線(旧国道19号線)を約400m東へいった一日市場交差点前に、一日市場館跡がある。鎌倉時代初期に美濃国守護に任じられた土岐光衡がたてた居館と推定される場所である。現在は八幡神社境内の一部となっている。

一日市場交差点より県道20号線を南東へ進み、土岐川をこえ、2つ目の交差点より東へ約50mのところに土岐頼貞の墓(県史跡)がある。この地は美濃源氏の土岐氏が菩提寺とした光善寺跡である。墓地は現在は市道によって東西に分離しているが、宝篋印塔4基と五輪塔14基がある。そのうち室町幕府から初代の美濃国守護に任じられた土岐頼貞の墓は西側の墓所にあり、五輪塔5基と隣接してたつ、高さ103cmの宝篋印塔である。

頼貞の墓がある市原地区では、明治20年代から農家の副業として土雛人形の生産が行われてきた。最盛期の昭和時代初期には五十数件の家で生産されていたが、現在は技術伝承者は1人となってしまった。

桜堂薬師 ❽　〈M▶P.194, 207〉瑞浪市土岐町桜堂5728
JR中央本線瑞浪駅 🚗15分

嵯峨天皇の勅願寺 江戸時代の絵馬

JR瑞浪駅を南へでて県道20号線を東へ向かい土岐川をこえ、さらに約400mいくと桜堂薬師がある。この寺は、812(弘仁3)年に天台宗瑞桜山法明寺として三諦上人覚祐が建立したのがはじまりで

土岐氏一族

コラム 人

清和天皇の流れをくむ土岐氏一族

　清和源氏と美濃国は、平安時代末期に祖である源経基、その子満仲、孫頼光・頼信が受領となったことで結ばれた。土岐氏へとつながるのは、頼光の子孫である。

　頼光の子頼国・孫国房のころには、厚見郡鶉郷・茜部荘（現、岐阜市）を本拠としていたが、国房から5代目にあたる光衡が鎌倉幕府より美濃国守護に任じられたことから土岐郡（現、瑞浪市・土岐市辺り）に基盤を移した。光衡は、瑞浪市土岐町一日市場に館を築き、土岐氏を名乗り在地武士化の道を歩んだ。光衡の子光行は、承久の乱（1221年）に際して幕府側にたち、恩賞として饗庭荘（現、揖斐郡大野町）をうけ、美濃国内に勢力を伸張させた。正中の変（1324年）では、後醍醐天皇の討幕計画に参加したなかに、土岐頼貞・多治見国長ら土岐一族の名がみえる。

　鎌倉幕府滅亡後の建武の新政では、土岐頼貞は足利尊氏にしたがって活躍し、1336（建武3・延元元）年ごろに美濃国守護に任じられた。以後、南北朝の動乱においては足利将軍をささえ、頼貞の子頼康の時代には、尾張・伊勢の守護にもなり、『土岐累代記』に「これ（頼康のとき）より当家の勢い強大となりぬ」とあるように、土岐氏は最盛期を迎えた。

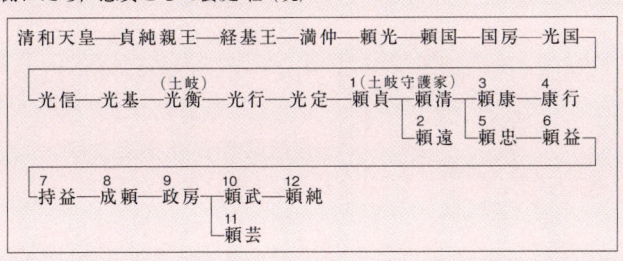

```
清和天皇―貞純親王―経基王―満仲―頼光―頼国―国房―光国
                    （土岐）              1（土岐守護家） 3    4
└光信―光基―光衡―光行―光定―頼貞―頼清―頼康―康行
                              │     2    5    6
                              └頼遠 └頼忠―頼益
    7    8    9    10   12
└持益―成頼―政房―頼武―頼純
                  │11
                  └頼芸
```

土岐氏略系図

ある。寺伝では、嵯峨天皇の病気平癒によって勅願寺・定額寺となり、七堂伽藍を備えた、美濃国一、二の規模を誇る大寺院であったという。

　1571（元亀2）年、織田信長の家臣森長可によって焼き払われ、1667（寛文7）年に、岩村藩5代藩主丹羽氏純の保護をうけて再建された。現在残っている堂宇はこのときのもので、本尊は室町時代後期制作・寄木造の薬師如来坐像である。寺宝には、鎌倉時代の舞

桜堂薬師本堂

楽面3点，慶長・寛文・享保・文政年間の絵馬4点（いずれも県重文）などがある。

桜堂薬師の南東200mに三諦上人供養塔（県史跡）がある。この供養塔は，全高1.4m，3層からなる多層塔で，相輪部も完全に残っており，下段の輪石に「元慶三(879)年十月五日奉立，三諦上人石塔」銘をもつ，岐阜県内最古の石造物である。

鶴ヶ城跡 ❾

〈M▶P.194, 207〉　瑞浪市土岐町鶴城中町
JR中央本線瑞浪駅 🚗 20分

鎌倉時代特有の山城
土岐氏草創期の居城

鶴城交差点から国道19号線を南西へ，3本目の道路を北へ進み，中央自動車道をくぐり，側道を北東へ約100mいったところに鶴ヶ城跡（県史跡）がある。鶴ヶ城は，鎌倉時代初期の築城とされる。自然の地形を巧みに利用した山城である。城山の前面は，中央自動車道の建設に伴って削りとられている。側道脇の登り口から急な坂道をのぼると，南西側と千畳敷とよばれる頂上部に平地があり，千畳敷には土岐頼兼をまつる土岐神社がある。1972（昭和47）～73年にかけて，東の曲輪と大手門跡推定地の発掘調査が実施された。この調査では，数多くの柱穴群は発見されたが，建物の構造を推定できる明確な遺構は検出されなかった。遺物としては，おもに16世紀

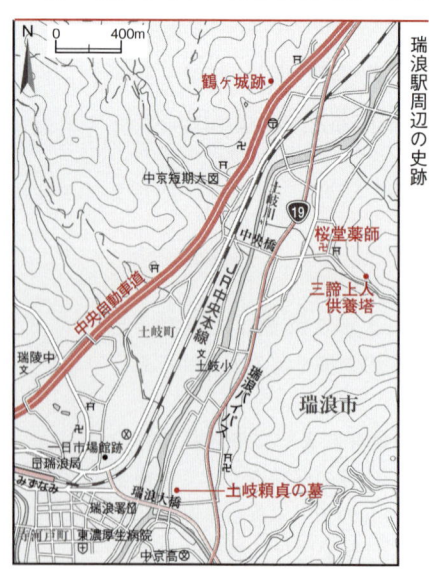

瑞浪駅周辺の史跡

206　焼物とヒノキ―東濃

前半からなかばにかけての美濃窯の陶器類が出土した。また少量であるが、13〜14世紀ごろの土器の皿や常滑窯の甕の破片なども出土している。

小里城跡 ❿

〈M▶P.194〉瑞浪市稲津町 小里字城山2718
JR中央本線瑞浪駅🚌明智行山の田🚶10分

土岐氏支流小里氏の城　窯業の町陶

　山の田バス停から東へ1本目の路地を南へ進み、小里川をこえ、県道20号線沿いに250mほど東へ歩くと、小里城山城跡（県史跡）の登り口がある。通称小里城とよばれている。小里城は、城山（450m）山頂に、1534（天文3）年土岐氏の支流小里光忠が築いたとされる山城である。16世紀後半の東濃地方は、甲斐の武田信玄と尾張の織田信長との勢力争いで、軍事的に緊張していた。小里城主小里光忠と子の光次は、信長に属した。1572（元亀3）年、武田の美濃侵攻によって岩村城（恵那市岩村町）が攻略され、さらに1574（天正2）年、明知城（同市明智町）が包囲された。信長は、小里城と神箆城（鶴ヶ城）の大規模な拡張工事を命じたが、1575年に嫡男の織田信忠が岩村城を奪還したため、小里城は本丸構築途中で中止となったとされる。現存する遺構は、一の木戸・二の木戸・三の木戸跡、櫓跡および主郭石垣である。

　小里氏は、その後徳川氏にしたがい、関ヶ原の戦いの功績によって、光次の弟光明の孫光親は旗本となったが、光親の子の光重に実子がなく、1623（元和9）年に断絶した。小里城跡登り口から県道20号線を北へ1kmほど進んだところには、小里氏菩提寺の興徳寺があり、光親の祖父光明、光親・光重父子の位牌と墓がある。

　再び山の田バス停から、明智行きのバスに乗車し、県道20号線を南へ進み、国道363号線と交わる辺りが陶町である。陶町は16世紀後半から続く窯業地域である。大川東窯跡群と田ノ尻窯跡群では、瑞浪市教育委員会によって発掘調査が実施され、両遺跡とも大窯と連房式登窯からなる窯跡群であることが判明した。発掘調査後、埋め戻されたため、現在は窯跡をみることはできない。段付天目茶碗などの出土品は、瑞浪市明世町にある瑞浪陶磁資料館に展示されている。

土岐氏ゆかりの地

天獣寺 ⓫
0572-63-2044

〈M▶P.194〉瑞浪市釜戸町1540-1
JR中央本線釜戸駅🚶10分

旗本馬場氏の菩提寺 ハナノキでつくられた門

旗本馬場氏累代の墓(天獣寺)

　JR釜戸駅北側，国道19号線を南西へ1kmほどいったところに天獣寺(臨済宗)がある。この寺は，1616(元和2)年，土岐・恵那・可児郡内1600石を知行した旗本馬場氏の菩提寺として，初代昌次によって創建された。寺号は，昌次の父昌祐の法名天獣寺祥雲了仙居士にちなんだものである。

　1680(延宝8)年に，3代利尚によって同町中切から現在地に移された。山門は，市の文化財で1835(天保6)年の建立である。用材すべてにハナノキが用いられたことからハナノキ門といわれている。瓦葺き2階建ての楼門で，扇垂木の形式である。境内裏手には，2代利重・3代利尚・4代尚恒・5代尚真・6代尚繁・7代尚式・8代利光・9代昌平の8代にわたる旗本馬場氏累代とその一族の墓がある。初代昌次・10代克昌・11代昌之の墓は東京都中野区にある。

大久手(大湫)宿 ⓬

〈M▶P.194〉瑞浪市大湫町北町ほか
JR中央本線釜戸駅🚶1時間，または🚗10分

中山道山中の宿場町 石畳の残る琵琶峠

　瑞浪市内の北方の山中を東西にわたって続くのが中山道である。現在は，東海自然歩道として整備され，大久手・細久手の2つの宿場町がある。大久手宿は，海抜520mの山間の宿場町で，1604(慶長9)年に設置された。宿の町並みは南北約350mにわたり，1845(弘化2)年から1848(嘉永元)年に記された『中山道宿村大概帳』によると30軒の旅籠があったとされる。

　大久手宿の入口には高札場が復元され，通りの中央には，1847(弘化4)年，付知町の画人三尾静(暁峰)によって描かれた花鳥草木の天井画で知られる大湫観音，神明神社の樹齢1300年余りの大ス

日中不再戦の誓いの碑

コラム

日中不再戦の誓い
日中友好の鐘

　1944(昭和19)年，サイパン島がアメリカ軍によって占領され，日本の都市部ではB29による無差別攻撃がはじまった。日本政府は，攻撃の被害をさけるために地下工場建設を計画した。岐阜県内では，凝灰岩層の広がる瑞浪市の明世・釜戸地区や可児市の平牧・久々利地区などで地下を掘りぬく形で建設がはじまった。

　明世地区では，川崎飛行機(現，川崎重工業)岐阜工場の疎開地下工場の建設を間組(現，ハザマ)が行った。計画では，約5万9640m²の地下工場を建設し，毎月600機の飛行機を生産する予定であった。

　この作業にあたった多くが，朝鮮半島から強制連行で集められた朝鮮人労働者と中国人捕虜であった。中国人捕虜は，1945(昭和20)年4月と5月の2度にわたって330人が動員された。作業にあたった朝鮮人と中国人について，食料や住居などに待遇の違いがあり，より劣悪な環境であった中国人の39人が終戦までに命を失った。地下工場は未完成のまま終戦を迎え，操業には至らなかった。現在は，一部が地球の誕生からの歴史を紹介した施設，地球回廊として利用されている。

　地下工場予定地には，犠牲者39人の供養と平和を願って，日中友好不再戦記念事業東濃地区実行委員会により，1972年に日中不再戦の誓いの碑が，さらに1976年には日中友好の鐘が建設された。

日中不再戦の誓いの碑

ギがそびえたっている。

　本陣は，建坪180坪(約594m²)・部屋数22と，美濃16宿のうちで大きいほうであったが，現在は旧大湫小学校の校庭となっている。この本陣には，1861(文久元)年10月28日に仁孝天皇の皇女和宮が逗留した。脇本陣は中町の高台に門を

琵琶峠の石畳

土岐氏ゆかりの地　209

構え，規模は縮小されたものの，今も往時のまま保存されている。大久手宿より西へ1kmほどの琵琶峠(県史跡)には，約700mにわたる石畳が残る。

細久手(細湫)宿 ⓭

〈M▶P.194〉瑞浪市日吉町細久手上町ほか
JR中央本線瑞浪駅🚗40分

連続4カ所の一里塚　新宿としての宿場町

奥之田一里塚(南塚)

大久手宿の西隣の宿場町は，細久手宿である。この間は，公共の交通機関はなく，徒歩または車を利用することになる。大久手宿と細久手宿との間には，八瀬沢・奥之田の一里塚がある。径10m・高さ4m前後の塚で，それぞれ南塚・北塚とよばれている。瑞浪市内にある一里塚は，ほかに大久手宿と大井宿の間に権現山の一里塚，細久手宿と御嶽宿の間には鴨之巣の一里塚がある(いずれも県重文)。4カ所も連続して現存している例は，全国的にも珍しい。

細久手宿は，大久手宿と御嶽宿との間がおよそ4里半(約17.6km)と遠いことから，1610(慶長15)年に新宿として設置された。大久手宿と同様，海抜420mにある山間の宿場町である。細長く弓形にまがる町並みは，約400mにわたって続き，宿場の中央に尾張藩指定の本陣があった。現在は旅館(大黒屋)が営まれており，主屋(国登録)が当時の宿場町の雰囲気を色濃く残している。

中山道から離れ，西へ1.5kmいった平岩地区に開元院(曹洞宗)がある。1443(嘉吉3)年に土岐頼元が開基となり，東濃地方に曹洞宗を伝えた月泉によって開山した。本尊の観世音菩薩坐像(県重文)は，ヒノキ材による寄木造で像高46.5cm，1356(文和5)年に制作された。山門は市の文化財で，1801(享和元)年に建立された。

③ 恵那から明智へ

明知鉄道沿線には，中山道の宿場町大井，城下町岩村，日本大正村の明智と，歴史を感じさせる見どころが数多くある。

大井宿本陣跡 ⑭

〈M ▶ P.194, 211〉恵那市大井町50-1
JR中央本線・明知鉄道恵那駅 🚶10分

中山道の宿場町として栄ええ武並神社本殿は国重文

　JR恵那駅前を直進して2つ目の信号を左折すると，かつての中山道にはいる。この信号の左前方には，2001（平成13）年に開館した中山道広重美術館がある。収蔵品は歌川（安藤）広重の浮世絵版画を中心に約500点あり，中山道を描いた『木曽海道六拾九次之内』が有名である。信号のある交差点に戻り少し東に歩くと，橋の欄干に広重の木曽海道六十九宿の浮世絵のレプリカが掲げられている大井橋がみえ，橋を渡ると旧大井宿に到着する。

　大井宿は，奈良時代以来，東山道における美濃国内8駅の1つとして，また江戸時代には，中山道美濃16宿の1つとして栄えた場所である。大井宿は街道が直角にまがる枡形が6カ所あり，宿場町としては珍しい町並みを残している。阿木川を渡ると中山道は「枡形」の表示のある五差路を左にまがる（第1の枡形）。少し進むと右にまがり（第2の枡形），直進すると左に市神神社がみえる。

　市神神社（祭神大己貴命ほか）は毎年1月7日が例大祭で，福寿円満・商売繁盛を祈る参詣者で賑わう。市神神社を左側にみながら

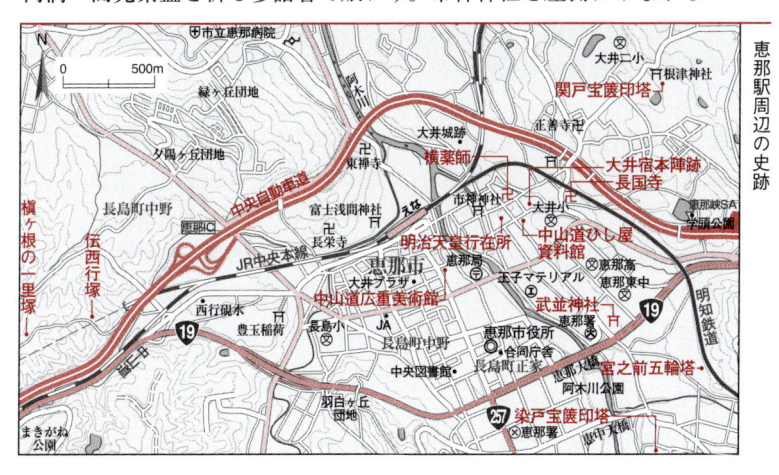

恵那駅周辺の史跡

恵那から明智へ

大井宿本陣跡

右にまがり（第3の桝形）、しばらく直進して、老舗料理旅館の角を左にまがる（第4の桝形）と本町にでる。この通りには幕末から明治時代初期の町屋がいくつかあり、宿場町らしい趣を今も残している。

　本町を東へ直進すると左に明治天皇行在所がみえてくる。1880（明治13）年6月に明治天皇が宿泊した場所で、奥座敷・次の間などが残る。100mほど進むと右手に中山道ひし屋資料館がある。この資料館は、「ひし屋」古山家を改修・復元したものである。古山家は、大井宿の有力な商家であり、また庄屋もつとめた家で、その住居は豪壮な町屋建築の特徴をよく示している。店蔵には、庄屋としての業務や「ひし屋」の商関係の古文書が展示され、宿の様子が伝わってくる。

　ひし屋資料館の前方左手には、大井宿本陣跡（県史跡、非公開）がある。江戸時代の本陣は、間口約40m・奥行約40mの屋敷に高塀をめぐらせた壮大な屋敷であった。表門の瓦葺き屋根、破風板、小屋組みの細工や彫刻は、安土・桃山時代の建築様式である。現在はこの本陣表門と傍らの老松のみが、かつての大井宿本陣の面影を残している。

　本陣前で中山道は左にまがり（第5の桝形）、少し直進すると横薬師がみえる。本尊は行基作の木造薬師如来で、病気・長寿に霊験があるといわれている。ここで右にまがり（第6の桝形）、上横橋を渡ると登り坂にさしかかる。この登り口に江戸時代の掲示板である高札場が復元されている。坂をのぼりきり、明知鉄道の橋梁の手前を右におれると前方に、歌人西行が入寂したと伝えられる長国寺（曹洞宗）がある。

　中山道は明知鉄道の橋梁をくぐり、急な坂道をのぼって中央自動車道の橋を渡る。さらに坂をのぼりきった場所で右折して、しばら

く東へ進むと、右手前方に鎌倉時代の関戸宝篋印塔(県文化)がある。中山道はここから甚平坂をくだり、中津川宿へと続いていく。甚平坂は距離が短い急な坂であったが、明治天皇が伊勢方面の視察をするためこの坂をとおることになり、2m掘り下げて少しなだらかな坂になった。

　また中山道ひし屋資料館の手前を右折して、県道66号線の歩道橋を渡り、さらに直進した大井町森には、武並神社(祭神大国主命)がある。創建は不明であるが、織田信長の近習森蘭丸の氏神として信仰されたと伝えられている。檜皮葺き・入母屋造の本殿(国重文)は、1564(永禄7)年の造営であり、バランスがよい。また武並神社近くには、室町時代の宮之前五輪塔・染戸宝篋印塔(ともに県重文)もある。

伝西行塚 ⓯

〈M▶P.194, 211〉恵那市長島町 中野鳶ヶ入1226　P
JR中央本線・明知鉄道恵那駅 🚗 5分

西行の墓と伝えられる恵那市街を一望できる

　JR恵那駅の前の信号を右折して西へしばらく進むと、信号のある五差路にでる。この交差点を多治見方向へ300mほど進むと、左手に西行硯水がある。西行法師がこの水で墨を磨ったと伝わる小さな泉があり、小公園風に整備されている。さらに100mほど進むと、西行塚入口の石碑がある。石碑の右側のゆるい坂をのぼり、JRの踏切を渡ると、すぐ左へまがる。案内板にしたがって350mほど進むと、坂道の右手に伝西行塚(県史跡)がみえてくる。

　西行塚は恵那市内を一望できる小高い丘の上にあり、塚上に花崗岩でつくられた高さ1.4mほどの五輪塔がたっている。恵那市大井町の長国寺(曹洞宗)の所蔵する『長国寺縁起』によれば、墓は西行の墓となっているが、実際には近世初期に、西行を慕う者により西行塚として建立されたという。

　西行塚から中山道を西へ

伝西行塚

約1kmほど進むと，西行の森公園のそばに，槇ヶ根の一里塚(県史跡)がみえてくる。さらに進むと，「右西京大坂，左伊勢名古屋道」ときざまれた道標がある。大井宿からつぎの大湫宿まではおよそ3里半，約13.8kmと距離が長く，尾根道が多いので，行き先を示した道標はとても重要な役割をはたしてきた。

岩村神社 ⓰

0573-43-2111(恵那市岩村振興事務所)
〈M▶P.194, 215〉恵那市岩村町若宮750
明知鉄道岩村駅 🚶 15分

一条宰相信能終焉の地
城下町の面影残す町並み

明知鉄道岩村駅東側の道を案内板にしたがって右折する。150mほど進み十字路を左折すると，約1.3kmにおよぶ恵那市岩村町本通り伝統的建造物群保存地区にはいる。恵那市では，1985(昭和60)年の岩村城創築800年祭を大きな契機として，城下町の歴史をまもりながら新しい町づくりをめざす気運が高まり，1998(平成10)年に岩村町本通りが国の重要伝統的建造物群保存地区に選定された。

しばらく本通りを進むと，左側に明治時代の旧態をよく残している旧柴田家がある。2004年より無料公開されている。さらに進むと，1822(文政5)年に造営された巌邑天満宮に至る。

2基の道標は1687(貞享4)年に造立されたもので，「是より右はみたけ道」「是より左はなごや道」と文字がきざまれている。さらに本町通りをいくと枡形の跡地に至る。ここには1989(平成元)年に復元された高札場がある。

また，町は岩村川を境に，北側が武家屋敷街，南側が町人町と分けられていた。枡形跡地より左におれて岩村川を渡ると，武家屋敷街の一画に鉄砲鍛冶がある。ここは藩政時代に火縄銃を製造していた加納家で，現在も鉄砲鍛冶の名残りをとどめている。

一方，枡形跡地より右におれて柳町通りを200mほど進むと，岩村神社に至

岩村町本通り

岩村町秋祭行事

る。この神社は、承久の乱(1221年)で敗れ斬罪された一条宰相信能を祭神とする。神社境内が信能の処刑地(一条信能終焉の跡、県史跡)と伝えられ、若宮社をたててこれをまつったのが神社のはじまりという。1881(明治14)年に岩村神社と改称した。毎年8月4・5日の例祭は、岩村の夏祭りとして賑わいをみせる。

また、毎年10月の第1土・日曜日には、露払いを先頭に、獅子頭・四神旗・打囃・稚子花車・神輿・雅楽など、氏子総出の行列が武並神社(祭神大己貴命・遠山景朝)から八幡神社(祭神応神天皇・遠山景廉)までを2日間かけて往復する。江戸時代からの伝統行事である岩村町秋祭行事(県民俗)である。なお、八幡神社には、室町時代から江戸時代の棟札4枚(県重文)がある。

枡形跡地の東側は町人町で、両側には切妻造・平入りの家屋がたっている。2階部分の低い厨子2階の家屋が特徴的で、城下町の町屋の雰囲気をただよわせている。現在も本町通りの約4分の1は、江戸時代の建物である。枡形跡地より約100m東には、幕末の商家である勝川家、幕末の庄屋である浅見家、約200m東には、江戸時代の問屋および岩村藩御用達であった木村家(木村邸資料館)と代表的な家屋がみられる。

また勝川家の向かいには土佐屋(工芸の館土佐屋)がある。土佐屋は江戸時代に染物屋を営んでいた旧家である。1階はドマミセ・ナカノマ・ブツマ・ザシキ、2階は通りに面した

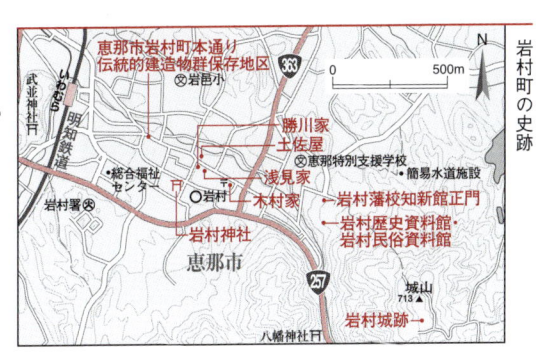

岩村町の史跡

恵那から明智へ 215

オモテノマ・十畳間・奥座敷八畳間と続き，中庭をのぞめる。

　木村邸の裏側には，蔵の壁を保存するため，壁の表面に平らな平瓦を斜めに並べ，継目を漆喰で固めたナマコ壁がある。木村邸より少し進むと，右手に板垣退助も宿泊した水野薬局，当時の母屋を使用して酒類販売を行っている岩村醸造がある。

岩村城跡 ⓱　〈M▶P.194, 215〉恵那市岩村町字城山3 P
明知鉄道岩村駅🚗10分

日本三大山城の1つ別名霧ヶ城として有名

　岩村駅東側の城山山頂(713m)に岩村城跡(県史跡)がある。岩村城は岩村市街地の東方約1.3kmに位置し，高取城(現，奈良県高市郡高取町)・松山城(現，岡山県高梁市)と並ぶ日本三大山城の1つに数えられる。岩村城は1185(文治元)年，この地の地頭に補せられた鎌倉幕府の有力御家人加藤景廉によって築かれた。戦国時代には，武田の武将秋山晴近・織田信長の叔母おつやの方・信長の近習森蘭丸らが城主となった。明治維新の廃城令によって取り壊された。

　1718(享保3)年の岩村城絵図などによれば，本丸の規模は東西約22m・南北約42mであったという。城は別名霧ヶ城とよばれるが，敵が攻めてきたとき城内にある蛇骨を霧ヶ井戸に投げいれると霧がでて，城をまもったという言い伝えによる。

　岩村城跡へは，駅から国道257号線にでて，上矢作方面にしばらく進むと，岩村城跡への案内板がみえてくる。その場所を左折して山道をのぼると，本丸下の出丸に到着する。登山道でのぼることも可能である。登山道へは，本町通りをのぼりきった場所にある常夜灯を左折する。少し進むと，1702(元禄15)年に，岩村藩初代藩主松平乗紀により創立された岩村藩校知新館正門(県史跡)，1990(平成2)年に復元された藩主邸太鼓櫓，岩村歴史資料館・岩村民俗

岩村城跡

岩村のうんだ偉人たち

コラム

三学戒の一斎 和歌の才を認められた歌子

佐藤一斎は，幕末の儒学者である。1772(安永元)年岩村藩家老佐藤信由の２男として江戸で生まれた。幼くして書道を好み，34歳で朱子学の宗家林家の塾長となり，昌平黌教授として数多くの門下生の指導にあたった。著書『言志四録』は全４巻からなり，その内容は学問・思想・人生観など多岐にわたる。

2002(平成14)年に「少くして学べば壮にして為すことあり。壮にして学べば老いて衰えず。老にして学べば死して朽ちず」の三学戒をきざんだ顕彰碑・銅像が恵那市岩村町の岩村歴史資料館前に建立された。

岩村町内には三学戒のほかに，岩村駅前・土佐屋付近・木村邸前・常夜灯など９カ所に佐藤一斎の碑文がある。碑にきざまれた文の意味を考えながら碑文めぐりをすることもできる。

下田歌子は幼名を平尾銘といい，1854(安政元)年岩村藩士平尾家の長女として生まれた。18歳で儒学者の祖父東条琴台を訪ねて上京するが，その旅の途中で「綾錦　着てかへらずば　三国山　またふたたびは　越えじとぞ思う」の１首を詠んだ。この歌は，1935(昭和10)年に建立された下田歌子顕彰碑にきざまれている。1872(明治５)年には学識と和歌の才を認められて宮内省に出仕し，翌年明治天皇皇后より「歌子」の名を下賜された。その後，実践女学校（現，実践女子大学）を創設するなど，近代女子教育の先駆者として活躍した。

資料館がみえてくる。この場所が登城口である。少し歩くと，日本の女子教育につくした下田歌子の勉学所がみえてくる。さらに藤坂，ついで険しい土岐坂をこえ，畳橋・大手門・霧ヶ井戸をとおり，六段壁をのぼると，山頂の本丸跡に到着する。岩村駅からは徒歩約40分である。山頂からの眺めはすばらしく，遠く御岳・木曽駒ヶ岳・恵那山を一望できる。

なお途中にある岩村歴史資料館には，佐藤一斎自讃画像軸，岩村城絵図・同平面図(いずれも県重文)が展示されている。歴史資料館隣には岩村民俗資料館が併設されている。自家用車で岩村町を訪問する場合は，岩村振興事務所の駐車場を利用すると便利である。

大正ロマン館 ⓲
0573-54-2014
〈M▶P.194, 219〉恵那市明智町1304-1
明知鉄道明智駅 🚶15分

明知鉄道明智駅は，日本大正村の案内所になっている。日本大正

大正ロマン館

モダンな建物
別名高峰・春日野記念館

村は，大正時代の建物・文化・風俗などを残す町の中心部をさし，1984（昭和59）年に女優高峰三枝子を初代村長として迎え，立村式を行った。

明智町は，江戸時代には飛騨・明智・三河を結ぶ南北街道と，尾張と信濃を結ぶ中馬街道が交差する交通の要衝であった。しかし，過疎が進行するなかで，住民の町おこし運動と，大正ロマンを求める気運が合致して，日本大正村が誕生した。1999（平成11）年には，女優司葉子が2代目大正村村長に就任した。

明智駅をでて国道363号線を右折して直進すると，大正村駐車場に至る。駐車場から明智川にかかる大正橋を渡ると，大正時代のたたずまいを色濃く残す大正路地に至る。南北街道を横切り，坂をあがると，左手に日本大正村役場（国登録）がみえてくる。1906（明治39）年に建設された庁舎で，瓦葺き・寄棟造，2階建ての木造洋館である。

旧明智小学校跡地にたつ絵画館を右にまがり道なりに進むと，正面の丘にモダンな建物が姿をあらわす。大正ロマン館（高峰・春日野記念館）である。大正ロマン館は，立村10周年を記念して1994（平成6）年に開館した。館の正面には，高峰三枝子（日本大正村初代村長）と栃錦（日本大正村初代議長）の銅像がたつ。館内は高峰三枝子・横綱栃錦の遺品や，明智町出身の洋画の先駆者山本芳翠の作品が展示されている。館の裏には，300年をこえる茅葺き民家の旧

大正路地

明智光秀ゆかりの地

コラム

光秀の名残りをとどめる誕生地

恵那市明智町は、戦国武将明智光秀の生誕地ともいわれている。光秀は25歳のときに妻木城主の伏屋姫を妻に迎え、全国遍歴のあと、越前国(現、福井県)一乗谷領主朝倉義景につかえた。

のちに織田信長につかえて、すぐれた戦略と政治力で頭角をあらわし、近江国坂本城(現、滋賀県大津市)、さらには丹波亀山城(現、京都府亀山市)の城主になった。

1582(天正10)年、京都本能寺で織田信長を倒すが、羽柴秀吉に敗れ、57歳で没した。

明智町では、毎年5月上旬に光秀まつりが開催される。光秀役を先頭に、子どもらが扮する武者や姫、山車などが続き、明智太鼓が披露される。また、東山町地区の龍護寺(臨済宗)において、光秀の供養が行われ、九条衣の袈裟が年に1度この日に披露される。町内には光秀公学問所・光秀供養塔など、光秀ゆかりの史跡がある。

三宅家がある。

大正ロマン館へきた道を、南北街道まで戻り左折すると、街道の左側に逓信資料館がみえる。建物は1875(明治8)年に開局した郵便局のもので、1897年には電信業務をかねた当地方の郵政業務の草分けとして存在した。またその向かいには、大正村資料館がみえる。館内は木造100畳敷4階建てで、郷土人形・蓄音機・柱時計など大正時代の資料が展示されている。大正村資料館の南隣には、大正時代の生活をしのぶ大正文化の資料や土雛を展示する大正の館がある。

さらに南北街道を約300m直進すると、中馬街道との交差点にでる。中馬街道は、かつては尾張・三河から信濃へ塩・絹を運ぶ道として賑わいをみせていた。交差点の

日本大正村周辺の史跡

恵那から明智へ

右手前方には，おもちゃ資料館がある。大正時代から昭和時代初期にかけて愛用された，お面・凧・人形などが展示されている。

中馬街道との交差点を右にまがり，中馬街道を少し直進すると天久資料館がある。1923(大正12)年，京都千本通りに開店したカフェー天久は，大正時代末期から昭和時代初期にかけて，映画監督の黒澤明や作家の水上勉らの文化人を常連として，日本中にその名を知られた。3代60有余年の歴史をもつカフェー「天久」は，1986(昭和61)年に閉店し，1988年大正村に資料館として復元された。2004年5月には大正時代館もオープンした。

また中馬街道の一部で，繭や塩の荷駄がはげしく往来したうかれ横丁が近くにある。明智川を渡り右折して川沿いに直進すれば，大正村駐車場に戻ることができる。

明智城跡 ⑲

〈M▶P.194, 219〉恵那市明智町城山1318-1-1 P
明知鉄道明智駅🚗10分

明智遠山氏の居城別名白鷹城として有名

明智駅東側の城山(528m)山頂に，明智城跡(白鷹城，県史跡)がある。頂上には，本丸跡・二の丸跡・出丸跡などが残り，谷を空堀として利用した自然の要害の山城である。この城は1247(宝治元)年遠山景重が築城したといわれるが，1574(天正2)年遠山一行，叔父利景の時代に，甲斐(現，山梨県)の武田勝頼の攻撃をうけて落城した。

その後，関ヶ原の戦い(1600年)の際に，遠山利景が東濃平定の功により，徳川家康から旧領をあたえられ，旗本遠山氏の初代となった。遠山氏の氏神であった八王子神社(祭神 天忍穂耳命)は，明智駅前の信号を300mほど直進したところにある。社殿(県重文)は，江戸時代初期の権現造である。社宝には，1676(延宝4)年から1768(明和5)年の絵馬7面(県重文)がある。

また，明智駅の北西には，徳平古墳，南西には久後古墳(ともに県史跡)がある。両古墳とも横穴式石室をもつ円墳である。1955(昭和30)年の発掘調査では，徳平古墳の石室内には4体分の人骨があり，人骨の周辺には武器や工具類が副葬されていた。

4 中津川とヒノキの山

島崎藤村の小説『夜明け前』の舞台となった中山道の宿場と、御神木の山並み。

東円寺⑳　〈M ▶ P.194, 222〉中津川市 東宮町8-12　P
0573-65-2741　　JR中央本線中津川駅 🚶 20分

うしろ向き薬師
幕末の趣残る宿場町

　JR中津川駅から南に向かって約700mいき、宮町の交差点で左折。250mほどさきの信号を右折し、左手の急な坂をのぼると、右手に東円寺（曹洞宗）がある。寺の創建は、1665（寛文5）年であるが、本尊は最澄の自作と伝えられる寄木造の木造薬師如来坐像（国重文）である。平安時代の制作と推定される薬師如来像で、はじめから独尊仏として造像された。かつて、この像をまつる堂の前を馬でとおると落馬するので、像を後ろ向きに安置したことから、別名「うしろ向き薬師」ともいわれている。

　中津川駅の西を流れる中津川から、中津川の支流である東の四つ目川までの間にあった本町を中心にした場所が、かつての中山道中津川宿である。脇本陣の跡地には、中津川市中山道歴史資料館が開館し、幕末の中津川宿の様子がわかる。資料館から小道を隔てた西側に、宿場の庄屋であった旧肥田家（現、曽我家）の屋敷と庭園がある。なお、旧肥田家の前の石門は曽我医院の門（医師の門）で、かつては赤い電灯がともっていた。その西の横町には桝形が残り、往時の中山道の面影を残している。

旧肥田家

木造薬師如来坐像（東円寺）

中津川とヒノキの山

また、中津川駅の西隣、JR美乃坂本駅西側の踏切を渡り、中津川工業高校に向かって北へ400mほどいくと中洗のバス停がある。その三差路を右におれ400mほどいくと、丘陵斜面中腹に中洗井北第1号窯跡(県史跡)がある。現在は埋め戻されている。

中山道落合の石畳 ㉑

〈M▶P.194〉中津川市落合1447
JR中央本線中津川駅🚌坂下行落合🚶30分

国境の峠道の石畳 和宮もこえた十曲峠

落合のバス停をおり、国道19号線の歩道橋を渡ると、中山道美濃16宿の東の入口、落合宿にはいる。200mほど歩くと本陣に着く。本陣の正門は、1815(文化12)年の大火で焼失し、のちに加賀藩(現、石川県)から寄贈されたものである。

中山道落合の石畳

落合宿から医王寺

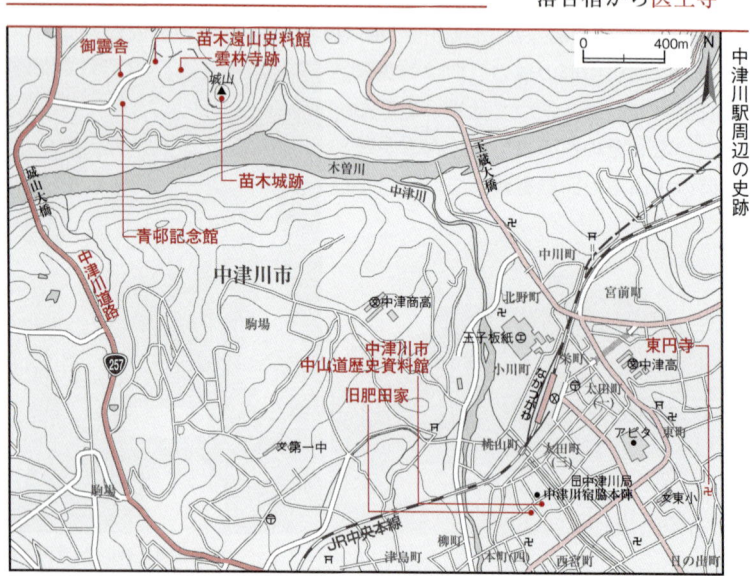

中津川駅周辺の史跡

恵那文楽

コラム 芸

300年の伝統芸能 文楽の里

恵那文楽(県民俗)は,元禄年間(1688～1704)ごろに,淡路島から巡業にきた傀儡師(人形遣い)が演じた人形浄瑠璃を,川上地区(現,中津川市川上)の人が伝承したものである。人形は3人で操る。芯遣いが人形の首・右手,左手遣いが人形の左手,足遣いが人形の両足を操る。

毎年9月29日の恵那神社の例祭には,三番叟が奉納されている。また,絵本太功記十段目・鎌倉三代記なども演じられる。恵那文楽人形頭(23体,県重文)や衣装は,川上地区にある文楽の里・楽生館そばの収蔵庫におさめられている。見学には,事前に恵那文楽保存会に問い合わせを要する。

恵那文楽人形頭

(浄土宗)を経て,東に2.5kmのところに十曲峠がある。「十曲」の名のとおり,曲折した急な坂道が続く。この中山道の難所をとおりやすくし,大雨によるぬかるみを防ぐために,自然石を敷きつめた石畳がある。これが中山道落合の石畳(県史跡)である。落合の石畳が中山道開通とともに設けられていたかはわからないが,1861(文久元)年の仁孝天皇の皇女和宮下向の際と,1880(明治13)年明治天皇行幸の際に改修された。1995(平成7)年に,旧状をとどめる3カ所を含む840mが復元・整備された。

恵那神社 ㉒

0573-65-3557
⟨M▶P.194⟩ 中津川市川上正ヶ根3786-1 P
JR中央本線中津川駅🚌恵那山ウエストン公園前🚶10分

天照大神の胞衣を埋めた霊山 日本武尊伝説の神坂峠

JR中津川駅から南へ国道19号線にはいり,西に進む。中村交差点より国道363号線を南へ約8kmいくと,恵那神社(祭神伊邪那伎大神・伊邪那美大神)がある。恵那神社は,恵那郡(現,中津川市・恵那市)全体の産土神で,美濃と信濃の境界をなす恵那山(2190m)の山頂に社殿があり,旧登山道にあたる川上には里宮の恵那神社がある。

「恵那」の地名は,この地が天照大神の生誕地であり,その胞衣(へその緒)を埋めたところからきていると言い伝えられている。927(延長5)年の『延喜式』神名帳に「従五位上恵奈明神」と

中津川とヒノキの山

苗木藩と廃仏毀釈

コラム

平田派国学と徹底した廃仏毀釈

　明治時代の初め、苗木藩では藩内の寺院堂塔・石仏・仏像などをすべて焼却・埋没処分にするという、徹底した廃仏毀釈が行われた。これは、12代藩主遠山友禄（当時は知藩事）によって、藩の大参事に登用された青山直道が、平田派国学の心酔者であったことによる。青山は廃仏毀釈と家禄奉還を政策の柱に、徹底した改革を断行していった。

　一方で改革への不満もうまれ、直道自身も自邸を焼かれたり、刺客にねらわれたりした。しかし、神道への改宗を強制されても表立った反発は行われず、領民のなかにはひそかに仏教を信仰するものも存在した。その名残りとして、津戸にある南宮神社の正殿の柱にきざまれた卍、八幡には、雨を防ぐために傘型にして石仏をまつった穴観音、室屋には西国三十三番札所にちなんだ三十三カ所の観音に、廃仏毀釈のあとがみられる弘法堂などがある。

弘法堂の観音

恵那神社大祭

記されており、格式の高い社である。また、近くには日本武尊が東征の帰り、尊を苦しめた山の神（白鹿）を退治した説話で名高い科野坂（神坂峠）がある。

　恵那神社には、神宝の平安時代の太刀銘貞綱（県文化）ほか、国重銘の短刀もあるが、現在は苗木遠山史料館に保存してある。毎年9月29日の例祭には、元禄年間（1688～1704）に淡路の傀儡師によって伝えられたという恵那文楽（県民俗）が奉納される。

　恵那神社から国道363号線に戻り、川上の集落をぬけ、峠をこえ

杵振踊

コラム 芸

杵を振り豊作祈願 赤・青・黄の市松模様の笠

　毎年4月16日に近い日曜日に行われる、中津川市蛭川の安弘見神社（祭神素戔嗚命）の大祭には、花馬神事と杵振踊（県民俗）が奉納される。

　杵振踊は、南北朝時代(14世紀)にこの地に移り住んだ、南朝方の武士による「剣の舞」がはじまりだといわれ、剣の舞が杵を振って豊作を祈る踊りにかわったという。30人ほどの踊り手が、赤い法被に袴の一種である水玉模様のカルサン、赤・青・黄色の市松模様の笠をつけ、「ソーイ」のかけ声も勇ましく、杵を打ちあわせながら踊る。その姿は、華麗で力強い。

杵振踊

　て南西に向かうと、阿木の信号にでる。信号の西100mほどに萬嶽寺（曹洞宗）がある。寺には木造馬頭観世音菩薩坐像（県重文）があり、境内にはハスの花をはじめ200種以上の植物が栽培され、花の寺として親しまれている。

　恵那神社から国道19号線に戻り、長野方面に約10kmいくと、坂下へはいる。JR坂下駅の南側から国道256号線にはいり1.5kmほど北上し、川上川をわたってすぐ右折し、川沿いに北へ3kmいくと、中津川市坂下合郷に至る。当地には、木造釈迦如来坐像・木造役行者倚像（ともに県重文）をまつる蔵田寺（曹洞宗）がある。本尊の釈迦如来坐像は高さ47cm、ヒノキ材の寄木造に黒漆がほどこされている。役行者倚像はヒノキ材の寄木造で、写実的につくられている。ともに室町時代初期のものである。

　また、国道19号線から坂下にはいり、国道256号線を6kmほど道なりにいくと、薬師口バス停に着く。その三差路を右折すると上野の磯前神社（祭神大名牟遅神）があり、木造薬師如来坐像（県重文）がまつられている。もと東光寺の本尊であったが、明治初年の廃仏毀釈のとき、この神社に移されたという。

中津川とヒノキの山

藤村記念館と馬籠宿 ㉓

0264-59-2047

〈M▶P.195, 226〉中津川市馬籠4256-1 P
JR中央本線中津川駅🚌馬籠藤村堂行馬籠🚶5分

「木曽路はすべて山の中」島崎藤村生誕の宿場町

2005(平成17)年2月13日、木曽郡山口村は長野県から岐阜県へ越県合併をし、岐阜県中津川市となった。

落合宿の東、濃飛バスの木曽路口バス停から、2kmほどの十曲峠をこえ、中山道落合の石畳を経てしばらくいくと、島崎藤村の筆による「これより木曽路」の碑がある。そこから2kmで馬籠宿に着く。江戸日本橋(現、東京都中央区)を起点にした中山道43番目の宿場である。桝形をぬけて坂道をあがると、右手に清水屋資料館がある。清水屋は島崎家とともに馬籠宿の役人をつとめた。館内には、藤村が小説『嵐』の登場人物「森さん」のモデルとした清水屋の原一平に長男の楠雄をたくした書簡や、宿札などの宿場関係の資料が展示されている。

清水屋から100mのぼった左手、宿のなかほどに藤村記念館がある。かつての馬籠宿本陣の島崎藤村宅跡(県史跡)である。藤村没後5年の1947(昭和22)年、藤村の生涯の記念となるものを保存するという主旨のもと、記念館が設立された。島崎家は、1895(明治28)年の大火で、隠居所を残して焼失した。藤村の蔵書や『夜明け前』

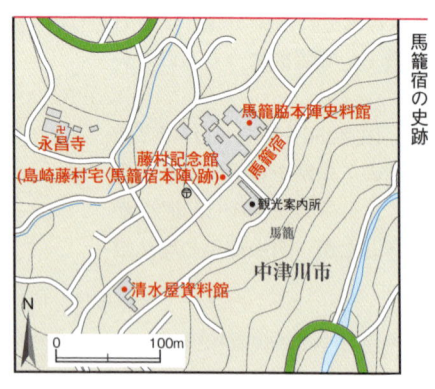

熊谷守一と前田青邨

コラム 人

「画仙人」と近代日本美術画壇の重鎮

熊谷守一は，1880（明治13）年に恵那郡付知村（現，中津川市付知町）に生まれた洋画家である。無欲恬淡な制作活動を続け，明治・大正・昭和時代を自由な精神で生きぬいた。文化勲章受章を辞退し，自由な創作活動を続けた。自宅のアトリエで埋もれるように絵を描き続けた守一は，その風貌から「画仙人」とよばれた。地元には，アートピア付知交芸プラザ内に熊谷守一記念館があり，「馬」「白猫」が展示されている。

前田青邨は，1885年に中山道中津川宿（現，中津川市新町）で生まれた日本画家である。スケッチブックを片時も離さず，写生の大切さを説いた。1955（昭和30）年，文化勲章を受章した。中津川市苗木に青邨記念館があり，代表作の「洞窟の頼朝」をはじめ「白河楽翁公」「袈裟御前」などの作品が展示されている。多くの下図も展示してあり，日本画制作過程がうかがえる。

の自筆原稿，詩集など5000点余りの資料を収蔵・公開している。

　記念館の1軒さきに馬籠脇本陣史料館がある。館内には，大名が参勤交代の際に利用した上段の間を，忠実に復元している。また，『夜明け前』中の「桝田屋」である脇本陣蜂谷家に伝わる遺品や古文書が展示され，裏手には，1753（宝暦3）年に築かれた亀甲型の石垣が残されている。また，脇本陣当主の日記「馬籠宿の覚書」も公開されている。脇本陣から90m西にくだり，右折し路地を160mいったところに永昌寺（臨済宗）がある。墓地には藤村の墓がある。

苗木城跡 ㉔

〈M▶P.194,222〉中津川市苗木字櫓下　P
JR中央本線中津川駅🚌付知峡方面行苗木🚶20分，または中央自動車道中津川ICから国道257号線城山大橋経由🚗10分

赤壁伝説の城築城の痕跡を示す石垣

　苗木バス停からすぐの信号を南へ1.3kmいくと苗木城跡（国史跡）に着く。大永年間（1521～28）に，遠山昌利が中津川市福岡植苗木にあった城を移したのがはじまりといわれる。戦国時代から近世の城郭であり，木曽川を自然の堀とし，岩山を巧みに利用している。苗木城の本丸跡である高森山の山頂（432m）にたつと，恵那山を正面に，眼下に木曽川がのぞめる。木曽川に住む竜が白を嫌い，白壁を塗ると一晩で白壁をかきむしったという伝説にちなんで，土壁の色

中津川とヒノキの山　　227

ヒノキの山

コラム

御神木をだす山 東濃ヒノキ

恵那郡北部（現，中津川市付知町・加子母）は裏木曽とよばれ，古くからヒノキの銘木を産している。14世紀末には伊勢神宮の遷宮材に，ヒノキを供出した。ほかに法隆寺金堂・明治神宮・姫路城などの用材にもなっている。

遷宮にさきだち斧入式が執り行われるが，伐採には「三ツ緒伐り」とよばれる古式法で行われる。この方法は，木が倒れる方向が正確で，芯抜けなどが少なく，貴重材の伐採に用いられる。

裏木曽では，江戸時代前期には城郭建築のために伐採が行われた。山の荒廃や資源減少を防ぐために，尾張藩は領民に無断伐採を禁じる「留山制度」や木曽五木（ヒノキ・サワラ・アスナロ・コウヤマキ・ネズコ）を「停止木」にするなどの森林保護施策をとった。これが現在の大規模なヒノキ林のできた理由である。

1889（明治22）年，御用林（皇室林）となり，「出の小路神宮備林」とよばれた。戦後は国有林となり，「木曽ヒノキ備林」となっている。

御神木

から赤壁城の別名でもよばれている。

豊臣秀吉のときに1度城主はかわったが，1600（慶長5）年，関ヶ原の戦いで功をたてた遠山友政が城主となり，以来遠山家12代，約270年にわたっての居城とされた。山裾には，雲林寺跡がある。

雲林寺は，臨済宗寺院で遠山家の菩提寺だったが，明治初期の廃仏毀釈により，17世剛宗和尚を最後として廃寺となった。

その東側には，中津川市苗木遠山史料館があり，武田信玄

苗木城大矢倉跡

木遣音頭

コラム 芸

伊勢神宮式年遷宮の御神木を送る歌

中津川市付知町には木遣音頭(県民俗)が伝わる。木遣音頭は,伊勢神宮で20年ごとに行われる伊勢神宮式年遷宮の際,「出の小路神宮備林」(現,「木曽ヒノキ備林」)で伐採した御神木を伊勢神宮へ送るときにうたわれる。

現在は,毎年4月第4土・日曜日,裏木曽国有林の護り神である護山神社(祭神大山祇命)の祭礼に奉納されている。「伊勢神宮御用」の意味である「大一」と染めぬかれたそろいの法被に手甲・脚絆・草鞋ばき姿で音頭をとり,歌に和する。

1609(慶長14)年,徳川家康が全国の諸大名に命じ名古屋城を築いた際,加藤清正は石揚げ工事の木遣音頭で指揮をとり,難工事を完成させたといわれる。当地域の木遣音頭は,この工事に従事して功のあった付知村(現,中津川市付知町)の人びとが,清正から贈られたものとされる。

木遣音頭

書状をはじめ苗木遠山家の資料や,廃仏毀釈・神葬改宗などを中心に展示がしてある。また,史料館の南方100mに,遠山氏初代から15代の墓地御霊舎がある。また,近くには,中津川がうんだ日本画壇の巨匠前田青邨の作品を展示する青邨記念館もあり,「白河楽翁公」などの作品がみられる。下図も多くあり,制作過程がうかがえる。神明神社(祭神天照大神)は遠山氏の崇敬が篤く,苗木藩9代藩主遠山友清の寄進による備前国長船住近景銘の太刀(国重文,非公開)が,神宝として伝わる。

苗木遠山史料館をでて,国道257号線を6.3km北上した中津川市福岡には,野尻遺跡(県史跡)がある。榊山神社(祭神建速須佐之男大神)には太刀銘吉則(国重文)が伝わる。この神社の例祭(7月19日)は,たたき祭の名で知られている。また,さらに国道257号線を北上した付知町には,翁舞附人形頭と面(県重文)と寳心寺の絹本著色十六羅漢(県重文,非公開)がある。

加子母の明治座 ㉕
0573-79-3611

〈M▶P.194〉中津川市加子母下桑原4798-2 P
JR中央本線坂下駅 🚌 下呂行下区 🚶5分

農村歌舞伎の農村舞台
回り舞台にスッポン

加子母の農村舞台(明治座)

中津川ICより国道257号線を30km北上し,加子母にはいる。万賀の信号を右折し旧道を1kmほどいき右折すると,加子母の農村舞台(明治座,県民俗)がある。1893(明治26)年に加子母村下半郷の「共同劇場」としてたてられた芝居小屋で,翌1894年に明治座舞台開きをした。建物はマツ・スギ・モミ・ケヤキを使用した切妻造・妻入りである。直径5.5mの回り舞台・スッポン(奈落から花道へ役者をあげるためのもの)・両花道・2階席を備えた劇場形式の農村舞台である。なかにはいると,平場の天井には長さ8間(約14.6m)の梁材がとおしてあり,客席には支えの柱はなく,どこからも舞台がみやすくなっている。

現在は,毎年9月初旬に加子母歌舞伎保存会による地歌舞伎が上演され,またクラシックコンサート会場ともなったりしている。

匠のくに――飛驒

Hida

高山市から乗鞍岳をみる

観光客で賑わう上三之町

1:560,000
0 5 10km
富山県
富山市
南砺市
白木峰
金剛堂山
小白木峰
いのたに
スーパーカミオカンデ
すぎはら
うつぼ
飛騨市
桑崎山
北ノ俣岳
雲ノ平
黒部五郎岳
三俣蓮華岳
大町市
硫黄岳
双六岳
槍沢岳
楢峠
流葉山
抜戸岳
笠ヶ岳
旧おくひだおんせんぐち
北穂高岳
奥穂高岳
西穂高岳
つのがわ
さかかみ
上宝ふるさと歴史館
錫杖岳
ひだほそえ
大雨見山
湯峰峠
すぎさき
ひだふるかわ
大洞平古墳
河童橋
上高地
焼岳
霞沢岳
トヤ峠
福地の化石産地
ひだこくふ
小鳥峠
猪臥山
十二ヶ岳
恵比須峠
輝山
安房峠道路
安房峠
ほずえ
荒川家住宅
平湯峠
高山IC
高山西IC
飛騨清見IC
小鳥峠
岐阜県
十石山
松本市
たかやま
中部縦貫自動車道
東海北陸自動車道
松倉城跡
位ヶ原
乗鞍高原
大西文庫
美女峠
ひだいちのみや
千町ヶ原
乗鞍岳
高山市
子ノ原高原
松ノ木峠
くぐの
野麦峠
位山
堀沢
鎌ヶ峰
船山
八幡宮
川上岳
位山峠
鈴蘭山
なぎさ
秋神温泉
日和田高原
鈴蘭高原
長野県
諏訪神社
ひだおさか
鈴蘭峠
岳見峠
長峰峠
神明神社
西野
九蔵峠
ひだみやだ
濁河峠
継子岳
小坂郷土館
湯屋
開田高原
木曽町
坂本峠
じょうろ
御嶽山
御前山
ひだはぎわら
ぜんしょうじ
観音滝
木曽郡
王滝村
御岳高原
下呂富士
郡上市
げろ
湯ヶ峰
白草山
三国山
小秀山
八尾山
下呂市
前山
岩屋岩蔭遺跡
舞台峠
夕森山
やけいし
白山神社
中津川市
苗代ザクラ
尾城山
松坂峠
関市
ひだかなやま
加茂郡
白川町
東白川村
高山署
高山市役所
高山局
JR高山本線
0 500m
N

◎飛騨地区散歩モデルコース

下呂市内コース 　　JR高山本線下呂駅_10_森八幡神社_15_下呂温泉合掌村_15_温泉寺_10_地蔵寺_6__15_初矢峠の石畳_15__15_JR下呂駅

高山市内コース 　　JR高山本線高山駅_5_飛騨国分寺_15_高山別院_30_高山城跡_30_高山陣屋跡_5_上三之町(古い町並み)_20_桜山八幡宮_30_JR高山駅

古川町コース 　　JR高山本線飛騨古川駅_5_増島城跡_3_林昌寺_10_本光寺_5_渡邉家住宅_10_飛騨の山樵館_2_JR飛騨古川駅

神岡町コース 　　JR高山本線飛騨古川駅_40_神岡鉱山資料館_5_江馬氏城館跡_15_小萱薬師堂_5_常蓮寺_40_JR飛騨古川駅

一之宮町コース 　　JR高山本線飛騨一之宮駅_5_臥龍のサクラ_15_飛騨一宮水無神社_10_飛騨位山文化交流館_10_往還寺_20_堂之上遺跡_15_JR飛騨一之宮駅

①飛騨国分寺	物館	⑫安国寺	⑱増島城跡
②高山別院	⑦飛騨民俗村	⑬桂本神社	⑲小島城跡
③高山城跡	⑧飛騨一宮水無神社	⑭祖師野八幡宮	⑳塩屋金清神社遺跡
④高山陣屋跡	⑨堂之上遺跡	⑮森八幡神社	㉑神岡鉱山資料館
⑤日下部家住宅	⑩千光寺	⑯禅昌寺	㉒小萱薬師堂
⑥飛騨高山まちの博	⑪こう峠口古墳	⑰久津八幡宮	㉓金森宗貞邸跡

天領の都

1

北アルプスの山々に囲まれた飛騨の中心地。伝統文化の風情を色濃く残す山都の高山から奥飛騨へ。

飛騨国分寺 ❶　〈M▶P.232, 234〉 高山市総和町1-83　P
0577-32-1395　　JR高山本線高山駅 🚶 5分

飛騨国分寺塔跡　大イチョウがそびえる

駅から北(左)へ約200m，最初の信号を東へ約150mいくと，左手に醫王山飛騨国分寺(真言宗)がある。鐘楼門をくぐると，大イチョウ(国天然)がそびえる。現在の国分寺は，近世初頭に再建されたもの。一重入母屋造の本堂(国重文)は，堂々たる風格をもつ。本尊の薬師如来坐像は，旧飛騨国分尼寺の本尊と伝えられる観世音菩薩立像(ともに国重文)とともに，平安時代のヒノキ材の一木造である。また境内に，創建当時の七重塔の心柱礎石を残しているのが，飛騨国分寺塔跡(国史跡)である。

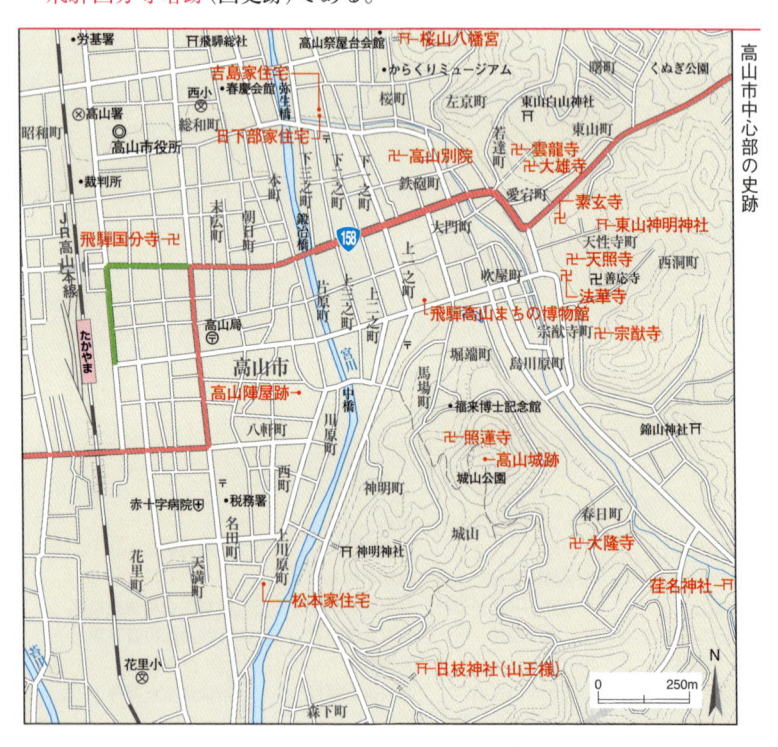

高山市中心部の史跡

234　匠のくに―飛騨

飛騨国分寺三重塔

ほかに平家伝来の小烏丸と伝える無銘の太刀（国重文），平安時代の阿弥陀如来坐像，室町時代初期の不動明王立像（ともに県重文）などがある。三重塔（県重文）は，1821（文政4）年の再建である。飛騨国分寺の西約100mのところに旅館かみなか，本町商店街の角地に天狗総本店（ともに国登録）がある。

また市の西北の赤保木町には，赤保木瓦窯跡（国史跡），縄文時代中期の赤保木石器時代火炉，赤保木古墳群，よしま古窯跡（いずれも県史跡）や春慶塗の祖である成田正利の墓（県史跡），風土記の丘学習センターに飛騨地域考古資料（国登録）がある。

高山別院と東山の寺々 ❷

0577-32-0688

〈M▶P.232, 234〉 高山市鉄砲町6　P
JR高山本線高山駅🚶20分

浄土真宗の高山別院東山一帯の寺院群

飛騨国分寺から国分寺通りを東へ，宮川にかかる鍛冶橋を渡り，安川通り（国道158号線）を東に約300mいくと，左手に高山別院（浄土真宗）がある。飛騨地方は浄土真宗の門徒が多く，1588（天正16）年，高山城主金森長近が城下町建設に際して門徒との融和をはかるため，白川郷から移転した照蓮寺が，当寺院のはじまりである。1703（元禄16）年には東本願寺の御坊となり，飛騨の中心寺院として市民からは「ご坊さま」として親しまれている。のちに高山別院光曜山照蓮寺と改められ，今日に至っている。なお，門前の寺々は寺中といい，現在6カ寺ある。

高山別院から東（国道158号線）に約200mでいきあたる東側の山裾に，金森氏ゆ

高山別院

天領の都

かりの東山寺院群がある。これらの寺々は東山遊歩道で結ばれている。寺院群の北側からみていくと、雲龍寺(曹洞宗)は金森長近の長子で、本能寺の変(1582年)に討死した長則の菩提寺である。ついで山門が目をひく大雄寺(浄土宗)は、鐘楼(県重文)が1689(元禄2)年の建立で、裏山の墓地には、江戸時代の漢学者赤田臥牛の墓(県史跡)がある。

金森長近の菩提寺である素玄寺(曹洞宗)には、大原騒動(1771〜88年)の郡代大原彦四郎の墓がある。裏山の東山神明神社の絵馬殿(県重文)は、高山城の月見殿を移築したもので、天照寺(浄土宗)は徳川家康の6男松平忠輝や加藤清正の嫡孫加藤光正が、金森氏の預かりとなった籠居地である。光正の菩提をとむらう法華寺(法華宗)には、光正遺品の膳部附蒔絵五段重(県文化)が残され、本堂(県重文)は、高山城二の丸にあったものを移築して建立された。墓地には江戸時代の学者加藤歩簫の墓(県史跡)もある。東山の南端にある宗猷寺(臨済宗)には、幕末の剣客山岡鉄舟の父母(父は21代飛騨郡代)の墓や、江戸時代中期の木地屋の集団墓がある。

なお、宗猷寺の西の江名子川の約1km上流に荏名神社があり、境内には、飛騨にはじめて国学を伝え、多くの門人を擁した国学者田中大秀ゆかりの荏野文庫土蔵(県史跡)もある。また神社から南へ約1km、マツのしげる小さい丘に田中大秀墓(県史跡)がある。

高山城跡 ❸

〈M▶P.232, 234〉高山市城山
JR高山本線高山駅🚗20分

高山市街東南の丘陵地(城山)に、金森長近が1588(天正16)年から築城をはじめた高山城跡(県史跡天然)がある。この地は飛騨のほぼ中央、山国としてはもっとも開けた高山盆地にあって、一国の城地

照蓮寺本堂

金森長近築城の高山城
国重文の照蓮寺本堂

としてすぐれた立地条件をもつ場所であった。金森氏6代の居城だった高山城は，飛騨が天領となったのち，1695(元禄8)年幕命によりこわされた。城山山頂部にある本丸屋形跡に当時の礎石が残っている。

　城山の二の丸跡の照蓮寺(浄土真宗)は御母衣ダム建設のため高山市荘川町中野より移されたもので，永正年間(1504〜21)の建立と伝える本堂(国重文)は，ゆるやかな勾配の屋根をもつ書院造である。「建武元(1334)年」銘の梵鐘，1574(天正2)年建立の中門(ともに県重文)がある。城山一帯は野鳥生息地のため特別保護地区に指定され，市民の憩いの場となっている。城山下に昭和初期のアール・デコ様式の旧山岸写真館(国登録)がある。

　そのほか，高山市内の城跡は戦国時代の小規模な山城で，三福寺町の三佛寺城跡，国道158号線沿い漆垣内町の鍋山城跡(いずれも県史跡)などがある。また城山側東のふもとの大隆寺(曹洞宗)には，「正応二(1289)年」銘の鰐口(県重文)がある。

高山陣屋跡 ❹
0577-32-0643(管理事務所)

〈M▶P.232, 234〉 高山市八軒町1-5
JR高山本線高山駅🚶10分

現存する天領御役所高山陣屋の遺構跡

JR高山駅から東へ10分ほどのところに高山陣屋跡(国史跡)がある。1692(元禄5)年江戸幕府が金森頼旹を出羽国(山形県)に移し，新しく天領(直轄領)とした飛騨においた御役所(江戸勘定奉行直属)の跡である。当時ここでは，江戸から派遣された代官(のちに郡代)を中心に，手付・手代・地役人らが政務をとった。明治時代以降も，高山県庁，筑摩県支庁，大野郡役所，飛騨県事務所などとして，1969(昭和44)年まで使用された。

その後，陣屋の遺構である玄関・大広間・白洲・御蔵などの修理や復元が行われた。陣屋に残された文書は，「飛騨郡代高山陣屋文書」として岐阜県歴史資料

高山陣屋

天領の都

館に保管されている。毎年夏に陣屋前で踊られる高山おどり（県民俗）は、文禄年間（1592〜96）に豊臣秀吉にしたがって九州に在陣していた金森軍が、朝鮮での戦況を高山に報告したことにはじまる。宮川に架かる柳橋西詰交差点近くの山桜神社火の見櫓（国登録）は、夏の風物詩である馬頭の絵馬市とともに親しまれている。

また、陣屋前より南へ500mほどいくと、上川原町に近世末期の高山の標準的な町家構えを完全に残す松本家住宅（国重文）がある。

日下部家住宅 ❺
0577-32-0072

〈M▶P.232, 234〉高山市大新町1-52
JR高山本線高山駅🚶20分

町家建築が特徴の住宅
匠がもっとも華やぐ高山祭

JR高山駅から北東へ進み、宮川にかかる弥生橋を渡った左手に江名子川に沿って、日下部家住宅（国重文）がある。白壁の土蔵と石垣が美しい。日下部家は、天領時代屈指の商家で、屋号を谷屋といい、代々両替とともに雑貨商を営み、大名貸もしていた。1875（明治8）年の大火で焼失後に再建されたものであるが、玄関の深い軒先や、吹抜け天井の豪壮な梁と束柱、広い土間などの組み合わせは、江戸時代の高山における町屋建築の特徴をとどめている。この隣に並ぶ吉島家住宅（国重文）は、火災にあって1907年に再建されたものである。板塀の右側上部に立ちあがっている袖壁は、防火用の塗塀で火垣という。延焼を防ぐためのものである。

こうした富裕な商人（旦那衆）の財政的援助により、「動く陽明門」と形容され、飛騨匠の巧緻の粋といわれる高山祭の屋台（国民俗・23台）がつくられた。吉島家住宅より北東約300mに桜山八幡宮（祭神応神天皇）があり、境内の高山祭屋台会館ではその屋台のうち4台を入れ替わり展示し、通年で屋台をみることができる。また、桜山八幡宮に隣接する獅子会館には、全国の獅子頭コレクションと飛騨の

日下部家住宅

獅子舞用具(個人所有，国民俗)が展示されている。

なお，春の山王祭と秋の八幡祭，２つの祭をあわせて高山祭という。その起源は金森氏が飛騨に入国した16世紀後半から17世紀といわれ，屋台は1718(享保３)年ごろからはじまったとされている。春祭(例祭４月14・15日)は，高山市城山に鎮座する日枝神社(山王様)の祭で，安川通りを境とした高山市南半分の地の氏神となっている。14日，屋台は午前から神明町に曳きそろえられ，御神幸の神輿を迎える。夜になると屋台に灯をともし，曳き別れとよばれる夜祭りがはじまる。15日は本祭で，午前から陣屋前に曳きそろえられた12台の屋台のうち，龍神台ほか２台のからくり人形の技が披露される。

秋祭として親しまれる八幡祭(例祭10月９・10日)は，桜山八幡宮の祭で，10月９日は例大祭，獅子舞や闘鶏楽などの奉納がある。11台の屋台は，神楽台とからくり奉納の布袋台が境内に，他の９台は表参道大鳥居前の記念道路に曳きそろえられる。10日は早朝から祭礼がはじまり，一文字笠に裃姿の警固など，数百人の御神幸行列が氏子の町内を巡行し，優美な雰囲気につつまれる。

飛騨高山まちの博物館 ❻
0577-32-1205

〈M▶P.232, 234〉高山市上一之町75
JR高山本線高山駅🚶15分

商家の町並み三町筋
天領飛騨の中心地

JR高山駅から東へ15分ほど歩くと，古い町並みの一画に，飛騨高山まちの博物館がある。歴史民俗資料約７万5000点を所蔵し，そのうち900点を常時展示している。

展示品は高山城主金森氏に関する資料，高山祭り，円空仏や酒造りの資料，庶民の生活道具の他，縄文時代前期の浅鉢型土器(国重文)，田中大秀の著書を集めた荏野文庫，金剛神(ともに県重文)などがある。建物は資産家といわれた旧永田家と旧矢嶋家の土蔵を

上三之町

天領の都

利用している。

　1586(天正14)年，金森長近は高山を城下町と定め，宮川と江名子川で囲まれた平坦地に，一番町・二番町・三番町(のちに一之町(いちのまち)，二之町(にのまち)，三之町(さんのまち)と改称，まとめて三町という)と称する，南北3本の町人町を開いた。天領となったのちも，三町は飛騨一円における商業経済の中心地として栄えた。

　三町はたびたび大火にあったが，上二之町・上三之町一帯は，江戸時代の面影を今もとどめ，俗称「ごみ二階」といわれる軒の低い2階屋が連なっている。どこも表側は質素なつくりだが，内部は贅(ぜい)をつくしている。現在，三町筋と日下部家住宅などの一帯は古い町並みとして知られ，観光客の多くが訪れ賑わっているが，1979(昭和54)年に三町筋が，2004(平成16)年に下二之町大新町筋が国の重要伝統的建造物群保存地区となり，住民ぐるみで景観の保存に力をいれている。

飛騨民俗村(ひだみんぞくむら) ❼
0577-34-4711(飛騨民俗村管理事務所)

〈M▶P.232〉高山市上岡本町(かみおかもとちょう)2680
JR高山本線高山駅🚌濃飛バス飛騨の里(のうひ)🚶1分

昔の農山村風景を再現　飛騨各地からの古民家

　JR高山駅の南西，松倉山麓にある民俗村と飛騨の里を飛騨民俗村という。民俗村の敷地内には野首家住宅(のくび)(県重文)や，かつて高山測候所だった建物がスキーや登山道具を展示する山岳資料館(国登録)となって移築されている。

　民俗村より約400m西へのぼった山裾の飛騨の里には，江戸時代の特徴ある民家が集められ，飛騨の代表的な合掌(がっしょう)造りの旧若山家住宅(国重文)，18世紀初めの建築で，田屋(た)(小作百姓(こさくびゃくしょう)を管理した建物)として使われた旧田中家住宅，間口が広い旧田口家住宅，ノゾキ柱という木の股の柱を使った旧吉真家住宅(よしざね)(いずれも国重文)な

飛騨民俗村(飛騨の里)

春慶塗と一位一刀彫

コラム

産

飛騨を代表する伝統的工芸品

　春慶塗と一位一刀彫は，どちらも江戸時代に発展した飛騨の誇る伝統工芸である。

　春慶塗は，木曽ヒノキ(曲物はサワラ)の生地に透き漆をかけ，加賀(石川県)の輪島塗などと異なり，天然の木目の美しさをそのまいかすのが特徴である。

　400年前の金森氏の時代，のちの茶人宗和(茶道宗和流の始祖)となる高山城2代城主金森可重の長兄重近に，木地師の高橋喜左衛門，塗師の成田正利によって蛤形の盆がつくられ，献上されたのがそのはじまりである。

　一位一刀彫の素材である一位の木は常緑の針葉樹で，木肌は赤く，樹皮の内側と赤太の間に白太がはっきりと区別された美しい木である。

　幕末の江戸で活躍した高山出身の根付彫刻師松田亮朝に師事した松田亮長が，一位の材を用いてノミだけで彫りあげる刀法をあみだした事にはじまる。彩色のない，刃跡を鋭く残す独得の彫り物である。

どがみられる。ほかに，旧新井家・旧富田家・旧道上家・旧前田家・旧中藪家(いずれも県重文)や，食料などを保管したセイロ倉(県重文)，旧西岡家(県重文)の養蚕用具(国民俗)，飛騨のそりコレクション・山村生産用具(ともに国民俗)などがある。合掌造民家の前に，高山市松之木町に残されている全国でも珍しい車の輪のように丸く植えられる車田が再現されている。

　民俗村から南東へ5分ほどいったところにある東照宮は，3代城主金森重頼が1616(元和2)年高山城にまつり，1680(延宝8)年，現在地に遷座したもので，本殿附唐門透塀(県重文)は入母屋造である。毎年4月15日の例祭でのおかめ舞獅子舞(県民俗)は，神楽と田楽が同じ神事で演じられる珍しい形である。

　飛騨の里から遊歩道を歩いて約30分で松倉山山頂に着く。ここに，松倉城跡(県史跡)がある。三木自綱が戦国時代末期の1579(天正7)年に築城と伝える山城で，のちに飛騨に侵攻した金森長近・可重父子により攻め落とされた。高山盆地を一望でき，当時の石垣も残っている。

天領の都

飛騨一宮水無神社 ❽
(ひだいちのみやみなしじんじゃ)
0577-53-2001

〈M▶P.232, 242〉 高山市一之宮町5323 P
JR高山本線飛騨一之宮駅 🚶 5分

飛騨国随一の格式　大原騒動の舞台

　JR飛騨一之宮駅のすぐ北側に大幢寺(曹洞宗)があり，その前に樹齢1000年と伝えるエドヒガンザクラの臥龍のサクラ(国天然)がある。樹高15m・目通り7.3mの大樹である。1991(平成3)年の台風で大きな被害をうけたが，手厚い保護が加えられ，現在の姿によみがえった。

　駅から南に徒歩5分，国道41号線をこえたところに，水無神社(祭神水無大神)がある。飛騨国の一宮で，境内には樹齢800年と推定される大スギ(県天然)がある。大原騒動(1771〜88年)では，数千人の農民がここに集結し，一揆の成功を祈願したところで，大原騒動の石碑がある。作家島崎藤村の父正樹が明治時代初期に宮司をつとめていたこともあり，歌碑がたっている。

　例祭では，闘鶏楽ともいわれる鳥毛打，神代踊ともいわれる宮踊，そして獅子舞の3つの芸能が演じられる神事芸能(県民俗)が有名である。さらに，飛騨一円から選ばれた女性によって行われる飛騨生きびな祭(毎年4月3日)もある。

　水無神社から県道98号線を西へ約1kmいくと，飛騨位山文化交流館がある。図書館を併設するとともに，歴史・民俗資料の展示をしている。さらに車で西へ5分ほどのところにある往還寺(浄土真宗)には，室町時代末期の木造阿弥陀如来坐像(県重文)がまつられ

飛騨一之宮駅周辺の史跡

飛騨一宮水無神社

大原騒動

コラム

飛驒における最大の百姓一揆

　江戸時代，代官（のちに郡代に昇進）大原彦四郎・亀五郎父子のもとで，1771（明和8）年より88（天明8）年まで，18年間断続的に続いた明和・安永・天明の百姓一揆の総称を大原騒動という。とくに安永騒動（1773～74年）は激しさをきわめた。

　新しい検地命令の中止を求め，農民たちは高山御役所に陳情した。埒があかないとみるや，江戸で駕籠訴・直訴を決行した。これに対し幕府は，厳しい取調べと，天秤責・車責などの拷問をもってこたえた。

　こうしたなかで「ひだびと」はさらに尖鋭化し，数千人が水無神社（高山市一之宮町）に集結，一歩もひかぬ抵抗姿勢をみせた。そこで大原彦四郎は，郡上藩などの鉄砲隊の力を借り，集会参加者に銃火を浴びせ，新検地を強行した。

　これらの一揆により，本郷村善九郎ら集会の指導者は，磔・獄門・遠島など厳重な処罰をうけ，多くの犠牲者をだした。江戸で直訴した農民たちの首は，塩漬にして高山に送られ，桐生河原の刑場万人講（高山市桐生町）にさらされた。

ている。

　さらに南方に向かうと，今も所々に残っている石畳の旧道は，かつて高山市一之宮町から下呂市萩原町山之口に通じていた位山道（東山道飛驒支路）である。都へ徴用された飛驒の匠が越えた往時のことが偲ばれる。

堂之上遺跡 ❾

〈M▶P.232〉　高山市久々野町久々野2270　P
JR高山本線久々野駅 🚶10分

　JR久々野駅の東側の小高い丘の上に，縄文時代前期から中期にかけての集落遺跡である堂之上遺跡（国史跡）がある。石棒をたてた石囲炉や埋甕を伴う住居跡，複式炉を伴う住居跡など43軒が確認された。現在は竪穴住居を復元し，遺跡公園として整備されてい

堂之上遺跡

天領の都　243

る。隣接した久々野歴史民俗資料館には，堂之上遺跡出土の考古資料を中心に，民俗資料などが展示してある。

堂之上遺跡から南へ約7km，道の駅飛騨街道なぎさをとおりすぎた国道41号線の西側にある八幡宮（はちまんぐう）（祭神誉田別命（ほんだわけのみこと））には，平安時代後期の木造聖観音立像（しょうかんのん）（県重文）がある。また，堂之上遺跡から北東へ約5kmの久々野町大西（おおにし）には，土蔵造りの大西文庫（県民俗）がある。建物自体は原形を保っていないが，「元禄検地帳（けんちちょう）」や大原騒動関係文書など，江戸時代の農村の様子を知る資料が保管されている。

久々野町から東方に向かうと長野県境の野麦峠（のむぎ）（1672m）に至る。飛騨と信州の国境にある峠で，この峠をとおる街道は，鎌倉街道・江戸街道とよばれるように，飛騨と信州・江戸を結ぶ，古くからの重要な道であった。手前の朝日町（あさひちょう）の秋神（あきがみ）温泉にわらび粉作り道具一式（個人所有，県民俗）がある。ワラビはシダ植物のなかでもっとも一般的に食用にされており，春先になると飛騨各地で山菜取りの姿をよくみかける。朝日町内にはフクジュソウ群落，鈴蘭（すずらん）高原にはスズラン・レンゲツツジ群落（ともに県天然）がある。高根町（たかねまち）の子の原（ね）（はら）高原もレンゲツツジ群落（県天然）で知られる。

千光寺（せんこうじ）⑩
0577-78-1021 〈M▶P.232〉高山市丹生川町下保（にゅうかわちょうしもぼ）1553 P
JR高山本線高山駅 🚌 30分

典型的な縄文集落 整備された遺跡公園

真言宗の飛騨の名刹 両面宿儺像で知られる

飛騨の名刹千光寺（真言宗）は，JR高山駅から東北へ約8kmの袈裟（けさやま）山中腹にある。山道にはいると，寺の手前に五本杉（国天然）がある。樹齢1000年以上，幹囲り11.5m・高さ45mの巨木である。開山は伝説では両面宿儺（りょうめんすくな）とされるが，弘法大師（こうぼうだいし）の十大弟子の1人真如（しんにょ）によって創建されたという。

全盛期には19の院坊，伽藍（がらん）が並び栄え

千光寺

鰤街道

コラム

富山から信州へ運ばれた年取りの祝い魚「飛騨鰤」

ブリはいわゆる出世魚で、縁起のよい魚である。昔から飛騨の人びとの年取りには欠かせない祝い魚として知られる。

冬に富山湾で水揚げされた寒ブリは、塩漬にされたのち、富山から健脚の歩荷や牛方によって高山へ、さらに高山から野麦峠をこえ、信州の松本へ運ばれた。高山では越中ブリとよび名がかわり、さらに信州に運ばれたブリは飛騨ブリとよばれた。

この富山・高山・松本をつなぐ道筋が鰤街道である。

今も高山市間屋町にある高山市公設市場では、12月に鰤市がたち、「円」ではなく、「三万貫」「四万貫」という昔ながらのよび方で競り落とされる。歳末の風物詩として、魚市場の伝統がうけつがれている。

ていたが、1564(永禄7)年、甲斐武田軍に攻められ炎上した。その後、高山城主の金森氏が再建したのが現在の堂宇である。諸国を行脚した円空が滞在したことで知られ、当寺には58体の円空仏(県重文)が保存され、とくに古代の飛騨建国伝記に登場する両面宿儺の像は優作として知られる。

そのほか、「天文十五(1546)年」銘の梵鐘、「永禄九(1566)年」銘の鰐口、狩野探雪筆の板絵墨画龍絵天井や白紙墨書大般若経、紙本著色円空画像、紙本著色三木自綱像、紙本著色桜の襖絵、円空裂裟山百首、女房奉書広橋大納言兼勝副翰速水安芸守書簡(いずれも県重文)など貴重な文化財が多くある。

千光寺の東南約3km、丹生川町町方にある丹生川中学校の背後の山に尾崎城跡があり、史跡公園として整備されている。永禄・天正年間(1558〜92)に、北越から塩や米を移入して富をなした武将と伝える塩屋秋貞の城といわれていたが、発掘調査の結果、15世紀中ごろの遺物が多く、多量の中国製青磁などが出土している。

荒川家住宅

天領の都　245

飛騨国府駅周辺の史跡

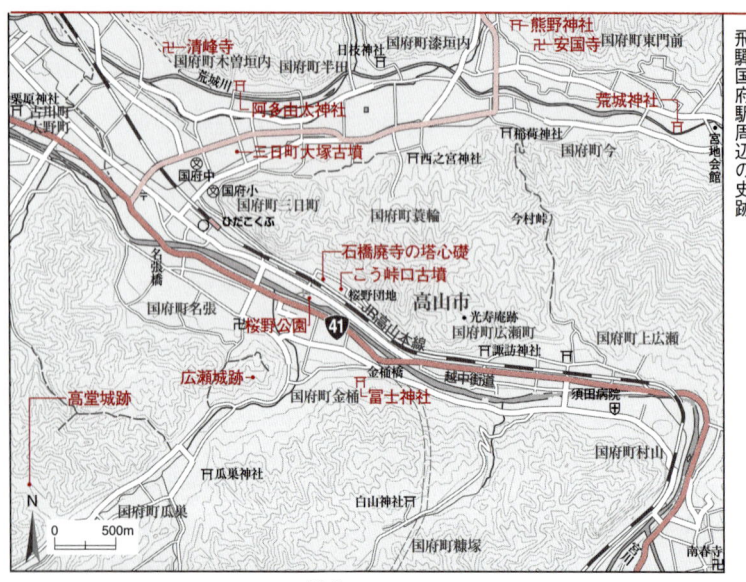

 町方から国道158号線を平湯方面へ約4kmいったところに，荒川家住宅(国重文)がある。荒川家は元禄時代より名主をつとめ，主屋は1796(寛政8)年の棟札をもつ。土蔵は1747(延享4)年の普請帳から，240余年を経たことがわかる。主屋は桁行11間(約21.5m)・梁間8間半(約15.6m)あり，正面外観は出桁を腕木でうける小庇をつけ，2階正面の格子窓と2段にとおる貫の細い直線的交差をみせ，洗練された立面意匠を表現している。

こう峠口古墳 ⓫

〈M▶P.232, 246〉高山市国府町広瀬
JR高山本線飛騨国府駅🚶10分

巨大な横穴式石室 大型前方後円墳

 JR飛騨国府駅から高山方面へ600mほどのところに，約300本のサクラで知られる桜野公園がある。宮川をはさんで対岸にある広瀬城の城主が大和(現，奈良県)の吉野山から移植したという由緒あるもので，飛騨八景の1つとして知られる。この公園の向かい側にこう峠口古墳(県史跡)がある。全長約70mの前方後円墳である。長さ13m・玄室の高さ3mの横穴式石室は，県内最大級の規模を有する。入口は施錠されていて普段ははいることはできない。この近くに円墳の広瀬古墳があり，その前に白鳳期の石橋廃寺の塔心礎がある。
 さらに東方，高山方面へ3kmほどいくと，国道41号線沿いの上

梅村騒動

コラム

理想を求めた若き知事と不満をつのらせた民衆

　江戸時代、天領（幕府直轄領）であった飛騨は、1868（慶応4）年に高山県となった。新政府から知事として赴任したのが、水戸出身の梅村速水である。

　理想を求める若き梅村知事の政策は、山仕事をする人たちへの救済米であった山方米の廃止、安価な米を供給していた人別米の廃止、商法局の設置、郷兵隊の新設など急進的なものであった。

　しかし、急激な変化に飛騨人の人心は離反し、民衆の多くが不満をつのらせるようになっていった。赴任後1年もたたない1869（明治2）年に、高山市内で不審火があいつぎ、新政府の要人宅は破壊された。暴徒と化した火消しや町人・百姓たちの数は、日に日に増し、数千人規模の騒動に拡大していった。

　反梅村派の活動を押さえるために、京都に出向いていた梅村は、危急を知り、飛騨へ戻ろうとした。しかし、高山から益田街道を南下してきた群衆が、梅村の宿泊先をおそった。梅村は傷を負い、高山入りをあきらめた。その後、梅村は知事を解任され、失政の罪に問われ、東京の獄舎で病死した。29歳であった。

広瀬に諏訪神社がある。この裏山の光寿庵跡とよばれるところから白鳳期の**布目瓦**（県重文）が出土しており、人物像などが線刻されていた。対岸の村山の天満神社（祭神菅原道真）の境内に、**縄文式住居跡**（県史跡）がある。縄文時代前期の遺跡で、1951（昭和26）年に発掘され、関東系の土器と西日本系の土器が出土している。

　村山地区から県道457号線を西へ向かうと、金桶地区の**冨士神社**（祭神木花佐久耶毘咩命）がある。ここの例大祭では、**金蔵獅子舞**（県民俗）が奉納される。村を乱す悪い獅子を、金蔵（男神）とお亀（女神）が協力してこらしめるという筋立てである。この金蔵獅子は、金桶地区以外に広瀬の廣瀬神社、上広瀬の渡瀬神社にも伝わっている。さらに名張の一之宮神社の付近の古墳から出土した、**一之宮神社所蔵古墳時代遺物**（県重文）の夔鳳鏡は、エックス線による調査の結果、鉄鏡としては珍しい渦状・波状の銀象嵌が認められた。

　JR飛騨国府駅の南1kmほどの、岐阜県教育文化財団文化財保護センター飛騨出張所の横をぬけると、**広瀬城跡**（県史跡）に至る。畝状空堀群を有する広大な縄張りで、戦国時代の代表的な城跡である。

天領の都

登り口に，城主田中筑前守の墓(県史跡)がある。さらに西方には山頂に高堂城跡(県史跡)があり，大型の平坦面や切岸をもつ曲輪を階段状に配置している。

JR飛騨国府駅から国道41号線を北西に進んで，大野交差点から西へ向かうと，宇津江川上流には宇津江四十八滝(県名勝)がある。

安国寺 ⑫
0572-72-2173
〈M▶P.232,246〉高山市国府町西門前474 P
JR高山本線飛騨国府駅🚌5分

経蔵は飛騨唯一の国宝建造物

JR飛騨国府駅から東へ，荒城川に沿って東北へ4kmほどさかのぼると，荒城神社(祭神大荒木之命)がある。古代においてこの地は荒城郡とよばれていたが，その後吉城郡と改められた。荒城神社は『延喜式』神名帳にも記載される式内8社の1つである。

本殿(国重文)は，1390(明徳元)年に再建され，その後数度の修理を経た。三間社流造，屋根は柿葺きで，室町時代の様式を伝え，修復の経過を示す棟札も残っている。平安時代前期の作と考えられる神像や随身・鰐口(いずれも県重文)がある。例祭の鉦打獅子舞(県民俗)は，社内に残されている獅子頭(県民俗)や，飛騨の地頭に補任された都の伶人(楽人)の多好方が愛用したと伝えられる面(県重文)などとともに，中世の芸能の名残りがみられる。

神社の周辺は，縄文時代中期から後期にかけての土器や石器などが多量に出土した集落遺跡の荒城神社遺跡(県史跡)となっている。

荒城神社から西へ1kmほど戻り北におれると，上宝方面に戦国時代に三木氏と争い敗れた江馬氏の重臣13人が葬られたという，十三墓峠があり，峠の手前東側に安国寺がある。

太平山安国寺は，足利尊氏・直義兄弟の発願により全国にたてられた安国寺のうち，飛騨国に建立された臨済宗妙心寺派の古刹である。

荒城神社本殿

248　匠のくに—飛騨

奥飛騨温泉郷

コラム

憩

深い山間に湧く歴史ある温泉地

　乗鞍岳から流れだす高原川沿いに，上流から平湯温泉・新平湯温泉・福地温泉が，穂高連峰から流れだす蒲田川に沿って新穂高温泉・栃尾温泉がある。この北アルプス連峰山麓の5つの温泉地をまとめて奥飛騨温泉郷とよんでいる。古くからの湯治場として知られ，またアルピニストの登山口として賑わう湯の里である。

　かつて，冬季は積雪で閉鎖を余儀なくされていた安房峠に，1997(平成9)年安房トンネルが開通し，奥飛騨温泉郷への交通の便はよくなり，多くの人びとが訪れるようになった。

　飛騨で建造物としては唯一の国宝として知られる経蔵(見学には予約が必要)は，1408(応永15)年の建立で，内部に一切経と春日版大般若経(ともに県重文)をおさめた八角形の輪蔵がある。室町時代における回転式の輪蔵としては，わが国最古のものである。開山堂には，塑像瑞巌和尚坐像 附 須弥壇像内納入経(国重文)が安置され，本堂に本尊木造釈迦牟尼仏脇侍文殊普賢両菩薩(県重文)がある。

　寺の東側山手に隣接している国府町考古資料等収蔵庫・民俗資料等収蔵庫には，光寿庵出土戯画瓦などの遺跡出土品や，民具・農具など民俗資料がおさめられている。鎮守社だった裏手の熊野神社本殿(祭神家津御子神)(国重文)は，三間社流見世棚造であり，飛騨の神社建築の歴史では，荒城神社・阿多由太神社本殿に続くものである。

　安国寺から国府駅方面へ戻る途中，三日町の伊豆神社の南に全長約100mともいわれる，前方後円墳の三日町大塚古墳がある。

　三日町の北，木曽垣内の赤い欄干の橋を渡ったところにある阿多由太神社(祭神大歳御祖神)も，式内社8社の1つである。本殿

安国寺経蔵

天領の都　249

(国重文)は，三間社流見世棚造の素木造りだが覆屋におおわれていて，室町時代初期のころに造営されたものと推定されている。神社の西方約500mに「木曽垣内の大仏」とよばれる阿弥陀如来坐像(県重文)がある。上品上生印を結び，蓮華座に坐した阿弥陀如来像で，いわゆる丈六像である。

さらに県道473号線を北西へ徒歩約10分の鶴巣に清峰寺(真言宗)があり，円空作の十一面千手観音像・聖観音像・龍頭観音像(いずれも県重文)がある。

桂本神社 ⓭

〈M▶P.232〉高山市上宝町在家736 🅿
JR高山本線高山駅🚌本郷線本郷🚶10分

風格ある参道の杉並木
本郷村善九郎の故郷

本郷バス停をおり県道477号線を在家に向かうと，桂本神社(祭神一品葛原親王)がある。かつての高原郷の領主江馬氏の氏神であった。天正年間(1573〜92)に兵火により焼失したが，金森氏によって再興された。桂本神社神像4体(県重文)がまつられている。樹齢300年余りの参道の杉並木は壮観である。

本郷の高山市上宝支所の裏手にある小割堤碑は，江戸時代の飛騨で最大の百姓一揆となった大原騒動のとき，農民の集会が開かれた場所として知られる。近くの万葉医院に，一揆の指導者として18歳で処刑された本郷

桂本神社参道

小割堤碑

播隆上人

コラム

槍ヶ岳登頂に成功した念仏行者

　北アルプス笠ヶ岳(2897m)と槍ヶ岳(3180m)への登山道を切り開き、山岳崇拝を修行したのが念仏行者の播隆上人である。

　1828(文政11)年に、播隆は辛苦を重ね、前人未踏の槍ヶ岳の登頂に成功した。その後、登山道の難所に鉄鎖をかけるなど、半生を北アルプスにささげた。新平湯温泉の村上神社境内に、その偉業をたたえる播隆塔が建立されている。毎年5月11日に、シーズン中の山の安全を祈る播隆祭が、新平湯温泉一重ヶ根の尾ノ上園地でとり行われ、手にもった鉦を打ち鳴らす上宝一重ヶ根鶏芸(県民俗)や獅子舞の「へんべとり」が奉納される。

播隆塔

村善九郎が、獄中から妻かよに送った本郷村善九郎の遺書(県重文)が残されている。高山市上宝支所に隣接するふるさと歴史館では、本郷村善九郎関係資料のほか、福地化石標本(県天然)、円空作仏像(県重文)、播隆上人資料、奥飛騨の民具などをみることができる。

　本郷から国道471号線にでて、高原川に沿って4kmほどいった長倉にある桂峰寺(臨済宗)に、龍絵天井墨絵(県重文)がある。

　桂峰寺から国道471号線を奥飛騨温泉郷に向かうと、約15分で福地温泉に着く。この地の上流の福地一ノ谷オゾブ谷は、国内最古の約4億8000万年前の貝形虫(ミジンコの一種)の化石が発見されたところとして知られる福地の化石産地(国天然)である。

　高山よりバスで約70分の奥飛騨温泉郷にある福地温泉は、標高1000mの山の静寂に包まれた秘湯である。南北に流れる平湯川に面した敷地に、2005(平成17)年に旧大野郡清見村大原から移築された、1838(天保9)年建築の旧二村家住宅(国登録)がある。

天領の都

② 益田街道に沿って

益田川に沿った益田街道は、天正年間に金森長近によって開かれた。飛驒と美濃を結ぶ交通路で、周辺には史跡が多い。

祖師野八幡宮 ⑭ 〈M▶P.232〉 下呂市金山町 祖師野223 ℗
JR高山本線飛驒金山駅🚌祖師野線祖師野上🚶2分

JR飛驒金山駅から市街地をぬけ、国道256号線を郡上八幡方面に約3kmいき、横谷川を渡った道路沿いに、「従是南尾張藩領」ときざまれた藩領境標石(県史跡)がある。延宝年間(1673〜81)旗本領との領地争いをおさめた尾張藩が、強大な権力でたてたこのような標石は、県内では例のない珍しいものである。

馬瀬川支流の横谷川には、横谷峡四つの滝(県名勝)がある。ここから国道を約7km北上すると、祖師野八幡宮(祭神応神天皇)の社叢(県天然)がみえてくる。境内には檜皮葺きの本殿・幣殿・拝殿(いずれも県文化)が、高くそびえる木立のなかにある。3殿の4本柱が室町時代の様式を伝えている。

社伝によると、1181(養和元)年に門原村(現、下呂市門原)の住人田口左近光員が、飛驒4カ村・美濃16カ村の総代となり、鎌倉鶴岡八幡宮を勧請したのがはじまりと伝える。文化財が多く、なかでも平安時代の刀工安綱の作と伝える太刀(祖師野丸、非公開)、鎌倉時代の木造狛犬1対、南北朝時代の銅造阿弥陀如来懸仏、室町時代の銅造懸仏3面、1318(文保2)年の奥書がある大般若経600巻附経箱6箱(いずれも県重文)、1684(天和4)年作の太鼓、1772(安永元)年作の神輿と旗鉾・コヨリ引綱(県民俗)などがある。

ここから県道86号線を約5km北上した岩屋ダム近くには、縄文土器などが出土した岩屋岩蔭遺跡(県史跡)がある。この遺跡には悪源太義

悪源太義平の太刀
4本柱の室町様式

祖師野八幡宮

平が，村人を困らせていたヒヒを祖師野丸で退治したという伝説が残っている。

駅に戻り，国道41号線を約3km北にいった益田川沿いに，飛州下原中綱場（県史跡）がある。天領時代にここで飛騨南部山中から伐りだされた御用木を，川に張った約170mの藤綱で集積し，木材改めが行われた。藤綱をつないだ綱株岩と御番所屋敷跡が当時の名残りをとどめている。

森八幡神社 ⑮
0576-24-1320

〈M▶P.232, 254〉下呂市森1053-4 Ｐ
JR高山本線下呂駅 🚶 10分

> 古式ゆかしき田の神祭 花笠を奪いあう圧巻の祭

駅から下呂大橋を渡り2つ目の交差点を右折して約100mいくと，左手に森八幡神社（祭神応神天皇）がある。ここには平安時代から鎌倉時代にかけての一木彫りの男神像である神像10体（国重文）があり，5・8・11月の例祭，元日および2月14日に一般公開される。また，この神社には下呂の田の神祭（国民俗）が伝わる。この神事芸能の起源は定かではないが，稲の豊作を前もって祝う中世以来の田楽がもとになっている。

祭礼は，2月7〜14日にかけて行われる。14日の本楽当日は，午前0時半から神事がとり行われ，正午すぎ神社から約200m北東にある下呂温泉合掌村で，踊り子が水垢離（水をあびて身を清める）などの儀式をすませ，田の神の行列が森八幡神社へ向かう。神社に着いた踊り子たちは，豊年の予祝として「唱歌」に「餅かつぎの儀」とよばれる田打ちの儀式を行う。

その後，神主と装いを整えた踊り子が参進し，太鼓・踊り歌などにあわせて踊る。このとき踊り子が，ササラの音にあわせて紅・白・黄の和紙で飾られた笠をかぶって踊ることからこの祭りを花笠祭ともいう。最後に櫓から投げ入れられる寄進笠を，参拝者が奪

下呂の田の神祭

益田街道に沿って

いあうさまは圧巻である。その間に踊り子は、田植・稲刈・穂摺り落しの型を舞いおさめてすべての儀式はおわる。

下呂温泉合掌村には、大野郡白川村御母衣より移された1833(天保4)年の建造といわれる切妻造・茅葺きの旧大戸家住宅(国重文)のほか、旧岩崎家住宅、旧遠山家住宅板倉(国登録)がある。ここから国道41号線を横切り阿多野川沿いに300m南西にくだり、白鷺橋を右折し、約300mいった高台に、温泉寺(臨済宗)がある。ここには、武川家代々の武川(飛騨屋)久兵衛の墓(県史跡)がある。また、旧下呂町(現、下呂市)には約60体の円空仏があり、なかでも青面金剛神(個人蔵、県重文)は、背面に「元禄四(1691)年 辛未卯月二十二悦日」と円空自筆の墨書があり、円空が当時滞在していたことを物語る貴重な像である。近くの南斜面に建つのは、湯之島館(国登録)である。

下呂駅からバスに乗り宮地橋で下車、信用組合前で左折、約5分で地蔵寺(臨済宗)に至る。ここには、室町時代の延命地蔵菩薩半跏像と地蔵菩薩坐像(ともに県文化)がある。宮地橋に戻り、乗政川沿いに北上し、門橋バス停から約1kmの山中に竹原のシダレグリ自生地(国天然)がある。

宮地橋から遊歩道を約1km北西に向かうと鎌倉街道(飛騨から東濃につうじる南北街道)があり、自然石をしきつめた初矢峠の石畳(県史跡)が約80m残っている。宮地橋から国道257号線を加子母方面に約3kmいき、舞台峠観光センターをすぎると、左手に歌舞伎舞台の鳳凰座がある。鳳凰座は、もと日枝神社(祭神大山咋神)境内の拝殿型舞台であったが、1885(明治18)年に現在地に移築して、のちに劇場型舞台にな

飛驒屋久兵衛と加藤素毛

コラム 人

蝦夷地で交易の飛驒屋 世界一周した加藤素毛

　武川氏初代の長助倍紹は，甲斐(現，山梨県)の武田家滅亡のとき，下呂郷湯之島(現，下呂市湯之島)へ落ちのび，武川姓のまま，土地の中島家の養子となった。4代倍行は，1702(元禄15)年に蝦夷地(現，北海道)へ渡り，木材伐りだしと海産物の交易，さらにはロシア人との交渉に着手した。

　事業は5代倍正・6代倍安に引きつがれたが，7代益郷が1791(寛政3)年に，アイヌの反乱などにより経営難となり，飛驒に戻った。倍行以後，久兵衛を世襲名とし，屋号を飛驒屋といったので，飛驒屋久兵衛とよばれた。この間の蝦夷山請負の書状や北蝦夷地図などの貴重な資料である武川久兵衛文書・地図(県重文)が，岐阜県歴史資料館に保管されている。

　加藤素毛は，1825(文政8)年下原村(現，下呂市金山町)で生まれた。詩歌・俳諧を好み，絵画の才能にもすぐれていた。

　20代なかばで飛驒高山郡代，小野朝右衛門高福(山岡鉄舟の父)の公用人となり，のちに江戸で学んだ。1860(万延元)年新見正興の遣米使節団に加わり，ポーハタン号で1月に横浜を出帆。3月，米国に到着後は，大統領に謁見し，通商条約の交換式をおえたのち，各施設の視察などを行った。5月にニューヨークを出帆，大西洋を横断し，世界一周をして，9月に江戸品川港に着いた。そのおりの訪米日誌やスケッチ集などの加藤素毛の遺品(県重文)が，下呂市金山町の加藤素毛記念館に，展示・公開されている。

った。ここでは地芝居が毎年5月3・4日に上演されている。また，江戸時代末期の鳳凰座村芝居附台本6冊(県民俗)も残されている。

　鳳凰座から約500m東には，天台宗寺院の鳳慈尾山大威徳寺跡(県史跡)がある。この寺は，鎌倉時代に文覚上人が建立したといわれ，七堂伽藍をもつ大寺院であったが，1585(天正13)年の飛驒大地震により壊滅したとされる。現在もなお伝承に埋もれたままの廃寺であるが，本堂跡や山門跡近くの礎石・五輪塔などが散在している。

　JR下呂駅南隣の焼石駅から門和佐川に沿って県道62号線を約3kmいくと，苗代ザクラ(県天然)があり，地元ではこのサクラの開花にあわせ苗代田をつくるという。

　さらに県道62号線を約7kmいくと，白山神社(祭神伊弉冉尊)が右手にある。この境内には門和佐の舞台(白雲座，国民俗)があり，毎年11月2・3日に地芝居が上演される。

禅昌寺 ⑯
0576-52-1353

〈M▶P.232〉下呂市萩原町中呂1089 P
JR高山本線禅昌寺駅🚶5分

天下十刹に選ばれた寺　白隠の書画を多数保有

　禅昌寺駅前の道を南東に400mほどいくと，禅昌寺(臨済宗)がある。平安時代，恵心僧都が桜洞(現，下呂市萩原町)に観世音菩薩を彫り，草庵を開いたのがはじまりという。のちに後円融天皇が皇后の安産祈願をしたところ，皇子が誕生したので，1377(永和3)年「円通寺」の寺号とともに勅願所とし，「天下十刹」の綸旨をさずけた。

　その後兵火をうけ廃絶したため，桜洞城主の三木直頼が，1532(天文元)年現在地の中呂に移し，明淑慶浚を開山始祖とし，禅昌寺として再興したといわれている。ただし，寺の成立には異説もある。境内には樹齢推定1200年の大スギ(国天然)や金森宗和の築庭と伝えられる庭園(通称萬歳洞，県名勝)がある。また，室町時代の大涅槃図・木造釈迦牟尼仏・木造観世音菩薩像，江戸時代の白隠書跡7幅・白隠筆絵画4幅(いずれも県重文)などの文化財がある。近くに，この地方の古くからの大規模造りの民家の形態と景観を伝える須賀家住宅主屋(国登録)がある。

禅昌寺

久津八幡宮 ⑰
0576-52-1240

〈M▶P.232, 258〉下呂市萩原町上呂2345-1 P
JR高山本線飛騨萩原駅🚶20分

飛騨の匠の彫刻　本殿・拝殿は国重文

　JR萩原駅正面から西へ約200mいくと，左手に森に囲まれた諏訪城跡(県史跡)がある。1586(天正14)年飛騨に入国した金森長近が築いた平城で，当時の遺構としては，東西および南北の堀，石垣などが残っている。また，境内には臥龍のフジ(県天然)がある。

　ここから約200mくだり国道41号線を1.5km北に向かうと，右手に久津八幡宮(祭神応神天皇)がある。この社は，難波根子武振熊

下呂温泉

コラム

憩

天下に名高い湯の里
三名泉の下呂温泉

下呂温泉はアルカリ性単純泉で、入湯の最古の記録をもつといわれる温泉である。この温泉の熱源は、温泉街の東方約3kmにある湯ヶ峰山(1067m)とされる。この山の溶岩は、通称下呂石とよばれ、黒色ガラス質の、割れ口が刃物のようにかたくてするどいことから、縄文時代の石器の材料としても利用されたものである。

温泉の発見は、延喜年間(901～923)とも天暦年間(947～957)ともいわれる。しかし、1265(文永2)年、湯ヶ峰の山中に湧出していた温泉が突然でなくなり、益田川の河原で再び発見されたといわれる。この源泉の発見には、薬師如来が白鷺の姿になって場所を教えたという伝説が残る。

下呂温泉をはじめて世に紹介したのは、室町時代の禅僧万里集九である。その詩文集『梅花無尽蔵』には「本邦六十余州、毎州に霊湯あり。その最たるものは、下野の草津、津陽の有馬、飛州の湯島、この三か所なり」と記されている。

江戸時代には多くの湯治客があった。洪水によって益田川の流路がかわるたびに、源泉が川底に水没してしまうという問題をかかえていたが、大正時代にはいり、電動式ボーリングを用いて源泉が掘削された。現在、多くの温泉旅館がたち並び、観光客で賑わっている。

命の飛驒国平定のため、武運長久・国土平定を祈ったのがはじまりとされる。室町時代の建築様式を残す本殿(国重文)は、1412(応永19)年に飛驒の領主ととなえ、桜洞に城を築いた白井太郎俊国が再建したと棟札に記されている。三間社流造の柿葺きで、南側の妻の蟇股には、鶯が彫刻されている。この鶯が鳴いたという伝説が残るほどみごとな彫刻である。拝殿(国重文)は入母屋造の柿葺きで、飛驒を統一した三木自綱が、統一の2年前、1581(天正9)年に建立したものである。軒口にあるコイの彫刻は、コイが益田川

久津八幡宮拝殿

益田街道に沿って

の水を引き寄せ洪水をおこしたので、矢をつくり洪水を封じたという「水を呼ぶコイ」の伝説がある。そのほか、俄狂言の記録をはじめ、江戸時代初期から明治時代初期に至る久津八幡宮祭礼記録類（県民俗）がある。また、境内には樹齢1200年といわれる夫婦スギ（国天然）がある。

久津八幡宮から益田川対岸には、宮谷神明宮（祭神天照皇大御神）があり、夫婦スギ（県天然）がある。近くに南飛騨を代表する養蚕飼育造りの都築家住宅主屋（国登録）がある。

下呂市最北端のJR小坂駅から駅前通りの最初の交差点を左折し、診療所をこえ300mほどいくと、諏訪神社（祭神建御名方神）がある。境内には、室町時代の狛犬1対（県重文）がある。

下呂市小坂町には、江戸時代のひな人形5組（県民俗）がある。このうちの2組は、小坂駅からバスで郷土館前下車すぐの小坂郷土館で見学できる。この郷土館は、江戸時代にたてられた豪農清原家の木造建築物で、農具や山林用具をはじめ、約1000点の民俗資料などが展示されている。

バスで小坂駅方面に戻り、ひめしゃがの湯バス停で下車。仙游橋を渡り、突き当りを左折し、登り坂を200mほどいった落合くらがり八丁には、くらがりシダの自生地（県天然）がある。山地の樹幹に着生し、日本で最初にこの地で発見されたことから「クラガリシダ」の名がついた。

自生地からさらに800mほど坂道をのぼると、巌立（県天然）がある。巌立は、御岳山の摩利支天の溶岩が渓谷沿いに流下してできた柱状節理で、高さ約30m・幅約100mにわたって懸崖をなしている。

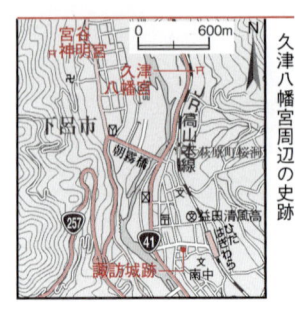

小坂駅に戻り、国道41号線を約1km南下した道沿いの神明神社（祭神天照皇大神）境内には、坂下のケヤキ（県天然）がある。この神社の裏山を約200mのぼると、幹が12本に分かれた、坂下の十二本ヒノキ（県天然）がある。その珍しい形態から霊木とされ、地元では「おヒノキ

世界遺産の村

コラム

ユネスコの世界文化遺産に登録　合掌造りの民家が連なる白川郷

　東海北陸道白川郷ICを降りると、重い積雪にも耐えられる急勾配の茅葺き屋根をもった合掌造りの家屋が散在する。1995(平成7)年に世界文化遺産に五箇山とともに登録された白川郷(大野郡白川村)である。

　荻町地区(国選定重要伝統的建造物群保存地区)の荻町合掌集落バス停から庄川左岸を散策すると、白山スーパー林道への登り口に、集団離村した加須良地区をはじめ、村内各地の合掌家屋を集めた合掌造り民家園(民家合掌造主屋4棟附属家屋5棟、県重文)がある。

　庄川を渡り村の中心部に戻ると、茅葺き屋根の鐘楼門(県重文)が目印の明善寺(浄土真宗)がある。庫裏(県重文)は郷土の民具を展示した民俗館となっている。寺近くの江戸時代後期の建造と思われる和田家住宅(国重文)では、和田家板蔵・稲架小屋(ともに県重文)など、昔の暮らしを垣間見ることができる。

　白川村にある5つの八幡神社では、9月から10月にかけて各地区ごとの神社で、どぶろく祭りがもよおされる。境内では獅子舞(県民俗)が奉納され、神酒のどぶろくが振舞われる。また、三味線・尺八・太鼓ばやしにあわせて、郷土芸能のこだいじんや春駒踊り(ともに県民俗)が披露される。

　荻町合掌集落バス停から、国道156号線を約32km高山方面に戻ると、東洋一のロックフィルダムで知られる御母衣地区に、1827(文政10)年ごろ建造の白川を代表する合掌造りの旧遠山家住宅(国重文)がある。遠山家住宅では、農耕具や狩猟具などの資料を保存している。床下では、1887(明治20)年まで、火薬の原料となる焔硝づくりが行われていた。

　荘川ICをおりて白川村方面に約3kmいくと、古くから荘川に伝承されてきた民家を移築・保存した飛騨荘川の里がある。三島家住宅 附 見取図(県重文)が見物である。御母衣ダム建設の際に移植された樹齢450年の荘川ザクラ(県天然)は、ダム湖に面した中野展望台にある。

荻町合掌造り集落(白川郷)

様」と崇敬している。

益田街道に沿って　259

③ 匠のふるさと

木の国の文化の源流をつくった北飛驒の人びと。その人びとと関係深い史跡や建造物を訪ねてみよう。

増島城跡と古川の町 ⑱

〈M▶P.232, 261〉 飛驒市古川町片原8
JR高山本線飛驒古川駅 🚶 5分

起し太鼓の古川祭
冬の行事三寺まいり

　JR飛驒古川駅から高山方面に線路沿いに歩くと、古川小学校の隣に金森氏が築城した増島城跡(県史跡)がある。古川の町は、金森可重が1589(天正17)年に増島城を築き、城下町を形成したのがはじまりである。1692(元禄5)年に幕府直轄地となったのちは、越中街道筋の商人町として栄えた。城跡近くの金森氏の菩提寺である林昌寺(曹洞宗)に、金森氏ゆかりの絹本著色十二尊像・絹本著色金森可重画像・絹本著色天翁秀梅画像(いずれも県重文)や、城門の1つを移築した山門がある。瀬戸川沿いの白壁土蔵街など、飛驒古川駅前から5分の中心街、壱之町・弐之町・三之町界隈を散策するとよい。飛驒の伝統的な町家造りの渡邉家住宅や蒲酒造場(ともに国登録)がその一画にある。

　毎年1月15日の夜、親鸞上人の徳をしのび、町内の本光寺・真宗寺・円光寺(いずれも浄土真宗)をまわって参拝する伝統行事三寺まいりが行われる。明治時代から大正時代にかけて、野麦峠をこえ、信州の製糸工場の糸ひきにでた娘たちも、古川小唄に「嫁を見立ての三寺まいり」とうたわれたように、正月には帰郷して参拝した。霞橋詰めの八ツ三館(国登録)は、糸ひきに向かう工女の集結旅館であった。また、本光寺には、県内に現存する絵像本尊裏書としては最古のものとされる、蓮如裏書の絹本著色方便法身像(県重文)がある。

　毎年4月19日の夜半、裸の男たちが勇壮にぶつかりあう古

三寺まいり

杉崎廃寺跡

コラム

白鳳時代の多数の古代寺院跡

　『日本書紀』朱鳥元(686)年10月の条に「……詞曰,新羅沙門行心,與皇子大津謀反,朕不忍加法,徒飛騨国伽藍」とある。天武天皇の崩御ののち,大津皇子の謀反に加担したとして,新羅僧行心を飛騨の伽藍に流した事件の記事である。

　「飛騨伽藍」はどこなのか,現在のところあきらかではない。しかし白鳳期の飛騨には,古川・国府盆地に寿楽寺跡・石橋廃寺・光寿庵跡など,14カ所の古代寺院があったことが確認されている。

　なかでも,よく知られているのが,古川盆地の北西隅杉崎地内にある礎石の一部と塔心礎を残す杉崎廃寺跡(県史跡)である。あまり大きな寺ではないが,伽藍配置が,中門から一直線に講堂・金堂が並ぶ。飛騨の寺の状況をみせてくれる廃寺跡である。とくに7世紀の鐘楼の発掘例は,全国的にも少ない。

　川祭の起し太鼓・屋台行事(国民俗)は,古川町上気多の気多若宮神社(祭神大国主神)の例祭である。飛騨市役所前の飛騨古川まつり会館に,9台ある古川祭屋台(県民俗)が,3台ずつ定期的に入れ替えながら常設展示されている。

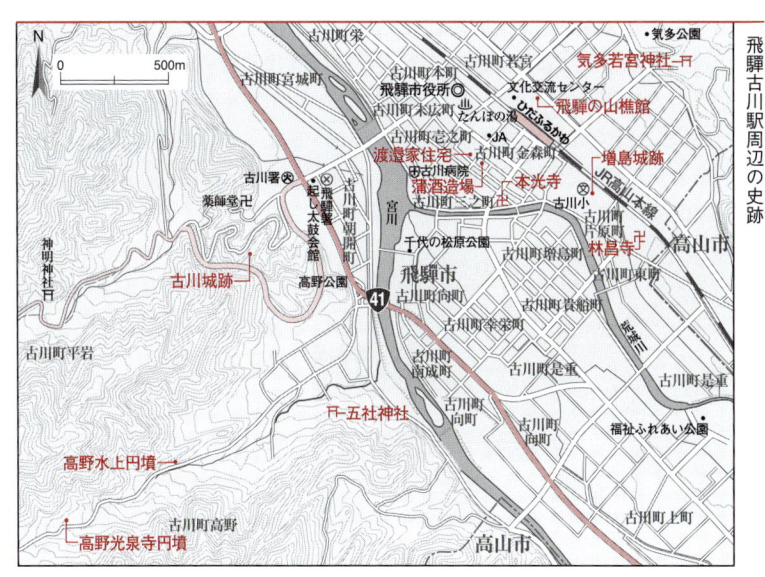

飛騨古川駅周辺の史跡

匠のふるさと　261

古川祭の起し太鼓

また飛騨古川駅裏の飛騨の山樵館(要予約)では、飛騨の山樵及び木工用具(国民俗)や、岐阜県中野山越遺跡出土品(国重文)をみることができる。

飛騨古川駅から国道41号線にでて、新蛤橋から南西にはいる高野山の麓には、飛騨を代表する横穴式石室の高野水上円墳があり、すぐ近くに高野光泉寺円墳(ともに県史跡)がある。また高野山に古川城跡(県史跡)、北山麓の五社神社(祭神豊受大神)に狛犬一号・狛犬二号、随神の像(ともに県重文)がある。

小島城跡 ⓭

〈M ▶ P.232〉飛騨市古川町沼町1043
JR高山本線杉崎駅 ⛩ 30分

姉小路氏一族の居城跡
勇壮な舞いの数河獅子

JR杉崎駅の東側山道の沼町をのぼると、飛騨国司姉小路氏とその一族小島氏が代々居城とした小島城跡(県史跡)がある。築城年代ははっきりしないが、南北朝時代(1335〜92)と推定される。応永年間(1394〜1428)には姉小路氏の一支族小島氏5代の居城となった。城跡下の太江川沿いの寿楽寺(曹洞宗)に紙本墨書大般若経(県重文)がある。近くの高田神社(祭神高魂神)では、4月28日の例祭に、神楽獅子(県民俗)が奉納される。高田神社から北東へ約1kmの太江川をのぞむ山麓台地には、御番屋敷先史時代住居跡(県史跡)がある。

小島城跡の西2km、宮川左岸の信包八幡に、竪穴式石室をもつ信包八幡神社跡前方後円墳(県史跡)がある。この

数河獅子

飛騨の匠

コラム

都造営に従事した飛騨の匠たち

　大宝律令のなかで，飛騨に対して調・庸を免ずるかわり，毎年一里50戸ごとに匠丁10人を差しだすこと，そのうち4人に1人の割で厮丁（食事の世話人）をふくめることという条項が定められた。飛騨全体では100人の匠丁が都へ送られ，飛騨の匠と称された。

　『万葉集』に「かにかくに 物は思はじ斐陀人の 打つ墨縄のただ一道に」と，その仕事ぶりが詠われている。『今昔物語集』にでてくる絵師百済河成と技を競った飛騨の匠というような名工もでたようだが，個人名は残っていない。

　こうした卓越した技を競いあう匠たちの陰で，苛酷な労働にたえかねて逃亡する飛騨の匠もいた。飛騨の匠を捕縛せよと全国に布達した，814（弘仁5）年の飛騨の解文など，記録が少なからず残っている。

　匠たちの技は，現代まで飛騨にうけつがれてきた。高山祭の屋台や町家建築，春慶塗・一位一刀彫など，その伝統と技は飛騨に息づいている。

　飛騨市河合町月ヶ瀬に，奈良の法隆寺金堂釈迦三尊像をつくった仏師として著名な鞍作止利の生誕伝説が残り，飛騨の匠の碑が建立されている。

古墳から約1.5km西南の尾根に，姉小路氏の一族小鷹利氏の向小島城跡（県史跡），さらにこの西方湯峰山上に小鷹利城跡（県史跡）がある。また，県道471号線中野の西側山麓の大洞平には，40mをへだてて2基ある円墳の大洞平第1号・大洞平第2号古墳（ともに県史跡）がある。

　国道41号線を戸市川沿いに神岡町に向かう数河高原の松尾白山神社・白山神社では，毎年9月5日の祭りに曲獅子といって，雌雄2尾が同じ芸をする数河獅子（県民俗）が披露される。かつては般若踊（県民俗）も奉納されていた。

塩屋金清神社遺跡 ⑳

〈M▶P.232〉飛騨市宮川町塩屋104　P
JR高山本線打保駅 🚶10分

呪術具出土の縄文遺跡　山中和紙の産地

　JR打保駅の宮川東対岸にある塩屋金清神社遺跡は，縄文時代後期を主体とする呪術具と考えられる石棒の製作工房遺跡である。隣接する飛騨みやがわ考古民俗館（要予約）では，塩屋金清神社出土品（県重文）をみることができる。同館には，宮川及び周辺地域の積

匠のふるさと　　263

雪期用具(国民俗)や宮川流域に分布する家ノ下遺跡・宮ノ前遺跡・堂ノ前遺跡の出土品(いずれも県重文)がある。

河合町は、打保駅から16km。JR角川駅で下車するとよい。河合町は、県内有数の豪雪地として、また「楮の雪ざらし」という独特の和紙づくりの技術を伝える山中和紙の産地として知られる。角川地区に伝統技術の保存を目的としたいなか工芸館が建設され、和紙づくりが体験できる。

JR角川駅から県道483号線を稲越川に沿って南へ6kmいくと、稲越の富士神社(祭神木花佐久夜比咩神)に至る。毎年5月3日に小雀獅子(県民俗)が奉納される。神社隣の願教寺(浄土真宗)には、鎌倉時代の一木造木造阿弥陀如来立像(県重文)がまつられている。

神岡鉱山資料館 ㉑
0578-2-0253 〈M▶P.232,265〉 飛騨市神岡町城ヶ丘1-1 P
JR高山本線飛騨古川駅🚌神岡行終点🚶15分

日本屈指の神岡鉱山歴史を学ぶ鉱山資料

神岡町の中央部を南北に流れる高原川。この川にかかる藤波橋の東詰から15分、東に坂道をのぼると、町をみおろす高台の高原郷土館に神岡鉱山資料館がある。資料館は神岡鉱山によりたてられたもので、元禄年間(1688～1704)の手掘りで金や銀を採鉱したころから現代までの用具や工程模型など、日本最大の亜鉛・鉛の鉱床を誇った鉱山用具や資料をみることができる。またこの鉱山は、高原川下流の神通川流域に、イタイイタイ病を発生させたことでも知られる。

公園内にある1868(明治元)年築造の旧松葉家(県民俗)では、北飛騨独特の民具や農具、養蚕器具・山林作業用具を展示している。また公園内の神岡城は、1970(昭和45)年に越前の丸岡城(現、福井県坂井市丸岡町)を模したものである。

高原郷土館から国道471号線にでて、南東に800mの殿地区に、室町時代から戦国時代にかけて高

神岡鉱山資料館

原郷(現,飛騨市神岡町・高山市上宝町一帯)をおさめた江馬氏城館跡(国史跡)がある。城館跡向かいの瑞岸寺(臨済宗)に「文禄三(1594)年」銘の銅製磬鉢(県重文)がある。

江馬氏城館跡から県道484号線を山之村方面に約6kmいくと,和佐保の光円寺(曹洞宗)がある。江戸時代前期に全国を行脚した円空の作である二十五菩薩25体(県重文)がある。

神岡町周辺の史跡

光円寺からさらに県道484号線を北東に向かい,伊西トンネルをぬけると,高原集落の山之村に至る。その集落の1つ森茂の白山神社では,10月24日の例祭に高原川水系の獅子舞の祖形を残すといわれる森茂獅子(県民俗)が舞われる。

神岡町内では盆に大津神社で「金がでるでる鹿間の山に,銀と鉛と銅と」の音頭唄で知られる船津盆踊(県民俗)が行われる。神岡市街地の大津神社から国道41号線を,古川町方面に南西へ7kmのひだ流葉スキー場の麓に,大国寺(浄土真宗)がある。同寺には,京都二条家の奇姫が輿入れした際に持参したという,久隅守景画農耕図屛風(県重文)がある。

大国寺から,地方道75号線を南へ3kmいった柏原の白山神社(祭神伊邪那美命)には,御物石器とよばれる縄文時代の石器(県重文)がある。さらに南下し,山田防災ダムのさきを右折して1.5kmほどいった大笠の白山神社(祭神伊邪那美命)には,室町時代の和鏡4面(県重文)が伝わる。

小萱薬師堂 ㉒ 〈M▶P.232, 265〉 飛騨市神岡町小萱14 P
JR高山本線古川駅🚌神岡行終点🚌15分

神岡町市街地を流れる,高原川にかかる西里橋より県道477号線を南に向かい,小萱台地にのぼり,飛騨神岡高校をすぎて2kmほ

匠のふるさと　265

小萱薬師堂

> 県内で最古の木造建築
> 高原郷民の信仰を集めた寺

どいくと、小萱薬師堂(国重文)がある。この薬師堂の創立・沿革はあきらかではないが、様式・手法から15世紀中ごろをくだらないと推定される、均整のとれた入母屋造・柿葺きの屋根の美しい曲線や力強い反りは、室町時代の様式を残している。堂内に1299(永仁7)年制作の薬師三尊と十二神将の名を漢字であらわした懸仏(県重文)が安置されている。

小萱薬師堂から西に3kmほどで、吉田の常蓮寺(浄土真宗)に至る。当寺は、かつて白川村の照蓮寺と並ぶ飛驒浄土真宗の一大拠点であった。「延慶二(1309)年」銘の鉦鼓と木造釈迦三尊像(ともに県重文)がある。境内では毎年7月24日に、太子踊(県民俗)が踊られる。寺から北へ約1kmの観音山(802m)山頂に、傘松城跡(県史跡)がある。

金森宗貞邸跡 ㉓　〈M▶P.232〉飛驒市神岡町東茂住469
0578-5-2105　神岡町市街地より🚗20分

> 鉱山開坑の祖金森宗貞
> 地下深くにスーパーカミオカンデ

市街地から国道41号線を富山方面に20kmいくと、高原川にかかる東茂住橋のすぐそばに金龍寺(曹洞宗)がある。同寺の敷地が金森宗貞邸跡(県史跡)である。金森宗貞は茂住宗貞ともよばれ、越前(現、福井県)の人といわれる。金森氏につかえ、天正年間(1573〜92)から文禄・慶長年間(1592〜1615)にかけて、茂住銀山(神岡町東茂住)や和佐保鉱山(神岡町和佐保)の鉱山開坑に尽力した人物である。金龍寺には、宗貞が寄進したと伝える「慶長四(1599)年」銘と「延宝七(1679)年」銘の鰐口(ともに県重文)がある。

金龍寺の東方山手にある神岡鉱山茂住坑は、明治・大正・昭和時代に亜鉛・鉛を産出し隆盛したが、2001(平成13)年採掘を中止した。現在、坑道跡を利用し地下1000mの地点に、東京大学宇宙線研究所によって、宇宙から飛来する素粒子ニュートリノの観測装置スーパーカミオカンデが設置されている。2002年にノーベル物理学

金森宗貞邸跡の碑

賞を受賞した小柴昌俊の研究は，この観測装置を用いてなされた。ほかにX-MASS，カムランド，現在建設中のKAGRAといった鉱山の跡地を活用した，宇宙素粒子や地球物理の研究分野では最先端の地下実験施設があり，世界から注目されている。

金龍寺裏手の高原川にかかる新猪谷ダム西側に，松尾芭蕉の弟子凡兆の俳句がきざまれた加藤歩簫文字書岩（県史跡）がある。現在は旧街道は朽ちて歩くことができない。

国道41号沿いの高原川に合流する，支流跡津川を約2kmさかのぼった常盤神社（祭神常盤大神）には，「明応五（1496）年」銘の青銅製の衣冠型神像（県重文）がまつられている。なお，1858（安政5）年に飛騨と越中にわたる大地震角川地震で知られる跡津川断層は，この川の名からきている。

東茂住から国道41号線を北に富山に向かうと約5分で，宮川と高原川が合流する県境の国境橋に至る。江戸時代において，この合流点を，宮川をさかのぼって古川から高山に向かう街道が越中西街道で，高原川をさかのぼって神岡から高山に向かう街道が越中東街道であった。越中と飛騨にまたがる神通峡には，江戸時代，歌川（安藤）広重の浮世絵にも描かれた篭の渡しがあり，多くの旅人や荷物がこの難所の篭の渡しを行き交い，飛騨にはいっていった。

匠のふるさと 267

あとがき

　旧版の『岐阜県の歴史散歩』が出版されたのは，1988（昭和63）年であった。それから15年余り，世は昭和から平成の時代へと代わり，ほどなく21世紀の到来。県下の状況も大きく様変わりした。

　合併特例法が制定され，市町村合併が進み，村の数は激減した。そして，新しい市・町の誕生が相次いだ。県内の文化財についても，国宝をはじめ，国や県指定の文化財が大幅に増加した。こうした状況下で，岐阜県の歴史・文化財を広く紹介してきた『岐阜県の歴史散歩』も書き換える必要に迫られた。

　折りしも，平成の大合併が進行中であったが，大きな問題は長野県山口村との合併だった。これまで信州が育んできた歴史と文化を岐阜県で取り扱うことについて，うれしい反面，長野県の方々の心情を思うと，複雑な気持ちであった。岐阜県人として，信州が育んできた文化を尊重して受け継ぎ，大切に次代に継承していくことが責務であろうと考える。

　今回，本書を刊行するにあたり，改めて県内の文化財の豊富さに驚かされた。新世紀を迎えるときに，多くの自治体で新たな市町村史の編集が進んでおり，岐阜県でも平成の県史編集事業が行われた。こうしたこともあって，新たな資料発掘，文化財の保護が進んだことは本当に喜ばしいことであった。県民の多くの方々がこうした県史，市町村史，文化財を通して，ふるさとに誇りと自信を持っていただけたらと切に願う。また，全国の方々に岐阜県の歴史と文化を紹介したい。本書はこうした願いをもって，県内の文化財について，県指定以上のものを可能な限り紹介している。

　最後に，本書の編集に当たって，貴重な資料や写真を提供していただいた方々，そして，校務多忙の中，調査・執筆に大変なご努力をいただいた執筆の先生方に，心から感謝を申し上げる。

　　2006年6月

　　　　　　　　　　　『岐阜県の歴史散歩』編集委員代表　則竹節

【岐阜県のあゆみ】

原始──掘りおこされた遺跡から

　岐阜県における人類の痕跡は、旧石器時代後期にさかのぼる。3万年前の人類の活動は確実で、岐阜市の日野遺跡や寺田遺跡など、県内で60カ所以上の遺跡が確認されている。おもな出土遺物はナイフ形石器のほか、石器などの加工に用いられた道具類で、その多くが狩猟活動にかかわるものと考えられる。

　1万2000年前ごろにみられる旧石器文化から縄文文化への移行は、日本列島の人類が地球規模でおきた気候変動に適応した結果であった。氷河期の終末を境に動植物相が大きくかわったため、人びとの関心は植物性食料や水産資源、中小の動物に向かうようになった。土器や打製石器、漁撈具や弓矢の普及は、この間の経緯を物語る。県内では山県市九合洞窟などで、縄文時代草創期・早期の遺物が発見されている。

　縄文時代草創期・早期の人びとの暮らしは食料資源を求めての遊動が基本であったが、前期になると、日当たりのよい台地や河川合流点付近に定住集落を営むようになった。たとえば、高山市堂之上遺跡では、前期から中期にかけての典型的な縄文集落が検出されている。この遺跡からは埋甕や石棒など、性や生命の誕生にかかわる信仰や儀礼に用いたと考えられる遺物も出土している。縄文時代も後期・晩期になると遺跡数は減少するが、石棒を生産した飛騨市塩屋金清神社遺跡、木の実の水さらし場の遺構がみつかった高山市カクシクレ遺跡など特徴ある遺跡の存在が知られている。

　紀元前4世紀以降、稲作農耕や金属器の使用が本格化し弥生時代を迎えると、人びとの生活空間は、狩猟・採集に適した山間地から水田経営に便のよい低地にも広がった。大垣市の今宿遺跡や荒尾遺跡で発見された水田跡や木製農具類は、濃尾平野における農耕の普及をうかがわせる貴重な資料である。従来、県内出土の弥生時代の遺物は希少であったが、近年の発掘調査によって、鳥形木製品や人面・船舶を描いた線刻土器、赤彩の土器など、当時の祭祀や儀礼にかかわる出土品の存在も知られるようになった。

　農耕技術の向上に伴う富の蓄積は、権力の誕生を促した。県内各地の弥生遺跡にみられる方形周溝墓や墳丘墓は、村落内部における階層分化を示唆する。弥生時代の支配層は被支配層同様に集落の付近に葬られたようだが、つぎの古墳時代になると首長の権威がいっそう強化されたとみられ、その墓所も集落から隔絶した場所に営まれるようになった。養老町象鼻山1号墳・海津市円満寺山古墳などは、見晴らしのよい山に築造された初期古墳の代表として知られる。

　5世紀以降、各務原市坊の塚古墳や岐阜市琴塚古墳のような大型古墳が低地に築造されるようになり、6世紀を迎えると各地で群集墳とよばれる横穴式石室を有

する古墳群が多数形成された。本巣市船来山古墳群は県内でも屈指の群集墳で、その総数は1000基をこえる。

山国飛騨の盆地部に展開した古墳文化も注目に値する。特異な構造を有する巨石墳や、それに続いて造営された多数の古代寺院からは、律令国家成立期の都と飛騨との深いかかわりが推測される。飛騨の古代遺跡は、『日本書紀』にみられる「飛騨匠」の淵源を考えるうえで示唆に富むものといえよう。

古代——関の国美濃と匠の国飛騨

考古資料の増加にくらべ、7世紀以前の濃飛の様相を記す文献資料はきわめて少ない。国造や県主など豪族の動向についても、伝承の域をでるものではなく、わずかに古墳群や寺院、『延喜式』式内社などの分布から類推できる程度である。『古事記』『日本書紀』における濃飛の記述は対照的で、畿内からほど近い美濃地域の勢力がヤマト政権と積極的なかかわりをもつのに対し、両面宿儺伝承を有する飛騨には、「異界・異域」との認識すらあたえられている。歴史的な実態の反映というよりは、濃飛両地域とヤマト政権との間に介在する地理的・心理的な親疎関係の反映なのであろう。

古墳に埋葬された豪族たちは、ヤマト政権より国造や県主に任じられて、その支配下に組み込まれていったと考えられる。『古事記』や『先代旧事本紀』などの文献には、美濃国造・本巣国造・牟義都国造・斐陀国造・美濃県主などの名をみいだすことができる。

7世紀にはいると、朝廷は隋・唐を範とした中央集権国家の建設を企図するようになるが、その過程で壬申の乱（672年）がおきた。この乱で大海人皇子（のちの天武天皇）は、美濃不破の地を挙兵の拠点とした。大海人皇子の私領が安八磨評（現、大垣市・安八郡）にあったこと、美濃出身の村国男依・身毛君広らが皇子の舎人としてつかえていたことが理由であると考えられるが、なによりも美濃国が畿内と東国を結ぶ政治的・軍事的要地であったことが大きな要因であった。

壬申の乱後、勝利に貢献した美濃の豪族や農民たちにはさまざまな恩賞や恩恵があたえられた。そして、律令制が整備されるなかで、東国に向かう主要道には関が設置された。東山道のとおる美濃には不破関が設置され、伊勢国（東海道の鈴鹿関）・越前国（北陸道の愛発関）とともに、美濃国は関を管理する関国として、特異な役割をになった。

正倉院には現存最古の「大宝二（702）年」の戸籍が残っており、当時の美濃国の様子をうかがい知ることができる。また、条里制の遺構も西濃の平野部を中心によくみられていた。東濃では713（和銅6）年国司笠朝臣麻呂によって吉蘇路（木曽路）が開通し、信濃国への交通も整備された。美濃と信濃の国境をなした神坂峠は当時から交通の難所として知られ、吉蘇路はこの迂回路として設けられたと考えられる。

岐阜市老洞古窯跡からは,「美濃(国)」の刻印を押した須恵器が出土しているが,平安時代には,東濃地域で陶器生産もはじまる。一方,調の品目に「美濃絁」の文字がみえ,当時から美濃国は絹織物産地でもあったことがわかる。

　飛驒国は,東山道方県駅付近(現,岐阜市)より分かれる飛驒支路で結ばれていた。朝廷は飛驒の木工技術に高い関心をもっており,飛驒国の人びとには他国と違った位置づけがなされていた。すなわち,飛驒国は,庸・調が免除されるかわりに匠丁を貢進する国として特殊な役割をになっていた。「飛驒匠」の礎が築かれていたのである。

　8世紀後半にはいると,公地公民制も混乱がめだちはじめ,貴族や社寺による墾田の私有地化が進んだ。平安時代の初め,美濃では東大寺領厚見荘(のちの茜部荘)・大井荘・貞願寺領など,また飛驒では西大寺領など,いわゆる初期荘園が成立した。

　しかし,初期荘園の多くは,律令制が衰えるとともに10世紀には衰退した。やがて農民を組織して地域の開発と経営に乗りだした現地の有力者が,開発した土地を中央権門に寄進し,みずからは荘官となって現地を支配する寄進地系荘園が登場した。大井荘では,大中臣氏を頂点とする荘官の組織ができあがった。開発領主とよばれた彼らは,経営する土地をまもるため,国衙や周辺の荘園との抗争に備えて武装し,やがて武士団として成長した。武士団はさらに整理・統合されて大きな集団となっていったが,その際,中央貴族の血筋を引くものを棟梁としていただくことが多かった。美濃国の場合,清和源氏につながる源経基とその子孫が美濃国司に多く任じられたことで,清和源氏とのつながりを深めていった。やがて,源氏を棟梁と仰いだ美濃源氏の諸流が美濃国一帯に展開した。中世に美濃国を支配した土岐氏もこの美濃源氏の一流である。

中世——対立と争乱の時代

　1180(治承4)年,以仁王と源頼政が平氏打倒の兵をあげたが,美濃源氏の多くは平氏に与した。しかし,源頼朝が富士川の合戦で勝利すると,一転して頼朝・木曽(源)義仲勢に加わった。鎌倉幕府が成立すると,土岐郡(現,多治見市・土岐市・瑞浪市)を本拠にしていた美濃源氏土岐光衡は御家人となり,土岐氏繁栄の基礎をつくった。

　1221(承久3)年,承久の乱がおこると美濃は主戦場となり,美濃の多くの武士は後鳥羽上皇側について没落した。かわって,あらたに東氏・佐竹氏らの東国の武士が新補地頭として美濃に入部した。

　中世の美濃が注目されるようになるのは,鎌倉時代末期から室町時代にかけてである。土岐頼貞・頼遠父子は,美濃一国に広く勢力をのばしていた土岐一族をまとめ,強力な軍事力をつくりあげていった。土岐一族の軍勢は,同氏の家紋から桔梗一揆とよばれた。このような軍事力を背景に,頼貞は足利尊氏を助け,室町幕

府成立にきわめて重要な役割をはたした。また、頼遠をついだ土岐頼康は幕府の重鎮であり、美濃・尾張・伊勢3カ国の守護として権勢をふるったが、つぎの康行は、1390(明徳元)年に足利義満の挑発にのって乱をおこしたため、土岐氏はにわかに衰退した。

土岐氏にかわって実質的に権勢をふるうようになったのは、豊島氏と争って守護代の地位を獲得した斎藤氏である。守護代斎藤利藤の後見人であった斎藤妙椿は、強力な軍事力を保持し、美濃はもとより尾張・近江・飛騨・越前にまで影響をおよぼした。妙椿は、応仁の乱(1467〜77年)では西軍の足利義視・義材父子を擁立し、乱の帰趨を握っているとまでいわれた。妙椿の死後、甥で養子の斎藤利国(妙純)が、1495(明応5)年に船田合戦を制して権力を掌握したが、同年の冬、近江遠征のとき近江の土民の一揆に襲撃され自害した。これによって斎藤軍が壊滅すると、中心となる武士が美濃にはいなくなり、美濃はしばらくの間、権力が空洞化し混乱が続いた。

このようななかで美濃を掌握したのは、斎藤道三であった。法華宗の僧侶から身をおこし、土岐家の重臣にまでなった父長井新左衛門尉とその子道三は、2代でその地位を築きあげた。道三は稲葉山(金華山)に城郭を築き、井之口に城下町(のちの岐阜町)を造営した。1552(天文21)年、大桑(現、山県市)城を居城とする守護土岐頼芸を追放してついに美濃一国を掌握したが、4年後、嫡子義龍と対立し、討たれた。義龍は権力を掌握し、戦国大名として美濃を支配したが、1561(永禄4)年急死した。

義龍の死後の1567(永禄10)年、美濃は織田信長によって支配され、井之口は岐阜と改称された。信長はこのころから「天下布武」の印を用いるようになり、岐阜を拠点に天下統一に乗りだした。また、楽市楽座令を施行して商人の自由な活動を保証し、商工業の発展を促した。

南北朝時代以降、飛騨は国司姉小路氏と守護京極氏が並立する、数少ない国の1つであった。戦国時代になると、北は江馬氏、南は三木氏が支配した。加賀・越中の一向一揆、越後の上杉謙信、甲斐の武田信玄、さらには織田信長といった勢力にはさまれ、江馬・三木両氏はきわめて微妙な立場にあったが、その勢力を維持していた。しかし、1585(天正13)年、豊臣秀吉の武将金森長近によって飛騨は支配された。

近世──入り組んだ支配の美濃と天領飛騨

織田信長は岐阜に入部すると、稲葉山(金華山)の頂上に岐阜城を、麓に邸宅(信長館)を築き、家臣団の屋敷を設けた。また、岩倉(現、愛知県岩倉市)や清洲(現、愛知県清須市)から商人たちを移して商人町も築いた。この家臣団の屋敷と商人町をもつ岐阜城下は当時人口1万人ほどで、ポルトガルの宣教師ルイス・フロイスは、「バビロンの混雑を思わせるほどの賑わいをみせる」と評した。

信長は9年間岐阜城に在城したが，全国制覇を進めるために，1576(天正4)年，近江の安土(現，滋賀県蒲生郡安土町)に居を移した。岐阜城は長男の信忠がついだ。1582年本能寺の変で信長・信忠父子が自刃したのち，豊臣秀吉が全国統一をなしとげたが，この時期，岐阜城主は信長の3男信孝，池田元助，池田輝政，秀吉の甥豊臣秀勝，信長の孫織田秀信とめまぐるしくかわった。

　秀吉の死後，政情は徳川家康を中心として動きはじめる。これに対して石田三成が反家康勢力を結集して対立。1600(慶長5)年全国の大名が家康の東軍，三成の西軍と二分して天下分け目の戦いとなった。岐阜城主織田秀信は西軍についたが，関ヶ原の戦いの前に，浅野幸長，池田輝政，福島正則ら東軍に攻撃されて敗れ，岐阜城は陥落した。西軍についた上有知(現，美濃市)の佐藤方政，岩村(現，恵那市)の田丸具忠，苗木(現，中津川市)の川尻直次，大垣の伊藤盛正，高須(現，海津市)の高木盛兼，福束(現，安八郡輪之内町)の丸毛兼利といった美濃の武将は没落した。

　関ヶ原の戦い後，事実上家康が天下をとったが，大坂には秀吉の嫡子秀頼がおり，秀吉恩顧の武将も多数残っていた。家康は豊臣方の動きに備えつつ，全国支配を確立していった。美濃には大大名はおかれず，加納(現，岐阜市)に家康の長女亀姫の婿である奥平信昌をおいて西への備えとした。戦いの直後，岐阜城は廃され，その楼閣や礎石は加納城築城に役立てられたという。

　西の大垣には譜代大名石川氏5万石，東の苗木には遠山氏1万石がおかれた。また，高須には徳永氏5万石，郡上には遠藤慶隆，岩村には松平家乗らが入部した。石田方の美濃の武将の没収領地は，天領(幕府直轄領)となり代官大久保長安が支配した。ほかには，美濃国内に70ほどの旗本領があった。

　こうして美濃は大名領・天領・旗本領と細分化され，支配地が複雑に入り組んだ地となった。大坂の役で豊臣氏が滅んで以降は，大坂への備えという観点は弱まったといえるが，隣国尾張藩の影響が強まり，岐阜町をはじめ，錦織(現，加茂郡八百津町)，兼山(現，可児市)，上有知・大矢田・蕨生(現，美濃市)，今尾(現，海津市)，墨俣(現，大垣市)，栗笠・船附(現，養老町)といった交通の要衝，産業の要地がことごとく尾張藩領に組み込まれていった。

　1635(寛永12)年には戸田氏鉄が摂津尼崎(現，兵庫県尼崎市)から10万石の大名として大垣に入部した。氏鉄は島原の乱で功をあげ，新田開発，治山・治水事業，文教振興などに尽力し，大垣藩の基礎を築いた。以後，戸田氏は11代にわたり，大垣藩主として明治維新まで続いた。

　飛騨は1586(天正14)年に，金森長近が秀吉から飛騨一国3万8700石をあたえられていた。金森氏は，関ヶ原の戦いで家康方について，本領安堵されたうえ，美濃国上有知を加増された。金森家は6代にわたって，飛騨の国づくりにつくしたが，1692(元禄5)年，出羽国上山(現，山形市)へ転封され，飛騨は天領となった。高

山城は破却され、かわりに陣屋が設けられて、そこで代官(のちに郡代)により飛驒一国の政務が執り行われた。以後、飛驒は全国でも珍しい一国天領として、独自の豊かな文化を発展させていく。

江戸時代をとおして、美濃・飛驒は比較的平穏な時代を迎える。細分化され、入り組んだ支配体制の下で、それぞれに特徴ある地域文化・産業を発展させたといえよう。特筆すべき事件は、18世紀なかばの薩摩藩によるいわゆる宝暦治水工事と、郡上一揆、並びに飛驒でおきた大原騒動であろう。

美濃と尾張にまたがる濃尾平野の西南部は、木曽・長良・揖斐の3河川とその支流が網の目のように流れており、東西約40km・南北約45kmにおよぶ広大な低湿地帯に、洪水から家や田畑をまもるため、周囲に堤防をめぐらした輪中が多数形成された。また、新田開発が進み、これまで遊水池であったところが耕地化されて、河道がせばまったため水の行き場がなくなったり、土砂の堆積で川底があがったりして、この地域は水害が多発した。1753(宝暦3)年末、当地の治水工事の御手伝普請が薩摩藩島津氏に命じられ、以後1年半にわたり、薩摩藩は多大な犠牲のもとで工事を進めることとなる。とくに油島締切・大樽川洗堰の工事は最大の難工事であった。現地に派遣された薩摩藩士は、すべての責をとり自害した家老平田靱負をはじめとして、病死などを含め80人余りが死亡した。

また宝暦年間(1751～64)、郡上では大規模な一揆がおこった。1754年、藩が年貢収入をふやすために、徴収法を定免から検見取りに改めようとしたことが発端であった。この一揆は反対する農民と藩との対立、あるいは農民同士の対立を深めるなかで、幕府直訴にまでおよんだ。また、白山神社領石徹白村(現、郡上市)で中居神社内の社領支配をめぐる対立もあいつぎ、1758年、ついに幕府の介入するところとなり、郡上藩主金森頼錦は領地没収・改易となった。また、対処の不備を問われ、老中・若年寄・大目付・勘定奉行にも処罰がくだった。農民側にも厳しい処分があり、獄門4人・死罪10人のほか多数の遠島・追放者がでた。

飛驒では、1771(明和8)年～88(天明8)年にわたって、大原騒動とよばれる大規模な一揆がおこった。これは、代官(のちに郡代)大原彦四郎・亀五郎父子の苛政・不正に対して、18年間断続してたたかった飛驒の農民たちの一揆である。農民側に多くの犠牲者をだしながらも、最後は大原亀五郎が八丈島に流罪となるなど、郡代側にも厳しい処罰がくだされた。この背景には、幕府内部で老中田沼意次が失脚し、松平定信による田沼時代の不正糾弾が実行されはじめたことがあるといわれる。

こうした一揆・騒動あるいは打ちこわしは、江戸時代をとおして全国各地でおきているが、美濃・飛驒でも18世紀後半になると頻発している。藩や旗本の財政は、貨幣経済の伸展とともに江戸時代中期からゆきづまり、幕末にはどこの藩や旗本領でも財政難で困窮していた。苗木藩や岩村藩・大垣藩などは、藩政改革に取り組ん

だが大きな成果はなく，時代はやがて明治維新を迎えることになる。

近代——岐阜県としての出発

　日本の近代は，1853（嘉永6）年のペリー来航により，その幕をあけることになる。美濃・飛驒はこの激動期，比較的おだやかに新しい時代を迎えた。

　大垣藩は，鳥羽・伏見の戦いで幕府軍側に味方したため，新政府軍に朝敵とみなされ征討命令がくだされたが，藩主が勤王にふみきって許され，東山道鎮撫総督率いる東征軍の先鋒をつとめた。また，加納藩主や苗木藩主も幕府の重臣であったが，総督府に出頭して勤王をちかった。ほかの諸藩主も東征軍に接収され，大きな混乱はなかった。大きな騒動がおきたのは天領だった飛驒である。高山県となり梅村速水が初代知事に着任したが，梅村の急激な改革は地元ではうけいれられず，1年もたたないうちに騒動がおこり，梅村は解任された。また，東濃の苗木藩では，仏教の抑圧・排斥運動がすみずみにまで行われた。現在においても，旧苗木藩領には寺院がほとんどない。苗木藩ほど廃仏毀釈運動が徹底して行われた例は少ないという。

　江戸幕府が瓦解したのち，美濃・飛驒の天領・旗本領・藩領はいくたびかの変遷をとげたあと，1876（明治9）年8月21日，岐阜県として統合された。これまで，隣国とはいえ，文化も歴史も自然環境も大きく異なっていた美濃と飛驒が1つの県となったのである。県庁舎はそれまでの笠松（現，羽島郡笠松町）から岐阜町の近郊，今泉村八ツ寺（現，岐阜市）に移った。初代県令は長谷部恕連，権参事として小崎利準が就任した。小崎はのちに県令・知事となり，17年間にわたって県政をになうことになる。

　1879年，第1回岐阜県会が開催されたが，初期の県会はいわゆる「山岳・水場」の対立が激しかった。県費の支出をめぐって，飛驒・奥美濃・東濃などの山岳地帯の議員は，道路・橋梁の整備を要求したが，美濃地方西南部の水場地帯の議員は，木曽・長良・揖斐川の治水を優先したため，激しい対立を繰り返した。

　近代にはいり，日清戦争，日露戦争，日中戦争，そして太平洋戦争と対外戦争があいついでおこり，岐阜県も大きな試練を体験した。日露戦争では，県内から1万5600人余りが出征し，その多くは激戦地となった旅順要塞攻撃・奉天会戦に投入され，戦死者・戦病死者3677人をだした。これは全国最多である。また，1931（昭和6）年の満州事変以降，日中戦争，太平洋戦争をとおして，県内の戦死者数は5万5000人をこえている。

　1891（明治24）年には，マグニチュード8.0と推定される，内陸直下型地震がおきた。濃尾地震である。美濃地方だけで5000人近くの死者，1万2300人余りの負傷者をだした。

　また，急激な近代化政策にともない，木材を大量に伐採したこともあり，明治時代初期は水害が頻発した。そのため，木曽三川の分離工事が行われたのをはじめ，

木曽川上流改修工事など，県内各地で治山・治水の工事が進められた。

近代化の柱ともいえる富国強兵・殖産興業政策に基づいて，岐阜県においても，産業の育成がはかられた。とくに大正時代以降，製糸業・織物業などの繊維産業が飛躍的に発展，県外から大資本が進出し，岐阜・大垣周辺には工場が建設された。1916（大正5）年には，生産額で工業が農業を追いこしている。

また，西洋文化摂取の時代であり，中央志向の強い時代であった。県内からも多数の人材が中央にでて活躍した。数学の高木貞治，法学の牧野英一，史学の津田左右吉をはじめ，文学者の坪内逍遙，作家の森田草平，女子教育の先駆者下田歌子，画家の川合玉堂・前田青邨・熊谷守一，第二次世界大戦のさなか，リトアニア日本領事館で6000～8000人のユダヤ人を救った杉原千畝といった人びとである。

現代——復興と21世紀の岐阜県

1945（昭和20）年8月15日の敗戦をさかいに，新しい時代の幕開けとなる。連合国軍最高司令官総司令部（GHQ）指導下の民主化改革のなかで，戦後の岐阜県社会の基礎はつくられた。それは，農地改革・選挙制度改革・教育改革などである。また，市町村合併が進み，200をこえた村は半分以下に減少した。県政を司る県知事は公選となり，初代県知事は，当時実業家だった武藤嘉門が選ばれた。武藤はその在任中，「入るを量って出づるを制する」という独自の健全財政を貫き，財政の安定化をはかった。

1961年，「岐阜県産業開発十年計画」が策定され，産業の振興・産業基盤の整備が積極的にはかられた。東海道新幹線の駅が羽島に誘致され，名神高速道路が県内をとおり，関東・関西への人・物資の動きが活発になって，交通の高速化の時代を迎えた。1960年代をとおして，岐阜県の産業構造は大きく変貌し，県内生産所得は1960年から10年間で4倍強に増大した。とくに，陶磁器や金属製品などの地場産業の伸びが著しかった。

1970年代の2度にわたるオイルショック後，低成長期からバブル経済期にかけては，長良川河口堰建設事業や木曽川右岸流域浄水事業，岐阜駅周辺鉄道高架事業といった大型プロジェクト事業が積極的に推進された。また，マイカーの普及や高速道路網の整備により，観光の広域化がはかられ，新穂高ロープウェーや乗鞍スカイライン，白山スーパー林道の完成など，観光資源の開発も進められた。しかし，バブル景気とともに進んだ円高で，輸出に依存していた県内地場産業は大きなダメージをうけ衰退した。また，鉄道・道路網の整備にあわせた住宅団地の開発により，各務原・可児・多治見などは名古屋通勤圏に包摂されていった。

1989（平成元）年に県知事に就任した梶原拓は，「夢おこし県政」と称する県民参加型の県土づくりをめざした。バブル経済崩壊後の景気低迷が長引くなか，地域の活性化・特色ある岐阜県づくりをめざして，「花フェスタ2005ぎふ」など多くのイベントが開催された。また，岐阜メモリアルセンターや県民ふれあい会館をはじめ

とする諸施設の建設・整備が進められた。

　岐阜県は地理的に日本の中央に位置することから,東名・名神高速道路,中央自動車道の開通や新幹線の開業によって京浜・阪神両方面との結びつきが強かったが,1997年には安房トンネルが開通し,飛驒の新しい玄関として信州・首都圏への往来が容易となった。

　「平成の大合併」と称される市町村合併が進むなか,2005年に高山市が周辺の町村と合併をはたし,全国でもっとも面積の広い市となった。これにより飛驒は,下呂市・高山市・飛驒市・大野郡白川村の3市1村のみという行政上の大変貌をとげた。また,長野県木曽郡山口村が中津川市に越県合併した。1987年に揖斐郡徳山村が徳山ダム建設のため閉村となり,99市町村であった岐阜県は,2006年3月末に半分以下の42市町村(21市19町2村)となった。

　地方の時代とよばれて久しいなか,あらたな地域づくり,特色ある地域づくりが求められている。

【地域の概観】

長良川と金華山―岐阜

　岐阜地域は、県都岐阜市を中心に、北の山県市、東の各務原市、南の羽島市と羽島郡2町(笠松町・岐南町)、西の瑞穂市・本巣市・本巣郡北方町からなる。濃尾平野の北東端に位置し、ここより北あるいは東には山稜がのび、中濃地域の山地へと連なっていく。地域の南を、東濃・可茂の山地から平野部にでた木曽川が、最初東から西へ、途中で南へ向きをかえて流れており、愛知県との県境をなしている。木曽川とほぼ平行する形で、地域の中央部を郡上の山地に源を発する長良川が流れている。西には根尾・揖斐川が流れ、西濃地域との境になっている。

　地形や気候など自然条件に恵まれて、早くから開発が進んだことに加え、河川や陸上交通の要衝として、美濃国のなかでも中核となる地域であった。

　県内でも古い時期に属する山県市の九合洞窟遺跡をはじめとする縄文時代の遺跡が、丘陵地を中心に分布し、農耕の開始とともに岐阜市の城之内遺跡などの弥生時代の遺跡が平野部にみられるようになる。やがて東山道に沿った丘陵地に古墳が築かれるようになり、「長宜子孫」銘の鏡が出土した岐阜市の龍門寺1号古墳や、県内最大級の琴塚古墳、岐阜市から本巣市にまたがって大小200基が集まった船来山古墳群などの成立をみる。古墳時代にはじまった陶器生産では、各務原丘陵部に美濃須衛古窯跡群が営まれ、奈良時代にはそのなかの老洞古窯で生産された、「美濃(国)」の刻印をもつ須恵器が畿内や信州など各地に供給された。

　平安時代、荘園公領制の成立に伴い、東大寺領茜部荘(現、岐阜市)をはじめとする荘園が成立し、同時に武士の活動も盛んになって中世を迎える。岐阜地域が美濃国の政治の中心になるのは、その中世後期の室町時代である。

　守護大名として成長した土岐氏が、守護所を革手(現、岐阜市)におき、それに伴い守護代斎藤氏以下の有力家臣も集まった岐阜地域は、土岐・斎藤氏による領国支配の拠点となった。

　戦国時代になると、斎藤道三が土岐氏を追い、戦国大名としての地位を築いた。居城を稲葉山城とし、城下町経営にも意をそそいだ。この城と城下町は尾張から侵攻した織田信長に引きつがれ「岐阜」となり、信長統一事業の出発点となった。

　その後、江戸時代の岐阜地域は、幕領・尾張徳川家領・奥平氏以降譜代大名が支配した加納藩やいくつかの旗本領など、複雑に入り組んだ様相を呈することになる。岐阜市は川湊として、また提灯などの特産品の生産で栄え、中山道に沿った宿場町も人や物の往来で賑わった。

　やがて明治時代になると、笠松県がおかれ、これをもとに岐阜県が成立、岐阜市は県都として県政ならびに経済の中心となった。濃尾震災や第二次世界大戦の空襲で打撃をこうむったが、復興はめざましく、アパレル産業や伝統工芸品、長良川の鵜飼などで全国に知られる存在となっている。

古戦場と水のふるさと—西濃

　西濃(西美濃)地域は，県の西部を占め，大垣市・海津市と揖斐・安八・不破・養老の各郡からなり，北は福井県，西は滋賀県，南は三重県・愛知県に接している。この地域は揖斐川水系域で，北部には越美山地，西部には伊吹山地・鈴鹿山脈・養老山地があり，南部は美濃平野の主要部で，大垣市以南では輪中地帯を形成している。

　この地域が，歴史上で脚光をあびたのは，672年の壬申の乱と1600(慶長5)年の関ヶ原の戦いである。以下，この地域の歴史を略述する。

　縄文時代の遺跡は，上原遺跡(揖斐郡揖斐川町)や庭田貝塚・羽沢貝塚(ともに海津市)などがあり，弥生時代の遺跡は，大垣市周辺に今宿遺跡や荒尾南遺跡など多く存在している。古墳としては，発生期の象鼻山古墳(前方後方墳，養老郡養老町)，4世紀中ごろの円満寺古墳(前方後円墳，海津市)，4世紀末から5世紀初頭の昼飯大塚古墳(前方後円墳，大垣市)，5世紀おわりから6世紀初めの野古墳群(揖斐郡大野町)などがある。

　672年の壬申の乱では，その舞台の1つになった。それは，東国への交通の要衝であった不破の地の確保と，大海人皇子が安八磨評の湯沐邑(古代における中宮・東宮の封戸)を挙兵根拠地の1つとしたことによるとされている。また，この地には，国家の非常事態に備えた三関の1つである不破関(不破郡関ヶ原町)が設置され，国府(不破郡垂井町)や国分寺(大垣市)もおかれ，当時の美濃国の中心であった。時代がくだるにしたがい律令制度がくずれていき，大寺院の荘園が形成されてきた。この地域には，東大寺領の大井荘(大垣市)や延暦寺領の平野荘(安八郡神戸町)などが形成された。源平の争乱では，源義朝父子の逃避行などの舞台となった。

　中世では，土岐氏が活躍し，西濃でも土岐氏にかかわる寺院や城が建立され，南北朝時代，後光厳天皇や二条良基が土岐頼康を頼って，揖斐の地にきている。戦国時代には，斎藤道三や織田信長の関係で西美濃三人衆(稲葉一鉄・安藤守就・氏家卜全)らが活躍している。1600年に，この地を中心にたたかわれた関ヶ原の戦いは「天下分け目」の戦いといわれ，この戦いを契機に天下は徳川氏に移った。

　江戸時代には，美濃国最大の大垣藩10万石の城下町であった大垣が，この地域の政治の中心だけではなく，儒学・漢詩文・蘭学などが盛んな文教の町として栄えた。一方，治水関係では木曽三川の洪水に対して，多大の犠牲を伴った薩摩藩による宝暦の治水工事が行われた。その関係で現在，鹿児島県と姉妹県になっている。

　明治時代以降も治水が大きな問題となり，オランダ人技師ヨハネス・デ・レイケの調査計画による木曽三川分流工事が行われ，治水問題が大きく前進し，一大穀倉地帯となった。一方，豊富な地下水を利用した繊維工業も盛んであった。

　現在は，大垣市に情報産業の核となる施設としてソフトピアジャパンが建設され，

マルチメディア産業や生活・地域の情報化を促進する国際的なソフトウェアの研究開発の拠点をめざしている。

日本の真ん中——中濃

　長良川上流域と飛驒川・木曽川の流域とからなるこの地域は，美濃国の中央部を占めることから中濃とよばれている。地形的には大河が平野にでる上・中流域にあたり，河岸段丘がよく発達している。日本の人口重心がこの地域内にあり，日本の真ん中にあたる。

　中濃地域には旧石器時代の遺跡が確認され，早くから人びとが生活していたことがわかる。縄文・弥生時代の遺跡も多く，美濃市の観音寺山からは中国新（王莽）時代の舶載鏡が発見され，近くには方形周溝墓も発掘されている。古代には牟義都国造・鴨県主らの豪族が蟠踞した。壬申の乱では身毛君広が活躍し，関市池尻に弥勒寺を建立したといわれている。条里制の遺構もあり，正倉院文書には，大宝2（702）年の加茂郡富加町羽生の戸籍が残っている。

　養老年間（717～724）に越前の泰澄大師が白山禅定道を開き，その後，平安時代に郡上市長滝に白山美濃馬場が開設されると，美濃にも白山信仰が流布するようになった。さらに白山信仰の下で，虚空蔵菩薩信仰があらたに発展し，高賀山を中心とする山岳信仰もおこってきた。

　鎌倉時代になり，1221（承久3）年におこった承久の乱は，在地の様相を一変させた。あらたに関東から東氏（郡上市）・佐竹氏（美濃市・関市武芸川町）らの鎌倉武士がはいってくる。彼らは戦国時代まで室町幕府奉公衆として存続した。関は飛驒・信濃に向かう交通の要衝に位置し，繁栄した町で，鎌倉時代末期から時宗が広まっていた。15世紀にはいると鍛冶屋が集住し，一大刀剣生産地となった。美濃市・関市武芸川町域には美濃和紙の生産が発展し，応仁年間（1467～69）には，美濃市大矢田に六斎市がたつほどになっていた。また河川の交通も発達し，美濃国守護代斎藤氏は木曽川の錦織（現，加茂郡八百津町）の綱場を掌握し，これを足場に，巨大な軍事力を構築したといわれている。可児市久々利の山中では，黄瀬戸・志野・織部焼などの美濃焼が盛んに行われた。

　江戸時代になり，上有知城主金森家が没落すると，その遺領である武儀郡の大半は尾張藩（現，愛知県）領となった。中濃の南部には中山道がとおり，太田・伏見・御嵩の各宿がにぎわった。木曽川・飛驒川沿いの綱場・川湊は，木曽・飛驒材の筏流しや舟運で繁栄した。関市は刃物の生産，美濃市・関市武芸川町は和紙生産で栄えた。郡上市では宝暦騒動・石徹白騒動などの百姓一揆がおきた。旅をしながらおびただしい数の仏像を彫った，美濃の人で江戸時代の遊行僧円空は，郡上市の粥川寺で修行し，終焉の地を関市の弥勒寺にもとめた。この地方には中世末期からキリスト教が広まり，隠れキリシタンの痕跡が可児市塩や御嵩町小原に残っている。

　近代になり自由民権運動が展開するが，美濃市からは島森友吉らの活動家が輩出

した。また1884(明治17)年に、伊深村(現、美濃加茂市)、加治田村(現、富加町)の農民が武器をもって山中にたてこもった加茂事件がおきている。第二次世界大戦中にユダヤ人を救った杉原千畝は、加茂郡八百津町の生まれである。

焼物とヒノキ—東濃

東濃地方は、岐阜県の東南部に位置している。古代の郡制では、土岐・恵那の2郡からなっている。平成の市町村大合併で、長野県木曽郡山口村が岐阜県中津川市に越県合併された。

JR中央本線・国道19号線・中央自動車道が東西に走り、経済・文化圏では、中京圏と深い関わりをもっている。

恵那の地は、古くは東山道の宿駅として開けたところである。美濃と信濃との国境は、『今昔物語集』にも登場する神坂峠(現、中津川市神坂)であるが、現在では、中央自動車道恵那山トンネルが開通し、信州との結びつきが強くなった。

歴史的にこの地域が注目されるのは、中世以降である。土岐氏(美濃源氏)は土岐郡を基盤にして西へ発展し、室町幕府をささえる奉公衆となり、美濃国の守護となった。その東の恵那郡の遠山氏のおこりは、源頼朝の伊豆挙兵に美濃より参加した加藤景廉が広大な遠山荘を手にいれたことによる。その子孫である遠山氏が、岩村を中心に苗木・明智で栄えた。戦国時代の東濃は、織田・武田両軍の争奪地となった。

多治見・土岐・瑞浪は、良質な粘土を産出し、とくに安土・桃山時代には、志野・織部・黄瀬戸などの名陶をうみだした。この伝統は、現在、地場産業の美濃焼としてひきつがれ、多くの著名な陶芸作家が活躍している。

恵那地方では、江戸時代に岩村藩・苗木藩などの小藩が、独自の文化や学問を発展させた。岩村藩では、儒学者の佐藤一斎らすぐれた文人が輩出した。苗木藩では平田国学が栄え、明治初年には廃仏毀釈が徹底して行われた。

中津川・馬籠・飯田地方の庄屋層を中心とした国学の隆盛は、島崎藤村の小説『夜明け前』に詳しい。

裏木曽とよばれる現在の恵北地域(現、中津川市付知・加子母)には、良質のヒノキの山がある。とくに井小路山からは、伊勢神宮の神木がだされ、林業が現在でも盛んである。ヒノキは「東濃檜」のブランド名で流通している。

匠のくに—飛騨

飛騨は岐阜県の北部に位置し、四方を北アルプス連峰・白山・御岳・立山の峰々に囲まれている。外部との流通・交易をはかる河川は、日本海側からは神通川から宮川を経て、太平洋側からは木曽川に続く飛騨川・益田川が主要な経路である。飛騨への中央文化の波及は比較的早く、寿楽寺廃寺跡や杉崎廃寺跡といった7世紀から8世紀の白鳳期の古代寺院跡が、飛騨市古川町や高山市国府町の地域に集中して、10件以上確認されている。

可耕地の少ない飛驒では,古くから木材をあつかうことが多く,木工を業とする者が少なくなかった。律令制の規定により,都の造営に工匠が従事したことから,いわゆる「飛驒の匠」の名は,飛驒の代名詞として使われるほどになった。
　豊臣秀吉の武将金森長近が高山に城下町を築いて以来,高山は飛驒の政治・経済・文化の中心として経営され,金森氏は長近から6代107年間続いた。
　豊富な山林資源に着目した江戸幕府は,1692(元禄5)年,飛驒を天領(幕府直轄地)とし,官有林経営を行った。この間,幕末まで,25代177年間にわたり高山に陣屋をおき,代官・郡代が飛驒をおさめた。
　天領となった飛驒は,高山祭にみられるような,匠の技と郷土文化を築きあげ,他領とは違うという天領民意識を芽生えさせた。一方で,村々の生活は厳しく,1771(明和8)年からはじまった大原騒動,1869(明治2)年の梅村騒動などの一揆がおこり,明治時代から大正時代にかけては,野麦峠をこえて信州の製糸工場へ糸ひきにいく飛驒女性の哀話が残された。また,陸の孤島といわれた西飛驒白川郷では,独特な大家族制度や,茅葺き・切妻屋根の合掌造りがうみだされた。
　大政奉還により1868(明治元)年5月に飛驒県がおかれ,翌6月高山県となり,1871年には信州の一部に統合されて筑摩県となった。その後,1876年に飛驒は岐阜県に併合された。
　美濃と飛驒にまたがる広大な山地は,長く南北交通の障害であったが,1934(昭和9)年に高山本線が開通し,中部圏と北陸が鉄道で結ばれ,飛驒の近代化が急速に進んだ。「山国飛驒」は,現在では東京や関西方面からの交通の便がよくなり,鉄道・車のいずれも4～5時間で結ばれている。
　飛驒は2004(平成16)年に,古川町・河合村・宮川村・神岡町が合併して飛驒市に,萩原町・小坂町・下呂町・金山町・馬瀬村が合併して下呂市になった。さらに,2005年には,丹生川村・清見村・荘川村・宮村・久々野町・朝日村・高根村・国府町・上宝村が高山市と合併した。大野郡白川村のみが他の市町村と合併しなかった。これにより飛驒は3市1村となった。

【文化財公開施設】　　　　　　　　　　　　　　　①内容，②休館日，③入館料

〈岐阜地区〉

岐阜県歴史資料館　〒500-8014岐阜市夕陽ヶ丘4　TEL058-263-6678　①歴史，民俗，行政に関する資料の収集・保存，展示，②土・日曜，祝日，年末年始，③無料

岐阜県美術館　〒500-8368岐阜市宇佐4-1-22　TEL058-271-1313　①郷土と関係深い作家の作品を収集・展示，②月曜日(祝日の場合翌日)，年末年始，③有料(高校生以下は無料)

岐阜県図書館・世界分布図センター　〒500-8368岐阜市宇佐4-2-1　TEL058-275-5111　①国内外の地形図，主題図を収集・保存，②月曜日(祝日の場合翌日)，毎月最終金曜日，年末年始，③無料

岐阜県世界淡水魚園水族館アクア・トトぎふ　〒501-6021各務原市川島笠田町1453　TEL0586-89-8200　①世界の淡水魚をテーマに，魚類・昆虫・鳥類・水生植物などを展示，②無休(休館日は確認)，③有料

岐阜市歴史博物館　〒500-8003岐阜市大宮町2-18-1　TEL058-265-0010　①考古，歴史，民俗，美術工芸の資料を展示，②月曜日(祝日の場合翌日)，祝日の翌日，年末年始，③有料

岐阜城　〒500-0000岐阜市金華山天守閣18　TEL058-263-4853　①城内は資料展示室，楼上は展望台，岐阜城資料館には岐阜城関係の資料などを陳列，②無休，③有料

名和昆虫博物館　〒500-8003岐阜市大宮町2-18　TEL058-263-0038　①ギフチョウほか，日本産のチョウを数多く展示，②木曜日(祝日の場合は開館)，夏・春休み中は無休，③有料

鵜飼資料園　〒502-0071岐阜市長良中鵜飼94-10　TEL058-232-2839　①鵜匠の装束・鵜船などの用具，鵜の放し飼い，②第2・4日曜日，それ以外の週の月曜日，年末年始，③無料

長良川うかいミュージアム　〒502-0071岐阜市長良51-2　TEL058-210-1555　①鵜飼漁で使われる用具等実物資料を展示，映像や写真資料で長良川の鵜飼を紹介，②10月16日～4月30日の火曜日(祝日の場合翌日)，年末年始，③有料

羽島市歴史民俗資料館・映画資料館　〒501-6241羽島市竹鼻町2624-1　TEL058-391-2234　①竹鼻城歴史資料，織物・養蚕関係資料，映画関係資料を保存・展示，②月曜日(祝日の場合翌日)・第3日曜日(第3日曜日の翌月曜日は開館)，祝日の翌日，年末年始，③有料

羽島円空資料館　〒501-6319羽島市上中町中526　TEL058-398-6264　①十一面観音像，17体の円空仏を安置，②月曜日，③有料

各務原市川島ふるさと史料館　〒501-6022各務原市川島松倉町1951-4　TEL0586-89-2811　①木曽川の舟運，渡し船，伝統行事などの資料の収集・展示，②月曜日(祝日の場合翌日)，年末年始，③無料

各務原市埋蔵文化財調査センター　〒504-0914各務原市三井東町4-32　TEL058-383-1123　①市内の遺跡（炉畑遺跡・山田寺跡ほか）出土品を展示，②土・日曜日，祝日，年末年始，③無料

かかみがはら航空宇宙科学博物館　〒504-0924各務原市下切町5-1　TEL058-386-8500　①戦前・戦後の国産機の資料・復元，②火曜日(祝日の場合翌日，4月27日～5月6日，

	7月20日～8月31日の火曜日は開館），年末年始，③有料
内藤記念くすり博物館	〒501-6195各務原市川島竹早町1 エーザイ川島工園内 TEL0586-89-2101 ①薬に関する総合的な資料を展示，②月曜日，年末年始，③無料
根尾谷地震断層観察館	〒501-1529本巣市根尾水鳥512 TEL0581-38-3560 ①地下観察（トレンチ），地震資料を展示，②月曜日(祝日の場合翌日)，年末年始，③有料
富有柿の里	〒501-0401本巣市上保1-1-1 TEL058-323-4511 ①考古・民俗資料，柿の資料を展示(道の駅と併設)，②月曜日(祝日の場合翌日)，年末年始，③有料
笠松町歴史民俗資料館	〒501-6052羽島郡笠松町下本町87 TEL058-388-0161 ①遺跡の出土品，江戸時代からの道具や商家を復元，②月曜日(祝日の場合翌日)，年末年始，③無料
岐南町歴史民俗資料館	〒501-6013羽島郡岐南町平成7-38 TEL058-247-7737 ①養蚕に関する資料を展示，②月曜日(祝日の場合翌日)，③無料

〈西濃地区〉

大垣城	〒503-0887大垣市郭町2-52 TEL0584-74-7875 ①関ヶ原合戦と大垣城に関する展示，武士・庶民の文化や生活に関する展示，②火曜日(祝日の場合翌日)，祝日の翌日，年末年始，③有料(高校生以下無料)
大垣市歴史民俗資料館	〒503-2227大垣市青野町1180-1 TEL0584-91-5447 ①美濃国分寺跡の出土品を展示，②火曜日(祝日の場合翌日)，祝日の翌日，年末年始，③有料(18歳未満は無料)
梁川星巌記念館	〒503-0011大垣市曽根町1-77-1 TEL0584-81-7535 ①星巌・紅蘭の肖像画，星巌の墨跡，遺産，華渓寺・曽根城の資料等展示，②無休，③無料(事前連絡)
大垣市郷土館	〒503-0888大垣市丸の内2-4 TEL0584-75-1231 ①歴代大垣藩主に関する資料を展示，②火曜日(祝日の場合翌日)，祝日の翌日，年末年始，③有料(高校生以下無料)
美濃民俗館宝光院宝物殿十三間堂	〒503-0985大垣市野口1-39-1 TEL0584-91-8326 ①本寺院の宝物・古文書など，②予約，③有料
大垣市奥の細道むすびの地記念館	〒503-0923大垣市船町2-26-1 TEL0584-81-3747 ①奥の細道の解説，大垣の偉人の紹介，西美濃観光情報などの資料を展示，②年末年始，③無料(芭蕉館，先賢館は有料，18歳以下無料)
大垣市輪中館	〒503-0962大垣市入方2-1611-1 TEL0584-89-9292 ①輪中の成り立ちとその暮らしを紹介，②火曜日(祝日の場合翌日)，祝日の翌日，年末年始，③無料
大垣市上石津郷土資料館	〒503-1625大垣市上石津町宮237-1 TEL0584-45-3639 ①西高木家に関する資料を展示，②火曜日(祝日の場合翌日)，祝日の翌日，年末年始，③有料(18歳未満無料)
墨俣一夜城歴史資料館	〒503-0102大垣市墨俣町墨俣城之越1742-1 TEL0584-62-3322 ①築城への道を展示，②月曜日(祝日の場合翌日)，祝日の翌日，年末年始，③有料(18歳未満無料)
海津市歴史民俗資料館	〒503-0646海津市海津町萱野205-1 TEL0584-53-3232 ①輪中にかかわる資料を展示，②月曜日(祝日の場合翌日)，年末年始，③有料
関ケ原町歴史民俗資料館	〒503-1522不破郡関ケ原町関ケ原894-28 TEL0584-43-2665

	①関ヶ原合戦の資料を展示，②月曜日，祝日の翌日，年末年始，③有料
不破関資料館	〒503-1541不破郡関ケ原町松尾21-1　TEL0584-43-2611　①不破関の資料，推定模型，出土品の展示，②月曜日，祝日の翌日，年末年始，③有料
関ケ原ウォーランド	〒503-1501不破郡関ケ原町関ケ原1701-6　TEL0584-43-0302　①甲冑を中心とした武器・武具など，②12月31日，③有料
タルイピアセンター・歴史民俗資料館	〒503-2121不破郡垂井町2443-1 TEL0584-23-3746　①垂井宿に関する資料を展示，②月曜日，最終木曜日(祝日の場合翌日)，年末年始，③無料
大野町民俗資料館	〒501-0521揖斐郡大野町黒野913-1　TEL0585-32-1111　①町内の考古・民俗資料など，②日・月曜日，祝日とその翌日，年末年始，③無料
藤橋歴史民俗資料館	〒501-0802揖斐郡揖斐川町藤橋鶴見490-1　TEL0585-52-2611　①茅葺き屋根の民家を復元，民具・木製品を展示，②月・火曜日(祝日の場合週初めの平日2日間)，12月〜3月，③有料
徳山民俗資料収蔵庫	〒501-0804揖斐郡揖斐川町東横山183-1　TEL0585-23-0115　①徳山地区の出土品，民俗資料を展示，②火曜日，年末年始，③有料

〈中濃地区〉

岐阜県博物館	〒501-3941関市小屋名小洞1989　TEL0575-28-3111　①郷土の自然・人文関係の諸資料を展示，②月曜日(祝日の場合翌日)，年末年始，③有料(高校生以下は無料)
岐阜県刃物会館	〒501-3874関市平和通り4-6　TEL0575-22-4941　①各メーカーの刃物を展示，②年末年始，③無料
フェザーミュージアム	〒501-3873関市日ノ出町1-17　TEL0575-22-1923　①カミソリの歴史・文化資料を展示，②火曜日，③無料
関市円空館	〒501-3264関市池尻185　TEL0575-24-2255　①円空仏の展示，②月曜日(祝日の場合翌日)，祝日の翌日，年末年始，③有料
塚原遺跡公園展示館	〒501-3954関市千疋1777-1　TEL0575-28-5955　①縄文・古墳時代の住居を復元，展示館には出土物を展示，②月曜日，祝日の翌日，年末年始，③無料
ナイフの博物館	〒501-3821関市平賀町7-3　TEL0575-24-2132　①世界のナイフを収蔵，展示，土・日曜日はナイフづくりが体験できる，②年末年始，お盆，③有料
洞戸円空記念館	〒501-2806関市洞戸高賀1212　TEL0581-58-2814　①円空最後の作といわれる歓喜天のほか30点を展示，②月曜日，祝日の翌日，年末年始，③有料(小・中学生は無料)
関鍛冶伝承館	〒501-3857関市南春日町9-1　TEL0575-23-3825　①刀の製造過程資料の展示，鍛錬場，実演，②火曜日，祝日の翌日，③有料
美濃和紙の里会館	〒501-3788美濃市蕨生1851-3　TEL0575-34-8111　①和紙の歴史・技術を紹介，紙漉きを体験できる，②火曜日，祝日の翌日，年末年始，③有料
可児郷土歴史館	〒509-0224可児市久々利1644-1　TEL0574-64-0211　①郷土の歴史資料を展示，②月曜日，祝日の翌日，年末年始，③有料(高校生以下は無料)
郡上八幡博覧館	〒501-4213郡上市八幡町殿町50　TEL0575-65-3215　①郡上踊りの実演，郡上本染作品を展示，②年末年始，③有料
若宮修古館	〒501-5104郡上市白鳥町長滝138　TEL0575-85-2023　①長滝白山神社宮司の

	若宮家の古美術品を展示，②12月下旬～3月中旬，③有料
郡上八幡民芸美術館	〒501-4200郡上市八幡町新栄町1459-2　TEL0575-65-2329　①八幡城主の武具や化粧道具を展示，②木曜日(7～9月は無休)，③有料
奥美濃おもだか家民芸館	〒501-4226郡上市八幡町新町929　TEL0575-65-3332　①文人画家水野柳人の収集品，庶民の生活用品を展示，②無休，③有料
遠郷山安養寺宝物殿	〒501-4214郡上市八幡町柳町217　TEL0575-65-2726　①信長・信玄にまつわる品を展示，②木曜日，1～2月，③有料
明宝歴史民俗資料館	〒501-4303郡上市明宝気良154　TEL0575-87-2119　①山村生活用具・儀礼用具を展示，②月曜日(祝日の場合翌日)，祝日の翌日，年末年始，③有料
白山文化博物館	〒501-5104郡上市白鳥町長滝402-11　TEL0575-85-2663　①白山に関する文化を紹介，②火曜日(祝日の場合翌日)，年末年始，③有料
古今伝授の里フィールドミュージアム	〒501-4608郡上市大和町牧912-1　TEL0575-88-3244　①東氏ゆかりの資料を展示，古今伝授史料など，②火曜日(祝日の場合翌日)，年末年始，③有料
郡上市和良歴史資料館	〒501-4507郡上市和良町宮地1121-1　TEL0575-77-4011　①戸隠神社・宮代白山神社の宝物を展示，②火曜日，年末年始，③有料
美並ふるさと館	〒501-4102郡上市美並町高砂1252-2　TEL0575-79-3440　①円空仏95体を展示，円空の生涯を紹介，②月曜日(祝日の場合翌日)，年末年始，③有料
太田宿中山道会館	〒505-0042　美濃加茂市太田本町3-3-31　TEL0574-23-2200　①太田宿の歴史文化，江戸時代の宿場や旅の様子を紹介，②月曜日，年末年始，③無料
豊蔵資料館	〒509-0224可児市久々利352　TEL0574-64-1461　①荒川豊蔵自作の作品および収集品の保存・展示，②月～木曜日，年末年始，③有料
可児市兼山歴史民俗資料館	〒505-0130可児市兼山675-1　TEL0574-59-2288　①金山城関係資料，近隣商業関係資料を展示，②月曜日(祝日の場合翌日)，祝日の翌日，年末年始，③有料(高校生以下は無料)
川合考古資料館(川合公民館内)	〒509-0208可児市川合北2-14　TEL0574-63-4339　①縄文・古墳時代の出土品を展示，②月曜日，祝日の翌日，年末年始，③無料
旧八百津発電所資料館	〒505-0301加茂郡八百津町八百津1770-1　TEL0574-43-3687　①発電・電力・川に関する資料を展示，②月曜日(祝日の場合翌日)，年末年始，③有料
杉原千畝記念館	〒505-0301加茂郡八百津町八百津1071　TEL0574-43-2460　①杉原千畝の足跡を展示，執務室を再現，②月曜日(祝日の場合翌日)，年末年始，③有料
富加町郷土資料館	〒501-3302加茂郡富加町夕田212　TEL0574-54-1443　①日本最古の『御野国半布里戸籍』を展示(複製)，解説，②月曜日，③無料
中山道みたけ館	〒505-0116可児郡御嵩町御嵩1389-1　TEL0574-67-7500　①御嵩の文化財や資料の収集・保存，展示，②月曜日，第3火曜日，月末最終金曜日，年末年始，③無料

〈東濃地区〉

岐阜県現代陶芸美術館	〒507-0801多治見市東町4-2-5　TEL0572-28-3100　①近現代の陶芸作品の収集・展示，②月曜日(祝日の場合翌日)，年末年始，③有料(高校生以下は無料)
多治見市美濃焼ミュージアム	〒507-0801多治見市東町1-9-27　TEL0572-23-1191　①

美濃焼の歴史，現代陶・桃山陶・磁器などを展示，②月曜日(祝日の場合翌日)，年末年始，③有料(高校生以下は無料)

幸兵衛窯本館　〒507-0814多治見市市之倉町4-124　TEL0572-22-3821　①加藤卓男の代表作品を展示，②年末年始，③有料

美濃陶磁歴史館　〒509-5142土岐市泉町久尻1263　TEL0572-55-1245　①「元屋敷陶器窯跡」から出土した桃山陶を展示，②月曜日(祝日の場合翌日)，祝日の翌日，年末年始，③有料(高校生以下は無料)

瑞浪市化石博物館　〒509-6132瑞浪市明世町山野内1-13　TEL0572-68-7710　①瑞浪から出土した化石とデスモスチルスの骨格標本を展示，②月曜日，祝日の翌日，③有料(高校生以下は無料)

瑞浪市陶磁資料館　〒509-6132瑞浪市明世町山野内1-6　TEL0572-67-2506　①陶磁器産業史を時代を追って展示，化石博物館・市之瀬廣太記念美術館・地球回廊を併設，②月曜日(祝日の場合翌日)，年末年始，③有料(高校生以下は無料)

美濃歌舞伎博物館・相生座　〒509-6251瑞浪市日吉町8004-25　TEL0572-69-2126　①農村舞台を移築し，歌舞伎関係資料を展示，年2回公演，②金曜日，年末年始，③無料

ミュージアム中仙道　〒509-6133瑞浪市明世町戸狩331　TEL0572-68-0505　①歌舞伎衣装・陶磁器・武具甲冑などを展示，②月曜日，年末年始，③有料(中学生以下は無料)

中山道ひし屋資料館　〒509-7201恵那市大井町60-1　TEL0573-20-3266　①「ひし屋」古山家を改修・復元，当時の宿場・商家の様子を展示，②月曜日の翌日，年末年始，③有料

中山道広重美術館　〒509-7201恵那市大井町176-1　TEL0573-20-0522　①歌川(安藤)広重らの浮世絵，版画などを収蔵・展示，②月曜日(祝日はのぞく)，祝日の翌日，年末年始，③有料

岩村歴史資料館　〒509-7403恵那市岩村町98　TEL0573-43-3057　①岩村城絵図，藩校知新館で使用された日本最初の英和辞典，佐藤一斎・下田歌子・三好学ら郷土の偉人たちの資料を展示，②月曜日(祝日の場合翌日)，年末年始，③有料(高校生以下は無料)

日本大正村資料館　〒509-7700恵那市明智町本町1860-7　TEL0573-54-3947　①大正時代の調度品，新聞，人力車などを展示，②年末年始，③有料

串原郷土館　〒509-7815恵那市串原1268　TEL0573-52-2333　①矢作ダム水没地区内にあった近世末期の民家を移築，館内には当時の民具類を展示，②不定期，③有料

中津川市苗木遠山史料館　〒508-0101中津川市苗木2897-2　TEL0573-66-8181　①苗木領の歴史的文化遺産を保存，展示，②月曜日(祝日の場合翌日)，年末年始，③有料

熊谷守一記念館　〒508-0351中津川市付知町4956-52　TEL0573-82-4911　①熊谷守一の作品の展示，②月曜日(祝日の場合翌日)，年末年始，③有料

中津川市鉱物博物館　〒508-0101中津川市苗木639-15　TEL0573-67-2110　①長島乙吉，息子弘三より寄贈された鉱物標本を展示，②月曜日(祝日の場合翌日)，年末年始，③有料(中学生以下は無料)

中津川市中山道歴史資料館　〒508-0041中津川市本町2-2-21　TEL0573-66-6888　①古文書・公文書などを収集保存，展示，②月曜日(祝日の場合翌日)，年末年始，③有料

清水屋資料館　〒508-0502中津川市馬籠4284　TEL0573-69-2558　①島崎藤村の書簡・掛

	軸，写真，宿場「馬籠」の生活文化の遺品を展示，②不定期，③有料
藤村記念館	〒508-0502中津川市馬籠4256-1　TEL0573-69-2047　①藤村の作品原稿，遺愛品などを展示，②12月第2火・水・木曜日，③有料
馬籠脇本陣史料館	〒508-0502中津川市馬籠4253-1　TEL0573-69-2108　①脇本陣の什器などの民俗資料，古記録などを展示，②不定期，③有料
東山魁夷心の旅路館	〒508-0501中津川市山口1-15　TEL0573-75-5222　①東山魁夷の作品と資料を展示，②水曜日，年末年始(祝日の場合翌日)，③有料(中学生以下は無料)
蛭川郷土館	〒509-8301中津川市蛭川2240-5　TEL0573-45-2033　①旧蛭川村の民俗資料を展示，②火・木・土・日曜日，祝日，年末年始，③有料

〈飛騨地区〉

高山陣屋	〒506-0012高山市八軒町1-5　TEL0577-32-0643　①徳川幕府の代官所・郡代所の遺構，②年末年始，③有料
飛騨高山まちの博物館	〒506-0844高山市上一之町75　TEL0577-32-1205　①郷土に関する文献資料，民俗，歴史史料を収蔵・展示，②無休，③無料
飛騨民族考古館	〒506-0846高山市上三之町82　TEL0577-32-1980　①高山城主御殿医の住居，飛騨の考古・歴史史料を展示，②無休，③有料
飛騨民俗村(飛騨の里)	〒506-0055高山市上岡本町1-590　TEL0577-33-4711　①飛騨の古い民家を移築・復元，山村の暮らしを紹介，②無休，③有料
飛騨高山春慶会館	〒506-0006高山市神田町1-88　TEL0577-32-3373　①江戸から現代の春慶塗の作品を展示，②不定休，③有料(小学生無料)
日下部民藝館	〒506-0851高山市大新町1-52　TEL0577-32-0072　①日下部家に伝わる民具などを展示，②12～2月の火曜日(祝日の場合翌日)，③有料
高山祭屋台会館	〒506-0858高山市桜町178　TEL0577-32-5100　①高山祭の屋台などを展示，②無休，③有料
獅子会館	〒506-0858高山市桜町53-1　TEL0577-32-0881　①獅子頭，祭用具，山村の生活用具を展示，②不休，③有料
飛騨位山文化交流館	〒509-3505高山市一之宮町3095　TEL0577-53-0035　①農村民俗の史・資料を展示，②月曜日(祝日の場合翌日)，年末年始，③無料
久々野歴史民俗資料館	〒509-3205高山市久々野町久々野2262-1　TEL0577-52-3459　①堂之上遺跡出土品，民俗資料を展示，②月曜日，12月1日～3月31日，③無料
平湯民俗館	〒506-1433高山市奥飛騨温泉郷平湯27-3　TEL0578-89-3338(ひらの森)　①茅葺き屋根の民家に民芸品や動物の剥製などを展示，②不定休，③見学無料
飛騨みやがわ考古民俗館	〒509-4533飛騨市宮川町塩屋104　TEL0577-63-2311　①宮川町内から出土した遺物，民具，民俗資料の収蔵・展示，②事前予約制，③有料
飛騨の山樵館	〒509-4221飛騨市古川町若宮2-1-58　TEL0577-73-3288　①飛騨の山椒および木工用具，古川の歴史資料を展示，②事前予約制，年末年始，③有料
飛騨の匠文化館	〒509-4234飛騨市古川町壱之町10-1　TEL0577-73-3321　①飛騨の匠の業績や技術・道具を展示，②木曜日，年末年始，③有料
飛騨古川まつり会館	〒509-4234飛騨市古川町壱之町14-5　TEL0577-73-3511　①屋台や御輿の展示，②年末年始，③有料

文化財公開施設

高原郷土館　〒506-1123飛騨市神岡町城ケ丘1　TEL0577-73-7496　①鉱山資料館，旧松葉家からなる民俗資料，神岡鉱山関係資料を展示，②12月〜3月，③有料

下呂温泉合掌村　〒509-2202下呂市下呂町森2369　TEL0576-25-2239　①白川郷などから移築した10棟の合掌家屋集落，②無休，③有料

下呂ふるさと歴史記念館　〒509-2202下呂市森1808-37　TEL0576-25-4174　①峰一合遺跡出土品(パン状炭化物)を展示，②月曜日(祝日の場合翌日)，年末年始，③無料

下呂市小坂郷土館　〒509-3104下呂市小坂町湯屋217　TEL0576-62-3111　①野良道具・山林器具，調理道具，調度品など展示，②土・日曜日，祝日に開館，12〜2月休館，③有料(市内小中学生減免制度あり)

下呂市金山郷土館　〒509-1614下呂市金山町大船渡600-8　TEL0576-32-2201　①旧金山町内の民俗資料などを展示，②土・日曜日，祝日，年末年始，③無料

下呂市馬瀬歴史民俗資料館　〒509-2612下呂市馬瀬名丸406　TEL0576-47-2111　①旧馬瀬村の歴史・民俗資料などを展示，②土・日曜日，祝日，年末年始，③有料

MIBOROダムサイドパーク御母衣電力館・荘川桜記念館　〒501-5505大野郡白川村牧140-1　TEL05769-5-2012　①御母衣ダム建設に関する歴史と発電の仕組みを紹介，②水曜日，4月29日〜5月5日，7月21日〜8月31日，10月10日〜11月10日は無休，12月16日〜3月14日は閉鎖，③無料

旧遠山家民俗館　〒501-5629大野郡白川村御母衣字山越125　TEL05769-5-2062　①旧遠山家と関係資料の展示，②水曜日(祝日の場合前日)，年末年始，③有料

明善寺郷土館　〒501-5627大野郡白川村荻町679　TEL05769-6-1009　①合掌造り寺院，村内の民俗資料などを展示，②不定休，③有料

どぶろく祭りの館　〒501-5627大野郡白川村荻町559　TEL05769-6-1655　①"どぶろく祭り"を人形や模型を使って再現し，展示，②10月13〜16日，12月〜3月，③有料

合掌造り生活資料館　〒501-5627大野郡白川村荻町3065　TEL05769-6-1818　①主要産業であった焔硝の道具・生活用具を展示，②不定休(冬期休館)，③有料

【無形民俗文化財】

国指定

真桑人形浄瑠璃　　本巣市上真桑(物部神社)　春分の日・前日
能郷の能・狂言　　本巣市根尾能郷(能郷白山神社)　4月13日
南宮の神事芸能　　不破郡垂井町宮代(南宮大社)　5月4・5日
郡上踊　郡上市八幡町(各町内)　8月13〜16日(徹夜踊り)
長滝の延年　　郡上市白鳥町長滝(長滝白山神社)　1月6日
高山祭の屋台行事　　高山市(日枝神社・桜山八幡宮)　4月14・15日，10月9・10日
古川祭の起し太鼓・屋台行事　　飛騨市古川町(気多若宮神社)　4月19・20日
下呂の田の神祭　　下呂市森(森八幡神社)　2月14日

県指定

手力雄神社火祭り　　岐阜市蔵前(手力神社)　4月第2土曜日
長良川の鵜飼漁　　岐阜市長良　5月11日〜10月15日
平方勢獅子　　羽島市福寿町平方(八幡神社)　10月第2日曜日
長屋神社の祭礼行事　　本巣市長屋(長屋神社)　8月2日
樽見の十一日祭　本巣市根尾樽見(樽見白山神社)　旧1月11日
伏屋の獅子芝居　　羽島郡岐南町伏屋(伏屋白山神社)　10月
円城寺の芭蕉踊　　羽島郡笠松町円城寺(秋葉神社)　8月22日
笠松の奴行列　　羽島郡笠松町常盤町(八幡神社・産霊神社)　4月第2日曜日
今尾左義長　　海津市平田町今尾(秋葉神社)　2月11日
谷汲踊　揖斐郡揖斐川町(華厳寺門前など)　2月18日
東津汲鎌倉踊　　揖斐郡揖斐川町(白髭神社)　4月29日
三倉の太鼓踊　　揖斐郡揖斐川町(三倉峯神社)　8月15日
下東野の市山からくり花火　　揖斐郡池田町下東野(下東野神明神社)　9月16日
春日の太鼓踊り　　揖斐郡揖斐川町春日六合　各地区　9月下旬〜10月下旬
燈籠まつり　揖斐郡揖斐川町春日六合(薬師堂)　1月15日
表佐太鼓踊　不破郡垂井町表佐(表佐保育園)　10月第1日曜日
栗笠の獅子舞　　養老郡養老町栗笠(福地神社)　10月5・6日
神戸山王まつり　　安八郡神戸町神戸(日吉神社)　5月3・4日
長良川の鵜飼漁　　関市池尻　5月11日〜10月15日
どうじゃこう　関市南春日町(春日神社)　4月第3日曜日
大矢田ヒンココ　　美濃市大矢田(大矢田神社)　4月第2土・日曜日，11月23日
美濃流しにわか　　美濃市(市街地・番屋前)　4月第2土・日曜日
小野八幡神社祭礼　　郡上市八幡町小野(小野八幡神社)　4月第3土・日曜日
白鳥の拝殿踊り　　郡上市白鳥町白鳥(白鳥神社・貴船神社)　8月17・20日
嘉喜踊　郡上市白鳥町中津屋(白山神社・八幡神社)　秋季
寒水の掛踊　郡上市明宝寒水(白水神社)　9月第2土・日曜日
日吉神社大神楽　　郡上市八幡町島谷若宮(日吉神社)　4月20・21日
岸剣神社の大神楽　　郡上市八幡町柳町(岸剣神社)　4月20・21日
七日祭　郡上市大和町牧妙見(明建神社)　8月7日

御嵩薬師祭礼　　可児郡御嵩町（願興寺）　4月第1日曜日
久田見の糸切りからくり　　加茂郡八百津町久田見（白髭・神明神社）　4月第3土・日曜日
伊和神社の田の神祭　　加茂郡富加町（伊和神社）　4月5日
小木棒の手　　多治見市諏訪町小木（諏訪神社）　10月15日
岩村町秋祭行事　　恵那市岩村町（武並神社・城山八幡神社）　10月第1・土・日曜日
岩村町獅子舞　　恵那市岩村町（旧岩村城下の街路）　10月第1土曜日
坂下の花馬　　中津川市坂下（坂下神社）　10月第2日曜日
中山太鼓　　恵那市串原（中山神社）　10月第3日曜日
下手向の獅子芝居　　恵那市山岡町下手向（白山比咩神社）　10月9・10日
半原操人形浄瑠璃　　瑞浪市日吉町半原（日吉神社）　4月14日に近い日曜日
蛭川の杵振踊　　中津川市蛭川中切（安弘見神社）　4月16日に近い日曜日
恵那文楽　　中津川市中津川川上（恵那神社）　9月29日
木遣音頭　　中津川市付知町（護山神社）　4月1日
翁舞附人形頭と面　　中津川市付知町　不定日
坂下の花馬　　中津川市坂下（坂下神社）　10月第2日曜日
高山おどり　　高山市本町（市内）　8月盆
車田　　高山市松之木町（飛騨の里）
飛騨東照宮おかめ舞獅子舞　　高山市西之一色町（飛騨東照宮）　4月15日
水無社の神事芸能　　高山市一之宮町（飛騨一宮水無神社）　5月2日
国府町金蔵獅子　　高山市国府町広瀬町・上広瀬・金桶（冨士神社・廣瀬神社・度瀬神社・加茂神社・諏訪神社）　地区により異なる
上宝一重ケ根鶏芸　　高山市奥飛騨温泉郷一重ケ根（村上神社・神明神社）　5月10日、9月30日
荒城神社鉦打獅子舞　　高山市国府町宮地（荒城神社）　9月7日
数河獅子　　飛騨市古川町数河（松尾白山神社・宮田白山神社）　9月5日
般若踊　　飛騨市古川町数河　不定日
高田神社の神楽獅子　　飛騨市古川町太江（高田神社）　4月28日
小雀獅子　　飛騨市河合町稲越（富士神社）　5月3日
船津盆踊り　　飛騨市神岡町船津（大津神社）　8月14～16日
森茂獅子　　飛騨市神岡町森茂（森茂白山神社）　10月24日
太子踊　　飛騨市神岡町吉田（常蓮寺）　7月24日
白川村の獅子舞　　大野郡白川村鳩谷（村内八幡神社）　9月下旬～10月中旬
白川村の春駒踊り　　大野郡白川村荻町　村内・正月・初午・祝事
こだいじん　　大野郡白川村（荻町八幡宮・鳩谷八幡宮・飯島八幡宮）　10月14～19日

【おもな祭り】（国・県指定無形民俗文化財をのぞく）——————————
〈岐阜地区〉
お蚕まつり　　瑞穂市美江寺　美江寺観音　3月第1日曜日
かいこまつり　　本巣郡北方町　3月第2日曜日
仏生寺の米かかし祭　　本巣市仏生寺　春日神社　春分の日とその前日

加納天満宮例祭　　岐阜市加納天神町　加納天満宮　10月第4土・日曜日
岐阜まつり　　岐阜市　伊奈波神社・金神社・橿森神社　4月第1土・日曜日
柿野祭り　　山県市柿野　垣野神社・清瀬神社　4月第2日曜日
竹鼻祭　　羽島市竹鼻町　八剣神社　5月2・3日
八朔稲荷祭　　山県市谷合　稲荷神社　8月下旬の土曜日
ぎふ信長まつり　　岐阜市　10月第1土・日曜日
村国神社例祭　　各務原市各務おがせ町　村国神社　10月15日にもっとも近い土・日曜日
池ノ上みそぎ祭　　岐阜市池ノ上町　葛懸神社　12月第2土曜日
〈西濃地区〉
山の講まつり　　大垣市青墓町・青野町ほか　1月第2日曜日
左目不動裸祭　　大垣市野口　宝光院　2月節分
伊吹祭り　　不破郡垂井町伊吹　伊富岐神社　4月第2日曜日
白鳥神楽　　揖斐郡池田町白鳥　白鳥神社　4月11・12日、9月15日
垂井曳やま祭　　不破郡垂井町　八重垣神社　5月2～4日
揖斐祭り　　揖斐郡揖斐川町　三輪神社　5月4・5日
大垣まつり　　大垣市西外側町　八幡神社　5月中旬の土・日曜日
高田祭　　養老郡養老町高田　愛宕神社　5月第3土・日曜日
八幡神社祭礼　　大垣市上石津町　八幡神社　10月1日
高田の甘酒祭　　海津市平田町高田　八幡神社　10月第2日曜日
久瀬川祭　　大垣市久瀬川町　久瀬川神社　10月第2土・日曜日
綾野まつり　　大垣市綾野町　白髭神社　10月第2土曜日の前日
杉生神社祭り　　海津市南濃町太田　杉生神社　10月第2月曜日の前日
中山道赤坂宿まつり　　大垣市赤坂町　11月上旬
〈中濃地区〉
甘酒祭　　郡上市八幡町相生　千虎白山神社　3月第1日曜日
小山観音初午祭　　美濃加茂市下米田町　小山観音　3月第1日曜日
諏訪神社の祭礼　　美濃加茂市下米田町　諏訪神社　4月第1土・日曜日
太部古天神社祭礼　　加茂郡川辺町　太部古天神社　4月第2土・日曜日
八百津だんじり祭　　加茂郡八百津町　大船神社　4月第2土・日曜日
美濃まつり　　美濃市　八幡神社　4月第2土・日曜日
神渕神社大祭　　加茂郡七宗町　神渕神社　4月第2日曜日
阿夫志奈神社祭　　加茂郡川辺町　阿夫志奈神社　4月第3土・日曜日
久々利八幡神社大祭　　可児市久々利　八剣神社　4月上旬の日曜日
乞食祭　　加茂郡川辺町下麻生　県神社　4月1日
白山中居神社例大祭　　郡上市白鳥町　白山中居神社　5・10月第3日曜日
石原の提灯まつり　　可児市西帷子　建速神社　7月中旬
通元寺の天王祭　　関市洞戸　津島神社　7月第3日曜日
白鳥踊　　郡上市白鳥町　7月下旬～8月下旬
戸隠神社祭礼　　郡上市和良町　戸隠神社　10月上旬～中旬
刃物祭　　関市　10月第2土・日曜日

おもな祭り　　293

兼山秋まつり　　可児市兼山　貴船神社　10月第3日曜日
ふいご祭　　関市　千手院　11月8日
〈東濃地区〉
十日えびす　　中津川市　西宮神社　1月10日
たじみ陶器まつり　　多治見市　4月第2土・日曜日
漆原太鼓祭　　恵那市上矢作町　漆原神社　4月15・16日
熊野神社太鼓祭　　恵那市上矢作町　熊野神社　4月第3土・日曜日
たたき祭　　中津川市福岡町　榊山神社　7月第4土・日曜日
瑞浪七夕祭　　瑞浪市　8月6～8日
祇園祭　　中津川市　津島神社　8月14・15日
毛呂窪の剣の舞　　恵那市笠置町　蘇原神社　10月第1日曜日
重箱獅子　　恵那市三郷町　野井武並神社　体育の日
妻木八幡流鏑馬　　土岐市妻木町　妻木八幡神社　10月第2日曜日
〈飛騨地区〉
下原祭　　下呂市金山町　下原八幡神社　4月第1土・日曜日
飛騨生きびな祭　　高山市一之宮町　飛騨一宮水無神社　4月3日
飛騨神岡祭　　飛騨市神岡町　大津神社　4月第4土曜日
下呂温泉まつり　　下呂市　8月1～3日
どぶろく祭　　大野郡白川村　平瀬八幡神社ほか　村内各地9月下旬～10月

【有形民俗文化財】

国指定
長良川鵜飼用具　　岐阜市大宮町(岐阜市歴史博物館)　長良川鵜匠組合
各務の舞台　　各務原市各務おがせ町　各務原市
真桑の人形舞台　　本巣市上真桑　本巣市
徳山の山村生産用具　　揖斐郡揖斐川町東横山　揖斐川町
明方の山村生産用具　　郡上市明宝(明宝歴史民俗資料館)　郡上市
奥美濃の人生儀礼用具　　郡上市(明宝歴史民俗資料館)　郡上市
荘川の養蚕用具　　高山市(飛騨民俗村)　高山市
飛騨の山村生産用具　　高山市(飛騨民俗村)　高山市
飛騨のそりコレクション　　高山市上岡本町　高山市
高山祭屋台　　高山市関係各町内　高山市
飛騨の山樵及び木工用具　　飛騨市古川町本町　飛騨市
獅子頭コレクションと飛騨の獅子舞用具　　飛騨市古川町　個人
宮川及び周辺地域の積雪期用具　　飛騨市宮川町　飛騨市
門和佐の舞台　　下呂市門和佐　門和佐白山神社

県指定
手漉美濃和紙製造用具一式　　岐阜市大宮町(岐阜市歴史博物館)　岐阜市
竹鼻祭の山車　　羽島市竹鼻町　竹鼻祭山車保存会
供物器　　本巣市根尾能郷　白山神社

獅子門正式俳諧会席用具	本巣郡北方町北方	北方町
旧宮川家住宅附生活用具	羽島郡岐南町平成	岐南町
大垣祭やま附朝鮮山車附属品	大垣市	各祭やま保存会・竹鼻町祭典保存会
大橋家住宅附生活用具	大垣市浅草町	個人
綾野祭やま	大垣市	各祭やま保存会
算額	大垣市赤坂町	明星輪寺
日吉神社神輿及び百八燈明台	安八郡神戸町神戸	日吉神社
垂井祭曳やま	不破郡垂井町関係各町内	垂井祭曳やま保存会
揖斐祭の芸やま	揖斐郡揖斐川町三輪	揖斐祭芸やま保存会
高田祭曳やま	養老郡養老町高田	高田曳やま保存会
室原祭曳軸	養老郡養老町室原	室原曳やま保存会
祭礼やま	美濃市	相生町・新町・泉町・常盤町・吉川町・殿町の各自治会
関祭山車	関市伊勢町・南春日町	本町三丁目自治会・常盤町自治会
染色見本帳	郡上市八幡町	個人
郡上本染の仕事場と道具一色	郡上市八幡町	個人
江戸時代友禅染型紙	郡上市八幡町	個人
金森内室化粧道具	郡上市八幡町柳町	安養寺
市島の舞台	郡上市八幡町市島	高雄神社
白山神社の懸仏	郡上市高鷲町大鷲	白山神社
香時計	郡上市白鳥町	個人
深萱の農村舞台	加茂郡坂祝町深萱	十二社神社
富加の酒造用具及び酒造場附文書	加茂郡富加町	個人
久田見祭山車	加茂郡八百津町久田見	久田見祭保存会
葉津文楽人形頭と衣裳	加茂郡七宗町(神渕葉津春日神社)	葉津文楽保存会
六角神輿	可児市久々利	八幡神社
加子母の農村舞台(明治座)	中津川市加子母下桑原	明治座保存会
恵那文楽人形頭	中津川市中津川川上	恵那文楽保存会
大井文楽人形頭	恵那市長島町正家	恵那市
半原人形浄瑠璃の頭と衣裳	瑞浪市日吉町町屋	日吉神社
わらび粉作り道具一式	高山市朝日町	個人
高山祭屋台	高山市関係各町内	各屋台組 高山市
大西文庫	高山市久々野町大西	自治会大西区
荒城神社獅子頭	高山市	荒城神社
古川祭り屋台	飛騨市古川町9町内	古川祭保存会
旧松葉家	飛騨市神岡町城ヶ丘	飛騨市(高原郷土館)
鳳凰座村芝居附台本	下呂市御厩野	鳳凰座歌舞伎保存会ほか
ひな人形	下呂市小坂町小坂	下呂市教育委員会
加藤素毛の遺品	下呂市金山町下原町	下呂市教育委員会
久津八幡宮祭礼記録類	下呂市萩原町上呂	久津八幡宮
神輿・旗鉾・太鼓・コヨリ引綱	下呂市金山町祖師野萱野	祖師野八幡宮

有形民俗文化財

【無形文化財】

国指定

本美濃紙　　美濃市　本美濃紙保存会
志野　　多治見市虎渓山町　個人
瀬戸黒　　多治見市星ヶ台　個人
紋紗　　関市虹ヶ丘北　個人
江名子バンドリの製作技術　　高山市江名子町

県指定

美濃伝日本刀鍛錬技法　　関市若草通　美濃伝日本刀鍛錬技法保持者会
郡上本染　　郡上市八幡町　個人
志野　　多治見市星ヶ台・小名田町，土岐市下右町　個人
黄瀬戸　　多治見市市之倉町　個人
織部　　多治見市市之倉町　個人

【伝統的建造物群保存地区】

国選定

美濃市美濃町伝統的建造物群保存地区
恵那市岩村町本通り伝統的建造物群保存地区
高山市三町伝統的建造物群保存地区
高山市下二之町大新町伝統的建造物群保存地区
白川村萩町伝統的建造物群保存地区
郡上市郡上八幡北町伝統的建造物群保存地区

【散歩便利帳】

[岐阜県の教育委員会・観光担当部署など]

岐阜県教育委員会　〒500-8570岐阜市藪田南2-1-1　TEL058-272-1111

岐阜県商工労働部観光課　〒500-8570岐阜市藪田南2-1-1　TEL058-272-8396

(社)岐阜県観光連盟　〒500-8384岐阜市藪田南5-14-12 岐阜県シンクタンク4F　TEL058-275-1480

[市町村の教育委員会・観光担当部署など]

岐阜市教育委員会　〒500-8720岐阜市神田町1-11　TEL058-265-4141

岐阜市商工観光部観光コンベンション課　〒500-8720岐阜市神田町1-11　TEL058-265-4141

(財)岐阜観光コンベンション協会　〒500-8727岐阜市神田町2-2 岐阜商工会議所ビル1F　TEL058-266-5588

岐阜市観光案内所　〒500-8856岐阜市橋本町1 JR岐阜駅2F　TEL058-262-4415

岐阜長良川温泉旅館協同組合　〒502-0187岐阜市長良福光2610-4　TEL058-297-2122

岐阜市鵜飼観覧船事務所　〒500-8009岐阜市湊町1-2　TEL058-262-0104

羽島市教育委員会　〒501-6241羽島市竹鼻町226-2　TEL058-393-4611

羽島市観光協会　〒501-6292羽島市竹鼻町55　TEL058-392-1111

各務原市教育委員会　〒504-8555各務原市那加桜町1-69　TEL058-383-1111

各務原市観光協会　〒504-8555各務原市那加桜町1-69　TEL058-383-9925

山県市教育委員会　〒501-2192山県市高木1000-1　TEL0581-22-6844

山県市観光協会　〒501-2192山県市高木1000-1(産業振興課)　TEL0581-22-6830

瑞穂市教育委員会　〒501-0392瑞穂市宮田300-2　TEL058-327-2115

瑞穂市商工農政課　〒501-0392瑞穂市宮田300-2　TEL058-327-2103

本巣市教育委員会　〒501-0494本巣市下真桑1000　TEL058-323-7762

本巣市産業経済課　〒501-0493本巣市三橋1101-6 糸貫分庁舎内　TEL058-323-7756

本巣市根尾分庁舎総務産業課　〒501-1524本巣市根尾板所625　TEL0581-38-2513

羽島郡二町教育委員会　〒501-6012羽島郡岐南町八剣7-107　TEL058-245-1133

笠松町環境経済課　〒501-6045羽島郡笠松町司町1　TEL058-388-1114

岐南町企画財政課　〒501-6012羽島郡岐南町八剣7-107　TEL058-247-1394

柳津地域振興総室　〒501-6180岐阜市柳津町宮東1-1 柳津地域振興事務所内　TEL058-387-0111

北方町教育委員会　〒501-0492本巣郡北方町北方1323-5　TEL058-323-1115

北方町総務課　〒501-0492本巣郡北方町北方1323-5　TEL058-323-1111

北方町観光協会　〒501-0431本巣郡北方町北方1342　TEL058-323-4460

大垣市教育委員会　〒503-0888大垣市丸の内2-55　TEL0584-81-4111

大垣市商工観光課　〒503-8601大垣市丸の内2-29　TEL0584-81-4111

大垣市観光協会　〒503-0923大垣市船町2-26-1　奥の細道むすびの地記念館　TEL0584-77-1535

西美濃観光案内所　〒503-0901大垣市高屋町1-145　TEL0584-75-6060

西美濃産業コーナー　〒503-0911大垣市室本町5-51 大垣市スイトピアセンター文化会館

	TEL0584-82-2307	
西美濃みどころプラザ	〒503-0803大垣市小野4-35-10 大垣市情報工房1F	
	TEL0584-75-7030	
ふるさと大垣案内の会	〒503-0923大垣市船町2-26-1 奥の細道むすびの地記念館	
	TEL0584-77-1535	
海津市教育委員会	〒503-0495海津市南濃町駒野奥条入会地99-2	TEL0584-55-0335
海津市商工観光課	〒503-0392海津市平田町今尾557 平田庁舎内	TEL0584-66-2411
養老町教育委員会	〒503-1392養老郡養老町高田798	TEL0584-32-1100
養老町観光協会	〒503-1392 養老郡養老町高田798	TEL0584-32-1108
上石津地域教育事務所	〒503-1622大垣市上石津町上原1380	TEL0584-45-2652
上石津観光協会	〒503-1622 大垣市上石津町上原1380 上石津地域事務所内(産業建設課)	
	TEL0584-45-3114	
垂井町教育委員会	〒503-2121不破郡垂井町1543-3 TEL0584-22-1151	
タルイピアセンター	〒503-2121不破郡垂井町2443-1 TEL0584-23-3746	
垂井町観光協会	〒503-2193 不破郡垂井町1532-1(産業課)　TEL0584-22-1151	
関ケ原町教育委員会	〒503-1515不破郡関ケ原町関ケ原894-58　TEL0584-43-1289	
神戸町教育委員会	〒503-2392安八郡神戸町神戸1111 TEL0584-27-3111	
神戸町産業建設課	〒503-2392安八郡神戸町神戸1111 TEL0584-27-3111	
輪之内町教育委員会	〒503-0212安八郡輪之内町中郷新田1495 TEL0584-69-4500	
輪之内町総務課	〒503-0292安八郡輪之内町四郷2530-1 TEL0584-69-3111	
安八町教育委員会	〒503-0115安八郡安八町南今ケ渕400 TEL0584-64-4343	
安八町産業振興課	〒503-0121安八郡安八町氷取161 TEL0584-64-3111	
墨俣地域教育事務所	〒503-0103大垣市墨俣町上宿510-1 墨俣さくら会館1F	
	TEL0584-62-3900	
墨俣地域事務所産業建設課	〒503-0103大垣市墨俣町上宿473-1　TEL0584-62-3111	
揖斐川町教育委員会	〒501-0692揖斐郡揖斐川町三輪133 TEL0585-22-2111	
揖斐川町商工観光課	〒 501-0692 揖斐郡揖斐川町三輪133 TEL0585-22-2111	
大野町教育委員会	〒501-0513揖斐郡大野町大野80 TEL0585-34-1111	
大野町産業経済課	〒501-0513揖斐郡大野町大野80 TEL0585-34-1111	
池田町教育委員会	〒503-2492揖斐郡池田町六之井1455-1 TEL0585-45-3111	
池田町産業課	〒503-2492揖斐郡池田町六之井1468-1　TEL0585-45-3111	
関市教育委員会	〒501-3894関市若草通3-1　TEL0575-22-3131	
関市観光協会	〒 501-3894 関市若草通3-1(関市役所内)　TEL0575-22-3131	
関市武儀観光協会	〒501-3601関市上之保15119-1　TEL0575-47-2001	
美濃市教育委員会	〒501-3756美濃市生櫛88-24　TEL0575-35-2711	
美濃市商工観光課	〒501-3792美濃市1350　TEL0575-33-1122	
美濃市観光協会	〒501-3726美濃市加治屋町1959-1　TEL0575-35-3660	
郡上市教育委員会	〒501-4222郡上市八幡町島谷207-1　TEL0575-67-1123	
郡上市観光連盟	〒501-4222郡上市八幡町島谷130-1 郡上市役所観光課内	
	TEL0575-67-1808	

郡上八幡観光協会　〒501-4222郡上市八幡町島谷520-1　郡上八幡旧庁舎記念館内　TEL0575-67-0002
　白鳥観光協会　〒501-5126郡上市白鳥町向小駄良693-2　白鳥地域特産物振興センター内　TEL0575-82-5900
　大和観光協会　〒501-4607郡上市大和町徳永585　TEL0575-88-2211
　美並観光協会　〒501-4192郡上市美並町白山725-3　TEL0575-79-3111
　高鷲観光協会　〒501-5304郡上市高鷲町鮎立3328-1　TEL0575-72-5000
　明宝観光協会　〒501-4301郡上市明宝大谷1015　道の駅明宝内　TEL0575-87-2844
　和良観光協会　〒501-4592郡上市和良町沢1056-1　TEL0575-77-2211
美濃加茂市教育委員会　〒505-8606美濃加茂市太田町3431-1　TEL0574-25-2111
美濃加茂市観光協会　〒505-8606美濃加茂市太田町3431-1(商工観光課)　TEL0574-25-2111
可児市教育委員会　〒509-0292可児市広見1-1　TEL0574-62-1111
可児市観光協会　〒509-0292可児市広見1-1(商工観光課)　TEL0574-62-1111
坂祝町教育委員会　〒505-0071加茂郡坂祝町黒岩1260-1　TEL0574-26-7151
坂祝町総務課　〒505-8501加茂郡坂祝町取組46-18　TEL0574-26-7111
富加町教育委員会　〒501-3392加茂郡富加町滝田1511　TEL0574-54-2177
富加町産業観光課　〒501-3392加茂郡富加町滝田1511　TEL0574-54-2111
川辺町教育委員会　〒509-0393加茂郡川辺町中川辺1518-4　TEL0574-53-2650
川辺町産業環境課　〒509-0393加茂郡川辺町中川辺1518-4　TEL0574-53-2511
七宗町教育委員会　〒509-0492加茂郡七宗町上麻生2442-3　TEL0574-48-1114
七宗町企画財政課　〒509-0492加茂郡七宗町上麻生2442-3　TEL0574-48-1111
八百津町教育委員会　〒505-0301加茂郡八百津町八百津3827-1　TEL0574-43-0390
八百津町産業課　〒505-0301加茂郡八百津町八百津3903-2　TEL0574-43-2111
白川町教育委員会　〒509-1105加茂郡白川町河岐1645-1　TEL0574-72-2317
白川町観光協会　〒509-1192加茂郡白川町河岐715　TEL0574-72-1311
東白川村教育委員会　〒509-1392加茂郡東白川村神土548　TEL0574-78-3111
東白川村観光協会　〒509-1392加茂郡東白川村神土548　TEL0574-78-3111
御嵩町教育委員会　〒505-0192可児郡御嵩町御嵩1239-1　TEL0574-67-2111
鬼岩観光協会　〒509-6251瑞浪市日吉町9514　TEL0574-67-0285
多治見市教育委員会　〒507-8650多治見市笠原町2082-5　TEL0572-43-3131
多治見市産業観光課　〒507-8703多治見市日ノ出町2-15　TEL0572-22-1111
多治見市観光協会　〒507-0033多治見市本町5-9-1　たじみ創造館1F　TEL0572-23-5444
多治見市観光案内所　〒507-0037多治見市音羽町2-79-6　JR多治見駅前，交番2F　TEL0572-24-6460
土岐市教育委員会　〒509-5192土岐市土岐津町土岐口2101　TEL0572-54-1111
土岐市産業振興課　〒509-5192土岐市土岐津町土岐口2101　TEL0572-54-1111
土岐市観光協会　〒509-5121土岐市土岐津町高山6-7　土岐商工会議所内　TEL0572-54-1131
瑞浪市教育委員会　〒509-6195瑞浪市上平町1-1　TEL0572-68-2111

瑞浪市商工課　　〒509-6195瑞浪市上平町1-1　TEL0572-68-2111
瑞浪市観光協会　　〒509-6121瑞浪市寺河戸町1043-2　TEL0572-67-2222
恵那市教育委員会　　〒509-7492恵那市岩村町545-1　TEL0573-43-2112
恵那市商工観光課　　〒509-7292恵那市長島町正家1-1-1　TEL0573-26-2111
(財)恵那市文化振興会　　〒509-7205恵那市長島町中野414-1　TEL0573-26-3524
(社)恵那市観光協会　　〒509-7201恵那市大井町286-25　タウンプラザ恵那　TEL0573-25-4058
中津川市教育委員会　　〒508-0032中津川市栄町1-1　中津川市にぎわいプラザ4F　TEL0573-66-1111
中津川市観光課　　〒508-0032中津川市栄町1-1　中津川市にぎわいプラザ4F　TEL0573-66-1111
中津川駅前観光案内所　　〒508-0033中津川市太田町2-1-3　JR中津川駅前　TEL0573-62-2277
馬籠観光協会　　〒508-0502中津川市馬籠4300-1　TEL0573-69-2336
高山市教育委員会　　〒506-8555高山市花岡町2-18　TEL0577-32-3333
高山市観光課　　〒506-8555高山市花岡町2-18　TEL0577-32-3333
新平湯温泉観光協会　　〒506-1432高山市奥飛騨温泉郷一重ヶ根　TEL0578-89-2352
飛騨一之宮観光協会　　〒509-3505高山市一之宮町7846-1　TEL0577-53-2149
ひだ桃源郷くぐの観光協会　　〒509-3205高山市久々野町久々野1513　TEL0577-52-2270
飛騨あさひ観光協会　　〒509-3325高山市朝日町万石150　TEL0577-55-3777
飛騨・高山観光コンベンション協会　　〒506-0025高山市天満町5-1　TEL0577-36-3315
(社)飛騨高山観光協会　　〒506-8555高山市花岡町2-18　TEL0577-35-3145
飛騨高山観光案内所　　〒506-0053高山市昭和町1　JR高山駅前　TEL0577-32-5328
飛騨市教育委員会　　〒509-4292飛騨市古川町本町2-22　TEL0577-73-7493
飛騨市観光課　　〒509-4292 飛騨市古川町本町2-22　TEL0577-73-7463
(社)飛騨市観光協会　　〒509-4236飛騨市古川町三之町2-20　TEL0577-74-1192
下呂市教育委員会　　〒509-2517下呂市萩原町萩原1166-8　TEL0576-52-2900
下呂市観光課　　〒509-2295下呂市森960　TEL0576-24-2222
(社)下呂温泉観光協会　　〒509-2202下呂市森922-6　TEL0576-24-1000
白川村教育委員会　　〒501-5692大野郡白川村鳩谷517　TEL05769-6-1311
白川村産業課　　〒501-5692大野郡白川村鳩谷517　TEL05769-6-1311
白川郷観光協会　　〒501-5627大野郡白川村荻町2495-3　TEL05769-6-1013
[観光案内ボランティアガイド]
岐阜市おんさい案内人　　〒500-8164岐阜市鶴田町3-7-4　ふれあいの館白山2F　TEL058-240-1245
ふるさと大垣案内の会　　〒503-0923大垣市船町2-26-1　奥の細道むすびの地記念館内　TEL0584-77-1535
羽島観光ボランティアガイド　　〒501-6292羽島市竹鼻町55(商工観光課)　TEL058-392-1111(内)2615
竹鼻別院の藤を守る会　　〒501-6241羽島市竹鼻町2802　TEL058-392-2379
羽島市円空顕彰会　〒501-6319羽島市上中町中539　TEL058-398-1046

関ケ原史跡ガイド 〒503-1522不破郡関ケ原町関ケ原894-28 関ケ原町歴史民俗資料館 TEL0584-43-2665

垂井町街角案内の会 〒503-2121不破郡垂井町垂井1200-1 TEL0584-23-1409

池田町観光ボランティアガイド 〒503-2425揖斐郡池田町六之井1468-1 TEL0585-45-3111

せきガイドグループ 〒501-3214関市貸上町43 TEL0575-23-3260

せきボランティアガイドの会 〒501-3228関市堅切北37-2 TEL0575-22-4310

美濃の町並み案内ボランティア 〒501-3729美濃市泉町1883 旧今井家住宅内 TEL0575-33-0021

ひるがの高原水辺の会 〒501-5301郡上市高鷲町ひるがの4670-125 TEL0575-73-1017 (有)ひるがの別荘管理センター

郡上八幡観光案内人 〒501-4222郡上市八幡町島谷520-1 郡上八幡旧庁舎記念館内 TEL0575-67-0002

中山道案内人偲歴会 〒505-0192可児郡御嵩町御嵩1239-1 TEL0574-67-2111

「やおつ案内人」八百津町観光ボランティアガイド 〒505-0301加茂郡八百津町八百津3847 八百津町シルバー人材センター内 TEL0574-43-4462 ガイド交通費要

多治見観光ボランティアガイド 〒507-0037多治見市音羽町2 創造館1F TEL0572-24-6460

陶の里いちのくら観光ボランティアガイド 〒507-0814多治見市市之倉町9-30-4 TEL0572-22-3893

土岐市観光ガイドの会 〒509-5192土岐市土岐津町土岐口2101 TEL0572-54-1111

中山道かたりべの会 〒509-7292恵那市長島町正家1-1-1 恵那市商工観光課内 TEL0573-26-2111

日本大正村ボランティアガイド 〒509-7717恵那市明智町1884-3 TEL0573-54-3944

中津川歴史観光案内ボランティアの会 〒508-0033中津川市太田町2-1-3 中津川駅前観光案内所 TEL0573-66-2277

飛騨高山ボランティアガイドの会 〒506-0055高山市上岡本町1-590 TEL0577-34-4711

飛騨高山シルバー観光ガイドおもてなし案内人 〒506-0823高山市森下町1-208 高山市山王福祉センター3階 (社)高山市シルバー人材センター TEL0577-32-8090 有料

一之宮町観光案内ボランティア 〒509-3505高山市一之宮町1273 高山市社会福祉協議会一之宮支部 TEL0577-53-0294

飛騨古川夢ふるさと案内人会 〒509-4234飛騨市古川町壱之町14-5 TEL0577-73-3511

下呂温泉ほのぼのガイドの会 〒509-2295下呂市森960 下呂市役所観光課内 TEL0576-24-2222

【参考文献】

『明智町誌』　明智町教育委員会編　明智町役場　1975
『朝日村史』　朝日村誌編纂委員会編　朝日村　1997・98
『岩村町史』　岩村町史刊行委員会編　岩村町役場　1961
『岩村町史　資料編一』　岩村町教育委員会編　岩村町役場　1978
『恵那山をめぐる歴史と伝説』　東山道彦　岐阜郷土出版社　1988
『恵那市史』　恵那市史編纂委員会　恵那市　1974-93
『恵那市の文化財　改訂版』　恵那市文化財保護審議会・恵那市史編纂委員会編　恵那市教育委員会　1980
『恵那神社誌』　梅村馨編　恵那神社々務所　1912
『大原騒動の研究』　菱村正文　飛騨郷土学会　1964
『小坂町の文化財』　小坂町の文化財編集委員会編　小坂町教育委員会　1993
『開館10周年記念　ふるさとの祭り』　岐阜県博物館編　岐阜県博物館　1986
『各務原市史』　各務原市教育委員会編　各務原市　1980-87
『各務原市の文化財』　各務原市教育委員会編　各務原市教育委員会　1986
『笠原町文化財』　笠原町教育委員会編　笠原町教育委員会　1983
『笠松町史』　笠松町史編纂委員会編　笠松町公民館　1956・57
『角川日本地名大辞典21　岐阜県』　「角川日本地名大辞典」編纂委員会編　角川書店　1980
『金山町誌』　金山町誌編集委員会編　金山町　1975
『可児・加茂の歴史』　中島勝国　郷土出版社　1985
『可児町史』　可児町編　可児町　1980
『上宝村の文化財』　上宝村教育委員会　上宝村教育委員会　2004
『木曾三川流域誌』　木曾三川流域誌編集委員会・中部建設協会編　建設省中部地方建設局　1992
『岐阜県史』　岐阜県編　岐阜県　1965-73
『岐阜県史考古資料』　岐阜県編　岐阜県　2003
『岐阜県中世城館跡総合調査報告書第3集(可茂地区・東濃地区)』　岐阜県教育委員会編　岐阜県教育委員会　2004
『岐阜県地理あるき』　岐阜県郷土地理研究会編　大衆書房　1986
『岐阜県地理地名辞典』　岐阜県地理学会・岐阜県高等学校地理教育研究会　地人書房　1978
『岐阜県の仏像』　岐阜県博物館　岐阜県博物館　1990
『岐阜県の文化財』　岐阜県文化財保護協会編　岐阜県文化財保護協会　1988
『岐阜県の文化財』　舟橋正編　舟橋印刷株式会社企画出版部　1998
『岐阜県の祭から』　清水昭男　一つ葉文庫　1996
『岐阜県の民俗芸能　岐阜県民俗芸能緊急調査報告書』(岐阜県の風流芸能)　伊藤久之・片桐芳一　岐阜県教育委員会　1999
『岐阜県の歴史』(新版)　松田之利ほか　山川出版社　2000
『岐阜県の歴史シリーズ1　図説中津川・恵那の歴史』　土井裕夫　郷土出版社　1985
『岐阜県の歴史シリーズ2　図説多治見・土岐・瑞浪の歴史』　渡辺俊典ほか　郷土出版社

1986
『岐阜県文化財図録』　岐阜県教育委員会編　岐阜県教育委員会　1997-99
『岐阜市史』　岐阜市編　岐阜市　1977-
『岐阜市の文化財』　岐阜市教育委員会編　岐阜市教育委員会　1986
『ぎふ長良川の鵜飼』　長良川の鵜飼研究会　岐阜新聞社　1994
『岐阜の文学』　岐阜県高等学校国語教育研究会　大衆書房　1991
『清見村の文化財』　清見村教育委員会編　清見村教育委員会　2003
『郡上八幡町史　史料編』1-5　八幡町編　八幡町　1985-90
『郡上八幡町史　史料編』6　郡上八幡町史史料編編纂委員会編　八幡町　2004
『下呂町の文化財』　下呂町文化財審議会・下呂町教育委員会編　下呂町教育委員会　2004
『さかほぎふるさと探訪』　坂祝町郷土史研究会ふる里民俗講座受講生編　坂祝町教育委員会　1986
『下原の史跡と伝承の地』　下原公民館文化部古郷の会編　下原公民館文化部古郷の会　1997
『商人たちの明治維新』　大島英子　花伝社　1998
『白川町誌』　白川町誌編纂委員会編　白川町　1968
『白鳥町史　通史編上』　白鳥町教育委員会編　白鳥町　1976
『新修　関市史』　関市教育委員会編　関市　1994
『真正町の文化財』　真正町文化財審議委員会編　真正町教育委員会　1981
『新編白川村史』　白川村史編さん委員会編　白川村　1998
『図説　岐阜県の歴史』　郷土出版社編　郷土出版社　1986
『図説　岐阜の歴史』　吉岡勲　郷土出版社　1986
『関ヶ原――名所古跡』　関ケ原町歴史民俗資料館監修　関ケ原町観光協会　2001
『高鷲村史』　山川新輔　高鷲村役場　1960
『高富町の文化財』　高富町教育委員会編　高富町教育委員会　1985
『高根村史』　高根村史編集委員会編　高根村　1984
『高山市史』　高山市編　高山市　1981
『高山祭屋台雑考』　長倉三朗　慶友社　1981
『多治見市史』　多治見市編　多治見市　1976-87
『多治見の文化財』　多治見市教育委員会編　多治見市教育委員会　1965-85
『田ノ尻古窯跡群発掘調査報告書』　瑞浪市教育委員会編　瑞浪市教育委員会　1981
『定本長良川――母なる川　その悠久の歴史と文化』　丸山幸太郎編　郷土出版社　2002
『土岐市史』　土岐市史編纂委員会編　土岐市　1970-74
『土岐市の文化財』　土岐市教育委員会編　土岐市教育委員会　1974
『富加町史』　富加町史編集委員会編　富加町　1980
『苗木藩政史研究』　後藤時男　中津川市　1982
『中津川市史』　中津川市編　中津川市　1968
『日本歴史地名大系21　岐阜県の地名』　所三男監修　平凡社　1989
『丹生川村史』　丹生川村史編集委員会編　丹生川村　1997-2000
『萩原町史』　萩原町史編集室編　萩原町教育委員会　1987-2003

『萩原の史跡と史話』　はぎはら文庫編集委員会編　萩原町教育委員会　1980
『羽島市史　第三巻』　羽島市史編纂委員会編　羽島市　1971
『羽島の文化財』　「羽島市の文化財」編集委員会編　羽島市教育委員会　1984
『飛州志』　長谷川忠崇　岡村利平編・解説　岐阜県郷土資料刊行会　1969
『飛驒下呂　史料Ⅰ・Ⅱ』　下呂町史編集委員会編　下呂町　1983・86
『飛驒国中案内』　上村木曽右衛門　住伊書店　1917
『斐太後風土記(復刻)』　富田礼彦　雄山閣　1968
『飛驒のあけぼの』　岐阜県博物館編　岐阜県博物館　1992
『飛驒国大野郡史』　大野郡役所編　大野郡役所　1925
『飛驒の系譜』　桑谷正道　日本放送出版協会　1971
『飛驒の城』　森本一雄　郷土出版社　1987
『飛驒の匠(第3版)』　岐阜県博物館編　岐阜県博物館　1990
『七宗町史』　七宗町教育委員会編　七宗町　1993
『古川町の文化財』　古川町教育委員会編　古川町教育委員会　1988
『ふるさと笠松』　ふるさと笠松編集委員会編　ふるさと笠松編集委員会　1983
『ふるさと「神岡」探検マップ』　神岡町教育委員会編　神岡町教育委員会　1994
『ふるさとをゆく』　郡上郡教育振興会編　郡上郡教育振興会　1999
『文化マップGIFU』　岐阜新聞社編　岐阜新聞社　1998
『へたも絵のうち』　熊谷守一　平凡社　2000
『方言修行金草鞋　木曽路巻』　十返舎一九作　岐阜新聞社　2002
『瑞浪市の文化財』　瑞浪市教育委員会編　瑞浪市教育委員会　1992
『瑞浪市の歴史　略市史編』　瑞浪市編　瑞浪市　1971
『御嵩町史』　御嵩町史編纂室編　御嵩町　1976
『御嵩町の文化財』　御嵩町教育委員会編　御嵩町　1980
『美並村　通史編上巻』　美並村教育委員会編　美並村　1981
『美濃加茂市史　通史編』　美濃加茂市編　美濃加茂市　1980
『美濃市史　通史編上巻』　美濃市編　美濃市　1979
『美濃市の文化財』　美濃市教育委員会編　美濃市　2000
『美濃の蘭学』　岐阜県博物館編　岐阜県博物館　1984
『宮川村の文化財』　宮川村教育委員会編　宮川村教育委員会　1993
『宮村史』通史編1・2, 史料編1・2　宮村史編集委員会編　宮村　2003・04
『明宝村史』　明宝村教育委員会編　明宝村　1993
『八百津町史』　八百津町史編纂委員会編　八百津町　1972-76
『大和町史』通史下編, 史料編続編下1・下2　大和町編, 大和町教育委員会編　大和町　1988, 2003・04
『槍ヶ岳開山　播隆』　穂苅三寿雄・穂苅貞雄　大修館書店　1982
『わかりやすい岐阜県史』　岐阜県編　岐阜県　2001
『和良村史』史料編上・中・下　和良村教育委員会編　和良村　2000-02

【年表】

時代	西暦	年号	事項
旧石器時代	3万年前		県内でもっとも古い石器が出土：寺田遺跡(岐阜市日野南)
縄文時代	前11000	草創期	弓矢・土器の使用がはじまる：宮ノ前遺跡(飛騨市宮川町)ほか
			洞窟の利用：九合洞窟(山県市谷合)ほか
		早期	温暖化が進む。竪穴住居に住みはじめる：澤遺跡(飛騨市古川町)ほか
	前4000	前期	大規模な集落の形成：糠塚遺跡(高山市片野町)ほか
	前3000	中期	飛騨に周辺地域の土器流入：堂之上遺跡(高山市久々野町)ほか
	前2000	後期	土偶の出土が多くなる：西田遺跡(高山市丹生川町)ほか
	前1000	晩期	御物石器・石冠の製作が多くなる：家ノ下遺跡(飛騨市宮川町)ほか
弥生時代		前期	遠賀川系の土器，各地で出現：はいづめ遺跡(揖斐郡揖斐川町)ほか
		中期	銅鐸のまつりがはじまる：十六銅鐸(大垣市十六町)
		後期	方形周溝墓が盛んにつくられる：古村遺跡(美濃市笠神)ほか
			パレススタイル土器：荒尾南遺跡(大垣市桧町)ほか
			墳丘墓の築造：瑞龍寺山山頂遺跡(岐阜市上加納山)ほか
古墳時代	300	前期	前方後方墳・前方後円墳の築造はじまる：象鼻山1号墳(養老郡養老町)ほか
	400	中期	昼飯大塚古墳(大垣市昼飯町)・琴塚古墳(岐阜市琴塚)の築造
	500	後期	横穴式石室の普及：二又1号墳(大垣市上石津町)ほか
			群集墳の形成：船来山古墳群(本巣市糸貫町・本巣町・岐阜市中西郷)ほか
	600		方墳・横穴墓の築造：次郎兵衛塚1号墳(可児市川合)ほか
大和時代	645	大化元	中大兄皇子，蘇我氏を滅ぼす
	672	天武元	壬申の乱。村国男依らが活躍
	701	大宝元	大宝律令制定
	702	2	戸口調査が行われ，御野国戸籍がつくられる
	706	慶雲3	笠朝臣麻呂，美濃守となる
奈良時代	710	和銅3	平城京遷都
	713	6	吉蘇路開通
	715	霊亀元	美濃国席田郡設置
	740	天平12	聖武天皇，伊勢行幸。多芸郡にはいる
	769	神護景雲3	尾張国と美濃国の境の鵜沼川，洪水により河道がかわる
	776	宝亀7	飛騨路に下留駅が新置される

時代	西暦	和暦	事項
平安時代	794	延暦13	平安京遷都
	818	弘仁9	厚見荘(のちの茜部荘), 東大寺に寄進される
	855	斉衡2	美濃国に石津郡・郡上郡の2郡を設置
	866	貞観8	広野川事件おこる
	870	12	飛騨国大野郡から益田郡を分置
	939	天慶2	平将門・藤原純友, 乱をおこす
	1001	長保3	源頼光, 美濃守となる
	1032	長元5	源頼信, 美濃守となる
	1079	承暦3	源重宗と源国房, 美濃国でたたかう
	1159	平治元	平治の乱で源義朝敗れ, 美濃にのがれる。義朝の2男朝長, 青墓で死す
	1181	養和元	墨俣川の合戦で, 源頼朝の弟義円討死
鎌倉時代	1192	建久3	源頼朝, 征夷大将軍となる
	1193	4	楽人多好方, 飛騨国荒城郡荒城郷の地頭職を任命される
	1221	承久3	承久の乱。美濃が戦場となる。一条信能, 遠山荘で斬られる
	1274	文永11	元軍襲来(文永の役)
	1281	弘安4	元軍再襲来(弘安の役)
	1324	正中元	正中の変。多治見国長ら討死
	1333	正慶2 元弘3	鎌倉幕府滅亡
南北朝時代	1335	建武2	足利尊氏, 新政にそむく。土岐頼貞これに与する
	1338	暦応元 延元3	足利尊氏, 征夷大将軍となる。青野ヶ原の戦い。土岐頼遠, 勇名をとどろかす
	1342	康永元 興国3	土岐頼遠, 処刑される。土岐頼康が美濃国守護となる
	1353	文和2 正平8	後光厳天皇, 京を追われ揖斐の小島に避難
	1359	延文4 14	佐々木高氏(京極道誉), 飛騨国守護となる
	1360	5 15	土岐頼康, 美濃・尾張・伊勢の3カ国守護となる
	1390	明徳元 元中7	土岐康行, 足利義満に攻められ没落。土岐頼忠, 美濃国守護となる
	1392	3 9	南北朝合体
室町時代	1411	応永18	飛騨国司姉小路尹綱, 飛騨国守護京極高数とたたかい, 敗死
	1441	嘉吉元	結城合戦に敗れた足利持氏の遺子安王・春王, 垂井の金蓮寺で斬られる
	1448	文安5	南禅寺仏殿造営のための木材, 飛騨から京都へ送られる
	1467	応仁元	応仁の乱おこる。土岐成頼, 西軍の山名氏に属す

	1471	文明3	東常縁，飯尾宗祇に古今伝授
	1477	9	足利義視父子，美濃に下向
	1480	12	斎藤妙椿死去。文明美濃の乱おこる
	1482	14	京都銀閣寺造営のため，木材を美濃に課す
	1495	明応4	船田合戦おこる。土岐政房，守護となる
	1496	5	城田寺合戦で，石丸利光・土岐元頼敗れる。斎藤妙純，近江で敗死
	1535	天文4	長良川氾濫。美濃で大乱
	1552	21	斎藤道三，土岐頼芸を追放し美濃を押領する
	1556	弘治2	斎藤道三，子義龍とたたかい敗死する
	1560	永禄3	別伝の乱
	1566	9	木下藤吉郎(豊臣秀吉)，墨俣城を築く
	1567	10	織田信長，斎藤龍興を破り美濃を制する。信長，楽市の制札をだす
	1568	11	信長，加納に楽市・楽座の制札をだす。信長，足利義昭を立政寺に迎える
安土・桃山時代	1576	天正4	信長，安土城へ移る
	1582	10	本能寺の変。三木氏，八日町の戦いで江馬氏を破る
	1585	13	金森長近，三木自綱を攻め飛騨平定。このころ，飛騨で太閤検地実施
	1588	16	金森長近，白川の照蓮寺を高山に移す
	1589	17	美濃の太閤検地開始
	1600	慶長5	岐阜城陥落。徳川家康，関ヶ原の戦いで石田三成を破る
	1601	6	奥平信昌，加納城主となる
江戸時代	1603	8	家康，征夷大将軍となり，江戸に幕府を開く
	1609	14	大久保長安，美濃の検地実施
	1612	17	岡田善同，美濃国奉行となる
	1619	元和5	岐阜町，尾張藩領となり代官がおかれる
	1635	寛永12	戸田氏鉄，大垣に入部
	1684	貞享元	松尾芭蕉，美濃を歴遊
	1692	元禄5	高山藩主金森頼旹，出羽国上ノ山に転封
	1700	13	松平義行，高須藩に入部
	1705	宝永2	高富藩設置
	1716	享保元	徳川吉宗，江戸幕府8代将軍となる。享保の改革，はじまる
	1745	延享2	飛騨代官長谷川忠崇，『飛州志』をあらわす
	1754	宝暦4	郡上騒動はじまる
	1755	5	薩摩藩による治水工事完了(宝暦治水)
	1758	8	郡上藩主金森頼錦，領地没収となる
	1773	安永2	飛騨安永検地開始。安永騒動おこる
	1787	天明7	松平定信，寛政の改革に着手

	1788	天明8	飛騨天明騒動
	1813	文化10	頼山陽，美濃に来遊
	1828	文政11	播隆上人，槍ヶ岳開山
	1841	天保12	水野忠邦，天保の改革を行う
	1851	嘉永4	小原鉄心，大垣藩政改革に着手
	1853	6	ペリー，来航
	1855	安政2	高山銀絞吹所設置
	1860	万延元	加藤素毛，渡米
	1861	文久元	和宮降嫁
	1864	元治元	水戸の天狗党，美濃を通過
明治時代	1868	明治元	東征軍，美濃を通過。笠松県設置。飛騨県設置，同年高山県となる。梅村速水，高山県知事となる
	1869	2	梅村騒動おこる
	1870	3	苗木藩で廃仏毀釈
	1871	4	高山県は信濃の一部と合併，筑摩県となる。美濃は岐阜県となる
	1873	6	岐阜県庁，笠松から厚見郡今泉村に移る
	1875	8	小崎利準，権令となる
	1876	9	筑摩県廃止，飛騨3郡（益田・大野・吉城）は岐阜県に合併
	1878	11	ヨハネス・デ・レイケが，木曽三川分離工事の意見書提出
	1879	12	第1回県会議員選挙が行われる。第1回岐阜県会が開会
	1882	15	濃飛自由党結成。自由党総裁板垣退助，岐阜で遭難
	1883	16	県内最初の鉄道，東海道本線長浜・関ヶ原間開通
	1887	20	東海道本線大垣・加納間開通。加納停車場設置
	1889	22	岐阜市誕生
	1891	24	濃尾大地震がおこる
	1894	27	日清戦争がはじまる
	1900	33	木曽三川分離工事竣工
	1904	37	日露戦争がはじまる
	1906	39	岩村電気軌道開業（県内最初の民間鉄道）
	1907	40	岐阜市内電話開通
	1908	41	中央線，県内全線開通
	1910	43	名古屋電灯株式会社の長良川発電所が竣工し，送電開始
大正時代	1913	大正2	濃飛自動車会社設立，乗合自動車の営業開始
	1914	3	第一次世界大戦がはじまる
	1915	4	大垣に摂津紡績大垣工場ができる。このころ，岐阜・大垣周辺で繊維関係の大工場の設立があいつぐ
	1917	6	各務原飛行場開設
	1918	7	大垣市誕生
	1923	12	関東大震災がおこる

	1925	大正14	治安維持法・普通選挙法，公布
昭和時代	1927	昭和2	北原泰作直訴事件がおこる
	1931	6	満州事変がおこる
	1934	9	国鉄高山線開通
	1936	11	高山市誕生
	1937	12	日中戦争がはじまる
	1940	15	多治見市誕生
	1941	16	太平洋戦争がはじまる
	1945	20	岐阜市・大垣市など県内各地で空襲の被害。広島・長崎に原爆投下。ポツダム宣言受諾
	1946	21	県庁貴賓室に岐阜軍政部が設置される。昭和天皇，美濃地方行幸。岐阜駅前にハルピン街がつくられる
	1947	22	初代民選県知事に武藤嘉門が選ばれる。昭和天皇，高山行幸
	1948	23	新制高等学校が発足，男女共学がはじまる
	1949	24	新制大学として，岐阜医工科大学・岐阜大学・岐阜薬科大学が発足
	1950	25	関市誕生。朝鮮戦争がはじまる
	1952	27	中津川市誕生
	1954	29	恵那・瑞浪・美濃加茂・美濃・羽島市誕生
	1955	30	土岐市誕生
	1958	33	各務原の旧米軍基地，全面返還される。松野幸泰，県知事に当選
	1959	34	伊勢湾台風来襲，県内各地で被害をうける
	1961	36	大野郡白川村御母衣ダム，完成
	1963	38	各務原市誕生
	1964	39	名神高速道路，県内全線開通。東海道新幹線岐阜羽島駅開業。東京オリンピック開催
	1965	40	第20回国民体育大会，岐阜県で開催
	1966	41	新県庁舎が藪田に竣工。平野三郎，県知事に当選
	1968	43	飛騨川バス転落事故
	1969	44	第24回国民体育大会冬季大会，吉城郡神岡町流葉で開催
	1970	45	大阪で万国博覧会開催。新穂高ロープウェーが運転開始
	1971	46	鹿児島県と姉妹県盟約が結ばれる
	1973	48	乗鞍スカイラインが完成。第1次オイルショック
	1975	50	中央自動車道，県内全線開通
	1976	51	9・12豪雨災害。安八町で長良川右岸堤防決壊。平野県知事，収賄容疑で辞任
	1977	52	上松陽助，県知事に当選
	1979	54	第2次オイルショック
	1980	55	年末から翌年にかけて，飛騨・奥美濃・揖斐に豪雪

	1982	昭和57	可児市誕生
	1983	58	岐阜県の人口200万人を突破
	1985	60	男女雇用機会均等法成立
	1987	62	徳山村閉村，新制藤橋村発足。国鉄分割・民営化によりJR各社が発足。岐阜県，中国江西省と友好提携調印
	1988	63	「ぎふ・中部未来博」開催。「飛騨・高山食と緑の博覧会」開催
平成時代	1989	平成元	梶原拓，県知事に当選
	1991	3	岐阜メモリアルセンター，全面オープン
	1993	5	県民ふれあい開館落成
	1995	7	阪神・淡路大震災。「花フェスタ'95ぎふ」，可児市で開催。長良川河口堰，本格的運用開始。「世界イベント村ぎふ」開村。白川郷・五箇山の合掌造り集落が世界遺産に登録される
	1996	8	第51回国民体育大会冬季大会（ぎふスズラン国体）が開催。病原性大腸菌O157による食中毒が発生
	1997	9	御嵩町で産業廃棄物問題について住民投票。安房トンネル開通
	1998	10	長野オリンピック開催。「スポレクぎふ'98」が開催
	1999	11	「第14回国民文化祭・ぎふ」が開催
	2000	12	JR岐阜駅高架下に「アクティヴG」がオープン。シドニーオリンピック女子マラソン競技で，高橋尚子（県立岐阜商業高校卒）が金メダル獲得。白川英樹筑波大学名誉教授（県立高山高校卒）が導電性高分子（ポリアセチレン）の発見によりノーベル化学賞受賞
	2001	13	アメリカ合衆国で同時多発テロ
	2003	15	山県市・瑞穂市誕生
	2004	16	飛騨市・本巣市・郡上市・下呂市誕生。飛騨市で豪雨災害
	2005	17	古田肇，県知事に当選。長野県山口村，中津川市に越県合併。海津市誕生。「愛知万博」開催。「花フェスタ2005ぎふ」開催
	2006	18	県庁で組織ぐるみの不正資金問題発覚
	2007	19	8月16日，多治見市と埼玉県熊谷市で40.9度の日本最高気温を観測

【索引】

―ア―

赤坂宿	77
赤坂宿本陣跡	78
赤谷山城跡	158
秋葉神社	110, 126
明智城跡	220
明智光秀	82, 219
朝倉山真禅院	94
浅見化石コレクション	44
愛宕神社	104, 105
阿多由太神社	249
油島締切堤	111
油島千本松締切堤	112
荒川家住宅	246
荒川豊蔵	174
荒城神社	248
荒城神社遺跡	248, 249
安国寺	248
安養寺	158, 159

―イ・ウ―

石田三成	21, 72, 96
石田三成陣地	97
衣裳塚古墳	57
石徹白騒動	163
稲葉一鉄	13, 81, 82, 125, 128
伊奈波神社	6, 11, 17
稲葉山城	16, 18, 91
揖斐川	75, 108, 109, 111-113, 116
揖斐川町歴史民俗資料館	126
揖斐二度ザクラ	131
今須宿本陣跡	99
岩滝毘沙門堂	28
岩村城	207
岩村城跡	216
岩村神社	214, 215
岩村歴史資料館・岩村民俗資料館	216
隠居山遺跡	201
梅村速水	247

―エ―

永照寺	35, 36
永泉寺	198
永保寺	196-198
恵那神社	223
恵那文楽	223
江馬細香	76, 81
江馬氏城館跡	265
江馬蘭斎	76
圓覚寺	39, 40
円鏡寺	62-64
円空	34, 36, 139, 142, 164, 244, 250, 254
円空仏	138, 152, 164, 239, 244, 250
円興寺	79
延算寺	30
円通寺(大垣市)	73
円通寺(美濃市)	146
遠藤盛数	157
円徳寺	4, 16
円満寺山古墳	108

―オ―

老洞・朝倉須恵器窯跡	27
老洞古窯跡	60
甌穴群	188
大炊氏一族の墓	80
大井宿本陣跡	211, 212
大井神社	64
大垣市郷土館	73, 82
大垣城	72-74, 81, 157
大垣市歴史民俗資料館	73, 77
大久手(大湫)宿	208, 210, 214
大榑川洗堰	111
大谷吉隆墓	98
大原騒動	243, 244, 250
大矢田神社	150, 151
大藪洗堰跡	112
大山白山神社	188, 189
大鷲白山神社	172

岡山烽火場	97
荻町合掌造り集落	259
奥の細道むすびの地記念館	75
奥飛騨温泉郷	249
小倉山城跡	148
起渡船場石灯台	40, 41
小瀬の鵜飼	143
織田信長	4, 5, 8, 12, 13, 16, 18, 21, 33, 35, 42, 53, 63, 79, 81, 83, 87, 91, 109, 128, 146, 177, 179, 182, 185, 205, 207, 213, 216, 219
お茶屋屋敷跡	79
乙津寺	19, 20
小津の面	118
小津白山神社	118
乙塚古墳	200
おぶさ観音	14
小里城跡	207
織部の里公園	200, 203
織部焼	63, 200, 203

― カ ―

海津市歴史民俗資料館	109, 116
楓谷のヤマモミジ樹林	152
かかみがはら航空宇宙科学博物館	55
各務原市埋蔵文化財調査センター	55
各務の舞台(村国座)	59
華渓寺	81, 82
葛西家住宅	22
加子母の明治座	230
檀森神社	11, 17
瘡神薬師	31
春日神社	139, 140
和宮	78, 181, 209, 223
河川環境楽園	52
桂本神社	250
加藤景延	200
加藤素毛	255
金森重近	241
金森宗貞邸跡	266
金森長近	146, 148, 235, 236, 240, 241, 256
金山城跡	176
可児郷土歴史館	175
可児市兼山歴史民俗資料館	177
兼山湊	177
加納城跡	22, 23
加納天満宮	24
神淵神社	187
霞間ヶ渓のサクラ	122
上石津郷土資料館	104
神岡鉱山資料館	264
亀山古墳	131
瓦窯跡	76
柄山古墳	26, 53
川合考古資料館	174
川原町筋	7
願興寺	178-180
願成寺	29
願成寺西墳之越古墳群	123
甘南美寺	49
観音寺	117

― キ ―

木曽川	37, 41, 51, 56, 57, 83, 108, 111, 112, 116, 174, 177, 181, 192, 227
木曽川笠松渡船場跡石畳	51
北方城跡	64
北山古墳	131
岐南町歴史民俗資料館	53
岐阜県博物館	12, 144, 188
岐阜県美術館	22
岐阜県歴史資料館	11, 237
岐阜公園	4-8, 11
岐阜城	4, 5, 8, 22, 53
岐阜市歴史博物館	5, 7, 10, 12, 15, 17, 27
岐阜祭り	11
貴船神社	140
来振寺	132
旧今井邸	146
旧大戸家住宅	254
旧桜井家	56
旧田口家住宅	240

旧田中家住宅	240
旧遠山家住宅	259
旧宮川家住宅	52
旧八百津発電所	192
旧八百津発電所資料館	191, 192
旧吉真家住宅	240
旧若山家住宅	240
行基	14, 19, 20, 29, 33, 94, 109, 132, 198, 212
行基寺	109
玉泉寺	89
清水寺	185
金華山	4, 6, 8, 11, 14

―ク・ケ―

日下部家住宅	238
郡上踊	161
久津八幡宮	256–258
熊谷守一	227
桑原家住宅	102
華厳寺	127
下呂温泉	257
下呂の田の神祭	253
源平墨俣川古戦場の跡	84

―コ―

高賀神社	154
上有知湊	147
こう峠口古墳	246
神戸山王まつり	85
弘法大師(空海)	20, 21, 30, 45, 62, 88, 244
江龍寺	149
金神社	11, 17
小萱薬師堂	265, 266
虎渓公園	197
虎渓山	196, 198
護国寺	84
護国之寺	14, 15
小坂家住宅	146
小島城跡	262
琴塚古墳	26, 27, 54, 57

―サ―

西運寺	63
西行	212, 213
最澄	31, 84, 128
斎藤氏	8, 9, 90, 177
斎藤龍興	4, 91
斎藤道三	4, 9–13, 16, 18, 48, 128, 144, 177
斎藤義龍	4, 10, 13
西方寺	41, 42
済法寺	46
佐吉仏	38
桜堂薬師	204, 206
佐藤一斎	217
猿啄城跡	182
山岳信仰	171
三諦上人覚祐	204
山田寺跡	55
山田寺の塔心礎	55

―シ―

塩屋金清神社遺跡	263
慈恩寺	31
篠脇城	166, 167
下田歌子	217
春慶塗	235, 241, 263
正円寺	75
正眼寺	184
常在寺	8, 10
聖徳太子	42
浄土寺	32
正法寺	10, 23
少林寺	53
照蓮寺	237
白川郷	259
白鳥神社	87
神言修道院	198
新長谷寺	136, 137
真長寺	33, 34
神明神社	137, 192
親鸞	39, 40, 101

― ス ―

瑞巌寺	124, 125
瑞龍寺	17, 18
瑞林寺	182, 183
杉崎廃寺跡	261
杉原千畝	191, 192
杉原千畝記念館	192
墨俣一夜城歴史資料館	83
墨俣宿	41, 43, 82, 83
洲原神社	155
鷲見城跡	172
住吉燈台	74

― セ ―

清安寺	200
菁莪記念館	90
青邨記念館	227, 229
盛徳寺	23
関鍛冶	138, 139, 141
関ヶ原古戦場	96
セラミックパークMINO	199
千光寺	244
善光寺	138
千手院	138
全昌寺	75
禅昌寺	256
千利休	63

― ソ ―

宗祇水	160
宗慶大塚古墳	61
崇禅寺	202
崇福寺	12
祖師野八幡宮	252
曽根城跡	81

― タ ―

大安寺	57-59
大興寺	126
太鼓踊り	119
大正ロマン館	217, 218
大仙寺	189, 190
大龍寺	45, 46
高沢観音	145
高田祭	104
高橋家住宅	118
高山城	237, 241
高山城跡	236, 237
高山陣屋跡	237
高山別院	235
高山祭の屋台	238
宝塚古墳	180
多岐神社	104, 105
竹中氏陣屋跡	90-92
竹中半兵衛	90-92
武並神社	213
竹鼻別院	39
竹鼻別院界隈	38
多治見市美濃焼ミュージアム	199
垂井一里塚	88
垂井の泉	89
段尻巻古墳	201

― チ ―

治水神社	112
中将姫誓願ザクラ	30
釣月院	125
長滝寺	167, 169-171

― ツ・テ ―

塚原遺跡	144
妻木氏	201, 202
妻木城	202, 219
妻木城跡	201, 202
鶴ヶ城	207
鶴ヶ城跡	206
貞照寺	58
手力雄神社	25, 53
天狗谷遺跡	60
伝西行塚	213
天猷寺	208

― ト ―

東円寺	221
東光寺	48
道三塚	13

東氏館跡庭園 …… 166	41, 43, 83, 108, 111, 112, 116, 141, 142, 148, 149, 152, 154-156, 172
藤村記念館 …… 226, 227	長良川うかいミュージアム …… 15
東殿山城跡 …… 158	長良川役所 …… 8
堂之上遺跡 …… 243	長良古墳群 …… 44
土岐氏 …… 9, 23, 46-49, 53, 90, 92, 128, 177, 196, 204, 205	那比新宮神社 …… 163-165
土岐頼兼 …… 206	那比本宮神社 …… 163-165
土岐頼貞 …… 196, 198, 201, 205	南宮御旅神社 …… 90
土岐頼貞の墓 …… 204	南宮大社 …… 92-94
土岐頼重 …… 201, 202	南宮の神事芸能 …… 93

―ニ―

土岐頼忠並びに一族の墓 …… 124	西首塚 …… 98
土岐頼益・斎藤利永の墓 …… 58	錦織綱場跡 …… 192
土岐頼康 …… 123, 124	西高木家陣屋跡 …… 103
徳川家光 …… 92, 179	西高木家屋敷 …… 104
徳川家康 …… 5, 12, 21-23, 38, 41, 63, 96, 106, 146, 158, 177, 220, 236	西寺山古墳 …… 173
	日龍峯寺 …… 145
徳川家康最後陣地 …… 97	庭田貝塚 …… 108
徳川家康最初陣地 …… 97	

―ネ・ノ―

徳勝寺 …… 76	根尾谷淡墨ザクラ …… 67
徳山民俗資料収蔵庫 …… 120	根尾谷断層 …… 66, 67
所郁太郎 …… 78	根尾谷の菊花石 …… 67
戸田氏鉄 …… 72, 73	能郷の能・狂言 …… 68
豊蔵資料館 …… 174	能郷白山神社 …… 68
豊臣秀吉 …… 37, 63, 72, 83, 91, 146, 179, 185, 219, 228, 238	野古墳群 …… 130
	野中古墳 …… 173

―ナ―

―ハ―

苗木城跡 …… 227	梅竜寺 …… 137
苗木藩 …… 224	白鷗社 …… 81
長江氏の墓 …… 100	白山信仰 …… 167-171
中観音堂 …… 36, 37	白山神社(山県市) …… 47
中山道太田宿脇本陣 …… 181	白山神社(揖斐川町) …… 118
中山道落合の石畳 …… 222, 223	白山中居神社 …… 170, 171
中山道広重美術館 …… 211	白山長滝神社 …… 167-169
長滝神社 …… 168	白山文化博物館 …… 168, 169
長滝の延年の舞 …… 168	羽島円空資料館 …… 36, 37
永田佐吉墓 …… 39, 40	羽島市歴史民俗資料館 …… 39
長塚古墳 …… 173	八幡城 …… 157, 159
中津川市中山道歴史資料館 …… 221	八幡神社・日吉神社 …… 28
長屋神社 …… 61	蜂屋柿 …… 183
長良川 …… 4, 7-9, 13, 14, 17, 19-21, 30, 38,	

索引 315

八劔神社	39, 40
林家住宅	181
播隆上人	251

― ヒ ―

東首塚	96
日坂春日神社	118
日坂の面	118
飛騨一宮水無神社	242
飛騨高山まちの博物館	239
飛騨の匠	238, 263
飛騨国分寺	234
飛騨民俗村	240
飛騨屋久兵衛	255
一日市場	205
一日市場館跡	204
一柳直末	72
日吉神社	84-87
平田靭負	111-113
昼飯大塚古墳	79

― フ ―

福地の化石産地	251
伏屋白山神社	53
普門寺	49
富有柿の里	61
鰤街道	245
古川祭の起し太鼓・屋台行事	261
古田織部	63, 200
不破関	98-100, 107
不破関跡	98, 99
不破関資料館	99

― ホ ―

法雲寺	128
報恩寺	75
坊の塚古墳	57
宝暦一揆	163
宝暦の治水	111
星宮神社	162, 164
細久手(細湫)宿	208, 210
本郷城跡	123

― マ ―

前田青邨	227
牧村家住宅	130
マクワウリ	65
真桑人形浄瑠璃	65
馬籠宿	226
増島城跡	260
松尾芭蕉	10, 34, 63, 66, 74, 88, 89, 99, 138
松本家住宅	238
丸山古窯跡	152

― ミ ―

美江寺	18
三田洞弘法	44
美並ふるさと館	162, 163
源頼長の墓	80
みのかも文化の森	183
美濃国府跡	89, 90
美濃国分寺跡	76, 77
美濃路	41, 43, 73, 82
美濃須衛古窯跡群	59
美濃流しにわか	149
美濃橋	147
美濃焼	199, 202, 203
美濃和紙の里会館	152, 153
美濃和紙あかりアート展	147
妙応寺	99, 100
妙照寺	10
妙土窯跡	202, 203
弥勒寺跡	142
三輪神社	33

― ム・メ・モ ―

夢窓疎石	196, 197
村国座	59
村国神社	59
室原祭曳軸	105
明宝歴史民俗資料館	160, 161
元屋敷陶器窯跡	200
森八幡神社	253
森蘭丸	213, 216

― ヤ ―

八重垣神社 …………………… 89
八神城跡 …………………… 37, 38
八神毛利歴代の墓 …………… 38
薬王寺 …………………… 176
薬師寺 …………………… 54
梁川星巌 …………………… 81, 82
梁川星巌資料館 ……………… 82

― ヨ ―

陽徳寺裏山古墳群 …………… 144
養老寺 …………………… 106
養老神社 …………………… 107, 108
養老の滝 …………………… 107, 108
横蔵寺 …………………… 128, 129
横越のお薬師さま …………… 149
鎧塚古墳 …………………… 44

― ラ・リ ―

楽市制札 …………………… 4, 16
立政寺 …………………… 21
立蔵寺 …………………… 138
龍門寺 …………………… 187, 188
龍門寺1号墳 ………………… 44
龍門寺古墳 ………………… 15
龍門寺古墳群 ……………… 27
龍護寺 …………………… 219

― ル・レ・ロ ―

瑠璃光寺 …………………… 84
蓮華寺 …………………… 50
六社神社 …………………… 117
六角地蔵堂 ………………… 155
炉畑遺跡 …………………… 56

― ワ ―

若宮修古館 ………………… 169
輪中堤 …………………… 116
和田家住宅 ………………… 259

【写真所蔵・提供者】(五十音順, 敬称略)

安国寺	西方寺
揖斐川町久瀬振興事務所	清水昭男
永保寺	常在寺
圓覚寺	関ケ原歴史民俗資料館
各務原市教育委員会	千光寺
各務原市産業部観光交流課	大安寺
岐阜県教育委員会	大佛寺
岐阜市円徳寺	大龍寺
岐阜市教育委員会	高山市商工観光部観光課
岐阜市商工観光部観光コンベンション室	貞照寺
岐阜市歴史博物館	中観音堂
岐阜新聞社	奈良国立博物館
来振寺	西神頭安彦
郡上市秘書広報課	白山神社
郡上市美並地域教育事務所地域教育課(円空研究センター)	羽島市観光協会
	美江寺
護国之寺	毛利広次
小島康敬	本巣市教育委員会
埼玉県立歴史と民俗の博物館	本巣市農政課

(2006年8月30日現在)

本書に掲載した地図の作成にあたっては, 国土地理院長の承認を得て, 同院発行の50万分の1地方図, 20万分の1地勢図, 5万分の1地形図, 数値地図25000(空間データ基盤), 数値地図2500(空間データ基盤)を使用したものである(平18総使, 第78-3013号)(平18総使, 第79-3013号)(平18総使, 第80-3013号)(平18総使, 第81-3013号)(平18総使, 第82-3013号)。

【執筆者】 ———————————————————————————(2013年3月1日現在)

企画・編集委員
則竹節 のりたけみさお(元県立長良高校)
小山徹 おやまとおる(岐阜大学)
新井勝 あらいまさる(元公民地歴部会長・元県立本巣高校)
村瀬靖 むらせやすし(元公民地歴部会長・元県立山県高校)
岩田守康 いわたもりやす(元公民地歴部会長・元県立岐阜北高校)
安田守 やすだまもる(元地理部会長・元県立大垣南高校)
巽成生 たつみみちお(元公民地歴部会長・元県立本巣松陽高校)
戸田文隆 とだぶんりゅう(元県立大垣商業高校)
吉田與一郎 よしだよいちろう(県立不破高校)

編集・執筆委員
青木靖浩 あおきやすひろ(関特別支援学校)
板津裕也 いたづひろや(県立中津高校)
大熊厚志 おおくまあつし(県立加納高校)
大澤洋司 おおざわようじ(県立関有知高校)
大塚章 おおつかあきら(県立各務原西高校)
大矢晋 おおやすすむ(県立吉城高校)
小川和英 おがわかずひで(元県立大垣北高校)
加藤浩伸 かとうひろのぶ(県立加納高校)
上嶋善治 じょうしまぜんじ(県立吉城高校)
白木宏司 しらきこうじ(県立羽島北高校)
田辺勝敏 たなべかつとし(県教育委員会)
野原清嗣 のはらきよし(県立本巣松陽高校)
八賀哲夫 はちがてつお(県立斐太高校)
林直樹 はやしなおき(県立関高校)
原匡哉 はらまさや(県立可児高校)
菱村文夫 ひしむらふみお(元県立飛騨神岡高校)
福井和弘 ふくいかずひろ(県立可児高校)
古田憲司 ふるたけんじ(元県立関有知高校)
堀英男 ほりひでお(県立岐阜高校)
松原勝久 まつばらかつひさ(県立加茂高校)
虫賀文人 むしがふみひと(県立華陽フロンティア高校)
山内武司 やまうちたけし(県立坂下高校)
山田政春 やまだまさはる(県立土岐商業高校)
山本幸樹 やまもとこうき(県立各務原高校)

歴史散歩㉑

岐阜県の歴史散歩
ぎ ふ けん れき し さん ぽ

2006年8月30日　1版1刷発行　　　2013年5月25日　1版3刷発行

編者―――岐阜県高等学校教育研究会公民・地歴部会，地理部会
発行者―――野澤伸平
発行所―――株式会社山川出版社
　　　　　〒101-0047　東京都千代田区内神田1-13-13
　　　　　電話　03(3293)8131(営業)　03(3293)8135(編集)
　　　　　http://www.yamakawa.co.jp/　　振替　00120-9-43993
印刷所―――図書印刷株式会社
製本所―――株式会社ブロケード
装幀―――菊地信義
装画―――岸並千珠子

Ⓒ 2006 Printed in Japan　　　　　　　　　　　ISBN 978-4-634-24621-8

・造本には十分注意しておりますが，万一，落丁・乱丁などがございましたら，
　小社営業部宛にお送りください。送料小社負担にてお取り替えいたします。
・定価は表紙に表示してあります。

岐阜県全図

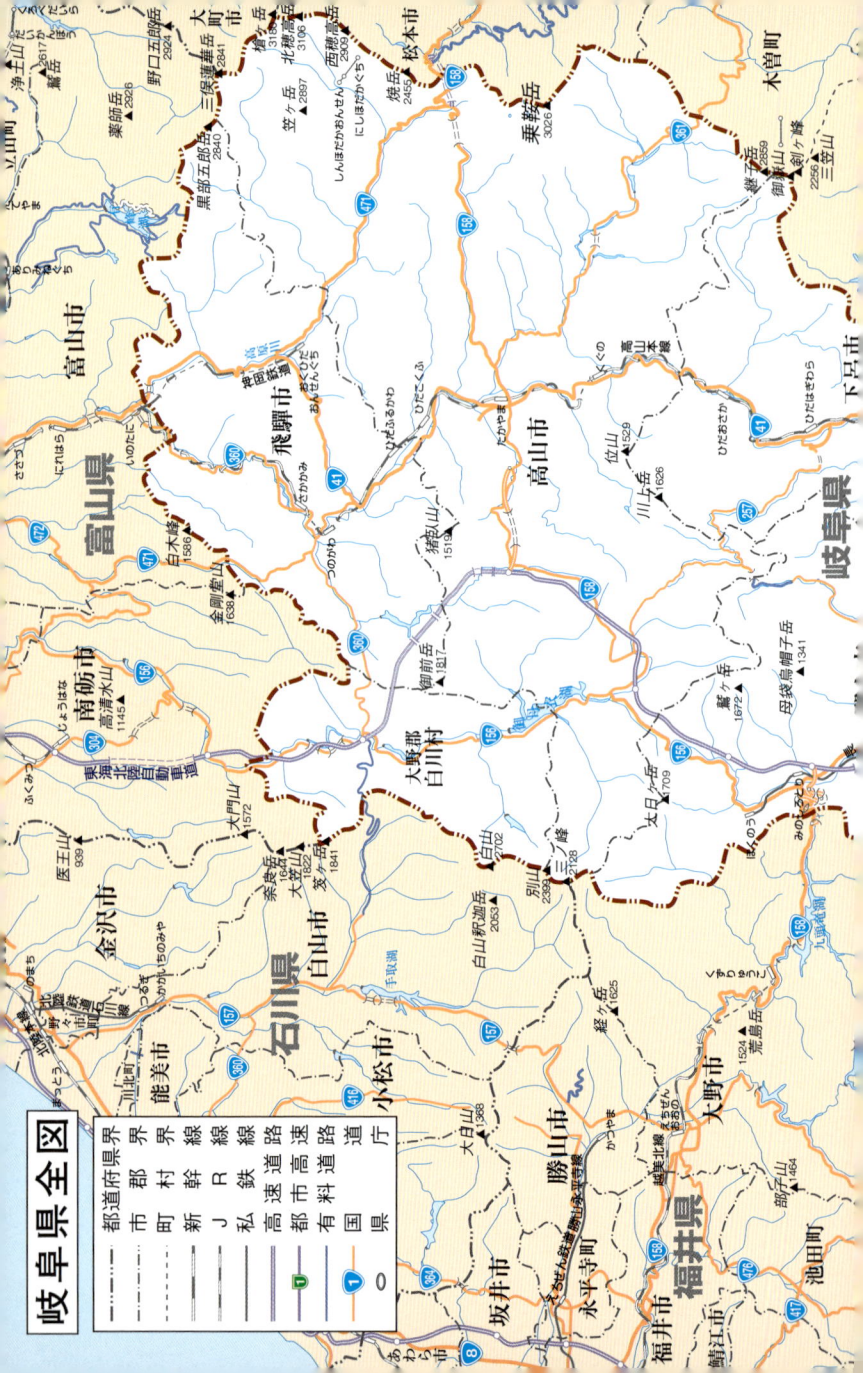